"十三五"国家重点出版物出版规划项目

认知神经科学书系·社会与文化卷

丛书主编 杨玉芳

文化、心理与脑

周爱保 夏瑞雪 等 著

科学出版社

北京

内容简介

人既是文化的存在，也是文化的产物。文化塑造大脑成为解释人类心理及行为的新视角。近几十年来，研究者采用认知神经科学的方法在神经生理水平上得到了文化影响人类心理与行为的有力证据，用科学的方法验证了文化对人的心理与行为的影响，拓宽了心理学研究的思路与内容，促进了对该领域问题更深入的研究与探讨，促成了不同文化背景下心理学研究的对话。

本书以脑科学时代下的心理学研究为线索，梳理了不同文化背景下认知、语言、情绪、自我、文化适应以及社会态度的主题研究；从基本概念到行为研究，再到认知神经机制的研究，对其进行了深入细致的介绍。

本书适合文化心理学领域的研究者参阅，也可以作为高校心理学专业本科生和研究生的辅助教材。

图书在版编目（CIP）数据

文化、心理与脑/周爱保等著. —北京：科学出版社，2020.12
（认知神经科学书系/杨玉芳主编）
"十三五"国家重点出版物出版规划项目
ISBN 978-7-03-067780-8

Ⅰ.①文… Ⅱ.①周… Ⅲ.①文化心理学-研究 Ⅳ.①C912.6-0

中国版本图书馆CIP数据核字（2020）第263948号

责任编辑：崔文燕 高丽丽／责任校对：彭珍珍
责任印制：师艳茹／封面设计：黄华斌

科学出版社 出版
北京东黄城根北街 16 号
邮政编码：100717
http://www.sciencep.com

三河市春园印刷有限公司 印刷
科学出版社发行 各地新华书店经销

*

2020 年 12 月第 一 版　开本：720×1000　B5
2020 年 12 月第一次印刷　印张：21　插页：2
字数：390 000
定价：168.00 元
（如有印装质量问题，我社负责调换）

"认知神经科学书系"
编委会

主 编 杨玉芳

主 任 吴艳红

委 员（按姓氏拼音顺序排列）

陈安涛　傅小兰　郭秀艳　贺　永

刘　嘉　刘　勋　罗　劲　邱　江

翁旭初　吴艳红　杨玉芳　臧玉峰

丛 书 序
PREFACE TO THE SERIES

认知神经科学是 20 世纪后半叶兴起的一门新兴学科。认知神经科学将认知科学的理论与神经科学和计算建模等研究方法结合起来,探索人类心理与大脑的关系,阐明心智的物质基础。这是许多科学领域共同关心的一个重大科学问题。解决这个问题过程中的新发现和新突破,会深刻影响众多科学和技术领域的进展,影响人们的社会生活。

一方面,在心理学领域,人们曾经采用神经心理学和生理心理学的方法和技术,在行为水平上进行研究,考察脑损伤对认知功能的影响,增进了对于脑与心智关系的认识。近三十年来,神经科学领域的脑影像技术和研究方法的巨大进步,使得人们可以直接观察认知过程中大脑活动的模式,大大促进了对于人类认知的神经生物学基础的探索。另一方面,在神经科学领域,人们以心理学有关人类认知的理论和实证发现为指导,探索神经系统的解剖结构与认知功能的关系,有望攻克脑与心智关系研究的核心和整体性问题。可见,认知科学与神经科学的结合,使得这两个科学领域的发展都上升到了前所未有的崭新高度,开创了一个充满挑战与希望的脑科学时代。

多年前,有学者建议,将行为、心理、神经与基因研究的相互结合,作为认知科学的路线图。认知神经科学与传统的认知心理学、生理心理学、神经心理学和神经科学等相互重叠与交叉,同时又将它们综合起来。这种跨学科的研究方法和路径,使人们不仅能在行为和认知的层面上,还可以在神经回路、脑区和脑网络的层面上探讨脑与心智的关系。而且,这种探索不再局限于基本认知过程,已经扩展到发展心理学和社会文化心理学领域。其中,基本认知过程研究试图揭示感知觉、学习记忆、决策、语言等认知过程的神经机制；发展认知神经科学将发展心理学与神经科学和遗传学相结合，探讨人类心智的起源及其发展变化规律；社会文化认知神经科学将社会心理、文化比较与神经科学结合，研究社会认知的文化差异及其相应的神经机制差异。

在过去的三十余年中，认知神经科学获得了空前的繁荣和发展。世界各国对脑科学发展做了重要部署。每年都举办大规模的认知神经科学学术会议，吸引了不同学科领域的众多学者参与。以认知神经科学为主题的论文和学术著作的出版十分活跃。国内学者在这一前沿领域也做出了很多引人瞩目的工作，产生了一定的国际影响力。在国家层面上，政府对这个领域的发展极为重视，做了重要的部署和规划，在21世纪之初即建立了"脑与认知科学"和"认知神经科学与学习"两个国家重点实验室，设立了973计划项目、国家自然科学基金重大项目等，对认知神经科学研究进行大力资助。《国家中长期科学和技术发展规划纲要（2006—2020年）》将"脑科学与认知科学"纳入国家重点支持的八大前沿科学领域。习近平在《为建设世界科技强国而奋斗——在全国科技创新大会、两院院士大会、中国科协第九次全国代表大会上的讲话》中提出，脑功能研究是探讨意识本质的科学前沿，具有重要科学意义，而且对脑疾病防治、智能技术发展也具有引导作用。《中华人民共和国国民经济和社会发展第十三个五年计划纲要》也强调，要强化"脑与认知等基础前沿科学研究"，并将"脑科学与类脑研究"确定为科技创新2030重大项目。

科技图书历来是阐发学术思想、展示科研成果、进行学术交流的重要载体。一门学科的发展与成熟，必然伴随着相关专著的出版与传播。科学出版社作为国内科技图书出版界的"旗舰"，在2012年启动了"中国科技文库"重大图书出版工程项目，并将"脑与认知科学"丛书列入出版计划。考虑到脑科学与认知科学涉及的学科众多，"多而杂"不如"少而精"。为保证丛书内容相对集中，具有一定代表性，在杨玉芳研究员的建议下，丛书更名为"认知神经科学书系"。

丛书序

2013年，科学出版社与中国心理学会合作，共同策划和启动了"认知神经科学书系"的编撰工作。确定丛书的宗旨是：反映当代认知神经科学的学科体系、方法论和发展趋势；反映近年来相关领域的国际前沿、进展和重要成果，包括方法学和技术；反映和集成中国学者所作的突出贡献。其目标包括：引领中国认知神经科学的发展，推动学科建设，促进人才培养；展示认知神经科学在现代科学系统中的重要地位；为本学科在中国的发展争取更好的社会文化环境和支撑条件。丛书将主要面向认知神经科学及相关领域的学者、教师和研究生，促进不同学科之间的交流、交叉和相互借鉴。同时力争为国民素质与身心健康水平的提升、经济建设和社会可持续发展等重大现实问题提供一定的科学知识基础。

丛书的学术定位，一是前沿性。集中展示国内学者在认知神经科学领域内取得的最新科研成果，特别是那些具有国际领先性、领域前沿性的研究成果，科研主题和成果紧扣国际认知神经科学的研究脉搏。二是原创性。更好地展示中国认知神经科学研究近年来所取得的具有原创性的科研成果，以反映作者在该领域内取得的有代表性的原创科研成果为主。三是权威性。由科学出版社和中国心理学会共同策划，汇集国内认知神经科学领域的顶尖学者组成编委会。承担单本书写作任务的作者均是认知神经科学各分支领域内的领军学者，并取得了突出的学术成就，保证丛书具有较高的权威性。

丛书共包括三卷，分别为认知与发展卷、社会与文化卷、方法与技术卷，涵盖了国内认知神经科学研究的主要分支与主题。其中，认知与发展卷展示语言、决策、认知控制、疼痛、情绪、睡眠、心理发展与年老化、阅读障碍、面孔认知等领域的研究成果；社会与文化卷展示文化心理、自我认知、社会情绪、社会认知的神经与脑机制等研究成果；方法与技术卷介绍当前认知神经科学研究主要使用的方法与技术手段，包括多模态神经影像、弥散磁共振脑影像、近红外光谱脑功能成像、静息态功能磁共振成像、计算认知神经科学、脑电信号处理和特征提取等。

丛书的编撰工作由中国心理学会的两个分支机构共同负责组织。中国心理学会出版工作委员会主任、中国科学院心理研究所杨玉芳研究员任丛书的主编。中国心理学会普通心理和实验心理专业委员会主任、北京大学吴艳红教授任编委会主任。时任北京师范大学心理学院院长刘嘉教授（现任清华大学教授）在丛书的策划和推动中发挥了重要作用。

丛书编委会汇集了国内认知神经科学领域的优秀学者，包括教育部长江学者特聘教授、国家杰出青年基金获得者、中国科学院"百人计划"入选者等。编委会选择认知神经科学各分支领域内的领军学者承担单本书的写作任务。他们均在各自擅长的领域取得了突出的学术成就，其著作能够反映国内认知神经科学领域的最新成果和最高学术水平。

在启动丛书编撰工作的同时，中国心理学会还组织编撰了《心理科学发展报告2014—2015》（以下简称《发展报告》），主题是"脑科学时代的心理学"，组织召开了以此为主题的学术研讨会。国内各高校和研究机构的十多位青年学者，围绕认知过程的神经基础、发展认知神经科学、社会认知神经科学和技术与方法的进展四个分主题，做了高水平的学术报告。此后他们又参与了《发展报告》的编撰工作。研讨会的召开和《发展报告》的出版在心理学界产生了很好的影响，也成为丛书编撰准备工作的一个组成部分。研讨会的多位报告人后续承担了"认知神经科学书系"的写作任务。

在丛书编撰过程中，编委会组织召开了多次编撰工作会议，邀请丛书作者和出版社编辑出席。作者们报告自己的撰写计划和进展，对写作中的问题和困惑进行讨论与交流，请出版社的编辑予以解答。编撰工作会议同时也是学术研讨会，认知神经科学不同分支领域的学者相互交流和学习，拓展学术视野，激发创作灵感，对丛书写作的推进十分有益。

科学出版社的领导和教育与心理分社的编辑对本丛书的编撰和出版工作给予了高度重视和大力支持。时任科学出版社党委书记李锋（现任科学出版社总编）出席了丛书的启动会并做报告。科学出版社副总编陈亮曾与作者开展座谈，为大家介绍科学出版社的历史与成就。教育与心理分社付艳分社长和编辑们经常与作者联系，悉心回答大家的问题。在大家的努力下，"认知神经科学书系"入选了"十三五"国家重点出版物出版规划项目，部分著作获得了国家科学技术学术著作出版基金的资助。

经过数年的不懈努力，丛书的著作逐步进入出版阶段，将陆续与读者见面。希望丛书的出版能成为我国认知神经科学领域的一件具有重要意义的大事，对学科未来的发展起到积极的促进作用，并产生深刻和久远的影响。

丛书主编　杨玉芳
编委会主任　吴艳红
2020年10月16日

目 录
CATALOGUE

丛书序（杨玉芳　吴艳红）
缩略语表

第一章　绪论 ………………………………………………………………001
　　第一节　文化与人类行为 ………………………………………………001
　　第二节　文化与心理学 …………………………………………………006
　　第三节　认知、文化和神经科学 ………………………………………015

第二章　文化与认知 ………………………………………………………027
　　第一节　注意、知觉的文化差异及其神经机制 ………………………027
　　第二节　记忆的文化差异及其神经机制 ………………………………042
　　第三节　社会认知的文化差异及其神经机制 …………………………053

第三章　文化与语言 ………………………………………………………063
　　第一节　文化与语言概述 ………………………………………………063
　　第二节　语言沟通的文化差异 …………………………………………073
　　第三节　语言跨文化差异的神经机制 …………………………………084

第四章　文化与情绪 ………………………………………………………092
　　第一节　情绪的文化差异 ………………………………………………092
　　第二节　文化对情绪的影响 ……………………………………………096

第三节　文化与情绪的神经机制 ··· 108

第五章　文化与自我 ·· 123

第一节　自我的文化差异 ··· 123

第二节　文化与物质自我 ··· 127

第三节　文化与社会自我 ··· 139

第四节　文化与精神自我 ··· 146

第六章　文化与文化适应 ··· 156

第一节　文化适应的解读 ··· 157

第二节　文化适应的进程 ··· 165

第三节　文化适应的影响因素 ·· 171

第四节　文化适应的效果 ··· 184

第七章　文化与社会态度 ··· 198

第一节　文化与刻板印象 ··· 198

第二节　文化与偏见 ·· 214

第三节　文化与歧视 ·· 231

第四节　社会偏见的减少 ··· 236

参考文献 ·· 247

后记 ··· 316

缩略语表

AAMAS	Asian American Multidimensional Acculturation Scale	亚裔美国人多重文化适应量表
AC	acculturation	文化适应
ACC	anterior cingulate cortex	前扣带回皮层
ALE	activation likelihood estimation	激活似然估计
AM	acculturation motivation	文化适应动机
AMS	Acculturation Motivation Scale	文化适应动机量表
Amy	amygdala	杏仁核
AO	acculturation orientations	文化适应取向
APIM	actor-partner interdependence model	当事人-参与者相互依赖模式
ARSJA	Acculturation Rating Scale for Jamaican Americans	牙买加裔美国人文化评定量表
ARSSA	Acculturation Rating Scale for South Africans	南非文化适应评定量表
ASS	Acculturation Strategies Scale	文化适应策略量表
BD	body dissatisfaction	身体不满意
BFG	bilateral fusiform gyri	双侧梭状回
BI	bilateral insula	双侧岛叶
BID	body image disturbance	身体意象失调
BIQ	Bicultural Involvement Questionnaire	双文化投入问卷
BLG	bilateral lingual gyri	双侧舌回

BMOG	bilateral middle occipital gyri	双侧枕中回
BMTA	bilateral midtemporal area	两侧颞中回
BPHG	bilateral parahippocampal gyrus	双侧海马旁回
BSPL	bilateral superior parietal lobules	双侧顶小叶
CAT	classical assimilation theory	经典同化理论
CBIE	Canadian Bureau for International Education	加拿大国际教育局
CC/F	cultural contact/friendships	文化接触/友好
CE	cultural entertainment	文化娱乐
CG	cingulate gyrus	扣带回
CIC	Citizenship and Immigration Canada	加拿大移民局
CIP	cultural self-identification and parentage	文化自我认同和出身
CM	cognition miser	认知吝啬者
CPE	cocktail-party effect	鸡尾酒会效应
dACC	dorsal anterior cingulate cortex	背侧前扣带回
DCA	dynamic constructivist approach	动态建构论
DLPFC	dorsal-lateral prefrontal cortex	背外侧前额叶皮层
DMPFC	dorsal medial prefrontal cortex	背内侧前额叶皮层
DSM-Ⅳ	diagnostic and statistical manual of mental disorder-Ⅳ	精神疾病诊断手册（第四版）
DVP	dorsal visual pathway	背侧视觉通路
EC	evaluative conditioning	评价性条件反射
EEG	electroencephalogram	脑电图
ENS	empty-nest syndrome	空巢综合征
EPN	early posterior negativity	早后负波

EPT	evaluative priming task	评价性启动任务
ERD	event related desynchronization	事件相关去同步化
ERN	error-related negativity	错误相关负波
ERP	event-related potential	事件相关电位
ETC	extrastriate cortex	纹外视皮层
EXA	Exner's area	埃克斯纳区
FEF	frontal eye fields	额叶眼动区
FFA	fusiform face area	梭状回面孔区
FLT	frame-line test	帧线测验
fMRI	functional magnetic resonance imaging	功能性磁共振成像
FOC	fronto-ortibal	额眶皮层
GC	Government of Canada	加拿大政府
GEQ	General Ethnicity Questionnaire	民族通用问卷
GNAT	Go/No-Go association test	Go/No-Go 联想测验
GRIP	gestalt relationship improvement program	完形关系提升程序
GSB	group-serving bias	利群偏差
HFD	high face dissatisfaction	高面部不满意
HW-HC	high warmth-high competence	高热情-高能力群体
HW-LC	high warmth-low competence	高热情-低能力群体
HY	hyperthalamus	下丘脑
IAT	implicit association test	内隐联想测验
IB	intergroup bias	群际偏好
IC	intergroup contact	群际接触

ID	institutional discrimination	制度性歧视
IFC	inferior frontal cortex	初级额下皮层
LFG	left fusiform gyrus	左侧梭状回
IFG	inferior frontal gyrus	额下回
InS	insula	脑岛叶
IP	immigrant paradox	移民悖论
IR	iterative reprocessing model	迭代再加工模型
IRM	immigrant risk model	移民风险模式
ISA	interpersonal superiority affect	人际优势效应
JCFEE	Japanese and Caucasian facial expressions of emotion	日本人与高加索人情绪表情集
JCNF	Japanese and Caucasian neutral faces	日本人与高加索人中性面孔集
LCR	left cerebellar region	左小脑区
LDIFG	left dorsal inferior frontal gyrus	左背侧额下回
LDT	lexical decision task	词汇判断测验
LFD	low face dissatisfaction	低面部不满意
LIFC	left inferior frontal cortex	左下额叶皮质
LMF	left middle frontal	左中额叶
LMFG	left middle frontal gyrus	左中前回
LOC	lateral occipital complex	侧枕叶脑区
LOFC	left orbitofrontal cortex	左内侧眶额皮层
LOR	lateral occipital regions	枕叶侧区
LPC	left parietal lobe	左侧顶叶
LPIS	left posterior intraparietal sulcus	左侧顶内沟后部

LPP	late positive potential	晚正电位
LSTG	left superior temporal gyrus	左前颞回
LTC	lateral temporal cortex	侧颞叶脑区
LTM	long-term memory	长时记忆
L-TPJ	left temporoparietal junction	左脑颞顶联合区
LVMPFC	left ventral medial prefrontal cortex（VMPFC）	腹内侧前额叶皮质左侧
LW-HC	low warmth-high competence	低热情-高能力群体
LW-LC	low warmth-low competence	低热情-低能力群体
MC	multiculturalism	文化多元主义
MME	metacontrast masking effect	偏对比掩蔽效应
MNSM	mirror neuron system model	镜像神经元系统模型
MPA	maternal perinatal association	母亲产前围产期
MPFC	medial prefrontal cortex	内侧前额叶皮层
MPL	medial prefrontal lobe	内侧前额叶
MRS	Modern Racism Scale	现代种族主义量表
MS	mental sluggards	心理懒鬼
MTEE	motivated tacticians and efficiency experts	激发的战略家和效率专家
MTL	medial temporal lobe	内侧颞叶
MVPA	multi-voxel pattern analysis	多体素模式分析
NIP	no identified person	不能认同的重要他人
NPS	negative physical self	负面身体自我
NPSS-F	Negative Physical Self Scale-Face	负面身体自我-相貌量表
OFC	orbitofrontal cortex	前额脑区底部

Oddball	Oddball paradigm	Oddball 范式
OECD	Organization for Economic Cooperation and Development	经济合作与发展组织
OFA	occipital face area	枕叶面孔区
ONS	Office for National Statistics	国家统计局
OXTR	oxytocin receptor gene	催产素受体基因
PA	phonological awareness	语音意识
PAC	perception-action-coupling	知觉动作耦合
PCC	posterior cingulate cortex	后扣带回
PDI	power distance index	权力距离指数
PP	posterior precuneus	后部楔前叶
PPLG	posterior parietal lobe gyration	后顶叶回旋
PSPP	physical self-perception profile	身体自我知觉剖面图
RA	remote acculturation	远程文化适应
RAG	right angular gyrus	右侧角回
RAN	rapid automatize naming	快速命名
RD	reading disorder	阅读障碍
REC	right extrastriate cortex	右侧纹状体外皮质
RGCT	realistic group conflict theory	现实群体冲突理论
RHI	rubber hand illusion	橡胶手错觉
RIFG	right inferior frontal gyrus	右侧额下回
RLG	right lingual gyrus	右舌回
RME	reading the mind in the eyes	察眼读心
RMFA	right middle frontal area	右额中区

RS	repetition suppression	重复抑制
SAAAS	The Scale of Anti-Asian American Stereotypes	反亚裔美国人刻板印象量表
SACQ	Student Adaptation to College Questionnaire	大学文化适应问卷
SC	superior colliculus	上丘
SCM	stereotype content model	刻板印象内容模型
SCS	Self-Construal Scale	自我构念量表
SCT	self-categorization theory	自我类别理论
SEB	stereotypic explanatory bias	刻板解释偏差
SFBT	standard forward-and-back translation	标准回译程序
SH	stress hypothesis	压力假设
SPB	self-positivity bias	自我正面偏见
SPCN	sustained posterior contralateral negativity	后部对侧持续负波
SPL	superior parietal lobe	顶上小叶
STG	superior temporal gyrus	颞上回
STM	short-term memory	短时记忆
STS	superior temporal sulcus	颞上沟
subACC	sub anterior cingulate cortex	下前部扣带回
Thal	thalamus	丘脑
TMS	transcranial magnetic stimulation	经颅磁刺激
TSSM	truth seekers and sense makers	真理的探求者和意义上的制造者
UAE	ultimate attribution error	终极归因谬误
VIA	Vancouver Index of Acculturation	温哥华文化适应指标

VMPFC	ventral medial prefrontal cortex	腹内侧前额叶皮层
VPP	vertex positive potential	顶正波
VS	ventral striatum	腹侧纹状体
VAStr	ventral area of striatum	纹状体腹侧区
VTA	ventral tegmental area	海马-腹侧被盖区
VVC	ventral visual cortex	腹侧视觉皮层
VVP	ventral visual pathway	腹侧视觉通路
VWFA	visual-word-forming area	视觉文字形成区域

第一章

绪 论

第一节 文化与人类行为

一、文化的定义

"文化"一词源于拉丁语 cultura,原意为种植和耕作,后来逐渐发展为培养、教养和修养等意思。文艺复兴以来,culture 一词的内涵被拓展,既包括物质因素,又包括文学、音乐、绘画、艺术等非物质因素,即文化指与自然状态相对立的、有人类实践参与的一切现象。《辞海》(辞海编辑委员会,1979)对"文化"的解释为:①广义指人类社会历史实践过程中所创造的物质财富和精神财富的总和,狭义指社会的意识形态,以及与此相适应的制度和组织机构;②泛指一般知识;③指中国古代封建王朝所实施的文治和教化的总称,如"设神理以景俗,敷文化以柔远"。沙莲香(1987)认为,"所谓文化,是凝聚在一个民族世世代代的人身上和全部财富中的生活方式之总体,因而是形成民族性格的东西"。目前,有关"文化"的界定已达 200 余种。人类学家爱德华·泰勒(1988)在《原始文化》中提出,"所谓文化或文明乃是包括知识、信仰、艺术、道德、法律、习俗,以及作为社会成员的个人获得的其他任何能力、习惯在内的一种综合体"。人类学家马林诺夫斯基(1987)在《文化论》一书中认为,"文化是指'那一群传统的器物、货品、技术、思想、习惯及价值',包括四个方面:一是物质设备,如器物、房屋、船只、工具以及武器等;二是精神方面,如各种知识、道德、精神及经济上的价值体系、风俗或习惯等;三是语言;四是社会组织"。荷兰文化协作研究所所长霍夫斯泰德(G. Hofstede)认为,文化不是一种个体特征,而是具有相同教育和生活经验的许多人所共有的心理程序(转引自王朝晖,2009)。苏联学者契斯诺科夫（1953）认为，文化是受历史制约的人们的技能、知识、思想感情的总和，也是其在生产技术和生活服务技术上，在人民教育水平以及规定和组织社会生活的社会制度上，在科学技术成果和文学艺术作品中的固化和物质化。梁漱溟（2000）认为，"文化，就是吾人生活所依靠的一切，意在指示人们，文化是极其实在的东西。文化之本义，应在经济、政治，乃至一切无所不包"。中华人民共和国成立后，根据修订后的《辞源》，"文化"一词是指文治和教化，今指人类社会历史发展过程中所创造的全部物质财富和精神财富，也指社会意识形态。

人类学家克罗伯（L. Kroeber）和克拉克洪（C. Kluckhohn）提出，文化是由外显的和内隐的行为模式构成，这种行为模式通过符号而获取和传递；文化代表了人类群体的显著成就，包括他们在人造器物中的体现；文化的核心部分是传统观念，尤其是文化价值观；文化体系一方面可以被看成活动的产物，另一方面则是进一步活动的决定因素。

从这些定义来看，不同的学者从不同的视角来阐释文化，得出了大同小异的观点。

二、不同文化背景下的行为及语言

（一）行为表现及其差异

文化影响人的心理与行为。一般认为，个体主义（individualism）、集体主义（collectivism）分别代表了西方和东方两种文化背景下不同的价值观，是研究文化影响人类的心理与行为的切入点。在个体主义文化背景下，人们较多地表现出个体主义的价值观和行为方式。在集体主义文化背景下，强调以社会和群体为中心，要求个体服从社会和群体，更多地表现出以集体利益为先的行为。Markus等（1991）认为，西方文化是一种典型的个体主义文化，强调个人的品质与成功，个体通过发现和表现其独特的内在品质、关注自我来维持其独立性，个体形成的是一种独立型的自我构念，自我是一个包含着明显的品质特征的与情境分离的整体。在《改变心理学的40项研究》一书中，关于"个人与集体"的研究发现，在个体主义文化背景下，人们更看重自己的幸福和成就，而不是其所属集体的需要和目标，团体对其成员的影响较小，个体对其所属团体没有太多情感上的依恋，如果团体对个体的要求过于苛刻，个体则宁愿脱离该团体并加入或者重新组成一个新的团体。Markus和Kitayama（1991）提出，个体主义文化中的个体对自我有关的信息更加关注，而集体主义文化中的个体则表现出更多关注他人的倾向。西欧和北美等西方地区的文化是典型的个体主义文化，而中国、墨西哥、韩国和日本等的文化属于集体主义文化。

对于个体主义文化和集体主义文化之间的差异，叶浩生（2004b）从四个方面进行了归纳。

第一，"自我"的概念不同。在个体主义文化背景下，个体"我"（I）的意识居主导地位，观察和分析问题的落脚点都是在个体的自我水平上，个体的"自我"是独立于群体和社会的、不同于他人的、独立自主的。个体行为的发生首要参照的是其内在标准，即自我的特性和能力，社会和群体的要求与期望是次要的。在集体主义文化背景下，"我们"（we）的意识居主导地位，个体与他人相互联结、相互依赖，形成一个共同的群体。在这个群体中，"自我"和他人之间的界限是模糊的，个体行为的首要参照不再是自我的需求满足与愿望达成，而是以集体和社会的要求与规范为参照标准。需要澄清的是，这两种文化之间没有明确的界限，也不是固定不变的，例如，在个体主义文化条件下，一些人的行为也会表现出集体主义文化的倾向，而在集体主义文化条件下，一些人也会表现出个体主义文化的特征。

第二，行为目标的性质不同。在个体主义文化背景下，人们的行为目标是实现自身内在的潜能与价值，个体首先要考虑弘扬自我的独特性或自我实现。在集体主义文化背景下，人们的行为目标是努力与群体目标保持一致，维护群体的利益，若个体的目标与群体的目标出现冲突时，个体要以群体目标为首要，主动或被迫放弃自己的目标，从而达到维持群体的团结和睦的目标。

第三，行为的决定因素不同。集体主义和个体主义两种文化模式对个体行为产生的影响都较大，因为这两种不同的文化模式使人们产生了不同的行为倾向。在个体主义文化背景下，人们更关注自己的需要、自我价值和潜力发挥，所以这些便是个体行为产生的首要决定因素；在集体主义文化背景下，人们更关注群体利益和需要，个体放弃自己的需求和愿望服从集体的要求，个体行为的首要决定因素是群体或社会的需要与责任。

第四，社会关系的重要性不同。集体主义文化背景下的自我是互依型自我，个体与他人相互依赖、相互联结，形成一个群体，人与人之间的社会关系显得非常重要。在集体主义文化背景下，如果个人的需要和满足凌驾于群体的目标之上，则会被视为"自私自利"，就会影响或破坏与他人的关系。在个体主义文化背景下，个体更注重独立性与个性发展，个人一切需要的满足都依赖于自身的努力，而不是他人或群体的帮助，因此个体会更理智地看待人与人之间的关系。

（二）语言特征及其差异

语言是人们日常交际的必备工具，反映了不同文化的特点。马林诺夫斯基（1987）认为，"语言是文化整体的一部分，但它并不是一个工具的体系，而是一套发音的风俗及文化的一部分"。

在不同的文化背景下，人们使用不同的字词表达相同或者相似的内容。从历史文化的角度来说，儒家文化在中国一直占据统治地位。儒家文化是一种典型的自抑性文化，在汉语表达中，自谦词比较常见，诸如不才、鄙人等。另外，对与自己有关的人和事的表达也具有相似的特点，比如，将自己的儿子唤作"犬子"，将自己的妻子称为"拙荆""糟糠"，将自己的住所称为"寒舍"。然而，西方文化倾向于认为人是一切的主宰，是"万物之精华"，于是提倡挑战自然、改造自然。英语中句首的字母要大写，其他字母要小写，但表示"我"的单词（I）不管在句首、句中还是句尾都要大写，这也体现了西方文化背景下凸显自我、注重个体发展的特点。

从生存环境的角度来看，中国经济长期以来都是典型的大陆农业经济，历史上主要以从事农业和牧业为主，因此在语言上就有了"顺藤摸瓜""沧海桑田""水到渠成""种豆得豆""日出而作""解甲归田"等生动形象而又丰富多彩的语言描述。也正是由于根深蒂固的农本思想，人们更多依赖于土地，形成了重农轻商的文化传统，也有了"父母在不远游"的观念。西方民族大多沿海而居，为了生存和生活，人们不得不与环境恶劣的海洋进行抗争，到海外寻找生存空间，于是就有了通过航海来认识世界、了解世界、探索世界、改造世界的举措，并通过经济、政治、文化、军事等手段展开了与外界的竞争。比如，英语中有"A smooth sea never made a skillful mariner."（平静的大海决不能造就出熟练的水手）的谚语，英国剧作家莎士比亚曾说"The sea has the scarp, warm love have no boundary."（大海有崖岸，热烈的爱却没有边界），英国作家培根有名言"Book is the sea ship across time."（书籍是横渡时间大海的航船）。瑞典的基律纳（瑞典北部城市）人生活在北极圈附近，因而基律纳语中关于"雪"的词有500个，关于"驯鹿"的词有上千个。在汉语和日语中，关于"米"和"茶"的词非常多。这些语言现象都说明了个体的生存环境对语言产生了重要的影响。

除此之外，中西方文化背景下语言的差异还体现在对称赞、请求或拒绝等方面的表达上。在称赞方面，中国人不善于在外人面前夸奖自己的亲人，而美国人却恰恰相反，他们愿意在别人面前夸奖自己的妻子或子女，以表示尊重和爱。这种差异在很大程度上反映了中西方文化背景下个体自我概念的差异。中国人的自我概念中包含了自己的亲人，夸奖自己的亲人就如同夸奖自己一样，这与中华传统文化的自谦美德相悖；而美国人的自我概念是相对独立的，因此夸奖自己的丈夫、妻子或者孩子，就是在夸奖他们而非夸奖自己。美国人对恭维一般表示谢意，这表现出一种自强自信的信念。所以，在跨文化沟通中，当对方称赞你时，千万不要回答"No, I don't think so."这种回答在西方人看来是不礼貌的，甚至是虚伪的，而应该回答"Thank you, I'm glad to hear that."在汉语和英语中都有表示求助、感激、歉意的固定说法，如汉语中的"请""谢谢""对不起"等，英语中的"Excuse me""Thank you""I'm sorry"等。在中西文化中，这些表达的意思十分相近，沟通双方一般不会产生误解，但也存在差异，比如，英语中的"Thank you"和"Please"比汉语中的"谢谢"和"请"用得更加广泛。在小事上，中国人常常不讲客气话，特别是当对方是亲属或者好朋友时，更无须如此，否则会让别人觉得别扭、生疏，因为中国人相信对方知道自己的感激之情，因此不必多言，但在西方人看来，不说这些客气话就是失礼的行为，表示对别人不够尊重。汉语中的"辛苦了"是一句很热情的话，表示对别人的关心，有时还用其来肯定别人付出的辛勤劳动和所取得的成绩，并表示慰问，但是英语中没有与其完全对应的说法。

（三）人际关系的差异及其产生原因

以儒家思想为基础的宗法伦理观念维系着中国社会和家庭的稳定，在处理人与人之间的关系问题时，受儒家思想上尊下卑的等级观念的影响，形成了对立而有等级的二元（或多元）关系，如"君君、臣臣、父父、子子"的等级制度，也正是这种等级关系维系了中国传统社会的秩序。发源于希腊的西方文化由于受海岛狭小范围的限制，为了经济和文化的发展，人们注重个人的奋斗，使个体主义至上的精神深入人心（徐莉林，2005）。正因为如此，西方文化倾向于将人和自然对立起来，认为人是一切的主宰，是"万物之精华"，于是提倡挑战自然、改造自然。另外，地理因素也使得西方文化倾向于追求人的独立和平等，如美国《独立宣言》中的名言"All men are created equal."（人皆生而平等）即是明证。相应地，在重视人伦等级的东亚社会，表达人际关系时，也体现出了长幼有序、亲疏有别的特点，如汉语中有爷爷、奶奶和外公、外婆，但在英语中就没有这样的内外亲属之分，只是用grandfather和grandmother对性别加以区分。汉语中的"姨妈""婶婶""伯母""姑妈""舅母"在英语中仅一个词即aunt，而汉语中"伯父""叔叔""姑夫""舅舅""姨夫"等，在英语中就用一个词即uncle。另外，英语中表示晚辈的"nephew"和"niece"是不分侄甥的，表示同辈的"cousin"

是不分堂表、性别的。这说明西方人在语言交流中对人际关系的处理方法比东亚人更为简单。

第二节　文化与心理学

　　科学心理学在19世纪末期成立，20世纪前半期迅速地在欧洲和美国得到发展，并成为一门实验科学。这个时期的心理学家都在刻意模仿自然科学，注重实验室中的测量与实验，普遍忽视了社会文化对人类心理的影响（万明钢，1992）。20世纪20年代，人类学家马林诺夫斯基根据弗洛伊德有关"恋母情结"的理论，对巴布新几内亚群岛上的土著男孩进行了研究，发现在母系社会中，舅舅在儿童社会化过程中扮演了重要角色。米德对太平洋中部萨魔亚群岛各部落青年的青春期心理发展情况做了调查，发现那里的青年并不像文明社会的青年在经历青春期时会表现出紧张、逆反与情绪激荡，这与部落的社会结构、生活方式等文化因素有关。这些研究结果说明，由于文化或种族的差异，在一个或者少数几个文化背景中研究得出的结论，显然不能用来推论整个人类的心理和行为。因此，对人的心理和行为的解释，应该从个体所处的社会文化背景入手。

一、跨文化心理学

　　心理学对文化的关注最早始于冯特于1920年出版的著作《民族心理学》，他将心理过程划分为低级和高级两种，将心理科学划分为实验的和社会的两部分。冯特这样解释高级的、社会的心理过程与文化的关系：人的感觉是由联想结合起来的，通过联想某一印象（记忆片段或者情景）被吸收到知觉群中，与保存在知觉群中的记忆发生关系，而这个知觉群本身则是文化的产物。正由于此，冯特提出心理学研究应"关注与我们不同的人"（转引自Jackson，1993）。但由于冯特的实验心理学思想的影响大大超过了他的社会心理学思想，这种可贵的文化意识在当时并未受到关注。

（一）跨文化心理学及其起源

　　跨文化心理学并不是一个理论流派，但它为心理的研究提供了一个新的视角或者一种新的方法，促进了心理学家对文化的关注。文化进入心理学研究的领域，为解释人的心理和行为提供了新的思路和视角。跨文化心理学以两种以上的文化资料为基础,研究不同文化背景下人的心理的共性、差异,以及社会文化特点对人的心理产生的影响。跨文化心理学研究的问题,可以追溯到古希腊时期(郭英,1997)。真正的跨文化心理学研究始于19世纪末20世纪初,摩尔根(H. Morgan)、米德等一批文化人类学家以原始部落为对象对"文化与人格"的关系问题进行的跨文化研究,被认为是现代跨文化心理学的起源(尧国靖,黄希庭,2006)。1970年,《跨文化心理学杂志》的创刊标志着跨文化心理学作为一门分支学科的正式诞生。1972年,国际跨文化心理学会(International Association for Cross-Cultural Psychology)成立时,为该学科确定的研究目标是检验理论的范围和发展更普适的心理学(杨莉萍,2003)。

(二)跨文化心理学的发展和研究

1843年,英国人类学家、心理学家穆勒在他的著作《逻辑体系》一书中运用了许多跨文化心理学思想,说明了心理学家不仅应该关注各个国家和民族的基本心理规律,更应该重视不同国家和民族文化环境对人格的影响。基于此,他还开创性地提出了"习性学",为跨文化心理学的研究奠定了理论基础。

泰勒(1988)在《原始文化》一书中指出,文化是一个复杂的概念,文化是"作为一个社会成员所获得的知识、信仰、艺术、法律、道德、习俗及其他能力与习惯的综合体"。他通过分类列出大约300种文化,并采用统计、比较的方法分析和研究社会习俗、禁忌、语言与行为的关系。泰勒认为,人类学研究必须侧重心理研究,在他的影响下,由心理学家和人类学家组成的研究小组对南太平洋地区的未开化社会进行了大规模的研究,这是第一次运用实验心理学的手段对非西方人开展的研究,客观上促进了跨文化心理学的科学化。

20世纪30年代,美国精神分析学家卡尔纳根据精神分析的研究方式和人类学的观点,使用翔实的个人传记和应用心理技术研究了文化与个性的关系,力图建立文化与个性相互作用的理论体系。他不但研究文化对个性的影响和作用,而且研究了个人的心理构成如何影响文化与社会结构。在这之后,研究者采用人类关系区域档案[①]对印度、菲律宾、墨西哥等国进行现场调查,研究了儿童教养与成人行为的关系(马尔塞拉等,1991)。从此,跨文化心理学研究进入实证阶段。

20世纪60年代以后,跨文化心理学积累了大量研究资料,进入发展的黄金时期。在这期间,跨文化心理学中最为著名的研究是皮亚杰关于儿童认知发展理论的验证。皮亚杰的认知发展论通过形式逻辑推断出儿童的心理发展具有不变的

---

① 是一种资料目录,它收集了世界上600多个民族的文化人类学调查资料,可作为跨文化心理学研究的工具。

稳定性，发展阶段出现的前后次序固定不变，而且认知结构的发展具有连续性。皮亚杰在研究中较少注意情境的文化效度，自认为他的理论在不同的文化间和个体间是具有普遍性的（万明钢，1989）。Berry 等（2002）把生态-文化模式应用于皮亚杰的认知发展研究中，发现儿童在具体操作性概念（如空间、数量）上表现出来的操作差异，是与该儿童所处的生态-文化环境相联系的，如游牧社会强调"空间"能力的发展，而定居的农业社会强调"数"概念的发展。生态-文化因素不影响各阶段的发展序列，但影响其发展的速度，影响各种能力与操作水平的发展。这项研究表明，儿童基本的认知加工具有普遍性，但其发展和表现是不同的。

（三）跨文化心理学的学科目标及存在的问题

2002 年，Berry 等在《跨文化心理学：研究与应用》中提出，跨文化心理学的研究目标有三个层次：第一，在不同的文化背景中检验现有心理学知识和理论的普遍性。也就是说，把现行的西方心理学的研究成果应用到其他文化条件下加以检验。第二，在其他文化背景下探索和发现西方文化背景下不存在的心理现象，从本土文化的角度研究人的心理与行为。第三，结合前两个目标得到的结果，将其汇聚并整合进一种具有更广阔基础的心理学理论中，产生一种在更广泛的文化中都有效的具有普适性的心理学。

但是，长期以来，跨文化心理学研究仅仅重视三个目标中的第一个。跨文化心理学家注意的焦点大多是将西方主流文化条件下的心理学成果应用于其他文化背景，选择非西方文化背景的被试来验证西方心理学的理论，或者应用西方心理学的方法、技术和程序来研究其他文化条件下的被试，极少关注其他文化背景下人们心理与行为的特殊性，表现出根深蒂固的"欧美中心主义"和"文化帝国主义"倾向（叶浩生，2004a）。此外，跨文化心理学以自然科学作为其科学观和方法论的模型，其基本目标是通过实证主义的研究范式，发现适合于各种文化条件的通用的心理学理论。虽然它承认文化差异与行为的联系，但是假定不同文化条件下的人具有共同的深层次心理机制，通过跨文化的比较，最终找出这种机制，是跨文化心理学的主要任务。这样一来，跨文化心理学从文化与行为相互联系的观点出发，却得出了深层次心理机制不受文化影响的结论。

（四）跨文化心理学的研究方法

跨文化心理学有两个重要的方法论问题：一是特异性（emic）与共同性（etic）问题；二是建立各种等值型问题（王宏印，1993）。特异性和共同性是跨文化心理学中的一组术语,是跨文化心理学研究的两种取向。特异性研究使用某一特定文化的方法、概念和对行为的解释,运用地方性标准和具有特殊文化意义的理论框架来分析本土文化中的心理问题,因而不具有文化上的普遍性。特异性研究由某种文化内部熟知该文化的人承担,只从该文化内部研究个体行为,而不对异质文化进行归纳和概括。共同性研究是对各种文化行为进行概括分析,以发现某种普遍性的存在。从事共同性研究的研究者一般都站在外部客观的立场上,对两种或尽可能多的异质文化进行研究,以比较不同民族或文化群体的各种行为,其比较文化行为的标准是特定的或普适的。Berry 等(2002)将这两种研究取向纳入跨文化心理学的研究方法中,并阐述了两者如何结合使用,可简单概括为下列步骤:①研究者首先研究自身文化中的特异性信息,比如,太极拳是中国独有的文化,许多武术研究者对太极拳的产生、发展、机理及优势进行研究;②转向异质文化时,先使用共同性研究方法,进而发现异族文化中的特异性信息;③选出两种文化中属于特异性信息的项目进行比较;④由此得出异质文化中内演的共同性信息,并对其加以描述。

要进行合理、正确的跨文化比较研究,需要注意四种等值型问题,即功能等值、概念等值、语言等值、测验等值,这是进行跨文化比较的基础。①功能等值是指不同文化背景的人对同一问题做出反应时的行为表现具有基本相同的心理功能。②概念等值是指不同文化背景的人对特定的概念应有基本相同的理解。③语言等值又称翻译等值,主要包括实验期间采用的调查工具以及访问、测验和训练中做比较用的口头和书面语言形式,能用另一种语言准确、恰当地表达出来。一些跨文化心理学家认为,要做到语言等值,可用"反译"法,即在得到某一种语言的译本后,再把译本反译成原来的语言,若前后两种意思相同,则表明二者是等值的。④测验等值是指从不同文化中获得的有关心理特征方面的测验数据资料能相互做比较。一些跨文化心理学家意识到,要想研究结论准确地反映和概括人们的真实心理,测验材料和条件必须模拟人们的社会情境(Ratner,2004)。实际上,研究者仍然经常使用人为的、不熟悉的测验材料,因为这些测验材料容易控制和校准。测量和分析的实证主义者需要的是简单、明确、可控制和可量化的刺激材料,因为这些刺激材料能引起被试简单而定量的反应。人为的测验环境和测量工具比自然环境更符合这一标准,但这些测验环境和测量工具在社会生态学上是无效的。解决这个问题的方法,就是要注意以上等值型问题。跨文化心理学研究采用了元分析的方法,研究主要有两种取向:一种是工具元分析;另一种是范围元分析(Hemert,2003)。前者是以一种工具对多个国家开展多种研究,从而对这些研究进行再研究;后者是对多个国家或文化研究的同一个主题范围进行再研究，以替代对一种特定工具的再研究。只要是对世界范围内具有异质文化的地区和种族进行系统的心理学研究，许多研究方法如观察法、实验法、心理测验、追踪研究、文献分析以及现场调查、访谈法、问卷法、释梦法、个人生活史资料分析法、图画分析法、民间传说和民间艺术分析法等都可以用于跨文化研究。当前的一个趋向是：多种方法综合应用，以揭示文化变量与心理变量之间的关系。

跨文化心理学是在坚持主流实证心理学原则的基础上，纳入文化的变量来修正原有的心理学研究范式，但不仅仅局限于对传统实验心理学的研究，跨文化心理学对于整个心理科学的发展具有重要的推进作用。尽管在跨文化心理学中文化还不是研究者的主要兴趣，仅仅被视为额外变量加以控制，但它是心理学研究中最早与文化变量产生关联的研究形式。也正是从跨文化心理学研究开始，"文化"才挤进了心理学的研究对象中，促使心理学研究走出象牙塔，走出实验室，去接近现实的社会文化生活（杨莉萍，2003）。

二、文化心理学

文化心理学是研究人的文化心理或文化行为的一门具有边缘性质的独立学科。心理学、文化人类学、语言学、社会学乃至哲学等多个学科都是文化心理学的来源。所谓文化心理或文化行为，是指人在一定的语境中具有的对特定文化刺激做出的该文化所规定的反应，即特定文化中的人内在固有的对刺激的解释和以此为基础表现出的行为模式或方式（李炳全，叶浩生，2004）。所谓文化刺激，是指某一种（族）群在其进化和发展中，根据自己的需要或一定的目的而赋予其一定意义或价值的刺激，即对该种（族）群的人具有特定意义或价值的刺激。文化心理或文化行为是个体依据赋予刺激的特定意义或价值所表现出的心理或行为（李炳全，2007）。

（一）文化心理学的兴起

文化心理学通过文化来考察和研究人的心理与行为，是心理学的一门分支学科，其最早起源依然可追溯到冯特的民族心理学。冯特认为，对高级心理过程的研究，必须求助于民族心理学，通过对语言、神话和风俗习惯等社会产物的分析，可以从中推演出高级心理过程的基本规律。由于冯特的民族心理学具有浓厚的文化色彩，美国心理学家罗伯特·华生认为，冯特的"volkerpsychologie"不应该译成"folk psychology"（即民族心理学），而应译成"culture psychology"（即文化心理学）（叶浩生，1998）。冯特的心理学的这种文化学传统在主张实证科学的时代并未得到推崇。随着西方主流的科学心理学的不断发展，过于注重自然科学的标准和研究模式使得主流心理学的发展面临一系列的困境和危机。研究者逐渐意识到，心理学应突出人性，以人为中心，以人的存在为出发点和归宿。人是文化的人，文化是人的存在方式和使人成为人的前提条件，是人的对象化活动的起点和结果，即实际上是人通过自己的心理活动重新规整和构建世界的过程及其结果，因此心理学研究不能脱离文化，不能抛开文化研究范式（李炳全，2007）。文化心理学正是在这样的背景下诞生的。

20世纪80年代，"文化心理学"一词开始被研究者使用，并指出文化心理学是研究个体与社会、文化之间的相互作用的学科（Much，1992）。1986—1987年，在芝加哥分别召开了文化与人的发展专题研讨会和文化情境下的儿童专题研讨会，斯汀格勒（J. Stigler）等根据这两次研讨会的成果编辑出版了《文化心理学：比较人类发展论文集》一书，"文化心理学"开始以它自己公开的名字作为一个现代新学科而出现。在这本书中，斯汀格勒等指出，文化心理学的基本观点中暗含着这样一点，即"全人类共有的心理机制"是不能被预先假设的（Stigler, et al.，1993）。因而，新的文化心理学与传统的心理学模式对待文化问题的态度是不同的。

文化心理学家认为，对人类心理生活的理解，必须在具体的社会文化环境中进行，人与其所存在的心理世界是一个互相建构的过程。文化心理学要解决的首要问题是，人到底如何解释意象性世界与意象生活。在人类的生活历程中，主体与客体、自我与他人、心灵与文化、个人与社会互相贯穿，无法分离（余安邦，2010），文化心理的形成过程是心理与文化的相互构建过程，心理学研究若要真实地理解文化环境中人们的心理特征，就必须对被研究者所处环境的文化品性与思维方式有一定的理解，在理解当地文化的条件下，把握其心理行为的真正意义。

（二）文化心理学的研究方法

文化心理学对实证主义方法论的普适性提出了挑战。文化心理学反对以方法为中心，认为方法决定对象，主张以对象为中心，认为对象决定方法，方法应在对特定历史文化中的研究对象进行分析的基础上形成，通过对文化本质的分析而得出问题及进行研究设计。另外，文化心理学认为，研究方法不仅要注重实证效度，更要注重文化效度，对研究使用的刺激与被试反应的说明，都应充分考虑其文化内涵，认清其文化意义及可行性，只有这样才能真正达到研究目的和取得一定的效果（Miller，2010）。文化心理学主张借鉴多学科的研究方法，倡导多元化的研究手段，比如，借鉴了人类学许多的研究方法。有的学者通过对人类心理的文化本质的分析，认为质化方法更加适用于文化心理学的研究，试图建立质化文化心理学研究方法（Miller，2010）。

1. 解释学方法

在文化心理学看来，人建构了社会文化的世界，人也正是在社会文化的世界中建构了自己特定的心理行为方式。而且，文化本身是一种符号体系，那么，人与文化传统的关系就是一种相互意义解读的关系。也正是文化的这种符号化特点，使人与文化传统之间建立了内在的联系，使人对文化传统意义的解读成为可能。同时，人又可以反过来通过理解文化传统来解读人及其心理。因此，文化心理学更多地从解释学的观点切入，通过解释学来建立文化心理学的知识（余安邦，2010）。

2. 民族志方法

这是对人及其所处的文化进行详细的、动态的、情境化描绘的一种方法，探究的是特定文化中人们的生活方式、价值观念和行为模式（Peacock，1986）。它要求研究者长期与当地人生活在一起，通过自己的切身体验获得对当地人及其文化的理解。民族志方法主要有两种：一是整体民族志方法。这种方法通常将一个文化群体（如部落、城镇、社会机构、族）作为研究的对象，对其中那些对于理解该文化十分重要的部分（如社会结构、经济、家庭等）进行重点考察。二是交流民族志方法。这种方法着重研究一个文化群体内成员之间以及不同文化群体成员之间的社会互动模式，考察微观层面的互动方式与宏观层面的社会文化结构之间的联系，通过观察和描述特定文化场景中面对面的人际交流方式，来了解特定文化群体中重要的社会交往规则、文化解释模式及其对人们心理的影响。

文化心理学突出文化，文化是其研究的核心或者说是出发点和归宿。文化心理学要求突破主流的心理学范式，采用新的研究范式构建新的心理学理论体系。文化心理学的发展扭转了主流心理学只关注人类共同心理机制和心理规律而忽视文化因素的思想，使后来的心理学研究更关注文化对人类心理的影响，更关注特定文化中人们不同的心理世界和认知结构，避免了西方"种族主义的蔓延"，弥补了跨文化心理学具有不彻底性的不足，同时也为整个心理学的发展提供了新的思路与方法（田浩，葛鲁嘉，2005）。

三、本土心理学

本土心理学是一种以科学方法研究某一特定族群团体或社会文化中人的心理与行为所发展出来的心理学知识体系，但研究历程中所采用的理论、概念、方法及工具必须与所探讨的本土心理或行为现象及其生态的、经济的、社会的、文化的及历史的脉络高度契合（杨国枢等，2008）。

在发展过程中，本土心理学逐渐将科学精神与人文精神相融合，将客观实验范式与主观经验范式相整合，将量化研究与质化研究相结合。研究者强调本土心理学的研究同某一特定的种族或文化群体相适应，其首要目标是为自己的人民建立一套最妥帖、最有用的完整心理学。

自20世纪70年代起，中国、墨西哥、菲律宾、加拿大等国家的心理学家就开始陆续地进行本土心理学方面的研究。逐渐地，心理学的本土化运动已经波及亚洲、欧洲、拉丁美洲甚至非洲的一些国家和地区（张秀琴，叶浩生，2008）。本土心理学的产生有着广泛的思想、文化、社会和学科背景。它与后现代主义思潮、文化多样性以及世界政治经济格局的变化之间存在着密切的联系（郑荣双，2002）。但是，本土心理学产生的直接原因还是心理学内部对主流心理学的客观主义倾向和缺乏文化敏感性的不满。

其一，传统的欧美主流心理学自成立以来就竭力学习和效仿自然科学的模式，力图将心理学建设成一门像物理、化学一样的自然科学。这一取向尽管带来了科学心理学的繁荣，但也导致主流心理学中出现了严重的客观主义倾向。对客观主义的诉求，使得心理学家努力寻找一些基本的不受任何文化、历史影响的心理机制。这就必然会造成心理学在研究内容上无文化或不关心文化，文化作为一个情境因素被排除在心理学的实验设计之外。此外，对客观主义的诉求，还使得心理学家盲目崇拜客观的研究方法，如实验、测量等量化的方法。他们认为，只要采用客观的科学方法，就能保证研究结果的信度和效度，也就保证了研究的意义和价值。这种观点造成了心理学研究中的方法中心论（张秀琴，叶浩生，2008）。本土心理学反对主流心理学的这种客观主义倾向，主张心理学研究的人文性。它认为，应该用质化的研究方法，如访谈、传记、个案研究等，深入细致地描述和解释人在特定情境下的心理和行为。

其二，主流心理学认为自己的研究成果是客观的超越文化和历史的真理，可以推广到世界其他国家和地区。事实上，尽管西方主流心理学刻意模仿自然科学，去除心理学的文化性，但是人类社会生活的现实决定了人的心理与行为除了受人的生物特性的影响外，必然也会受到其所处的特定的文化传统、生态环境和个人经历等因素的影响。近年来，多元文化论和女性主义心理学的研究也表明，西方主流心理学并没有"价值中立"，而是带有浓厚的西方主流文化和父权制文化色彩（Silverstein，2006）。当这种带有西方文化烙印的主流心理学被推广到世界其他文化和地区时，必然会出现与当地文化的不契合与不兼容，这就导致了心理学的本土化运动和本土心理学的产生。本土心理学作为一种研究取向，具有取向人文性、文化契合性、范式多样性、内涵普适性、心理学研究独立化和自由化等基本特征，其中文化契合性是主导特征（郑荣双，车文博，2003）。这些特征都反映了本土心理学研究要使用适合本文化圈的方法，关注本文化圈的文化与行为，独立自主地开展研究，确立具有文化契合性的、能反映该文化群体本真的心理和行为状态及其规律的学科使命。

文化与心理学的关系经历了由跨文化心理学、文化心理学到本土心理学的发展和演变过程，可以看出文化在心理学中的地位在几经波折后又重新回到了人们的视野，研究者以不同的文化研究视角考察人类的心理与行为，企图能更为客观、真实地解释和分析人类的心理与行为。以近几年的研究为例，中国的南方和北方由于种植水稻和小麦的劳动过程存在差异，相互依存的文化出现在种植水稻的地区，而独立的文化则出现在种植小麦的地区。水稻种植是劳动密集型的，而且还需要协调劳动力，以建立和维持精细的灌溉系统，并在短时间内种植和收割水稻，这些劳工做法产生了一种强调合作和避免冲突的文化。然而，小麦种植并不需要复杂的灌溉制度，也不需要严格的劳动协调，从而产生了一种独立的文化（Talhelm，et al.，2014）。Hamamura（2017）对亚洲文化变迁的文化心理进行了分析，发现在中国独生子女政策下出生的群体更注重自我、悲观和避险，而不那么信任、竞争和认真。21世纪初期兴起的文化认知神经科学开辟了人们对文化与心理行为互为因果认识的新篇章。

近年来，出现了文化会聚主义的新思潮。在文化动态建构论（DCA）的基础上，研究者提出，每一种文化都会受到其他文化的影响，不同文化之间并不存在明确的边界，文化对个体影响的来源是多重的。某种文化基于特定的侧面（而不是全部的要素）对其成员产生影响，而其他更重要的影响可能来自另一种文化的特定侧面，个体的认知和行为是多种文化塑造的结果。因此，文化对个人的影响是网状模式而不是范畴模式。文化会聚主义提出，文化与心理互相构建的过程的关键在于，将文化视为影响人们心理与行为的动态性、间断性、情境性的因素，而非固化的、静态的、持久不变的过程（Morris，et al.，2015）。文化是社会群体适应环境的社会构建产物，也是个体解决当前问题的工具，既受个体当前需求的驱使，又受个体认知过程的限制，是个体能动性的体现（Leung, et al., 2014）。文化会聚主义是一种根植于反种族主义而非文化多样性的新文化理念，强调文化间的相互影响和相互转化（Prashad, 2001；邹智敏，江叶诗，2015）。

第三节 认知、文化和神经科学

一、认知心理学

行为主义发展到后期，出现了认知心理学的萌芽。行为主义心理学家托尔曼于1948年提出了"认知地图"的概念。Cherry于1953年完成了双耳分听实验，证实了人在嘈杂的环境下进行信息加工时注意的特点。1954年诞生的第一台商用计算机，为模拟人类信息加工过程提供了基础。1956年，达特茅斯学院会议和麻省理工学院会议的召开，标志着行为主义开始转向心智研究，这一转变被称为认知革命（Goldstein, 2015）。Neisser于1967年出版了《认知心理学》，标志着认知心理学成为一门独立的学科。认知心理学运用信息加工的观点来研究人类的认知活动，包括感知觉、注意、表象、学习、记忆、思维、语言等心理过程和儿童的认知发展以及人工智能（王甦，汪安圣，1992）。

计算机隐喻把人的大脑隐喻为计算机，是硬件；把人的思维隐喻为程序，是软件。隐喻的产生是启动硬件和执行软件程序的结果（赵爱萍，雷丹，2003）。计算机隐喻的基础是信息理论。信息论认为研究者只应关注信息传输，而信息传输的载体可以忽略。当认知心理学家的研究更加深入时，他们发现计算机隐喻成了一个障碍。因为信息加工是大脑的功能，如果忽略了大脑，我们就无法了解心理过程。因此，一个新的隐喻——大脑隐喻被提出，影响着心理学家的思考，并逐渐取代了计算机隐喻。大脑隐喻的基本原理是心理来源于大脑。随着神经科学的发展，心理学家普遍意识到认知心理学行为层面的研究并不能解释行为背后的机制。Gazzaniga和Wilson（1998）认为，由于认知心理学是纯行为的研究，不能回答表象表征的本质，然而认知神经科学通过探索大脑能够获得表象表征的本质。例如，对于情景记忆和语义记忆的差异存在多重理论解释的可能，认知神经科学家提出了解决方案（朱滢，2007）。

Kosslyn等（1992）提出了认知神经科学三角形模型。该模型指出，认知心理学的研究取得了重大成果，生理心理学和生物心理学在信息加工的框架外，对脑和行为关系的研究也获得了许多重要的发现，因此应该把行为、认知和脑三者结合起来开展研究。在认知神经科学的框架内，研究者可以将外在的行为表现、内在的心理过程和相关的脑机制结合起来，对心理现象进行更加深入的探究。

二、认知神经科学

20世纪70年代，出现了认知神经科学。该学科主要探讨心与脑的关系，融合了多学科、多层次和多水平交叉的方法，旨在阐明认知活动的脑机制，即人类大脑是如何调用其各层次上的组件，包括分子、细胞、脑组织区和全脑去进行各种认知活动的（孟维杰，2012）。认知神经科学得益于多学科的发展。早期的系统神经科学关注脑和行为的关系，在20世纪60—70年代取得了突破性进展。Hubel和Wiesel在1959年和1965年分别对猫和猴子的初级视觉皮层进行了有关早期感觉加工的开创性研究（Davis，2010），这些研究一般是在麻醉动物身上进行的，没有涉及认知概念和认知理论。20世纪70—80年代，认知神经心理学家才真正自觉地在信息加工的理论框架下探讨高级认知过程与大脑神经系统的关系，这直接指向了认知过程的神经基础（Gazzaniga, et al., 2011）。

事实上，早期也有较多的研究指向行为与大脑的关系。17世纪，Willis提出，脑损伤会影响行为。19世纪初，神经解剖学家Gall及其学生Spurzhiem提出了脑功能定位的观点。随着该观点的发展，Broca于1863年发现在左侧额叶的后下方靠近外侧裂处的布罗德曼44、45区是言语运动区，即布洛卡区，该区域受损将会引发运动性失语症。该类失语症以口语表达障碍为特点，严重者仅能发出个别的字音，一般情况下可以说出简单的语词或短句，患者通常发音模糊、咬字不清，但听语理解、书面语理解以及书面语表达方面的能力仍有保留。1874年，Wernicke发现，在颞叶上方靠近枕叶处是言语听觉中枢，该区的主要作用是分辨语音、形成语意，与语言的接收有密切的关系，该区域受损将会引起听觉性失语症。听觉性失语症以严重的听理解障碍为特点，患者语调正常，表达流利，但听不懂别人讲的话。后来，科学家逐渐意识到，只有大脑神经网络整合才能产生心理。19世纪中叶，Flourens对鸽子和小鸡等动物进行了一系列的实验，切除动物脑的一部分，发现某些功能的丧失与切除皮层的大小有关，与特定的部位无关，发现了脑功能的整体性。鲁利亚于1973提出了机能系统说，认为大脑皮层的机能定位是一个动态和系统的结构，该机能系统中的个别环节受损时，高级心理机能就会受到影响。20世纪80年代中期，认知科学和认知神经科学家提出了模块说。该理论认为，人脑的结构和功能是由高度专门化并相对独立的模块构成的，模块的结合能实现复杂的认知功能。

日渐成熟的神经科学技术为认知神经的研究奠定了坚实的基础。ERP、PET 和 fMRI 等技术的应用，为认知神经科学的发展提供了巨大动力，研究者通过高精的技术对大脑的各种认知加工过程进行功能定位。NIRS 和 TMS 技术进一步补充了认知神经科学的研究方法。比如，关于记忆的编码和提取过程，很多研究者假定提取过程与编码过程是相似的。PET 的数据可以直接比较记忆实验中学习和测验阶段被激活的脑区域，显示出了记忆加工过程中的负责编码的区域和负责提取的区域是不同的。编码过程涉及的区域主要包括双侧颞叶、左侧梭状回（LPF）和双侧海马，而提取过程涉及的区域主要包括右侧颞叶、前扣带回皮层、顶回中线和丘脑（Thal）。除此之外，也有脑区在编码和提取时都会被激活，如左侧额叶涉及从语义记忆中提取信息，并同时将提取到的信息新异部分编码进情景记忆中（Tulving, 1998）。因此，可以看出，使用认知神经技术可以检测人脑认知加工过程中的神经反应，进而确认不同认知加工过程的心理特征。认知神经科学利用认知心理学与神经生物学方法对复杂的运动、意识、注意、语言以及学习记忆等高级神经机能的生物学机制进行探讨，通过脑认知成像技术所观察到的是伴随心理现象发生的脑神经生理活动（Tulving, Gazzaniga, 1995）。有研究采用分子生物学方法寻找各种认知活动的神经系统分子基础，在基因、分子水平上对脑的实质进行探讨，从而建立人类心理和神经特征之间的内在关联（孟维杰，2012）。

尽管如此，认知神经科学并不能完全解释个体的心理，它最多只能说明神经事件与认知或行为事件之间相关。通过脑成像技术所观察到的仅仅是伴随心理现象而发生的脑神经生理活动，凭借这些生理活动难以区分复杂、丰富的精神活动的特异性，众多研究只是揭示了心理现象与脑神经活动的相关关系（张卫东，李其维，2007）。

认知神经科学兴起后，在记忆、自我、智力等多个方面开展了大量的研究，也取得了重要的成果。然而，认知心理学研究范式是将心智的内部状态视为抽象表征水平的逻辑或计算过程。认知神经科学从生物学视角来追溯人类的认知发展水平，人类的生物神经系统并不同于计算机软硬件系统，功能主义或表征计算无法充分予以刻画。第二代认知革命倡导在实际生活中考察人的认知活动，将认知的本质视为一个活的身体在实时（real time）环境中的活动，即心智具身性为第二代认知科学的核心，情境性、动力性是其重要的特征（李其维，2008）。受第二代认知革命的影响，认知神经科学更专注于建构身（脑）、心互动的动力系统模型，脑、身以及其所处的环境共同塑造了心理，它们构成了各种不同层级的动力系统。与认知心理学相比，认知神经科学具身认知的研究范式为心理学提供了更系统、动态的研究思路。然而，纵观从认知心理学到认知神经科学研究范式的发展与演变轨迹，始终是以笛卡儿的"二元论"理念为核心，对自然科学精神的推崇始终是其不变的基调。科学主义、理性精神、生态效度等问题一直是困扰认知心理学和认知神经科学研究的问题。尤其是认知神经科学依然坚持持续关注人类认知的基本神经生物基质，这就潜藏着认知神经心理过程的普遍性假设，对文化视而不见，存而不论（刘将，葛鲁嘉，2011）。事实上，人类自身及其周围环境各自有着文化、社会及历史的特殊性，人类所处的社会文化和生态环境也在影响、塑造、改变或建构着人类自身的思维、行为与感知的内容与方式（Han, Ma, 2015）。心理与文化是相互构建并随着时间变化而持续相互作用的观念，已成为文化心理学研究的基本立场。在整合文化心理学与认知神经科学研究的基础上，新兴的文化神经科学为人类知觉具有文化依赖性提供了跨越行为与神经层次的证据和解释（刘将，葛鲁嘉，2011）。

三、文化神经科学

文化神经科学是一门新兴的交叉学科，也是一门通过整合文化心理学、神经科学、遗传学的理论和方法，研究心理、神经、基因的文化差异，并阐明这些过程及其突现性质之间的双向关系的综合科学（Chiao, 2010）。通过研究文化价值观、社会实践等与人类大脑功能的交互作用，文化神经科学试图从一个新的视角理解人脑与社会认知相关的功能组织（卢川，郭斯萍，2012）。在文化神经科学的框架内，人们开展了大量关于大脑如何促进文化传递的研究，主要涉及文化价值观、信念和习俗对神经机制的影响，具体包括知觉、记忆、情绪和社会认知等心理学的研究领域（刘将，葛鲁嘉，2010）。相关研究得到了比较一致的结果：人类生存和发展的文化环境及实践对人类大脑及其神经活动具有塑造作用，这为人类的行为和认知提供了跨文化的多样性的证据（Han, Northoff, 2008）。大脑功能和结构组织的内在可塑性，允许行为实践塑造和改变大脑（Han, Ma, 2015）。常年开车的出租车司机，其海马回（海马回用来存储空间表征）比一般人要更大（Maguire, et al., 2000）。杂技演员的灰质皮层比普通人更厚，而且练习杂技的时间越长，灰质皮层越厚（Draganski, et al., 2004）。这些研究结果都表明，大脑功能和结构性组织对文化情境化的行为和生活经验高度敏感。

（一）文化神经科学产生的内在需求

文化神经科学的研究源于两个有趣的"人性"问题：文化特质（如价值观、信念、习俗）是如何塑造神经生物机制和行为的；神经生物机制（如遗传与神经过程）是如何促进文化特质的产生和传递的。它试图阐明文化特质与生物机制之间的双向互动作用，利用文化、心理、神经、遗传协同互动的观点来解释特定的心理与行为现象（刘将，葛鲁嘉，2010）。既往的研究秉持"认识论剥离"观念，即把心理、大脑和其所处的环境、社会、文化以及生态等背景相分割，这一观念广泛地渗透于心理学的领域。致力于研究文化与大脑、神经与生态等机制之间互动关系的文化神经科学等研究领域的兴起，对这种"认识论剥离"提出了重大挑战。通过研究文化与大脑的互动，新兴的文化神经科学领域将能够超越这种二元对立的研究模式，为研究心理过程提供神经生理的方法。同时，新兴的文化神经科学搭建了文化心理学与认知神经科学之间沟通的桥梁。一方面，文化神经科学包容了文化与心理相互关联、相互建构的文化心理学观点；另一方面，研究者充分利用认知神经科学的方法和技术，证实了文化对心理、大脑的影响（刘将，葛鲁嘉，2011）。

1. 在不同的文化背景下探讨社会认知

对自我和他人社会信息的加工过程被称为社会认知，它是正常社会行为的基础。一些社会信息，诸如面部表情，可以被人们直接知觉到；另一些社会信息，诸如意图和信念，则必须根据知觉到的信息进行推断（韩世辉，张逸凡，2012b）。社会认知的一个重要特征是情境依赖性，在与不同社会等级的人物进行交往时，其方式也会因社会情境不同而表现出明显的差异（Triandis, Gelfand, 1998）。跨文化心理学研究阐述了一些基本社会认知过程的文化差异，如因果性归因和自我构念在东西方文化中的差异。

（1）文化对认知风格的影响

社会认知的跨文化差异在某种程度上反映了不同文化在认知风格方面的差异。研究表明，西方人倾向于使用分析的加工方式，强调从他们所处的环境中突出客体。东亚人加工视觉信息，更多采用的是整体加工模式，关注的是客体和环境之间的关系（Ji, et al., 2000；Masuda, et al., 2008；Nisbett, et al., 2001）。美国人关注的是背景中的对象，而中国人更多关注的是背景（Boland, et al., 2008）。另外，研究表明，对象加工激活的是侧枕复合区（Malach, et al., 1995），而背景加工激活的是海马旁回（Epstein, Kanwisher, 1998）。人类在进化的过程中发展出加工自我和他人社会信息的特定机制，这些机制受到社会文化环境的影响。人脑在加工与自我和他人相关的社会信息时，也会表现出神经层面的文化可塑性。

（2）文化价值观影响个体自我表征的神经机制

文化价值观、习俗、信念分别以各自不同的方式塑造着人们的社会行为。其中，文化价值观（如个体主义、集体主义）对人的行为产生了最深刻的影响。个体主义者认为，自我是一个稳定的整体，自我与他人、环境是相互独立的；集体主义者认为，自我是一个动态的整体，与他人高度关联，自我不断被社会环境所塑造（Markus，Kitayama，1991）。社会神经科学的证据表明，持不同文化价值观个体的自我评价和自我认识会引发特定大脑区域 [如内侧前额叶皮层（MPFC）、后扣带回皮层] 不同程度的激活。已有的文化神经科学研究证据表明，集体主义与个体主义文化价值观调节自我认识的神经机制。在东方文化背景下，个体的自我包容性神经表征更强，在西方文化背景下，个体的自我他人差异性神经表征更强。东方文化背景下是集体主义的自我构念，自我概念中包含母亲，母亲和自我共享神经表征MPFC，而西方文化背景下是个体主义的自我构念，个体的自我概念凸显了自我的部分，自我参照加工激活的是MPFC，而母亲参照加工激活的是顶叶皮层区域（Zhu，et al.，2007）。另外，已有研究表明，文化价值观调节社会认知的神经元表征。Chiao等（2009）关于集体主义和个体主义自我神经基础的研究中，利用跨文化fMRI检测了在一般自我判断（我是诚实的）和情境自我判断（与母亲交谈时，我是诚实的）条件下，集体主义文化和个体主义文化是否能调节MPFC的神经元活动。结果表明，对于一般的自我描述，个体主义文化背景下的人对自我描述的判断使得MPFC出现明显的激活，而对于情景性自我描述，集体主义文化背景下的人的MPFC有明显的激活，行为结果也表明自我构建调节MPFC的活动。以上研究表明，不同的自我构建与特定自我相关加工过程中大脑MPFC的激活有特定的关联，文化价值观调节自我相关加工的神经反应。

（3）文化对情绪识别的影响

文化会影响情绪识别、社会地位知觉以及推断他人心理状态等社会性知觉。在情绪识别方面，个体对相同文化背景下成员的情绪具有选择性识别的能力，即情绪识别的文化特异性（韩世辉，张逸凡，2012）。Elfenbein和Ambady（2003）通过元分析技术进行了有关面部情绪识别的多元文化研究，发现文化适应（acculturation）能促使个体的知觉系统对相同文化背景下成员情绪的表达进行独特的调节。为了研究情绪识别中文化特异性的神经基础，Chiao等（2008）以本土日本人和美国人为被试进行了一项fMRI研究，向被试呈现日本人和美国人的各种面部表情，这些表情包括恐惧、愤怒、喜悦和中立等。从行为水平上看,相对于其他文化中的人,美国人能更精确地判断自己的情绪,脑活动也反映了这种文化特异性。fMRI 研究发现,和不同文化背景下的恐惧表情相比,同一文化背景下的恐惧表情使个体的双侧杏仁核(Any)产生了更强的活动。另外,恐惧表情是一种社会性信号,具有很强的适应功能和生态适应性。与中立、愤怒、喜悦等情绪的识别相比,美国人更容易识别自己的恐惧情绪。同样,研究发现了情绪识别的内群体加工优势表现,相比外群体成员,当情绪表情是由内群成员发出时,个体对情绪表情的判断会更加精确。

2. 人类社会认知的物质基础:社会脑

文化神经科学为人类大脑的研究提供了新的理论框架(朱滢,2011),主要涉及文化价值、习俗、信念是如何塑造脑功能的,人脑的文化能力是如何产生并在宏观与微观的时间尺度上传递的(刘将,葛鲁嘉,2010)。文化神经科学认为,大脑和文化相互作用,大脑产生和支持社会文化交往,文化塑造、改变着大脑的结构与功能。神经可塑性是大脑的内在属性,它使得大脑中的神经机制得以在发展中适应不同的社会情境(韩世辉,张逸凡,2012)。

(1)社会环境和社会脑

从进化的观点来说,为了适应更复杂的社会交往,需要大脑不断地演化(刘将,葛鲁嘉,2010)。研究发现,大脑新皮层的体积与个体所处社会群体的大小成正比(Dunbar, Shultz, 2007)。灵长类动物对复杂的群体生活,尤其是人际关系有更多的认知需求,这促使掌管社会认知的特定神经元不断进化(Parr, et al., 2005)。文化环境的多样性可能会使人类大脑发展出适应特定文化环境的神经机制,使得人类能在特定文化环境下开展有效的社会交往。

Brothers(1990)提出了社会脑假说,认为灵长类动物大脑中存在一些进化而来且具有范畴特异性的区域,负责社会认知。人类大脑承担着适应环境和进化的重大责任,为了适应不断变化的环境,大脑必须有效地解决面临的各种任务或与生存相关的问题。Adolphs(1999,2003)提出,当人们需要加工他人信息时,所激活的皮层和皮层下结构被称为社会脑。Insel 和 Fernald(2004)把社会脑定义为社会经验的神经结果,是使个体能够相互理解的社会认知加工大脑网络。

(2)不同社会文化环境下的社会脑

如前所述,自我—他人表征与皮质中线结构(包括 MPFC、PCC 等区域)有关,但是东西方文化背景下的个体自我表征激活的脑区是不同的。在东方文化背景下,母亲和自我共享神经表征,而在西方文化背景下,母亲参照加工激活顶叶皮层区域(Zhu, et al., 2007)。人际知觉和社会情绪与 MPFC、颞上沟(STS)、杏仁核、前扣带回有关。

(二) 文化神经科学产生的外在条件

1. 全球化和多元文化的出现

随着全球化的推进,与全球文化有关的新的价值观、观念和惯例可能会在经济领域流行起来,同时全球化带来文化的多样性,促使文化多元化。自 Chiao 和 Ambady 于 2007 年首次提出文化神经科学后,研究者认为是经济的全球化促进了文化神经科学的发展(Choudhury, Kirmayer, 2009)。

2. 社会流动与多元文化认同管理

当人们离开自己的国家,来到一个新的国家时,会获得新的文化经验和多元文化认同,在进行多元文化认同时可能会产生一些问题,如拥有多元文化认同的个体可能会体验到内在冲突,感受到不同文化情境对他们具有冲突性的要求。但是,双文化者是否会体验到文化认同冲突,取决于多元文化如何被表征。当个体把两种文化认同表征得协调一致时,会体验到较少的文化认同冲突,当个体无法将文化认同表征得协调一致时,则会体验到明显的文化认同冲突。Adler(1975)认为,文化冲突是对当地人的防御性回避,以及与当地人疏远过程中产生的不安全感。例如,许多移民从安全的、具有归属感的社会环境中迁移到陌生、不熟悉的外国环境中,会产生不安全感和焦虑,也会妨碍个体与当地居民建立联系。一项关于如何提高移民心理适应能力的启动研究发现,在母文化启动之后,增强了移民的安全感和心理适应能力,如在偶然接触标志性美国事件之后(相对于中国或中性事件),在中国香港的美国交换生增强了对中国香港的适应性(Fu, et al., 2015)。

随着文化之间的交流和沟通越来越多,出现了越来越多的双文化个体,由此对双文化个体大脑神经机制的研究成了热点。对中-美双文化个体进行文化启动的研究表明,在中国文化启动条件下,相比美国文化价值观相关词汇,个体对中国文化价值观相关词汇的反应速度更快。在美国文化启动条件下,则刚好相反。在这两种启动条件下,个体被激活的脑区不同,证实了在文化启动中双文化被试可以动态通达不同的自我神经表征(Chao, et al., 2010)。Ng 等(2010)在中国香港通过量表筛选出 18 名双文化者作为被试,使用集体主义文化和个体主义文化环境中经典的材料,比如,影星(中国的李小龙,西方的 Roger Moore)、饮食、音乐艺术、宗教和传说五个领域的 13 张图片和一些诱导性问题,采用自我参照加工范式，一半被试先在西方文化启动下搜集数据，一天后在中国文化启动下搜集数据，另一半被试正好相反。fMRI 数据表明，相对于非语义加工（字形判断），两种文化启动下的语义［自我、母亲和一个不认同的人（no identity person，NIP），即对你产生重要影响的人，但不是你的父母，可以是导师、同学等，你不认同他/她］加工均较多地激活了左下额叶皮质（LIFC）和额上皮质，进一步分析发现，在西方文化启动条件下，与母亲判断和 NIP 的判断相比，自我参照判断更多地激活了腹内侧前额叶皮质和右侧纹状体外皮质（REC）；在中国文化启动条件下，自我—母亲、自我—NIP、母亲—NIP 的全脑分析均无显著差异，表明中国文化启动条件下增强了自我与他人之间的联系，而美国文化启动条件下则削弱了自我与他人之间的联系。

3. 社会认知神经科学研究的发展对文化神经科学的推进

关于 0～2 岁婴儿社会脑的研究对促进婴儿心理发展及成年人社会脑的基础研究都具有重要作用。0～2 岁的婴儿大脑发展速度快，可塑性强。这个阶段的婴儿面临两个重要的挑战：一是怎样面对客观世界、认识客体；二是获得社会和有关他人的信息。了解社会不仅意味着要发展预测一般行为和对他人做出反应的能力，而且要理解他人的注意、信念和愿望，这些能力的发展有助于婴儿更好地适应社会（Farroni，et al.，2005），同时这些研究结果为探讨不同文化背景下人的行为及脑机制奠定了基础。

（1）新生儿面孔加工及视觉注视的神经机制

新生儿天生就具有面孔加工的偏爱。研究发现，存在一个快速的皮层下回路调节婴儿社会脑皮层的加工，为社会脑的形成奠定了重要的基础（Johnson，2005）。在社会知觉早期发展过程中，研究者发现婴儿大部分的社会脑能够被激活，面孔和眼睛注视的知觉加工共享皮层激活的相同模式，随着年龄的增长，分离变得更加特定化（Grice，et al.，2005；Farroni，et al.，2005；Johnson，2005）。这些研究结果表明，社会脑的结构功能存在同质性，随着经验的增多，这些大脑区域会表现出更多的功能差异，在成年阶段慢慢产生特定的激活模式。

（2）临床患者的社会认知神经机制

关于社会脑的研究对于非典型性行为（如自闭症）的发展具有重要意义。研究发现，如果个体的皮层下回路的发展受到干扰，便会出现某些临床症状。自闭症个体表现为社会脑特定结构发展延迟或不足，研究结果表明自闭症儿童的眼睛注视和面孔识别具有相同的加工模式，而正常儿童发展到一定阶段会产生不同的加工模式（Grice，et al.，2005）。神经心理科学的研究表明，空间忽视症患者表现出对忽略领域中的刺激注意的不足,但如果刺激以面孔的形式出现,则不会出现这种结果,表明面孔获取注意具有优势效应(Vuilleumier,2000,2001)。视觉皮层损坏的盲视患者对于面孔和表情检测的能力低于正常人(Morris, et al.,2001)。梭状回和枕状回损坏的脸盲症患者缺少把面孔当作整体或者结构来处理的能力,但能够检测出面孔和某些面孔表情,目标识别涉及的大脑皮层是外侧枕叶皮层(Occ)区域和腹侧颞叶皮层,面孔识别涉及的脑区是梭状回和枕下回,表情识别涉及的脑区是海马回、眶额叶皮层和感知运动区,注视涉及的脑区则是颞上沟和颞上回(De Gelder, et al.,2003)。

四、神经遗传学的研究

基因是遗传的物质基础,对人类的生理机制有重要的作用。人类执行各种文化任务时,那些为人类生存提供有力帮助的基因会被选择和保留下来(丁小斌,赵楠,2015)。基因对人类生物机制的每一个水平都有着实质的影响,包括调节大脑的神经传递。神经遗传学的研究表明,基因对认知、情绪等心理过程的神经机制具有调节作用(卢川,郭斯萍,2012)。

(一)基因的文化差异

神经遗传学研究发现,人类基因具有明显的文化差异。一个特定基因的等位基因频率的文化差异可能存在于多个进化过程中。基因不仅调节脑机制和行为,而且与文化选择相互影响(Lonsdorf, et al.,2009)。文化—基因协同进化论提出,人类深受文化和基因两方面的影响,基因和文化由此相互制约,并相互选择(徐江等,2016)。文化价值观具有适应性,在特定的环境中,基因选择会通过产生特殊的神经结构储存和表达这些文化价值观、文化特质,如个体主义和集体主义。人们在不同的背景下生存和繁衍,这一过程会导致某些基因的等位基因频率出现差异(Munafò, et al.,2010)。另外,根据文化—基因协同进化理论的核心主张,一旦某文化特质是适应社会环境的,负责存储和传递文化能力的认知和神经结构在遗传选择的作用下得到细化和提炼,很可能会在心理和神经过程方面产生文化差异(Taylor, et al.,2006)。

Kitayamal和Usku(2011)基于集体主义—个体主义文化背景的研究发现,某些简单的基因突变频率(被称作单核苷酸多态性,SNPs)极大地受到当地生态和文化的影响。在适当的文化背景下,相对应的基因对智力和行为有重要的影响(Green, et al.,2008)。不同文化群体间的等位基因存在着巨大差异,其中,羟色胺转运体基因多态（5-HTTLPR）和多巴胺 D4 受体（DRD4）基因第三外显子多态这两个基因在集体主义—个体主义这一文化维度下出现的频率有很大的差异，是文化对对应基因的选择，也是相宜基因对相宜文化的延续。S 等位基因在亚洲人群中十分普遍（频率：0.5—0.8），与欧美人（频率：0.2—0.4）相比有较大的差异（Gelernter, et al., 1997）。不同文化特质选择适宜的基因延续种群，实现优良的发展。Kitayama 等（2014）认为，那种长等位基因的 DRD4 在新奇的、具有挑战性的环境中更易被选择和保留，而这种敢于挑战、敢于冒险的特性更多地出现在崇尚个体主义的种群中，很少出现在崇尚集体主义的种群中。农耕的劳作方式很少需要这种基因的帮助，而面对严峻的生活环境，游牧民族的生活更需要这种基因的作用。可见，当人类执行各种文化任务时，那些为人类生存提供重要帮助的基因也许因此被选择和保留了下来（Kitayama, Cohen, 2010）。

（二）解释人类发展的新视角：文化-行为-大脑循环模型

随着文化神经科学的出现，越来越多的证据表明文化与行为之间不仅存在双向的交互影响，而且人类的大脑也不断被形塑。Han 和 Ma（2015）提出了文化-行为-大脑循环模型（CBB），阐明了文化和大脑之间整体化的动态相互作用。在直接的文化—大脑交互方式中，文化与大脑相互作用。不同的文化价值观会塑造不同的大脑功能，比如，在集体主义文化背景下，自我表征与母亲表征共享大脑的 MPFC，而在个体主义文化背景下，该区域只表征自我，不表征母亲。相应地，文化塑造的大脑执行特定的社会规则和适应特定的社会文化背景。在间接的文化—大脑交互方式中，行为实践是该路径的中介。该模型涉及四个环节：一是文化情境化人的行为。在特定文化背景中，主导性的共享信念和行为脚本使得个体产生文化情境化行为。比如，在个体主义社会，父母重视培养儿童的独立性，就会让孩子出生后住单独的房间；在集体主义社会，幼小的儿童通常与父母住在同一个房间。人们共享的文化信念促成了个体的文化情境化行为，离开该文化环境，特定的文化情境化行为就有可能消失。二是文化情境化行为形塑大脑。人脑的功能性或结构性组织具有内在的可塑性，长期接纳某种社会价值观和执行情境化行为之后，便会被塑造和改变。行为实践能塑造人脑的功能甚至结构，使得与行为实践有关的脑区更为发达。三是大脑引发文化自发性行为。被文化形塑过的大脑支持个体自发地采用与社会规范一致的行为（即文化自发性行为）来轻松应对社会文化环境。集体主义文化背景下的个体在进行自我反思时，大脑颞顶联合区的神经活动显著增强，在对社会附属性线索进行反应时，尾状核和 MPFC 的神经活动显著增强，这些神经活动使得个体更容易采择他人的观点，与他人协作并按照社会关系强调的社会规范来行动。相反，个体主义文化背景下的个体在进行自我反思时，MPFC 的神经活动显著增强，在对社会主导性线索进行反应时，尾状核增大，这使得个体尽可能达到目标，并按照社会等级强调的社会规范来行动，而这些文化自发性行为可以独立于特定文化背景而发生。四是文化自发性行为适应或改变文化。自发性行为使得人们适应特定文化更便捷，同时也可以改变现有文化。比如，当今互联网的普遍使用给社会交往带来了革命性的变化，随之也出现了互联网文化（如虚拟的熟人、匿名的交往等）。智能手机和便携设备使人们"always on"（总是在线），这让人们从朝九晚五的工作模式中解放出来，但却模糊了工作和生活的界限，这些行为带来了新的社会文化价值观，改变了传统文化。

文化心理学在识别人的心理与行为产生影响的各种文化特质（价值观、习俗、信念）方面取得了显著的进展。脑神经科学领域发展出了大量的能够在不同的时空条件下对神经过程与心理过程进行定位的技术，包括认知神经科学、社会神经科学、情感神经科学在内的人类神经科学从根本上改变了大脑与心理的研究（Gazzaniga, et al., 1998）。在遗传学领域，人类的神经遗传学研究对人类基因组的功能和结构有了更好的认识。同时，神经遗传学发展出了各种把基因定位到神经、心理和文化过程的技术（Handy, 2005）。总之，文化心理学、脑科学、神经遗传学等领域的进步和进展为文化神经科学研究奠定了坚实的基础。在对这些领域的理论、技术、方法进行汇聚和整合的基础上，文化神经科学将深入探讨基因、大脑、心理与文化之间的相互建构。

第二章

文化与认知

在科学心理学创立之初,心理学家就意识到了文化对人的心理与行为的影响。冯特最早把心理学的研究领域分为两部分:个体心理学和民族心理学。他认为,实验的个体心理学不能称为一门完整的心理学,对于人的高级心理过程而言,其实验的方法是有局限的。高级心理过程与社会文化紧密相关,要想了解人类心理的全貌,就必须借助于社会文化。人类的心理行为是文化、历史的产物,与特定文化有着密切关系,对于人的心理与行为,必须在不同的文化和历史框架下进行理解。事实上,人类自身及其周围环境各自有着文化、社会以及历史的特殊性,人类所处的社会文化和生态环境也在影响、塑造或建构着人类的思维、行为与感知的内容与方式。在一定程度上,这种特殊性造就了不同文化群体的心理差异。目前,人们认识到了文化对人的心理和行为的重要影响,但文化通过何种机制影响人的心理和行为,却是研究者一直在苦苦探索的问题。

Nisbett和Norenzayan(2001)提出,文化对人的心理与行为的影响主要通过认知系统这个中介机制发生作用。这也是为什么研究者所采用的方法主要集中在揭示文化如何塑造人的认知系统(Markus,Hamedani,2007)。在整合文化心理学与认知神经科学研究的基础上,新兴的文化神经科学已经为人们洞察文化背景、社会信念影响个体认知的功能和大脑机制提供了必要的视角以及研究途径。本章将从文化神经科学角度论述文化对注意与知觉、记忆、社会认知的影响。

第一节 注意、知觉的文化差异及其神经机制

认知心理学(cognitive psychology)以信息加工观点为核心,与计算机进行类比,将人脑看作类似于计算机的信息加工系统。信息加工模型(information-processing model）将人的认知活动分解成一系列的阶段，每一阶段都对输入的信息进行独一无二的加工，最终的反应（例如，说出"哦，我想起来了，我们以前见过"）被假定为这一系列阶段和操作（例如，模式识别、信息表征、概念形成、判断、推理和产生语言）的结果。在信息加工过程中，注意和知觉是最基础的一步。注意从大量信息中选择有限的信息进行积极加工（Duncan，1999；Motter，1999；Posner，Fernandez-Duque，1999），帮助知觉将加工对象形成内部表征。这些被注意选择、知觉加工过的信息就成为接下来各个阶段的加工原材料。

根据文化心理学中文化与认知学派的观点，注意、知觉的差异很可能是导致东西方系统性的认知差异的基础，Nisbett将其称为视角的差异（Nisbett，Masuda，2003）。具有西方文化视角的人更倾向于注意中心目标物体，对目标物体的特性有更多的了解，习惯根据物体的属性进行归类。基于对目标特性更充分的了解，他们容易发现影响目标物体行为的内在规律（Ji，et al.，2000）。正因为他们关注目标的特性，所以在因果归因上容易强调目标属性对目标行为的影响和作用（Nisbett，et al.，2001）。相对来说，东亚文化视角下的东方人更倾向于注意背景信息，从而容易发现事物之间的关系及其变化（Ji，et al.，2004），也正是由于他们更注意事物之间的关系，其对事物进行归类的时候，容易根据事物之间的整体相似性而不是事物的内在差异性进行分类（Nisbett，et al.，2001）。由此可见，东西方文化视角特有的注意倾向和知觉加工偏好导致了以上我们熟知的认知上的文化差异。

注意和知觉作为人们内部信息加工的门户，文化对其他高级认知操作（包括记忆、思维、语言等）的影响必然会通过改变注意和知觉的方式而实现，所以探明文化对个体注意、知觉的影响就显得至关重要。

一、认知加工风格：整体性加工和分析性加工模式

东方文化和西方文化在社会结构和习俗方面都存在着很大差异，影响了人们的认知加工风格。东方社会具有相互依存和集体主义的特点，强调社会关系和角色；而西方社会则具有独立自主和个体主义的基本特点，强调个人的目标和成就。这两种不同的社会文化系统导致了不同的认知加工风格（Nisbett，et al.，2001），分别是整体性加工（holistic processing）风格和分析性加工（analytic processing）风格。整体性加工风格倾向于把情境（背景）与事件作为一个整体进行思考和处理，比如，在观察物体的时候，不仅关注目标对象，同时也关注对象所在的环境或背景信息；对事件进行归因时，不仅强调行动者本身的作用，也

重视事件发生时的外在环境因素；在对物体进行分类时，更关注事物之间的联系；在进行逻辑思考的时候，对互相矛盾和冲突的结论并不敏感，喜欢使用辩证法去推理。分析性加工风格则是指个体倾向于将对象从情境或背景中抽离出来进行思考和处理，比如，在观察物体的时候，主要关注物体本身，对周围的环境或背景信息不关注或者关注得比较少；在对事件进行归因时，更强调行动者本身的因素；在进行逻辑思考的时候，对互相矛盾和冲突的结论更为敏感，不能容忍矛盾状态，倾向于接受某一种解释，而放弃其他与之冲突的解释。

东方人认为，人的行为是事物和环境因素之间相互作用的结果，而西方人通常认为人的行为是独立的，与环境的关系并不密切。东方人的认知加工是整体性的，将注意力集中于对象所在的环境，并根据因果关系归因事物与环境的关系；西方人的认知加工是分析性的，将注意力集中在对象上，根据其属性进行分类，并根据规则对事物进行归类（Norenzayan，Nisbett，2010）。整体性认知加工具有更广阔的注意范围，倾向于要求在与背景的联系中解释客体对象，理解环境刺激之间的关系，加工的主要目标往往是背景及其与客体对象之间的关系。分析性认知加工具有相对狭窄但又非常聚焦、集中的注意范围，倾向于从背景中分离出客体，解释环境刺激的绝对和独立的方面，加工的主要目标往往是凸显客体对象的特征、属性。由此可见，在强调"相互依存"的东方社会中，视觉刺激和环境背景间的相互关系具有更大的价值，东方人更注重视觉刺激和环境背景间的相互关系，而没有充分考察刺激对象；相比之下，在强调"独立自主"的西方社会中，人们会更注重特定客体对象自身，导致西方人更关注客体本身的特征，而没有充分考察刺激所处的背景。

二、注意的文化神经科学研究

（一）注意的脑机制

长期以来，研究者把注意视为一个单一的系统。随着研究的深入，已有的理论在解释注意现象时表现出越来越多的缺陷。为弥补单一系统理论的缺陷，Posner 和 Peterson（1990）基于大量脑损伤研究以及认知神经心理学的研究提出了具有功能定位的注意网络模型，描述人类注意系统的工作模型。该模型把注意系统分成警觉（alerting）响应、定向（orienting）网络和执行控制（executive control）三个子成分。警觉响应主要涉及额顶区域及丘脑（thalamus），具有维持注意、保持警觉状态的功能；定向网络主要包括顶上小叶（SPL）、上丘（SC）、额叶眼动区（FEF），具有对信息进行定向和选择的功能；而执行控制主要涉及前扣带回（ACC）、背外侧前额叶（DLPFC）和右侧额下回（RIFG），具有调节网络间的冲突和控制注意中断、转移的功能（Posner，Rothbart，2007）。这一模型为人们更好地理解注意的神经机制提供了新的视角。目前，文化神经科学关于注意相关神经机制的研究，主要集中在注意系统这三大功能相关脑区。

（二）注意范围的文化差异

注意范围也叫注意的广度，是指在同一时间内意识能清楚地把握对象的数量。东西方人在加工外部世界时，注意的范围存在着明显不同。东方人强调对象与背景的关系，注意视角较大，因此具有更广阔的注意范围；而西方人强调分析对象的特征，注意视角较小，因此具有相对狭窄而又非常聚焦的注意范围。

关于文化对注意范围的影响，研究者主要采用变化盲（change blindness）范式寻找注意范围存在文化差异的证据。变化盲是指观察者不能探测到视野中客体或情境的变化的现象（Simons，Levin，1997）。按照注意特点，东方人应该对背景信息的变化较敏感，西方人应该对中心对象的变化较敏感。Masuda 和 Nisbett（2006）通过三项研究探讨了注意范围的文化差异。其在研究中向美国被试和日本被试先后呈现两张图片，一张是没有变化的原始图片，另一张是核心物体或者背景信息发生变化的图片，然后让被试判断这两张图片是否存在差异，并报告差异表现在何处。研究 1 的结果显示，日本被试对背景信息变化的图片较敏感，但日本被试和美国被试对核心物体变化图片的探测并没有表现出差异；在研究 2 中，研究者控制了变化信息的负载，即核心物体或者背景信息的变化不止一处，结果发现，日本被试对背景信息变化的图片较敏感，而美国被试对核心物体变化的图片有较多的报告；在研究 3 中，为控制情景信息对不同文化群体造成的注意分配偏向的影响，研究者向两组被试均呈现美式场景以及日式场景，同时操纵图片中背景信息或者核心物体的变化，得到的结果仍与研究 2 的结果完全一致。这些研究结果说明了东方人对背景信息的变化更敏感，而西方人对中心对象的变化更敏感。同样，研究者采用变化盲范式对具有集体主义文化倾向的中欧人、东欧人和西欧人进行了对比研究，结果发现，与西欧人相比，中欧人、东欧人对背景信息的变化较敏感，而西欧人对中心对象的变化较敏感（Varnum，et al.，2008）。这些结果提示我们，不同的文化环境影响了人们对物体或背景信息的注意。Boduroglu 等（2009）采用同样的范式更加直接地研究了东西方人在注意范围上的差异。研究者向被试呈现由四个颜色不同的小色块组成的一组图形，然后再呈现由另外四个小色块组成的另一组图形，同时变化四个小色块所在的位置（原来色块的位置一致或者不一致，不一致包括四个色块之间的距离缩短或增大），要求被试完成颜色变化判断任务，判断前后两次呈现图片中的小色块的颜色是否有变化。结果发现，在距离增大条件下，东亚人的成绩优于美国人，东亚人比美国人更好地发现了色块的颜色变化；相反，在距离缩短条件下，美国人的成绩相对较好。这说明东方人和西方人在注意范围上存在明显差异，东方人的注意范围比西方人更广阔。

（三）注意分配的文化神经差异

注意分配是指在同一时间内将注意指向于不同的对象。Kitayama 等（2003）利用帧线测验（FLT）发现，东西方人在注意的分配上存在不同的倾向。帧线测验首先向被试提供一个方框，在上方中间有一条垂直线段（不超过方框的高度）。简单地观察图形之后，在测试阶段向被试提供一个大小不同的新的方框。在绝对条件下，要求被试在新方框内画出一条和先前垂线的绝对长度相同的垂线；而在相对条件下，要求被试按照先前所见的框线比例，在新方框中画出和先前的框线比例相同的垂线［图 2-1（a）］。因此，被试在绝对任务条件下的表现取决于对特定刺激及其独立于背景的特征的分析性加工；而在相对任务条件下的表现取决于对周围方框、特定刺激及其背景之间的关系的整体性加工。结果发现，美国人在绝对任务中的表现要好于在相对任务中的表现；与此相反，日本人在相对任务中的表现要好于在绝对任务中的表现［图 2-1（b）］。因此，美国人倾向于采取分析性方式的分配注意（聚焦于特定刺激和与背景独立的特征），将大部分注意资源集中在中心对象；而日本人则倾向于采取整体性方式的分配注意（聚焦于刺激的背景和各种客体之间的相互关系），注意资源主要分配在背景及背景与对象的关系上。Jenkins（2010）等运用一个基于 fMRI 适应范式的视觉场景的一致性来研究语境处理中的文化差异。其任务是让 16 名美国人和 16 名中国人观看一组图片，这组图片中背景与对象是配对的。在一半的图片中，对象与一致的背景配对，而另一半的对象则与不一致的背景配对。结果发现，中国人比美国人对背景的不一致更敏感，因为西方人把注意力集中在中心物体上，往往忽略了背景，而东方人则能更全面地处理场景，关注物体嵌入的环境。

Zhang 和 Seo（2015）比较了美国和中国被试对食物图像的视觉注意模式的差异，让被试在没有特定任务的情况下观看不同背景的食物图片，并用眼动仪记录他们的眼动轨迹。随着背景的改变，美国被试与中国被试相比，对食品图片的视觉注意力显著下降，中国被试的视觉注意更多地受到了背景环境的影响。这项研究结果为文化影响视觉注意分配提供了证据。

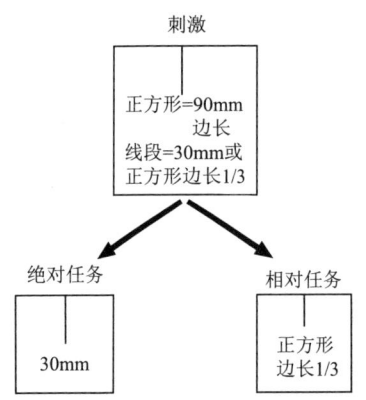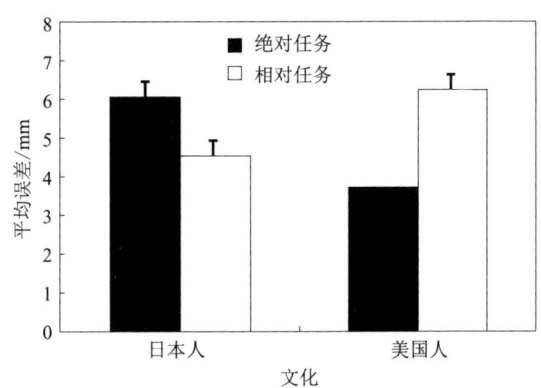

(a) 在帧线测验中，学习阶段，被试观看一条被固定大小的方框包围的垂直线；测试阶段，被试按照绝对或相对判断要求在不同大小的方框中画出直线

(b) 在绝对判断任务中，西方人比东方人更少受到方框大小的影响，平均误差更小；在相对任务中，东方人比西方人表现得更好

图 2-1　东西方个体在帧线测验的绝对任务和相对任务中的表现（Kitayama, et al., 2003）

　　为了进一步阐明注意分配中文化差异的神经基础，Hedden 等（2008）对帧线测验进行了适当修改，使之适合 fMRI 使用，其研究以东亚留美学生和欧裔美国人为被试。在 fMRI 扫描下，向被试呈现一系列方框包含垂线的刺激图片，要求被试判断方框中的垂线是否与之前见过的刺激图片中的线段长度相同，或判断垂线与方框的比例是否与之前见过的刺激图片比例相同［图 2-2（a）］。因此，判断任务就分为两类：绝对判断和相对判断。在绝对判断任务下，被试要判断线段的绝对长度，不管方框的大小，需要独立于背景，充分考察目标对象的特征，属于分析性加工，这类似于具有独立性的西方人的注意分配方式，所以研究假定美国人在绝对判断任务中表现得更好、加工更流畅。在相对判断任务下，被试要判断垂线与方框的比例，需要考察中心对象和环境背景之间的关系，属于整体性加工，这类似于强调互依性的亚洲人的注意分配方式，所以研究假定东亚人在相对判断任务中表现得更好、加工更流畅。在整个研究中，虽然行为结果没有表现出十分明显的文化差异，每组被试的注意相关脑区也均被激活（包括前额叶和顶叶中的大部分脑区），但每组被试进行非偏好判断比偏好判断脑区激活程度更大，也就是说，东亚人做绝对判断比做相对判断更困难，注意控制相关脑区激活程度更大；美国人做相对判断比做绝对判断更困难，注意相关脑区激活程度更大［图 2-2（b）］。除此之外，研究还发现，两组被试的脑区激活程度还与被试的文化认同程度显著相关。独立性越高的美国人和文化适应越高的东亚人在绝对判断任务中脑区激活程度越小，在相对判断任务中脑区激活程度越大。该研究给我们一些启示：首先，在同一类任务中，两组被试相同的神经系统被调动，这表明来自两

种文化的个体进行着相同的认知加工过程，具有相似的注意加工脑结构；其次，即使来自两种文化的个体进行着相同的认知加工，每一组被试也都有其偏爱的加工方式，东亚人具有整体性加工偏好，西方人具有分析性加工偏好；再次，即使来自同一文化背景的个体，文化认同也存在差异，这种文化认同／归属的差异会影响注意加工的流畅性；最后，在相对简单、抽象的任务中，文化的确可以塑造注意控制的大脑反应。

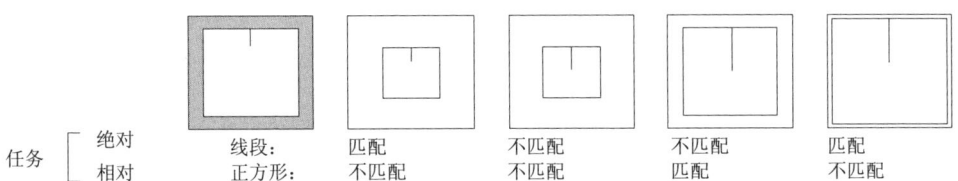

（a）在绝对任务（背景独立判断）中，被试不考虑方框的大小，直接判断方框中的垂线是否与先前呈现的线段长度相同；在相对任务（背景依赖判断）中，被试需要考虑垂线与方框的比例，判断垂线与方框的比例是否与先前呈现的两者比例相同

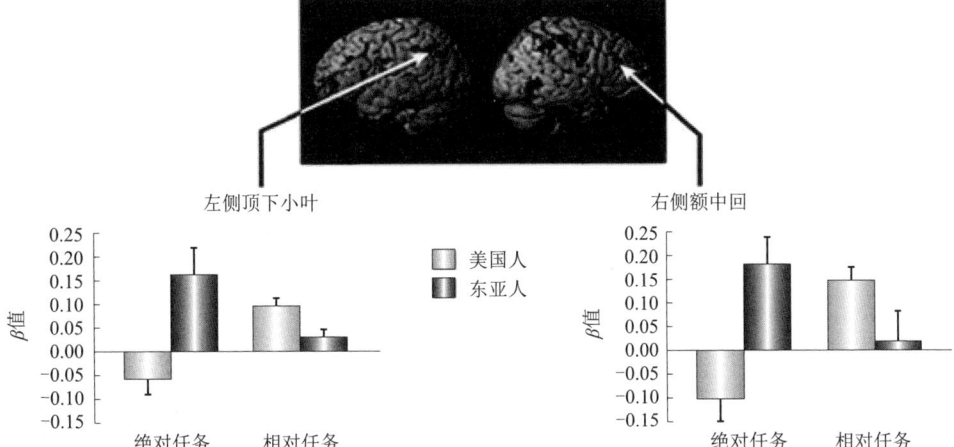

（b）判断任务相关的额顶叶脑区激活情况：在绝对判断任务中，东方亚洲人比西方人的左侧顶下小叶和右侧额中回的激活程度更大；在相对判断任务中，则刚好相反，西方人比东方亚洲人的左侧顶下小叶和右侧额中回的激活程度更大

图 2-2　在帧线测验中，注意网络活动的文化塑造（Han & Northoff, 2008）（见彩图 2-2）

（四）注意选择的文化神经差异

东西方人不仅在注意的范围、分配上存在文化差异，在注意的选择上也存在着不同。Masuda 和 Nisbett（2008）通过研究美术绘画和摄影作品中的构图内容与视角，发现东西方人在文艺创作过程中注意选择上存在不同。实验一中选择

了东西方 15—19 世纪的肖像画、风景画和有场景的人物画等三类作品,分析了东西方艺术作品中的文化差异。通过分析发现,东亚风景画将地平线安放在更高的位置,这种较高处的地平线使得画内能包括更多的其他物体和人物,而西亚风景画的地平线却较低。同时,西亚肖像画的人物要比东亚肖像画的人物大,这说明东亚艺术家比西方同行可能更强调背景信息,忽视了场景中的人物,而西亚艺术家更多地强调了场景中的人物。实验二检验了不同文化中的一般人是否也用相同的方式处理背景信息。实验包括两个任务:画一幅风景画和拍摄一张人物照片。结果显示,在风景画任务中,东亚人比西方人更可能将地平线画在高处并画入了更多的物体;在照相任务中,东亚人比西方人更可能使模特显得更小,背景显得更大。这一结果说明,人们内化了所属文化中的传统审美风格。实验三中,被试被要求评价所看到的照片,并选出一张他认为最好的,这个实验是为了研究不同被试对照片评价的文化差异。评价任务的结果显示,日本人比美国人更偏好于欣赏强调背景信息的图片。因此,研究证明了东亚人比西方人在审美上对背景更敏感。这些结果与之前关于文化与注意的研究一致(即具有整体性注意模式的东亚人更偏好于注意背景的包容性;具有分析性注意模式的西方人更偏好于注意显著目标)。

Qin(2013)后续探讨了照片中取景时审美偏好的文化差异,拍摄任务调查了不同文化背景下人们如何拍摄照片。结果表明,美国的参与者更倾向于关注目标对象,而东亚的参与者则更多地关注背景或与背景相关的信息。

Lewis(2008)等利用 ERP,采用三刺激 Oddball 范式在电生理学水平上检验了文化对注意选择的影响(Lewis, et al., 2008),被试分别是亚裔美国人(东亚)和欧裔美国人。研究中,Oddall 范式包括三类刺激:出现频率为 12% 的目标刺激(数字 6)、出现频率为 76% 的标准刺激(数字 8)和出现频率为 12% 的新异刺激(三位数或三个辅音字母,如 TCQ、305),ERP 记录过程中要求被试对目标刺激做按键反应。研究将 P3 作为注意测量指标,P3 波幅越大,说明注意资源分配越多。结果发现,欧裔美国人注意目标引发的 P3 波幅比亚裔美国人注意目标引发的 P3 波幅更大,表明欧裔美国人更加关注作为注意中心的目标刺激;相反,亚裔美国人注意新异刺激引发的 P3 波幅比欧裔美国人注意新异刺激引发的 P3 波幅更大,表明亚裔美国人比欧裔美国人更加关注作为背景的新异刺激。此外,研究还发现,个体的互依性自我构念越强,被试注意新异刺激引发的 P3 波幅越大,也就是说,互依性文化认同度越高,个体就越注意背景特征和分心刺激。这些发现进一步证实了文化差异对注意加工的影响,东方人持有整体性加工偏好,对背景更敏感,而西方人持有分析性加工偏好,对目标物更敏感,而且二者具有不同的神经激活模式。

东西方人在注意倾向上的差异，很可能是受到东西方社会关系和社会复杂性差异的影响。东方社会的复杂社会网络可能培养了人们对背景关系信息的敏感能力。西方社会的社会环境相对简单，因此容易形成对目标物体关注的习惯（Nisbett，Masuda，2003）。在儿童社会化过程中，父母或者其养育者会引导孩子形成该文化的特定注意策略（Fernald，Morikawa，1993），因此特定文化下的注意策略经过不断的强化与训练，形成了习惯的、自动的无意识过程，被代代承传。例如，关于抚养儿童的互动风格和信念的文化差异强烈影响了养育者与婴幼儿谈话的结构和内容。当母亲和婴幼儿一起玩玩具时，美国母亲比日本母亲更频繁地说出玩具的名称和它们的属性；相反，日本母亲比美国母亲更经常地强调玩具与周围环境的关系。美国母亲强调目标的名称，可能会引导婴幼儿关注目标和对目标进行恰当的分类，然而日本母亲强调社会实践，可能会引导儿童注意关系或者目标所在的背景（Fernald，Morikawa，1993）。

三、视知觉的文化神经科学研究

（一）视知觉的脑机制

人类认识外在世界的信息大约80%是通过视觉提供的，因而对视觉加工脑机制的研究是了解人脑信息加工、脑高级功能机制的重要途径，这也是跨文化研究认知的文化差异非常重要、基础的领域。

大脑存在不同视觉信息加工通路：腹侧视觉通路（VVP）与背侧视觉通路（DVP）。前者负责物体觉知与识别，后者专司物体的空间信息加工（De Beeck，et al.，2008）。腹侧视觉通路是指分布在枕叶皮层并延伸到颞叶腹侧与外侧的脑区，这些脑区统称为腹侧视觉皮层（VVC）。它们之间缺乏明确的界限，但在视知觉表征中发挥不同功能（De Beeck，et al.，2008）。腹侧视觉皮层可以说是类别信息加工区，负责事物类别的识别和表征。人类的腹侧视觉皮层内存在与特定刺激（如面孔、躯体、房屋等）识别一一对应的模块或类别信息加工区，如负责加工面孔部位特征的枕叶面孔区和颞顶沟内侧面孔区，负责整合和表征面孔部位和轮廓信息的梭状回面孔区，负责分析身体部位和整合身体各部位的躯体区，负责编码当前环境几何关系和整合同一背景下不同角度图像的场景区，觉察除面孔、躯体、房屋以外的其他物体的物体形状区。目前，文化神经科学关于文化对知觉的影响研究多数集中在知觉加工偏好方面，而能够清晰说明文化如何对知觉神经机制进行影响，无外乎对腹侧视觉皮层结构和功能差异的探究。持续的经历会影响大脑的结构和功能，因此持续接触一系列文化经验和行为习惯会影响神经结构和功能。Park 和 Huang（2010）通过研究证明，对集体主义和个体主义的偏爱影响了东方人和西方人的神经结构和功能。文化经验影响大脑结构，神经功能受到文化的影响，特别是在与知觉加工有关的腹侧视觉皮层区域。

（二）目标对象知觉与背景知觉的文化神经差异

Gutchess 等（2006）使用 fMRI 技术考察了东亚人和美国人在加工目标物体、背景环境时大脑活动的差异。在研究中，被试观看一系列图片并对这些图片进行喜爱度评价，图片分为三类，分别是只有中心对象的图片、没有中心对象的背景环境图片以及包含中心对象和背景的场景图片。研究发现，在知觉背景环境图片时，东亚人和美国人的场景编码脑区都被激活，激活程度相似；在知觉对象图片时，美国人的物体形状编码脑区（lateral occipital region）激活程度更高，这一结果进一步提示，在知觉过程中，西方人比东亚人更多注意、加工中心目标物体，说明文化经验影响了个体知觉对象的神经活动程度。

Goh 等（2007）利用 fMRI 适应范式对文化经验是否会影响个体对重复出现的物体对象和环境背景的表征适应效应进行了检验（Goh, et al., 2007）。fMRI 适应范式是一种结合了脑成像技术并用于研究视觉表征的新的适应范式。该范式基于如下假设：相同刺激的持续呈现会使对该类刺激进行特征编码的神经群产生适应，与知觉不同刺激相比，相应神经元群的 fMRI 信号会减少，即出现"重复抑制"（RS）（Grill-Spector, Malach, 2001）。Goh 等（2007）考察了文化和成熟两种因素对个体知觉适应效应的影响。被试包括东亚青年人和老年人、美国青年人和老年人，在 fMRI 扫描过程中，向被试呈现一系列图片（由中心物体和环境背景组成的场景图片），四张图片一组连续呈现，图片的呈现形成四个实验操作条件 [图 2-3（a）]：①四张图片的对象和背景都是重复的；②对象重复，背景不同；③对象不同，背景重复；④对象和背景都是不同的。结果表明 [图 2-3（b）]，在知觉重复背景图片时，四组被试的背景加工脑区海马旁回的适应效应相似，但老年人背景脑区的适应效应明显低于青年人；在知觉重复物体对象时，老年人的物体对象加工脑区的适应效应明显低于青年人，尤其是东亚老年人的物体加工脑区的适应效应基本缺失，侧枕叶脑区（LOC）没有出现适应反应。这些结果在神经基础层面上支持了在知觉加工过程中西方人比东方人更关注对象，而且研究发现在这方面老年人比青年人表现得更明显，说明在某一文化中生活的时间越长，受到文化的影响越深，文化经验、信念、偏好对知觉加工过程及其神经机制功能的影响越大（Goh, et al., 2007）。

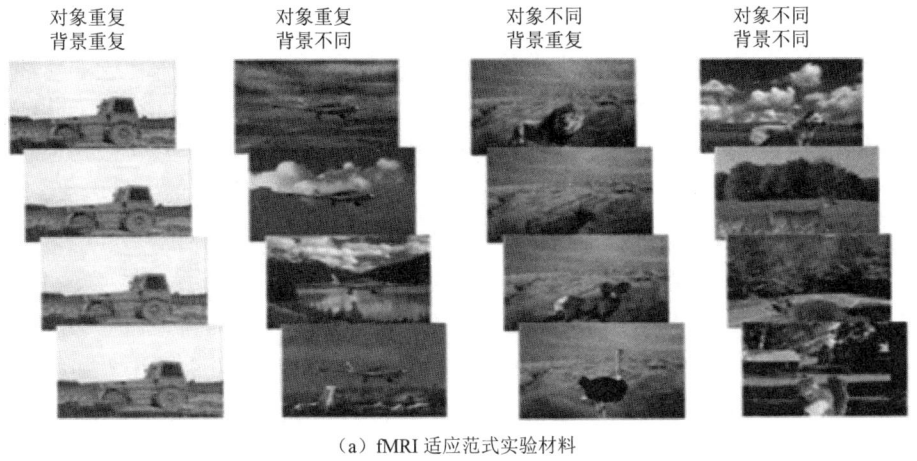

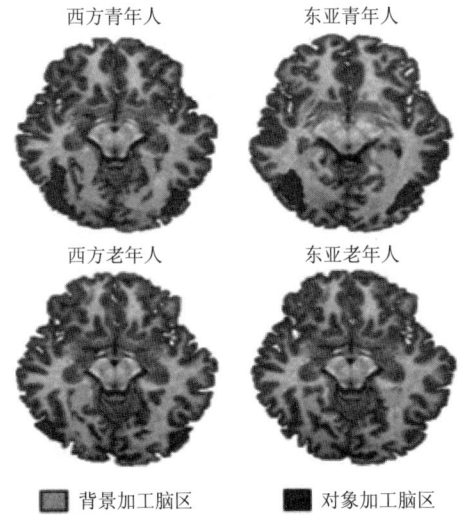

图 2-3 fMRI 适应范式中腹侧视皮层激活的文化差异（Goh, et al., 2007）（见彩图 2-3）

Jenkins 等（2010）和 Park 等（2010）对 Goh 等（2007）的研究进行改进，增加了中心对象与背景信息是否一致这一自变量因素。也就是说，在实验中，研究者向被试呈现的重复刺激包括两类：一类是核心物体与背景信息一致（例如，锅在厨房里）；另一类是核心物体与背景信息不一致（例如，牛在办公楼里）。同时，呈现的非重复刺激也包括核心物体与背景信息一致与不一致两种情况。结果发现，在中心对象与背景信息不一致的情况下，在物体形状加工脑区即侧枕叶脑区，中国被试比美国被试表现出了较高的适应效应。这说明与美国被试相比，中国被试更偏向于对背景信息进行加工，认为对中心对象的加工没有那么重要。

Goto 等（2010）利用 ERP 技术，通过考察亚裔美国人和欧裔美国人在知觉对象与背景协调性时存在的文化差异，从神经电生理学角度验证了东方人和西方人的知觉加工偏好（Goto, et al., 2010）。在 ERP 记录过程中，被试被要求观看一系列场景图片（由位于中心位置的对象和环绕对象周围的环境背景组成），并判断中心对象是否是动物。这一系列图片分为两大类：一类是对象与环境背景协调一致（例如，螃蟹和沙滩背景）；另一类是对象与环境背景不协调（例如，螃蟹和停车场背景）。研究发现，在大脑中央顶叶区域，亚裔美国人知觉不协调的场景图片比知觉协调的场景图片激发了更大的 N400 负波；欧裔美国人在知觉不协调的场景图片和知觉协调的场景图片时，N400 波幅没有差异。N400 是个体识别不协调场景的电生理指标，N400 波幅越大，说明个体在知觉不协调场景图片时，更多是加工知觉对象与背景的关系。此外，该研究还发现，独立性自我构念得分越高的被试在知觉不协调场景时，N400 波幅越小。

同样，Goto 等和 Lewis（2013）测量了亚裔美国人和欧裔美国人对面部表情（微笑或皱眉）和背景场不一致时的电生理学加工特点。被试坐在电脑屏幕前，屏幕上依次呈现"+"，情感性场景中出现面孔（面孔与情感场景分为一致或不一致两种条件）。被试的任务是确定面孔的情绪是高兴还是悲伤。实验过程中，记录被试的反应时间和准确度。实验结束后，所有的被试都完成《自我构念量表》（SCS）。正如所预测的那样，亚裔美国人在不一致的刺激条件下表现出了更大的 N400 波幅，相比之下，欧洲裔美国人在两种情况下的 N400 波幅并无差异。此外，亚裔美国人对不一致刺激产生的更大 N400 波幅与更高的相互依赖的自我解释有关。这些数据再次证明，亚裔美国人对背景更敏感，在更大程度上处理了感知的面部情感和情感背景的关系，而欧洲裔美国人更多地加工了对象，较少受背景的影响。

Doherty 等（2008）采用艾宾浩斯错觉（Ebbinghaus illusion）范式研究了日本人和英国人对背景敏感度的差别。艾宾浩斯错觉范式用于检验目标刺激的大小知觉是否受到背景刺激大小的影响（Avramova, et al., 2012）。他们给被试呈现两种不同条件下的两个目标圆，要求被试判断哪个目标圆更大。在条件一下，背景和目标的对比增大了两个目标圆的大小差异。在条件二下，背景和目标的对比减小了两个目标圆的大小差异。结果发现，在这两种条件下，英国人判断正确的次数显著多于日本人。这表明日本人比英国人对背景更敏感，他们更多地知觉了背景与对象之间的关系，而英国人更多地知觉了独立的对象。

Chua 等（2005）研究了在自然场景下文化差异产生的可能性。他们让美国和中国的参与者在一个复杂的背景下观看一个焦点物体的图片,然后测量他们的眼球运动。被试被告知他们将会看几张图片,一次一张。对于每一张图片,用1～7表示他们喜欢图片的程度。随后,完成10分钟的分散注意任务,再让被试观看一系列复杂背景下的图片,并让其尽可能快地判断在这些复杂背景的图片中他们是否看到过一个物体,也就是他们是否看到过特定的动物、汽车、火车、船只等。如果他们认为自己之前看到过这个物体,就按下一个键,如果他们认为这些物体是新的,就按下另一个键。如果被试不确定,他们会被告知进行猜测。然后,给被试展示一张样本图片,告诉他们图片中的哪个物体是目标,其余的视觉场景是背景。总共有72幅画,包括36张旧图和36张新图。结果发现,美国人更关注目标物体,并且倾向于更快地辨认出目标物体,而中国人比美国人对背景的了解更多。

Ji 等(2000)比较了东亚人(中国人、日本人、韩国人)和欧裔美国人在棒框测验中的表现。实验中所有被试看到一个倾斜的方框和方框中的一根杆。其任务是调整杆,使它总是垂直于水平线,即要求被试忽略背景信息(方框的方向)。结果发现,与欧裔美国人相比,东亚人在调整杆时犯了更多错误,表明他们更难忽视由框架产生的背景信息。这说明亚洲文化中的个体更倾向于去综合背景信息,而北美文化中的个体则会忽略背景信息。这些差异可能源于东亚人对背景的依赖性比美国人更高。

(三)知觉整体加工与局部加工神经功能的文化差异

人们在知觉任何一种事物时,不仅要知觉它的整体特征,还要兼顾部分特征,也就是说,我们在知觉过程中存在两种加工方式:整体加工和局部加工。按照 Markus 和 Kitayama(1991)的观点,东西方人有着不同的文化基础,西方人生活在突出独立性的文化中,这种独立性文化促使西方个体更多地运用分析性信息加工方式,为加工对象及其特征(如颜色、形状、大小等)分配更多的注意资源,相应地,这种分析性视觉加工过程更强调以加工对象的特征为知觉重点,而不顾知觉对象的背景。相反,东亚人的文化强调人与人之间的关系及其生活背景,这种互依性文化促使东亚个体更加偏好整体性信息加工方式,给背景环境以及加工对象与背景之间的关系分配更多的注意资源,相应地,这种整体性视觉加工过程更强调以整体视角知觉处在背景中的对象。因此,生活在独立性文化中的个体,在知觉过程中应该更加偏好局部分析性加工;而生活在互依性文化中的个体,在知觉过程中应该更加偏好整体性加工。Uskul 等(2008)通过对农业、渔业和放牧业这三种不同类型的社区在注意力、分类和推理的整体认知倾向方面的研究发现，强调和谐社会相互依存关系的农业和渔业社区的成员比强调个人决策和促进社会独立的放牧社区成员表现出更强的整体认知趋势。

近年来，西方社会和东亚社会文化对视觉信息知觉加工的影响一直被关注。西方观察者通过将注意力集中到目标物体上，来帮助自己感知最有效的局部视觉信息。与此相反，东亚的观察者倾向于关注背景中的元素，从而显示出对整体信息的偏好。Lao 等（2013）研究了这一文化差异潜在的神经机制。研究中使用了 Navon 任务，即一种可以辨别视知觉的加工方式是整体加工还是局部加工的任务，通常以大小字母来呈现，该研究中为了避免字母熟悉度的影响，采用几何形状。被试坐在电脑屏幕前，时长 300ms 的 "+"、800ms 的适配器、150～300ms 的时间间隔依次呈现，最后呈现目标图形。目标图形有四种：①与适配形状完全相同；②与适配形状整体一致，局部不一致；③与适配形状整体不一致，局部一致；④与适配形状整体与局部都不一致。其要求被试对每一对适配器和目标图形之间的特征变化通过按键进行分类反应，实验记录了东方被试和西方被试的电生理信号。结果显示，东亚观察者对整体一致的刺激表现出更大的 P100 波幅，而西方被试对局部的信息表现出了更大的 N200 波幅，说明文化影响了个体早期对整体或者局部信息的感知。

McKone 等（2010）在实验中向被试呈现 Navon 大小字母测验（小字母 T 组成大字母 H 或者是小字母 H 组成大字母 T），并让被试完成对大字母（整体）或者小字母（局部）的辨别任务，结果发现，当辨别大字母时，东亚人反应较快，当辨别小字母时，西方人反应较快。这表明东亚人在物体的整体性加工方面更占优势，西方人在物体的局部性加工方面更占优势。Kühnen 和 Oyserman（2002）运用文化启动范式发现，当启动独立性自我构念时，被试完成 Navon 的大小字母测验时（Navon，1977），识别局部目标比识别整体目标更快。相反，当启动互依性自我构念时，被试识别整体目标比识别局部目标更快（Kühnen，Oyserman，2002）。

Miyamoto 等（2011）研究了面孔整体加工的文化差异。在研究一中，研究者先让被试观看四张样本面孔，随后呈现两种混合的面孔：①特征混合面孔，即分别抽取四张面孔的眉毛、眼睛、鼻子和嘴巴来组成一张新的面孔；②构型混合面孔，即保留这四张面孔的整体构型后形成的面孔。此时，被试需要从这两种混合面孔中选出或迫选出最能代表前面四张样本面孔的面孔，结果发现，日本被试更倾向于选择整体混合面孔。与研究一类似，在研究二中，研究者先让被试观看四张样本面孔，随后呈现特征信息空间距离变化的面孔，例如，双眼间距增大或缩小，被试需要既快又准确地判断前后两张面孔是否一样，结果发现，日本被试的成绩远高于美国被试，表明东亚人更倾向于对面孔进行整体性加工。

　　Masuda 和 Nisbett（2001）还采用更为生动的图片来研究东西方人对背景信息注意的差异。实验中，研究者先让被试观看鱼在水中游的场景图，然后让被试对场景中的鱼进行描述。实验包括两个阶段，第一阶段，研究者先让被试看 10 个动画小片段，在每一个小片段中，有目标鱼，还有其他一些活跃但较小的物体，如气泡和相对较小的鱼，它们的细节很少，而且似乎是在场景的背景中。此外，场景还包括诸如植被、岩石以及贝壳等不动的惰性物体。最后，每一幅插图都有一个特定的背景颜色——看起来像水的颜色。在第二阶段的研究中，被试看到了 45 张实际出现在前一阶段的物体的图片（以前见过的物体），这些物体包括 23 条目标鱼，7 只活跃在之前的 10 个动画小片段中的小的物体，如青蛙和蝾螈，8 只在之前的小片断中没有移动的动物，如贝壳，以及 7 个野外物体，如植被和岩石。另外，被试还看到了 45 张未出现在前一阶段的物体的图片（新的物体）。此时，研究者控制了鱼和背景之间的关系，即鱼和背景与先前呈现的图片一致，或者鱼和背景与先前呈现的图片不一致。结果发现，与美国人相比，日本人在描述先前呈现的图片时，更多地报告了背景以及事物之间的关系。与新背景中呈现的鱼相比，对于旧背景中呈现的鱼，日本人描述的正确率较高。

　　Masuda 等（2008）用两项研究验证了这样一个假设：在判断人们的情绪和面部表情时，日本人比西方人更能从社会环境中吸收信息。在研究一中，被试观看卡通描绘的一个快乐、悲伤、愤怒或中性的人，这时周围的其他人表达出与中心人物或另一个人相同的情感。结果发现，周围人的情绪影响了日本人对卡通人物的看法，而西方人没有受到很大的影响。这些差异反映了东西方人在知觉加工方面的不同。东方人更容易受到背景的影响，在知觉加工的时候对背景与对象进行整体加工，而西方人在知觉加工的时候将对象独立起来进行局部加工。第二项眼动跟踪研究的结果表明：日本人比西方人更关注周围的人。

　　为了进一步验证两种文化对知觉整体加工和局部加工的神经功能的影响，Lin 等采用与 Kühnen 研究相同的文化启动范式，记录被试在以整体或局部的方式观看复合视觉刺激时的纹外视皮层（ETC）的电生理活动（Lin, et al., 2008）。结果表明，独立性自我构念启动时，相比整体加工，被试在局部加工过程中产生了更大的 P1 波幅；互依性自我构念启动时，相比局部加工，被试在整体加工过程中产生了更大的 P1 波幅，表明个体主义和集体主义的文化价值观可以调节视知觉中的神经电生理反应。也就是说，独立性自我构念激发了分析性加工偏好，个体在知觉局部特征时会分配更多的注意资源，互依性自我构念激发了整体性加工偏好，个体在知觉整体特征时会分配更多的注意资源。这些结果还提供了一个新的证明，即并不是只有长期的、与生俱来的本土文化才能影响个体知觉加工的神经机制及其功能，暂时的文化启动也可能会影响个体的知觉加工。暂时增强个人的文化价值观意识，可以动态地改变视知觉中的脑神经反应。

在进行基本的知觉判断时，一个人的文化背景决定了其额顶区注意网络的参与程度。知觉的对象和背景加工以及整体加工和局部加工的文化差异相当一部分的贡献出自注意的警觉响应和定向网络，这些注意网络主要涉及的额顶区域、顶上小叶和额叶眼动区，也是东西方人知觉存在文化神经差异的主要脑区。因此，东西方的社会文化环境的不同塑造了东方人和西方人的不同注意知觉策略，相应地也塑造了与这些注意分配策略相关联的脑区神经功能的活动模式。这也表明，文化赋予我们根据文化调节注意知觉过程的能力，通过过滤使必要的信息进入我们的大脑，减少大脑的认识负荷，从而能够帮助我们更好地认知相应的文化世界。

第二节　记忆的文化差异及其神经机制

人们通过注意和知觉从外界获得信息并将其储存于记忆中，由此人们得以积累知识和经验以备使用。记忆属于人类的高级心理活动过程，从感知觉到情绪、情感以至于个性、人格都离不开记忆的参与，记忆将个体心理活动的过去、现在和未来连成一个整体，使心理发展、知识积累和个性形成得以实现。记忆是人们保存和积累个体经验的过程和结果，如果没有外界信息，记忆就是无本之木、无源之水。外界的信息（包括生活、教育、学习经历等）是记忆的素材，既影响着记忆的过程和结果，也影响着记忆的神经机制与结构。

认知神经科学的研究发现，长期的生活经历可以改变个体的大脑神经结构。人们可能会对出租车司机的认路本领感到惊讶，无论路线多么复杂，他们总能找到目的地，甚至不需要地图或乘客的提示。2000 年，发布于美国《国家科学院院刊》（*Proceedings of the National Academy of Sciences*，PNAS）的脑部扫描实验中，英国伦敦大学的神经生物学家 Maguire 和 Woollett 发现，出租车司机的海马体积比普通人更大（Maguire, et al., 2000, 2006）。通过对比男性出租车司机的大脑与同龄非出租车司机的大脑，研究发现出租车司机大脑后部负责记忆和空间方位的脑区比非出租车司机更发达（表现为记忆力更强、皮层组织容积更大）。并且，从业时间的长短会影响神经组织的结构，从业 40 年的司机的海马皮层组织容积比从业时间短的司机更大。究其原因，从业技能的熟练程度起到了至关重要的作用,在长期从业的过程中,驾驶员不仅需要按照各种信号行驶,躲避行人和其他车辆,并且需要牢记城市道路的布局。这些经验促使在其大脑负责记忆的海马区域中形成了城市的"活地图",这不仅使海马脑区的功能发生了变化,海马的神经结构也发生了变化。Draganski 等(2004)的研究发现,长期的杂技训练增加了两侧颞中回(BMTA)和左侧顶内沟后部(LPIS)脑区皮层组织的容积和厚度,这两部分脑区负责复杂运动技能的记忆。可见长时间的杂技训练也可以使相关脑区变得更为发达。另外,神经成像技术的发展也为神经结构的可塑性提供了证据。在一项 fMRI 研究中(Leonard, et al., 2009),26 名 12 ～ 15 岁的青少年女性接受了三个月的视觉空间问题解决任务训练,脑成像的结果显示,大脑皮层左侧的 BA6 和 BA22/38 区域厚度发生了明显变化。BA6 脑区联结意图和动作,在运动计划出现后变得活跃;BA22/38 脑区整合了视觉、听觉、触觉和内部的心理信息,在多模态知觉分析的过程中具有重要作用。该研究结果说明,神经组织的发展具有很强的可塑性,训练可以使相关脑组织的结构变得更发达。

　　文化隐含在人们生活的日常环境和经历中,人们的工作、娱乐、学习以及教育都受到文化潜移默化的影响,并且在不同文化背景下,个体所体验到的文化内容与经验往往不同。通常情况下,个体看到、听到和感受到的信息是被文化选择和过滤后的结果。如前所述,工作的经验、学习的经历会影响与个体记忆相关的脑神经功能和结构的变化,文化也会影响人们的记忆及其相关的脑功能与结构。整体性思维方式与分析性思维方式就是文化影响人们的信息编码和提取特征的证据。西方人更倾向于在复杂的视觉场景中对目标对象进行编码和提取;而东亚人则更倾向于对情境的信息进行编码和提取,这说明不同文化使我们在感知周围世界时采取了不同的视角和加工方式。来自西方文化背景中的个体更关注目标、分类和自我相关信息,而来自东方文化背景中的个体更关注环境背景细节、相似性和群组相关信息。文化就像一面滤镜,引导注意和知觉过程通过过滤不同的外界信息进入个体的记忆,促成记忆的形成。而且,记忆的检索也依赖于记忆内容各方面的特征,如视觉细节、声音、背景因素、情感情绪、语言等(Schacter, et al., 1998, 2007)。Masuda 和 Nisbett(2001)的研究表明,文化通过影响注意间接影响记忆。研究者向日本和美国被试呈现鱼在水中游的动画场景,并要求他们描述每个动画插图的内容。日本人更多地描述背景的细节以及游鱼与背景的关系;美国人更多地描述突出于背景的游鱼。在之后的再认测验中,相比新背景,当鱼或其他动物在原来的背景中时,日本人再认的准确率更高,而美国人在新背景和旧背景下的再认率几乎不受影响,这充分说明了文化对人们的记忆存在影响。因此,人们的记忆是在文化背景下建构和检索的,文化因素也可能导致记忆相关神经机制的差异。文化神经科学的研究为此提供了相应的证据,Goh(2007)发现,与记忆能力相关的枕叶侧区(LOR)的神经加工过程存在着文化差异,这一现象在老年人群体中更为显著。

一、记忆的脑机制

早期的记忆研究使我们觉得记忆似乎位于大脑的某个地方——大脑中有一种保存记忆痕迹的神经"公文柜"。但事实上,神经心理学的研究发现,所有的记忆并非只储存在一个地方;记忆并非单一的过程,是由许多心理活动共同构成的一种高级心理过程,与各种感知觉器官及它们的神经结构都有密切的联系,大脑将这些信息进行进一步的整合,从而将记忆的材料转化为记忆的结果——知觉经验。以遗忘症患者为对象的研究表明(Scoville & Milner,1957):内侧颞叶(MTL)记忆系统与记忆有着特殊的关系。有人提出内侧颞叶是记忆的存储部位,但内侧颞叶损伤的患者并未失去所有的记忆,而只是对损伤前不久发生的事情失去记忆,其远期记忆仍然保留,这至少说明长时记忆(LTM)的痕迹并不是保存在内侧颞叶系统中。更重要的是,内侧颞叶损伤引起的记忆障碍没有模式特异性,而记忆存储部位的损伤必然是模式特异性的。前额叶也曾经被认为是可以存储记忆信息的,但该结构损伤也没有模式特异性。因此,内侧额叶和前额叶都不可能是记忆的永久存储部位。相反,大脑后部即颞叶、顶叶、枕叶新皮层有较明显的模式特异性,符合存储部位的主要特点。事实上,利用微电流刺激、脑电记录、神经心理学测量和脑功能成像等方法进行的研究已经为记忆存储在新皮层提供了大量证据(Scoville & Milner,1957)。

(一)短时记忆的脑区

短时记忆(STM),即保持时间在1分钟以内的记忆。对于短时记忆的脑机制的研究,即对记忆的脑功能及结构的定位,早期的科学家做出了一系列的尝试。Lashley(1929)训练大鼠走迷宫,然后切除它们大脑的不同部位,再测验它们对迷宫的记忆。结果发现,由大脑损伤引起的记忆损失程度与切除组织的数量成正比;皮质损伤得越多,记忆损害就越严重。由此,Lashley认为,记忆痕迹并不存在于特定的脑区,而是广泛分布于整个大脑中。Scoville和Milner(1957)提供了最为著名的神经心理学研究的一个案例,即H.M.的病例。一位27岁的癫痫患者H.M.被施行两侧颞叶外科切除手术以缓解癫痫病症。手术前,其智力正常,手术中切除了大脑两侧颞叶内部的许多组织,包括大部分的海马、杏仁核以及一些联结区（图2-4）。尽管手术成功地缓解了H.M.的病情发作，但他丧失了形成新记忆的能力。H.M.能记住语义信息和手术前几年经历过的事情，却再也不能形成对新事件的记忆。这说明大脑两侧颞叶内部的许多组织是记忆形成的重要结构，尤其是海马可能是短时记忆的存放处或是短时记忆转化为长时记忆的功能脑区。Mecklinger等（2000）的研究发现，人们能够记住工作记忆中的内容，其机制为额叶下部区域所控制的运动和知觉网络的激活。顶叶后区负责对象的知觉表征，而前运动区域则负责反应表征，额叶下部区域会将知觉表征和反应表征联合起来。

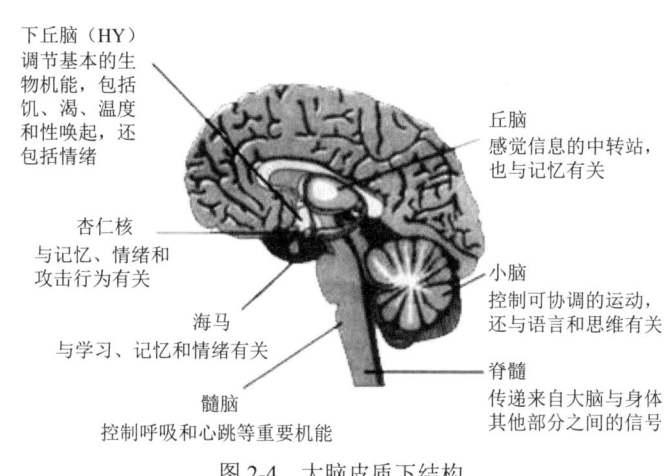

图2-4 大脑皮质下结构

（二）长时记忆的脑区

长时记忆，是指存储时间在1分钟以上的记忆，有些信息甚至能够被个体铭记一生。它的信息主要来自短时记忆阶段被复述的内容，但也有一部分是由一次的深刻印象形成的。长时记忆的容量似乎没有限制，它可以将信息有组织地存放在相关脑区，从而获得更多的存储空间。

Desimone（1992）对小脑损伤患者的研究表明，小脑损伤会损坏经典条件作用动作反应的获得，影响程序性记忆；纹状体是习惯形成和刺激—反应间联系的神经基础，它的损伤和病变会影响习惯和刺激—反应学习；大脑皮质负责感觉记忆以及感觉间的关联记忆，其中颞下回皮质的损伤会影响视觉的辨识和联想记忆，颞上回皮质的损伤会损害听觉识别记忆。杏仁核与海马组织负责事件、日期、名字等的表象记忆，也负责情绪记忆。脑的其他部位，如丘脑、前脑叶基部和前额叶也都与不同种类的记忆有关。Lisman等（2005）的研究表明，海马-腹侧被盖区（VTA）是新信息转入长时记忆的重要神经结构，海马-腹侧被盖区的上部分结构能够向海马组织释放多巴胺，进而强化长时程增强效应与信息学习效应。海马严重受损会导致遗忘症。研究者给遗忘症患者和正常被试呈现一列词表，让他们判断是否喜爱这些单词。线索回忆测验表明，遗忘症患者的成绩显著低于正常组被试。但在词干补笔测验中，遗忘症患者的成绩与正常组被试的成绩相当。所谓词干补笔测验，是向被试呈现一系列单词的词干，如 sha__，要求被试用最先想到的单词来把它补全，如 sha__ 填成 shade。这一结果表明，海马受损导致的遗忘影响了患者的外显记忆，但其内隐记忆保存完好（Cave & Squire, 1992）。即使是在海马组织持久性损坏以后，内隐记忆仍能很明显地表现出来。

（三）记忆形成的神经过程

信息传递是大脑内最基本的过程，记忆的形成、转化也同样基于这个基本环节。脑的基本组成单元是神经细胞（神经元）。脑大约由 1000 亿个神经元组成，每个神经元都有树突、胞体和轴突。树突就像天线一样，接收来自其他神经元的信息。胞体负责信息的加工与整合，然后经过细长的轴突传递至下一个神经元。突触是发挥脑功能的关键部位，它由突触前膜、突触间隙和突触后膜组成，是轴突末梢与另一个神经元的树突相接触而形成的特有的接点。神经信息在突触前神经元的轴突上以电脉冲形式传播，电脉冲传到突触前膜处，触发轴突末梢释放某种化学物质（神经递质）。神经递质经过突触间隙扩散至突触后膜，与突触后膜上的特异"受体"相结合，引发突触后神经元发生一系列生理和生化反应。这种以化学物质为媒介的突触传递，是脑内神经元信号传递的主要方式。不同神经元按一定规则连接，形成信息传递和加工的网络（神经回路）。单个神经元只有在极少数情况下才单独地执行某种功能，神经回路才是脑内处理信息的基本单元。脑内神经元之间经过突触的化学性传递，使得记忆得以形成。

尽管大脑存储着不同类型的记忆，但突触改变的机制却非常相似。第一，短时记忆的形成依赖于突触间信息联结强度的改变。短时记忆是一种相对较弱的突触间信息联结，它的形成是突触上磷酸基团数目改变的结果，蛋白质的磷酸化维持的时间较短。第二，记忆的短时储存只需要对已存的突触蛋白进行修饰，短时地改变突触联结强度即可实现。第三，短时记忆向长时记忆的转化，需要启动基因的表达和翻译，需要蛋白的合成，其信号通路、靶基因和蛋白似乎是相同的。第四，记忆都需要通过新突触（包括突触前末梢以及树突棘）的生长来稳定地长时储存。第五，信息都是以神经元网络中突触强度的改变而得以储存的。因此，决定记忆内容的不是突触生成了哪种分子或哪种蛋白质，不存在与特定记忆内容一一对应的特殊物质分子，记忆内容（记忆痕迹）储存在脑内相关区域的神经回路或神经网络的可塑性变化中，而不是简单地编码在某种或某些具体的物质（如蛋白质）上。决定记忆内容的是突触改变发生在哪些脑区、哪些神经传导通路上。记忆的内容由发生突触改变的位置决定，而记忆的持续时间则取决于该位置上神经元之间接触点上的结构性变化。

那么，短时记忆到底如何转化为长时记忆？当记忆形成时，不同脑区的活动是如何改变的？一般认为，在短时记忆中，大脑的神经活动以反响回路的方式形成神经元之间的兴奋环路。如果环路在一段时间内持续兴奋，记忆便得以永久性地储存下来。短时记忆的活动过程只持续短暂的一段时间，而长时记忆则涉及神经系统结构的改变，故较持久，它们有不同的神经生理机制。脑部有大量的神经元彼此连接，互通信息。一旦神经元a被激活，就依次传递到b、c、d等，最后又返回神经元a，如此循环，形成神经回路，往返于皮质的不同区域或通往皮质下的结构（如丘脑、海马）。任何心理过程都可以被看作某特定神经回路的活动。回路的活动由感觉刺激引起，在刺激消除后会短暂持续一段时间。这种短暂的活动属于回路的反响。反响回路可以使神经活动在一段时间里循环和"自我维持"，以引发巩固过程。反响回路可能是短时记忆的生理基础。如果两个神经元间的一个突触一再被激活且大约在同时向突触后神经元传递神经冲动，突触的结构或化学成分就会发生改变，这时一种更复杂的机制［被称为长时程增强（long-term potentiation）］就会发挥作用。在这个过程中，受到重复强烈电刺激的海马神经回路会激发更为敏感的海马细胞，导致这种作用能持续数周甚至更长的时间，这可能就是学习记忆保持的机制。研究表明，如果破坏长时程增强作用（比如通过不同的药物），就会破坏学习和记忆。因此，海马在形成长时记忆的过程中起着重要的作用，海马损伤患者在将短时记忆的信息转入长时记忆的过程中会面临相当大的困难。

二、记忆编码的文化神经差异

价值观会影响个人的自我建构，也会使个体通过参照他人来认知自己。个体主义者认为自己与他人都是独立自主的；集体主义者认为自己与他人是高度关联的。文化神经科学的研究表明，集体主义与个体主义文化价值观是调节自我认识和自我意识的神经机制。特定的大脑区域（如 MPFC 和后扣带回皮层）涉及个体的自我评价和自我认识。

Gutchess 等（2006）的研究发现，东亚人和美国人编码复杂场景时存在文化差异。在编码物体对象时，美国人的侧颞叶脑区（LTC）激活比东亚人更强。在编码背景时，背景加工脑区的文化差异不明显。虽然该研究揭示了目标加工脑区（侧颞叶）的文化差异，但这个脑区不是记忆功能特异化的脑区，这个脑区的主要功能还在于知觉感受。不过，这项研究仍然为我们探究分类记忆编码加工的文化差异提供了线索。Goh 等（2007）的研究发现，西方人与东亚人在视觉检索与加工方面存在显著的差异，东方人在进行面部识别任务时，表现出更为明显的整体性加工方式，西方人表现出更为明显的细节加工方式。西方人进行面部识别时，纺锤状面部区域（FFA）趋向于双侧激活，而东亚人的 FFA 趋向于右侧的单侧激活。

不同的编码方式会影响人们的记忆，正如 Rogers 等（1977）提出的自我参照任务范式。在编码阶段，被试对一组人格特质形容词进行自我符合或他人符合判断，在再认阶段，被试对出现的人格特质形容词进行再认测验。结果发现，被试对自我参照形容词的再认率最高，自我参照编码的记忆水平明显优于他人参照编码，这种记忆效应就是自我参照加工效应，亚洲人和西方人均具有这种效应。但由于东西方文化的差异，崇尚互依性文化的中国人不仅有自我参照效应，还拥有母亲（亲密他人）参照效应，即对自我和母亲参照的特质形容词表现出相似的记忆优势，但独立性文化背景下的西方人不具有母亲参照加工的优势（Zhu & Zhang，2002）。朱滢等的研究进一步发现，中国被试在进行自我参照和母亲参照编码时，激活的脑区相同，都是 MPFC，而西方被试的 MPFC 仅在自我编码时被激活。这一结果表明，西方人的自我表征具有特异性，而亚洲人的互依性自我表征和母亲表征共享神经机制（Zhu et al.，2007）。此外，Johnson 等（2002）与 Bennett 等（2010）发现，除了以自我为参照的相关信息能引发更好的记忆效果外，与自己相关群体的信息也能够引发更好的记忆效果。

三、记忆提取的文化神经差异

早期对于记忆提取的研究主要集中在自传体记忆方面，考察了记忆出现的最早时间、记忆容量和记忆的具体性、内部状态语言的使用、记忆取向等方面。有关文化与记忆提取的研究主要关注了不同文化背景下自传体记忆与自我评价的关系以及性别和年龄差异。Han 等（1998）的研究显示，西方被试的记忆容量大于亚洲被试。美国被试比亚洲被试（包括成人和儿童）对早期和近期记忆的描述更详细；使用的词汇和陈述句数量更多；词汇和句子的使用数量从多到少依次是西方人、中国人和韩国人；西方被试比亚洲被试提供了更长的记忆内容。Wang

（2004）的研究显示，东西方儿童在记忆容量上并无显著差异，但在叙事的具体性指标上存在差异，比如，回忆内容发生的特定时间或特定场景。无论是早期记忆还是近期记忆，美国成人或儿童在记忆具体性上的得分均高于亚洲被试，年龄越大，这种差异越明显。美国人的叙述中包含更多特定时间点的事件，而亚洲人的叙述中包含更多日常事件；美国儿童更愿意谈论特殊经验和细节，而亚洲儿童喜欢谈论普遍经验而忽略细节。具体性的文化差异还体现在时刻标记词的使用上。时刻标记词的使用是叙述连贯性的重要标志，人们通过它将过去相对分散的事件贯穿起来，减少了回忆过程中的记忆量和认知负荷。Fivush 等（1995）发现，美国被试比亚洲被试在叙述时使用了更多的时刻标记词，如叙述中包含更多与事件顺序（如"首先""然后""接下来"等）、条件状态（如"如果……那么""当……时候"）、因果关系（如"由于"）、选择状态（如"有时""通常""总是"等）和叙述结构等与时间指示有关的词。

自传体记忆的文化差异反映了不同文化的自我观取向的差异。Markus 和 Kitayama（1991）从独立自我（independent self）和互依自我（interdependent self）的角度来区分东西方文化背景下人们对"自我"的不同理解。西方文化中的独立自我相信人天生的独特性，它鼓励个体通过关注自我、表达独特的内心态度，来寻求和维持自己与他人的区别。东方文化则强调人与人之间的互相依赖，个人的存在价值要通过与他人的相互关联性、个体承担和实现的社会责任来评价，上述评价越高，对自我的认同就越积极。对于西方人而言，自我意味着更多的个性特质、独特性和区别性；对于东方人而言，自我包含更多关联性、归属性和社会性。除了 Markus 和 Kitayama，许多学者对自我的划分都是基于东西方对自我边界范畴理解的不同，即东方人比西方人对"自我"的界定更不明确。自我观会决定一个人的自我概念内涵，进而影响到个体对自传体信息的抽取、加工和保持，并通过早期的社会互动（以亲子互动为主）传递给下一代。研究者通过对自我概念、记忆共享和成人叙事风格、社会变迁等影响因素或中介机制的探索，揭示了不同文化下自传体记忆的形成、发展和变化过程。Wang 和 Conway（2004）发现，在对个人生活记忆的回忆过程中，欧裔美国人往往专注于对自我经验的回忆，在记忆事件中强调个人感觉和个人角色。相比之下，中国人更多回忆的是社会历史事件，在记忆事件中更强调社会交往和重要他人，这表明文化既影响记忆的编码加工，也影响记忆的检索过程（Wang & Conway，2004）。Santamaría 等（2015）的研究发现，墨西哥人、西班牙人、丹麦人在叙述自传体记忆时，同样存在很大差异，丹麦人和西班牙人记忆的发生时间比墨西哥人更早，丹麦人在叙述中更少提及情感与感受。另外，墨西哥人在叙述时有更强的主观倾向。这充分证明了文化差异对于记忆提取的影响。Demorest 等（2010）利用脑功能成像技术探讨了文化对音乐记忆的编码、检索和提取的影响。被试是美国人和土耳其人，他们都没有受过音乐方面的训练。在 fMRI 扫描过程中，被试要完成两个任务：①学习任务，要求被试听一些来自他们本土文化或不熟悉文化的陌生乐曲选段；②再认阶段，要求被试对听到的乐曲节选进行再认判断，判断这些短的乐曲节选是否出自之前听过的选段中。由于所有被试均没有接受过音乐训练，而且所有陌生乐曲不包括任何语言信息，这样就避免了被试以往学习经验和语言线索的影响。研究发现，两组被试对来自本土文化的乐曲记忆效果最好。在学习阶段，当两组被试编码非本土文化乐曲时，左小脑区（LCR）、右侧角回（RAG）、后部楔前叶（PP）、右额中区和初级额下皮层（IFC）的激活更大。在再认阶段，所有被试回忆不熟悉文化背景下的乐曲时，扣带回和右舌回（RLG）的激活更大。这些结果从行为和神经水平上充分说明了文化对音乐记忆编码、检索以及提取的影响，结果如表 2-1 所示。

表 2-1 听觉（编码）和记忆（回忆）在听觉编码和回忆任务下，加工熟悉文化和陌生文化音乐时的大脑激活状态（与静息状态对比）

	脑区		坐标			Z值	体素
			x	y	z		
听觉	熟悉文化音乐	右额下沟	64	-18	0	6.57	2154
		左额下沟	-58	-20	0	4.87	1991
	陌生文化音乐	右额下沟	70	-18	4	5.77	3770
		左额下沟	-42	-34	14	5.04	2068
		左小脑	-32	-62	-32	4.75	741
		扣带旁回	0	18	44	3.8	171
记忆	熟悉文化音乐	右额下沟	68	-28	4	5.03	892
		左额下沟	-46	-32	4	4.44	644
		右初及额下皮层	40	26	2	3.77	167
	陌生文化音乐	右额下沟	62	-20	0	5.56	3759
		扣带旁回	2	12	50	4386	1297
		左额下沟	-32	24	-4	4.81	2346
		左小脑	-28	-62	-32	4.33	1171
		右侧丘脑	12	-4	6	3.95	1347
		左额下沟	-50	14	28	3.91	757

注：STG 包括颞平面和部分赫氏脑回；IFG 为额下沟

四、推理判断的文化神经差异

文化心理学表明，不同文化对社会行为和物理事件的归因推理方式存在着差异。个体在对社会行为进行归因判断时，东方文化更强调环境和情境的作用，而西方文化更强调个体内在特质的作用（Choi, et al., 1999）。此外，Peng 和 Knowles 的研究发现，对于物理事件的归因推理，同样存在文化差异。非物理专业的美国学生和中国学生在解释物理事件的成因时，美国学生倾向于将物理事件的原因归于特质性因素（如重量、速度），而中国学生对于同样的事件更倾向于将其归因于情境因素（如介质）（Peng & Knowles, 2003）。Extremera 等（2016）的研究发现，来自哥斯达黎加、墨西哥和西班牙的学生在物理学习方面存在不同的归因倾向。墨西哥学生的自我归因倾向最高，而西班牙学生的自我归因倾向最低。也有研究证明，物理事件归因推理表现出的文化差异与相关神经活动的文化特异性有关（Han, et al., 2011）。在 fMRI 扫描过程中，中国被试和美国被试观看一系列物体碰撞的动画，并完成物体运动原因推理归因任务（包括内部原因和背景归因推理）和运动方向判断任务。通过比较两种任务条件，他们发现了一个与因果归因相关的神经环路，包括内侧、外侧前额叶和左侧的顶叶、颞叶皮层。进一步分析表明，MPFC 的活动对于推断物理事件成因敏感，运动原因推理归因比运动方向判断会引发更大的 MPFC 激活；而左侧顶叶的活动则受到物理事件所在情境复杂性的调节，复杂的背景下推理归因判断会比简单背景下引发更大的左侧顶叶的激活。研究者对来自两种文化的被试进行比较发现，无论被试是否关注了情境信息，用于归因判断的 MPFC 活动在美国被试和中国被试间都是相似的，而同样用于归因判断的左侧顶叶则在中国被试中的激活更为显著。这些结果表明，MPFC 在因果归因中所起的作用具有跨文化的普遍性，而在归因时用于加工情境信息的左侧顶叶活动则对文化差异敏感，具有文化特异性（图 2-5）。这些神经成像研究结果支持了整体加工和分析加工的文化认知理论。东方人的认知系统是整体性的，而西方人的认知系统是分析性的。整体性认知系统的个体或群体倾向于把背景看作一个整体，关注目标与背景的关系；喜欢从环境中找出解释事物的因果关系；愿意根据事物之间的关系预测未来的结果；它依赖于经验知识，而不是抽象逻辑。分析性认知系统的个体和群体则倾向于从背景中分离目标，关注事物的特质，喜欢将事物归类；使用规则来解释和预测行为；推理的风格倾向于将结构和内容分离，使用形式逻辑，以规避任何形式的矛盾（Nisbett, et al., 2001）。另外，自我概念、父母的教养方式等都会对个体的记忆提取起到至关重要的作用。

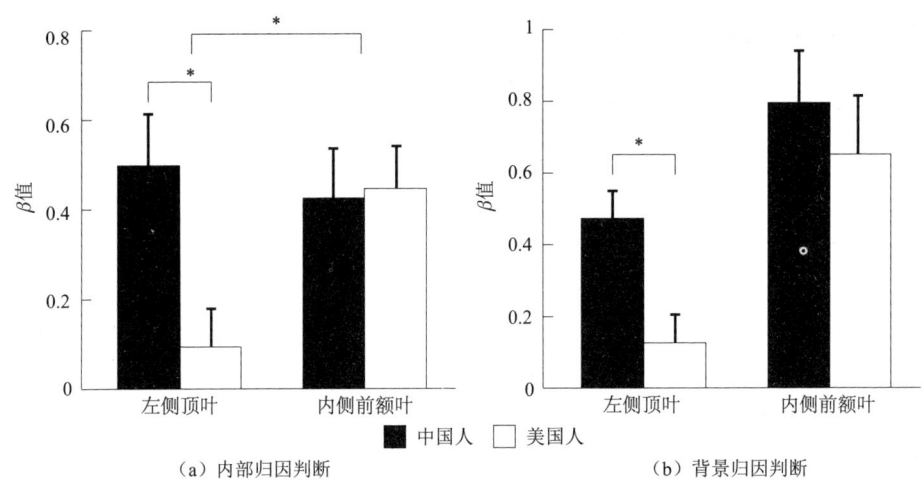

图 2-5 美国人与中国人归因判断的左侧顶叶和内侧前额叶激活情况。* 表示差异显著（Han, et al., 2011）

　　Conway（2016）的研究表明，自传体记忆的出现是以较成熟的自我概念为前提的，而较成熟的自我概念一般出现在 3.5～4 岁，这正是幼儿期最早记忆出现的时间。由于文化自我观的差异，在不同文化背景下，自我概念的形成时间是不同的。那些鼓励自主性的文化，会有意识地鼓励儿童对"自我"信息和细节性信息进行关注和加工，因而自我概念成熟时间更早；而强调关系性的文化，则会更多鼓励儿童关注群体活动，注重事件的概括性，导致自我概念成熟时间较晚（Wang，2003）。自我参照效应的研究表明，人们对与自我相关信息比对其他信息的记忆更准确、详细和持久。相对于关注关联性的亚洲文化，美国文化对自主性的强调导致儿童自传体记忆出现的时间更早、记忆表述更详细。除了自传体记忆的出现时间和详尽性，自我概念也会影响自传体记忆的内容。Wang（2004）结合横断面研究和纵向研究的结果，认为自传体记忆与自我概念之间在文化和个体层次上都存在显著相关。在文化水平上，美国被试在自传体事件的回忆中更多提及个人特质和偏好，更多地运用内部状态，而中国被试则更多地提及社会关系、互动场景，陈述中他人/自我出现的比例更高；在个体水平上，那些在自我描述中关注具有自主取向的被试，在自传体记忆中也表现出类似倾向。甚至有研究发现，通过一个人 3 岁时的自我关注水平能预测今后其对记忆描述的详细性。总之，自我概念的文化取向和个体取向促进了自传体记忆类似差异的产生。反过来，自传体记忆也促进了自我概念的维持，两者背后的共同机制是特定文化对"自我"的不同理解。与孩子分享过去是增强家庭亲密度、幸福感，培养孩子正确行为的重要手段。但有研究表明（Wang，2004），记忆共享具有明显的文化差异，不同的记忆共享模式会影响儿童的言语表达和记忆叙述。中国亲子间的"往事回顾"是建立在父母中心和自我批评的基础上，父母鼓励孩子遵从权威、行为适度、谦虚和具有归属感；而美国以儿童中心和自我肯定为基础，父母在维护孩子自尊的同时，鼓励孩子的独特性和自我表现。美国母亲在记忆共享中起从属和引导的作用，不断启发孩子对往事细节的回忆和感受，包含更多的情绪流露；而中国母亲则处于中心地位，主导孩子回忆的方向和内容，不鼓励情感表达。这些记忆共享经验在频率和方式上的差异会塑造孩子不同风格的自传体记忆（Wang，2001；Wang & Leichtman，2010）。另外，母亲自身对往事的回忆和叙事风格也会产生迁移作用。叙事详细的母亲，其孩子也易于形成详细的自传体记忆；叙述简单重复的母亲，其孩子的叙述显得简略刻板。相对于中国母亲概括性的叙事风格，美国母亲详细的叙事风格会促进孩子更早形成记忆，叙述事件时表现出更明显的自主取向、更多的情感表达和对细节的关注（Fivush，2014）。很显然，详尽的回忆和叙事会导致信息的组织性、线索性更强，因而更容易提取。同时，详细地回忆和描述通常涉及具体事件，这促进了儿童对时间概念的理解和具象记忆的形成。另外，详尽的叙述使得亲子双方有更多的机会进行讨论和协商，促成了儿童主动交流习惯的形成，激发了其自我意识和独特观点的产生。成人叙事和回忆中承载的社会功能存在文化差异，这也会影响儿童的叙事和记忆特点。Miller等（1997）认为，中国父母通过讲故事的方式传递社会规范和道德，而美国父母讲故事主要以愉悦为目的。

第三节 社会认知的文化差异及其神经机制

社会认知（social cognition）是指人对各种社会刺激的综合加工过程，是人的社会动机系统和社会情感系统形成的基础。在社会生活中，人们通常需要识别他人的情绪，理解他人的心理状态（如看法、意图、愿望和信念等），评价和判断他人的行为，并指导我们自身的社会行为。在各种社会认知过程中，文化对社会认知及其神经基础的过程和结果都产生了相应的影响。

一、情绪识别

感知和识别他人的情绪状态是人们进行社会认知的一项重要内容，是获得他人行为和环境信息的重要来源。例如,恐惧表情提示了危险的存在。行为以及神经生理学研究均证明,文化经验对于情绪辨认具有调节作用。比如,中国儿童和澳大利亚儿童对自己所属文化群体的情绪面孔识别的准确度均要高于对其他文化群体的情绪面孔识别的准确度(Markham & Wang,1996)。Elfenbein 和 Ambady(2002b)通过对面孔情绪识别跨文化的元分析研究发现,相对于其他文化而言,人们更善于识别同文化成员的情绪表达,情绪识别具有显著的文化特异性。研究者选择澳大利亚白种人、居住在澳大利亚的中国人和居住在中国大陆的中国人,要求他们识别白种人和中国人面孔图片表达的情绪。结果发现,澳大利亚白种人能更加准确地识别白种人的面部表情,居住在澳大利亚的中国人也能比较准确地识别白种人的面部表情。这表明人们对来自同一文化群体的面部表情识别的准确率更高。

还有研究探讨了在识别面孔和声音的情感表达时的文化内群体优势效应,非裔美国学生、欧裔美国学生、在美国的非洲留学生以及在美国的欧洲留学生参与了研究。研究要求被试识别非裔美国人和欧裔美国人的面部表情和有情绪的声音。结果发现,无论刺激来源于欧裔美国人还是非裔美国人,欧裔美国人、非裔美国人以及欧洲留学生对情绪面孔再认和情绪发声识别的准确率均优于非洲留学生。这个结果说明个体在情绪面孔再认和情绪发声识别过程中存在内群优势效应,是其所处的文化背景促成了这种优势效应。Chiao 等利用 fMRI 技术进一步研究了面部情绪识别中文化特异性的神经基础。在扫描过程中,日本人与美国人观看日本人和美国人的面孔图片,有些面孔表现出恐惧表情,另一些则表现出非恐惧(如愤怒、快乐、中性)表情。结果表明,相对于其他文化背景中的面孔表情,美国人能更准确地判断出来自自己文化群体的面孔情绪,日本人也能较快地判断出来自自己文化群体的面孔情绪。脑成像结果分析发现,当与被试相同文化背景下的面孔表现出恐惧时,会引起被试双侧杏仁核更强的激活,这表明相同文化群组中成员的恐惧表情会引发个体更强的唤醒和警觉(Chiao, et al., 2008),结果如图 2-6 所示。人们通常能更好地识别自己族群的面孔,而不是其他种族的面孔。Stahl 等(2010)通过改变学习任务加工方式,进一步探索面孔识别内群体优势效应。在学习过程中,一组被试根据种族对 120 个白种人面孔和 120 个亚洲人面孔进行分类,另一组则根据面孔吸引力对面孔进行分类。随后的识别测试表明,无论是对面孔进行吸引力分类还是种族分类,被试对白种人面孔判断的准确性都高于亚洲人面孔,对白种人面孔的反应明显快于亚洲人面孔,表明这两组人都有明显相似的种族偏见。研究还发现,学习和测试阶段的 ERP 显示了学习任务对自己和其他种族面孔加工的神经生理特征。两组被试在亚洲人面孔条件下引发了比白种人面孔更大的 N170 波幅；种族分类组比吸引力分类组在白种人面孔上表现出了更大的 P200 波幅，这个结果说明了个体在对面孔进行加工时，具有内群优势效应。

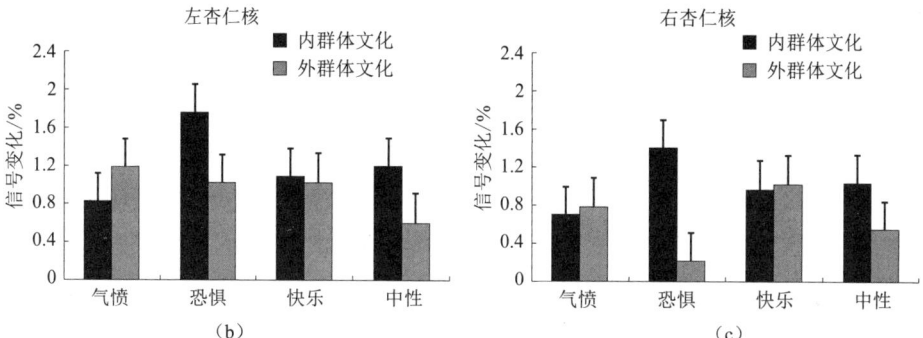

图 2-6 杏仁核对恐惧表情的文化特异性反应，左、右杏仁核激活反应只对恐惧表情有显著性文化差异（Chiao, et al., 2008）（见彩图 2-6）

还有研究探讨了类似的问题。白种人被试注意面孔的种族信息时，内种族白人面孔比外种族黑人面孔诱发了更大的 N170 波幅，说明被试关注种族信息时对内群成员进行了深度水平的加工，表现出了内群加工的优势；而当他们注意面孔的社会身份信息时，黑种人面孔则比白种人面孔诱发了更大的 N170 波幅，说明被试关注身份时使用了更多的认知资源加工外群体的信息。其对内群体的面孔是以一种结构化的方式加工处理，且更有可能在同一身份级别上进行编码，而对外群体的面孔则是在社会等级类别上进行编码的。

另外，研究者还评估了社会情境对情绪面孔判断的影响。研究要求德国被试和希腊被试对情绪面孔照片进行评价，照片提示了四种情绪（高兴、悲伤、愤怒、厌恶），三个人围坐成一个半圆形，一种条件是中间一个人做出一种表情，旁边两个人的表情保持中性；另一种条件是三个人保持一致的表情。实验任务要求被试对坐在中间的那个人的情绪进行评分，评定在多大程度上其表情是害怕、生气、惊讶、厌恶、悲哀、愉悦。结果表明，互依型文化下的希腊被试对愤怒表情的感受水平更低，对悲伤和厌恶表情的感受水平更高。独立型文化下的德国被试则表现出对愤怒和快乐有更强烈的感受。

东亚人和西方人在 fMRI 实验中被动地观察面孔和室内刺激。在左侧梭形人脸区域中，西方人对面孔有更多的选择性，符合西方人的分析性加工风格。此外，西方人在侧面梭形人脑区中表现出了双侧化活动，而东亚人则表现出更多的右侧化活动。相反，在海马旁区没有发现文化差异，而在语言区，东亚人比西方人表现出更大的选择性，符合东方人的整体性加工风格。

此外，文化适应程度也影响了识别面部表情时杏仁核的激活。与在欧洲生活时间较长的亚洲人相比，在欧洲生活时间较短的亚洲人在识别面部表情时，其杏仁核的反应更明显，这表明对其他文化的文化适应改变了人们对情绪线索的敏感程度（Derntl，et al.，2009）。

二、心理推断

为了解释和预测他人的行为，在人际交往的过程中，人们除了要正确识别他人的情绪，还需要推断他人的看法、意图、愿望和信念等，这种推断他人心理状态的能力被称为心理理论（theory of mind）或者心理推断（mentalizing）。先前的一些研究认为，心理理论能力具有跨文化的普遍性。在心理理论能力的发展上，不同文化背景下儿童的心理理论能力具有相似的发展轨迹，中国儿童与美国儿童在同一年龄阶段表现出理解他人错误信念的能力（Sabbagh，et al.，2006）。

新近的神经影像学研究发现，在跨文化普遍性中存在着文化差异的可能性。Kobayashi 等发现，美国成人（英文为母语）与日本成人（日、英双语）在判断他人的信念时，右侧背内侧前额叶、右侧前扣带回皮层、右侧额中回以及背外侧前额叶表现出了相同的激活模式（Kobayashi，et al.，2006），但也存在一些脑区激活的不同模式。在错误信念任务中，相比日本双语被试，美国单语被试在进行心理状态推断时，在右侧脑岛、双侧颞顶联合区以及右侧背内侧前额叶产生了更大强度的激活；日本双语被试的右侧眶额回表现出更大程度的激活。Kobayashi 等将该研究进一步扩展到儿童的心理理论，发现 8～11 岁美国单语儿童与日本双语儿童在完成基于卡通画与基于词语的心理理论任务中，背内侧前额叶与楔前叶的活动均有所增强（Kobayashi，et al.，2007）。然而，美国儿童在完成基于词语的心理理论任务时，左侧颞上沟比日本儿童的激活更强，在同一任务中，日本儿童左侧颞下回的激活程度更大。在基于卡通画的心理理论任务中，美国儿童右侧颞顶联合区的激活强于日本儿童，左侧前部颞上沟以及颞极部位的激活则弱于日本儿童。这些结果表明，在不同文化背景下，心理理论相关的神经活动在成人和儿童之间存在差异，说明相关神经机制在心理理论能力的发展过程中受到文化和语言的塑造。

新近研究使用的"察眼读心"（RME）实验范式更加直接地提供了心理理论的神经机制受文化影响的证据。RME测验方法，即从眼睛推断他人的心理状态，测验材料由一组仅描述眼部区域的图片组成，每张刺激图片的四角各有一个描述心理状态的词语，要求被试指出与眼睛所示心理状态相匹配的词语（图2-7）。Adam等发现，在行为水平上，美国被试在美国模特的RME测验中表现出更好的成绩，而日本被试在日本模特的RME测验中表现出更好的成绩（Adams, et al., 2010）。在神经水平上的研究结果表明，心理推断的文化特异性脑区出现在双侧颞上沟，该脑区的活动表现出一种文化内部优势。换言之，无论美国被试还是日本被试，颞上沟后部对来自不同模特眼睛的反应都要强于对不同文化模特的反应。具体地说，相比日本模特的眼睛，美国人对美国模特的眼睛做心理推断时，双侧颞上沟的激活更强；日本人对日本模特的眼睛比对美国模特的眼睛做心理推断时，双侧颞上沟的激活更强。

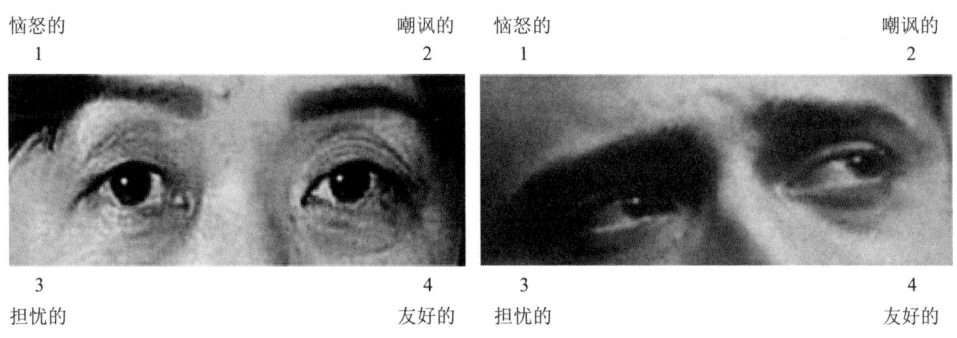

图2-7　REM范式的刺激材料（亚洲人和美国人）（Adams, et al., 2010）

上述结果表明，文化赋予了我们一种推断他人心理状态的文化调节能力，即文化有助于促进个体准确推断同一文化环境中内群体成员的心理状态，具有文化内部优势。而且，这种调节能力在不同文化群组之间是相似的。

三、认知社会地位

人类的许多文化都是按照社会等级来组织的，社会等级在人类社会也随处可见，如家庭、工作场所以及各类社会群体。个体对他人的社会地位的有效觉察和评价是社会交往的必备技能。正确地认知社会地位为我们的生活提供了非常有价值的信息，我们可据此确定对方的身份地位、确立目标和期望，可以帮助我们采取与社会等级相符的适宜行为。

研究发现，人类面孔的种族特征是一种非常重要的社会线索，该线索可以在社会交往的过程中为知觉者提供关于他人的身份特征。成年人对自己面孔的反应通常比对他人面孔的反应更快。在一项需要判断面孔方向（左或右）的任务中，无论单独呈现被试自己的面孔，还是自己的面孔和朋友的面孔或主管的面孔交替呈现，美国学生对这三类图片的反应速度是相似的。对中国被试而言，与朋友的面孔相比，自己面孔具有的优势在上司的面孔出现后就消失了，他们对上司面孔的反应比自己面孔的反应更快。这些发现表明，对美国人来说，上司具有普遍的社会支配地位，对中国人来说，上司可能代表了一种威胁。这些结果表明，上司在不同的文化环境中具有不同的含义（Sook-Lei，et al.，2011）。

Chiao 等（2009）通过四种实验任务探究了社会身份辨识的神经基础。结果表明，在辨识社会身份时，前额叶部分脑区被激活，其与社会身份辨识具有很大的关联。感知和判断社会等级是社会认知的重要组成部分。等级判断可以是自我参照的，也可以是非自我中心的（与两个或多个外部因素有关）。Farrow 等（2011）让 22 名健康的男性被试接受了三次 fMRI 扫描。在扫描过程中，被试回答了一些问题，这些问题涉及个体在特定社会等级体系中的相对优势或他们对社会联盟的感知程度（即他们是"朋友还是敌人"）。被试还对目标的年龄、性别和名声做出了有关的判断，以控制混淆变量，并执行了一项基本的数字任务。研究者在实验中发现，社会等级和非自我社会判断激活了腹内侧前额叶皮质左侧（LVMPFC）、左背侧额下回（LDIFG）和双侧梭状回（BFG）。被试在判断社会等级任务中激活了左内侧眶额皮层（LOFC）。这个实验结果再次证明了前额叶皮层在社会地位辨识中的重要作用。

Pelphrey（2004）等利用 fMRI 探究了在一次引人注目的社交活动中，相互凝视和回避凝视所引起的大脑活动。通过虚拟现实的护目镜，被试看到一个男人朝其走来。将他中立的目光移向（相互注视）或远离（回避的目光）被试，颞上沟和梭状回在两种情况下均有较强的活动。在这两种情况下，颞上沟的活动明显偏右侧化。相互凝视时，在颞上沟比避免凝视时有更大的活动，而梭状回区域对相互凝视和避免凝视的反应相当。在公开的社会情景中，通过目光的转移来传递社会信息激活了颞上沟的活动。这项研究扩展了对颞上沟在社会认知和社会知觉中的作用的理解，证明颞上沟对人类行为发生的环境高度敏感。

在认知社会地位过程中，存在两种标志社会地位的线索——支配性信号（标志较高的社会地位）和从属性信号（标志较低的社会地位），这两类信号一般包含在语言、面部表情、身体姿势、性别、年龄、衣着和所有物中。其中，肢体动作相对容易传达出这两种线索，例如，在体态上，扩张舒展表示支配，收缩蜷曲则表示顺从（Chiao，et al.，2009）。不同文化对这些线索的价值评估存在着差异，对于支配和服从行为也有不同的态度，例如，美国文化大体上是鼓励、赞赏支配性行为，而日本文化则鼓励服从性行为。

Freeman 等对肢体表达被赋予的不同文化价值是否具有文化特异的神经基础进行了验证。其研究以美国人和日本人为被试，在 fMRI 扫描过程中，要求被试观看表现支配性或服从性动作的身体轮廓图。经过扫描后，使用问卷调查对被试的支配或服从性行为倾向进行评定。结果表明，实验过后，美国人表现出更强的支配行为倾向，而日本人表现出更强的从属行为倾向。神经影像学结果表明，美国被试对支配性刺激表现出更强的双侧尾状核和 MPFC 的激活，而日本被试的这些脑区的激活模式恰好相反，服从性刺激比支配性刺激引发了更强的激活（图 2-8）。双侧尾状核和 MPFC 作为中脑边缘奖赏系统的重要组成部分，参与价值观

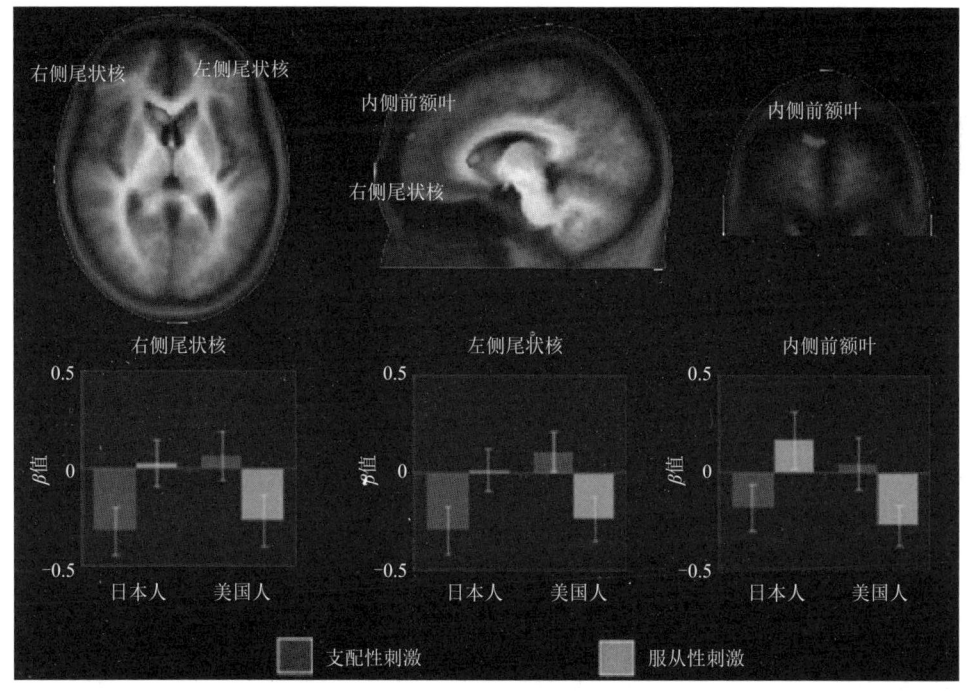

图 2-8　两侧尾状核和内侧前额叶血氧水平反应的文化特异性
（Freeman，et al.，2009）（见彩图 2-8）

的表征，中脑边缘奖赏系统通过对意义重要的刺激进行价值表征权衡，从而激发社会行为（Freeman，et al.，2009）。

该研究表明，双侧尾状核和 MPFC 可能是人们认知社会等级的神经基础，其激活强度的文化差异可能反映了线索被某种文化看作奖赏或期望的行为方式。中脑边缘奖赏系统的活动与个体趋向支配性或服从性的行为倾向相关，双侧尾状核和 MPFC 的反应与被试所在文化中鼓励的行为价值取向相一致。也就是说，不同文化、价值使得文化偏好的肢体表达具有特异性神经表征。

四、共情

共情（empathy）指的是理解和分享他人的情绪状态的能力。共情具有双重含义，即在情感上体验与他人相同的情绪，在认知上理解和认识他人的情绪。共情在日常的人际交往和社会互动中发挥着重要作用，共情的产生有利于促进亲社会行为，增进人际交流与合作。行为与脑神经科学研究均表明，观察者与目标之间的社会关系会影响其对目标的共情行为。

Johnson（2010）等首次通过实验证实了共情存在内种族偏好，实验中要求白种人被试阅读一段文字材料，材料讲述了一名年轻男性偷盗珠宝的犯罪过程，故事里的罪犯一半是白种人，另一半是黑种人，要求被试对罪犯进行判罚，并测量被试对罪犯的同情程度。结果发现，被试对白种人罪犯比黑种人罪犯有更高的共情，同时也给予白种人罪犯更轻的处罚。白种人大学生通过视频观看患有肩膀疼痛的白种人患者和黑种人患者，在活动关节时的痛苦面部表情，被试被要求为视频中的患者选择合适的疼痛治疗方案，并在共情量表上为他们当下的共情状态进行打分。结果显示，相比黑种人患者，被试对白种人患者表现出了更强烈的共情，并让他们接受更好的疼痛治疗方案（Drwecki，et al.，2011）。以上两项研究都在行为层面上证实了共情的本种族偏好的存在，验证了文化对个体共情偏好的影响。

Xu（2009）等利用 fMRI 技术考察了中国被试和白种人被试在观看本种族成员和外种族成员受到疼痛刺激时的大脑活动。研究发现，尽管两组被试在共情的主观感受评分上都没有表现出内种族偏好，但不管是中国被试还是白种人被试在观看本种族成员受到疼痛刺激时，前扣带回和辅助运动皮层的激活水平都要显著高于观看外种族成员受到疼痛刺激时的激活水平（Xu，et al.，2009）。与此类似，Avenanti 等（2010）考察了白种人被试和黑种人被试观察他人手部受痛时的运动诱发电位，发现无论是黑种人还是白种人，观看疼痛刺激施加于同种族模特的手时，均会引发共情的感觉运动反应，而对于外种族模特则没有表现出这种替代性的疼痛投射，并且种族认同越高的被试，他们对外种族成员所表现出的共情性感觉运动共鸣就越弱。有研究利用脑电图探讨了感觉运动皮层对他人疼痛的共情反应是否受他人种族的影响。给白种人看疼痛情境（用针扎）和非疼痛情境（用棉签触碰）下内群体（in-group）和外群体（out-group）成员的手的视频，同时记录脑电信号，结果发现，在观察针扎手时，内群体的刺激引发了更明显的事件相关去同步化。这种共情种族内偏好仅限于在痛苦的情况下，在没有观看疼痛视频时，被试对内、外群体的共情并没有表现出显著差异。

从进化的角度来看，在资源稀缺的恶劣环境中生存，需要社会群体成员的社会支持，这反过来又可以促进群体成员之间的情感理解和分享。有研究探讨了物理环境是否会影响共情的种族内群体偏好。研究检验了个体身体寒冷与温暖的感官体验是否会增强对种族内、外群体成员痛苦的共情神经反应。研究采用亚洲模特的面孔照片和白种人模特的面孔照片作为刺激材料，每张面孔都有中性和痛苦两种表情。研究者要求 40 名 18～28 岁的中国男性成年被试在 120 厘米的距离处观看，在寒冷的条件下，被试左手拿着 6°C 的冷背包；在温暖的条件下，被试左手拿着 39°C 的温背包；在控制条件下，被试将他们的左手放在 25°C（室温）的扶手上。参与者在寒冷、温暖和对照条件下判断每张脸的表情（痛苦还是中性）。记录脑电后，被试对每张脸所描绘的疼痛强度和每张脸所引起的不愉快程度进行主观评分。结果发现，与外种族面孔表情相比，内种族表情与积极态度相关联。共情的神经反应表明，在寒冷条件下，内群的面孔比外群的面孔引发了更大的 N200 或 P300 波幅。该研究结果表明，寒冷的感官体验可以增强被试同种族个体之间的情感共鸣（Luo, et al., 2017）。

这些研究使用了来自不同文化的被试，在行为、神经活动和脑机制的层面都证实了共情的内种族偏好，个体对本种族成员的共情会引发更强烈的共情神经反应或是一些特异性脑区的激活。这表明共情的内种族偏好在不同的社会文化环境中是普遍存在的。

五、评估社会群体

社会认同理论认为，人们在社会加工过程中，经常利用各种线索进行社会身份分类（自己属于某些群体，不属于某些群体）。相对于外群体，人们更喜欢内群体，对内群体表会现出更多的偏爱，甚至会贬抑外群体，这就是内群体偏见（group prejudice）。它是指某社会群体的个体对自己所属内群体的偏爱和保护，而对外群体厌恶和贬损的现象。其实，这是文化塑造社会认知的另一种方式。

　　Cunningham 等（2004）采用刺激阈下呈现方式向美国白种人被试呈现白种人和黑种人面孔，同时使用 fMRI 记录其大脑活动。结果发现，向被试呈现黑种人面孔比向其呈现白种人面孔激发了更强的杏仁核反应，这反映了美国白种人从文化中习得的对黑种人的负性联想所形成的自动加工过程，也就是外群体偏见或刻板印象。Lieberman 等（2005）使用刺激阈上呈现的方式，也发现了同样的杏仁核反应模式。此外，Phelps 等（2000）进一步研究发现，美国白种人对黑种人面孔的杏仁核反应程度与个体持有的对黑种人负性内隐联想程度相关，对黑种人的内隐联想分数越高，杏仁核反应越大。Ibanez 等（2010）采用 ERP 技术观测土著人和非土著人在完成 IAT 任务时诱发的 N170 和 VPP 成分。结果发现，对于土著被试而言，内群体面孔与消极词相关联时比外群体面孔与积极词相关联在右脑引发了更大的 N170 波幅，内群体面孔与积极词相关联和外群体面孔与消极词相关联之间的差异不显著，说明存在内群体面孔的优势加工效应。对于非土著被试而言，内群体面孔与消极词相关联和外群体面孔与积极词相关联在右脑没有显著差异，内群体面孔与积极词相关联和外群体面孔与消极词相关联的差异也不显著。研究结果说明，与非土著人相比，土著群体表现出了强烈的内群体偏爱。

　　更有趣的是，Lieberman（2005）等发现，相对于白种人面孔，美国黑种人被试对黑种人面孔也表现出更强的杏仁核反应（与美国白种人的模式相融合），表明杏仁核的反应增强不但在群际存在，在群体内同样存在。这说明个体对黑种人群体面孔的杏仁核反应增强不是简单的外群体效应（out-group effect），而是反映了文化中根深蒂固的态度，文化习得的群体态度赋予文化中每一个体一种对相关群体成员的自动化评价反应，而杏仁核就是进行这一自动化评价的脑神经基础。

第三章
文化与语言

第一节 文化与语言概述

文化存在于各种内隐与外显的模式之中,借助符号得以学习和传播,并构成人类群体的特殊成就,这些成就包括人们制造物品的各种具体式样。文化的基本要素是传统思想观念和价值,其中以价值观最为重要(Kroeber & Kluckhohn, 1963)。语言是人们共享的符号系统,是文化的载体和表达方式,是文化形成和发展的前提。文化是语言的内容,制约着语言的发展。个体在学习语言时,不仅是在学习语词,同时还在学习与这些语词相关的思想和文化。

一、文化与语言的联系与差异

(一)文化与语言的联系

文化与语言紧密相连,语言习得过程也就是文化吸入的过程。语言随着社会的发展而发展,既是交流工具,也是社会现象。与语言相似,文化也会随着社会的发展而变化。文化依赖于语言,语言推动着文化的发展。语言构成了文化环境,并且直接塑造了人的文化心理(马媛渊,2008)。因此,语言与文化之间相互制约、互相依赖,并互相推动。脱离了"文化"概念,深入的语言研究几乎是不可能的。同样,离开了语言,文化的研究也将会阻碍重重,导致产生理论研究和现实意义上的缺憾。语言形式常常反映了民族的特征,它不仅包含该民族的历史和文化背景,而且蕴藏着该民族的生活方式和思维方法(白春,2002;史红薇,2007)。理解语言必须了解文化,理解文化也必须了解语言。

语言与文化的关系包括语言的文化性质和文化价值两个方面。语言的文化性质是指语言本身就是一种文化现象，语言的文化价值是指语言包含丰富的文化内容，是体现和认识文化的重要信息系统。语言既表现了特殊的文化现象，也是阐述和传播文化最重要的工具。

Goodenough（1964）认为，"一个社会的语言是该社会文化的一个方面，语言和文化是部分与整体的关系。语言作为文化的组成部分，其特殊性在于，它是学习文化的主要工具，人在学习和运用语言的过程中获得整个文化"。语言反映了人们对客观世界独特的认识和态度，记载着民族历史发展过程中长期积累下来的根深蒂固的生活方式、传统习惯以及思维方法。拥有不同语言的族群各自有独特的看待世界的方式，形成了个性化的语言。语言也是文化的记录者和传播者，是一种特殊的文化现象。语言是民族文化和民族精神的直接体现（逯曼，2013），作为文化的一部分，语言又是文化的镜像反射，它能够全面地反映出民族文化的特征。同时，语言的变化与文化的变迁有着密切的联系。文化变迁是指由于民族社会内部的发展或由于不同民族之间的接触引起一个民族文化的改变（黄淑娉、龚佩华，2013）。文化的发展能够推动和促进语言的发展。随着某种文化的兴衰，相关语言也会产生和消亡。例如，网络文化的发展促使网络用语繁荣，并且被推广到现实生活中。

文化不仅决定了人的认知结果，还制约着语言形式。由于文化具有鲜明的个性，不同民族的文化之间自然会呈现出不同的文化形态，这种文化形态差异反映到语言层面上，则表现为语言差异。从文化差异出发去研究语言差异，可以有效地把握语言与文化之间的内在联系。

（二）文化与语言的差异

文化和语言既密切联系，又相互区别。印度在殖民时期几乎全盘接受了英语，但印度的文化在很大程度上依然在不断传承，这说明一个民族可能会全盘接受另一个民族的语言，但并不会全盘接受其文化；反之，一个民族在文化上受到另一个民族极深的影响，而它的语言也可以完整保存，这说明语言与文化相互影响、相互制约，但并不是相互决定的关系。

正是由于每一种语言都反映着产生它的文化，任何形式的言语都有其文化内涵。文化内涵是语言交际的具体内容，文化意识是语言交际的思维基础。不了解语言背后的文化，只注意形式，而不注意语言的文化内涵，就不可能真正掌握这种语言。在跨文化沟通中，只懂得语言，而不了解对方的文化，也无法顺利地交流与沟通。如果一位中国人很流利地用英语询问美国人的工资（隐私问题），显然这样的沟通会引起对方的反感。

（三）语言与文化关系的理论

有关语言与文化的关系，目前有三种主要的理论，分别是语言决定论、文化决定论、语言文化双向制约论。

1. 语言决定论

萨丕尔在《语言科学的现状》中阐发了他的语言文化观（Sapir，1929）。他认为，人类生活的社会受到人们拥有的语言的操纵和控制，说两种不同语言的人生活在截然不同的世界里。沃尔夫（L. Whorf）吸收了萨丕尔的思想，并提出了语言决定论（linguistic determinism）和语言相对论（linguistic relativism），二者合称为萨丕尔-沃尔夫假说（Sapir-Whorf hypothesis）。萨丕尔-沃尔夫假说认为，语言形式决定语言使用者对宇宙的看法，语言怎样描述世界，人们就怎样观察世界；世界上的语言不同，所以各民族对世界的分析也不相同（沃尔夫，2001）。语言决定论过分强调了语言对思维的决定作用。

2. 文化决定论

沃德华（2000）提出，文化影响着语言的使用方式，决定着某些零星而具体的语言问题（specific bits and pieces）。Hatch 和 Douglas（1984）认为，尽管有许多文化并不处于意识知觉水平中，但它们依然会决定个体的思想和行为，语言就是最典型的例子。语言作为文化的支持系统，决定着人们的理解和表达，至于俚语、谚语、箴语等则反映了特定的文化背景。人们使用有规则的语言系统，例如，语音学的规则和语法规则，但是听说双方一般都不能说出这些规则的内容，只是模糊地知道存在这些规则。

3. 语言文化双向制约论

（1）反映关系

"语言表达、体现和象征文化现实。"（Kramsch，2000）语言反映文化，文化反映语言（Samovar，2000）。语言既反映其他文化，也反映语言本身。

（2）工具关系

语言是反映和窥探民族文化的"镜子""窗口"，是文化的载体，是固定和存储思维结果最重要的物质形式。

（3）互动关系

语言是文化产生和发展的关键，文化的发展促使语言更加丰富和细密（周振鹤，游汝杰，1986）。语言与文化不仅相互促进，而且相互制约。就思维而言，语言决定思维的方式、范围和深度；当思维发展到一定程度，但思维工具不能满足思维的需要时，那么人们就会不自觉地改造或置换思维工具，从而带来语言的发展。就此而言，思维又会影响语言，促进语言的发展。总之，"语言与文化之间的关系是双向的影响制约关系，语言对文化有制约，文化对语言也有影响和制约"（王健宜，2013）。

（四）语言与文化认同

文化认同中的"认同"，译自英文 identity，其含义可以概括为两个方面：一是认同；二是身份。认同和身份强调了一个整体概念。泰勒认为，认同包含了对"我是谁"的识别和对"与自己相同、一致的事物"的认知两重含义（Taylor，1989）。文化认同是人们在一个共同体中长期共同生活形成的，其核心表现是对社会基本价值的认可，是个体在环境中构建自我的过程以及作为群体成员的个体在社会意义方面的体现（Berry，1999），也可以指民族个体或群体对本民族生活方式、发展历程、价值观念等的理解、认可与信奉，以及对族际关系的认识（邵晓霞，傅敏，2011）。群体成员使用相同的文化符号，遵循共同的文化理念，秉承共有的思维模式和行为规范，是文化认同的前提；共同的血缘、种族、语言、宗教、地区、习俗等是文化认同的基础。民族认同、国家认同和身份认同都包含有文化认同的内容。身份、角色的合法性只有在文化中才能体现其意义。人们通过文化认同寻求心灵的归属感，进行自我身份的确认，回答"我是谁"这一问题。认同产生了文化身份；没有认同，就没有文化身份（冉华，邓倩，2012）。文化身份是指个体在特定文化中的身份，其特征由一种文化群体成员的所言、所行、所感表现出来（王佳英，2006）。霍尔和杜盖伊（2010）认为，文化身份代表一种共有的文化，是集体的"一个真正的自我"，藏身于其他诸多肤浅的甚至人为强加的"自我"之中，是与祖先共享的一种"自我"。

一些研究者认为，语言是文化认同的关键因素，对文化认同有积极的影响作用（Phinney，1990）。语言变体与特定的社会群体相联系，语言可以用来定义一个人在和他人相处时的认同感（Alsagoff & Lick，1998）。在语言中，语法变异涉及句法、词序、动词类型、时态、介词等方面的变异。黄永辉和高东君（2013）的研究证明，语言定势会对跨文化交际产生重要的影响，在所有词类中，动词和形容词与词汇化定势密切相关。语法变异与使用者的社会身份有着密切联系，尤其是在个体对待自己的内、外群体时表现得尤为明显。

在社会交流过程中，语言的使用不仅能有意或无意地影响别人对某事件的看法（Ruscher，2001），而且人们在对某行为进行描述时，语言的选择和使用还可以内隐地传达出对此事件的态度（Douglas & Sutton，2006）。

语言微妙地反映了人们的思维及态度，在个体对待自己的内、外群体时表现得尤为明显。它通过一种微妙但强大的方式维持已有的对内群体成员和外群体成员的刻板印象。不同文化不仅影响着个体看待自我的方式，用不同的主流观点来看待自我的方式，也影响着对族群成员的关系的界定，即内群体成员和外群体成员的关系的界定。同时，对内外群体的认知反过来又会影响着群体间的语言交流与相互评价。研究表明，语言群际偏差能够预测双文化者或多文化者的内外群体取向、文化及民族取向。语言群际偏差现象的发现，为研究语言在社会心理学以及跨文化心理学领域中的作用提供了新思路。

二、语言群际偏差

语言是人际交流的一种重要工具，也是信息传递的重要载体。人们每天都使用语言向他人传递信息，研究发现，描述对象不同，则人们所使用语言的结构化特点也存在差异，这些差异有些是人们能够意识到的，有些却是人们意识不到的（Semin，2000）。其中，语言偏差是心理学、人类学、语言学等诸多学科领域关注的热点之一，具体含义指当面对不同沟通情境和对象时，个体描述语言的抽象性存在差异的现象。

（一）语言群际偏差的基本假设

Maass 等通过对社会交往中语言抽象水平的研究，发现了语言群际偏差现象（Maass, et al., 1989）。其理论假设为：个体对内群体成员的正向行为（如扶老人过马路）和外群体成员的负向行为（如作弊）会使用抽象水平较高的词语来描述，而在描述内群体成员的负向行为和外群体成员的正向行为时，会使用抽象水平较低的语言。

抽象水平较高的词语更能够描述稳定且持久的人格特质（Semin & Fiedler，1988）。所以，基于对内群体的偏爱，对于内群体成员的正向行为，个体会用更为抽象的词语描述，从而说明在内群体中该正向行为的发生具有必然性，暗示出内群体成员拥有积极的人格特质；基于对外群体成员的偏见，个体会对外群体成员的负向行为做更为抽象的描述，说明在外群体中该负向行为的发生具有必然性，暗示外群体成员拥有消极的人格特质。

（二）语言群际偏差现象的研究基础：语言范畴模型

语言范畴模型（linguistic category model）（Semin & Fiedler，1988）将个体描

述行为的词语分成四类，分别为描述性行为动词、解释性行为动词、状态动词、形容词，并认为描述性和解释性行为动词为具体动词，状态动词和形容词为抽象词。例如，对小李在公交车上给老人让座这件事的描述，用语言范畴模型分类进行不同的表达如下：①"小李给老人让座"。"让座"只是对单一行为进行描述，含有知觉特征且可以直接观察到，是描述性行为动词。②"小李帮助老人"。"帮助"没有行为知觉特征且表达更为抽象，不仅可以对当前观察到的行为进行描述，而且可以描述其他宜人行为（如扶老人过马路），是解释性行为动词。③"小李尊敬老人"。"尊敬"是无法被直接观察到的一种心理状态，不特指某一件事情，是状态动词。④"小李非常善良"。"善良"是一种稳定持久的人格特质，是独特的，不随情境的变化而变化，比前三类词更为抽象。最近，有研究者提出最抽象的词语类别是名词（Anolli, et al., 2006；Graf, et al., 2013），由于名词具有标签化的功能，因此比形容词更为抽象，如"小李有雷锋精神"要比"小李善良"更为抽象。研究表明，相较于形容词，使用名词更能够增强内群体偏好和外群体偏见（Graf, et al., 2013）。语言范畴模型的研究主要集中在人际交往背景（Semin & Fiedler, 1988），后来研究人员将该理论扩展到了群际层面，发现相较于具体性语言，抽象性语言更容易泛化到群体中（Assiladméhou, et al., 2013）。

（三）语言群际偏差的研究范式

研究者通常会给被试呈现一些表现出某正向或负向行为的卡通人物图片，让被试进行反应，反应模式分为自由反应和固定反应两种（Maass, 1999）。在自由反应模式中，要求被试用自己的语言对图片人物的行为进行描述，最后根据语言中词语的抽象水平进行计算。在固定反应模式中，每幅图片都配有四个与语言范畴模型抽象水平相对应的句子描述人物的行为，让被试选出自己认为最能表达图片人物行为的语句。在处理结果时，为每个描述语句赋值（描述性行为动词赋值为1，解释性行为动词赋值为2，状态动词赋值为3，形容词赋值为4），并进行计算和分析。

（四）语言群际偏差的内在机制

1. 语言群际偏差的动机机制

语言群际偏差的动机机制是基于 Tajfel 和 Turner（1979）的社会认同理论提出的。该理论认为人们有获得和保持高水平自尊的需要，个体想通过提高自己所认同的群体地位来提升自身的自尊水平，所以会表现出内群体偏好和外群体贬损。已有研究证明，个体属于污名化、社会等级较低的团体（Ellemers，et al.，1993），处于高竞争性的群际情境中（Brewer，1979），在社会身份受到威胁或贬低时（Grant，1992），更倾向于使用内群体保护策略。其具体表现为个体用高抽象水平的语言描述正向的内群成员行为和负向的外群成员行为，即以赞扬的方式来描述内群体成员的正向行为，而以贬损的方式来描述外群体成员的负向行为。同样，个体会使用更加具体的语言描述内群成员的负向行为和外群成员的正向行为，表明这些行为与群体成员的人格特点无关，只是一种偶然表现出的行为，即对内群体的积极行为和外群体的消极行为进行特质推论，对内群体的消极行为和外群体的积极行为进行情境推论，以维持内群体的积极形象。例如，一个内群成员向他人提供帮助时，会被描述为乐于助人的、善良的、充满爱心的等，但若这种助人行为是由外群成员完成的，会被描述为正在帮助人。已有研究证明，这种语言群际偏差现象正是内群保护动机的证据（Maass，et al.，1996）。

2. 语言群际偏差的认知机制

认知机制是 Maass 等（1995）提出的，该理论认为语言群际偏差受期望的影响。由于认知资源的有限性，人们会选择性地进行信息加工，且更倾向于加工与自己期望一致的信息，而对与自己期望不一致的信息"视而不见"。与自己期望一致的行为被描述得更为抽象，与自己期望不一致的行为被描述得更为具体，这是由于人们往往认为与自己期望一致的行为比较稳定、典型，因此适合于使用抽象水平高的语言来描述，而与自己期望不一致的行为是偶然发生的，再次出现的可能性比较小，因此倾向于用抽象水平低的语言来描述。

基于人们对内群体成员的积极行为和外群体成员的消极行为的期待，便产生了语言群际偏差（Howard & Rothbart，1980）。为了节约自身有限的认知资源，人们对与自己刻板期望以及认知相一致的行为做抽象描述，暗示所描述的行为具有典型性和跨情境一致性，表明该行为比较稳定；对与自己刻板期望不一致的行为则做具体描述，表明行为发生超出了自己的认知范围，暗示该行为具有情境性和特殊性，即行为是偶然的，再次出现的可能性较小（Maass，et al.，1995）。

语言群际偏差的动机机制和认知机制从不同的角度解释了偏差形成的原因。在高竞争性、敌对或者内群体被威胁的情况下，动机机制是显而易见的。为了进行内群体保护，人们会使用语言群际偏差表达自己对内群体和外群体的态度。在日常生活中，相对于不期望的行为，人们倾向于使用更抽象的语言描述符合刻板印象的行为，同时人们常对内群体成员抱有积极期望，对外群体成员抱有消极期望（Howard & Rothbart），这更符合认知机制的解释。

基于社会心理学的文化认同视角，有研究者认为个体对内群体的认同是群体行为的基础（Tajfel, et al., 1971），个体对自身内群体积极的评价能够促进积极的内群体认同。对于有着不同文化认同的群体来说，人们出于对自身所属群体文化的保护与褒扬，就会使用语言偏差以肯定内群体文化的价值，提高内群体的地位，同时也能够肯定个体自身的价值。

总之，当前社会心理学的研究表明，认知、动机、刻板印象等会以交互的方式对人们的信念产生影响。在高竞争性、内群体身份受到威胁以及敌对的情境中，动机因素在语言群际偏差中起主要作用；在认知视角下，语言群际偏差主要受刻板印象和期望的驱动。

（五）语言群际偏差的影响因素

语言群际偏差不仅能够内隐地表达出描述者对事件的态度（Douglas & Sutton, 2006），而且会影响他人对描述对象的看法（Ruscher, 2001；Wenneker, et al., 2005），同时对人际关系也有重要的影响（Assilaméhou & Testé, 2013）。在商品推销中采用语言群际间偏差策略，用抽象性的语言描述商品的优点，用具体性的语言描述其不足，更容易说服别人（Schellekens, et al., 2013）。因此，研究语言群际偏差的影响因素，有利于在不同情境下发挥其积极作用。

1. 文化认同程度

文化认同和群体认同相互重叠，个体对群体的认同是群体行为的基础（Tajfel, et al., 1971）。文化认同程度的高低会影响个体的评价性语言的抽象水平（Hsu, 2011），个体对内群体的文化认同度高，对外群体的评价甚至会表现出极端的负性语言偏向，凸显出内群体偏好和外群体贬损（Shulman, et al., 2011）。对内群体文化认同程度较低，个体对内群体的偏好程度也较低，表现出的内群体语言偏向也比较弱（佐斌，徐同洁，2015）。

2. 刻板印象和偏见

语言群际偏差会保持和加深刻板印象和偏见。与抽象性描述相比，具体性描述会传递更多特质方面的信息和更少的情境信息。在与他人接触的过程中，个体对与刻板印象不符的沟通对象做更多的具体性描述，而对与刻板印象相符的沟通对象做更多的抽象性描述。同时，使用抽象性语言传递外群体成员的信息，有助于信息接收者对外群体成员形成刻板印象，因此，已有的刻板印象就会得以维持和传递（Wenneker, et al., 2005）。在与弱势群体或污名群体的沟通中，更容易出现语言群际偏差（Poteat，Digiovanni，2010）。

3. 群际关系

在合作、友善的群体关系中，群体之间的评价更为积极；在竞争、紧张的群体关系中，群体之间的评价更为消极，表现出明显的语言群际偏差。Semin（2000）发现，在合作的背景中，若目标行为是积极的，人们会使用更加抽象的语言进行描述；在竞争的背景中，若目标行为是消极的，人们也倾向于用抽象的语言进行描述。这是因为在合作的情境中，为了维持和谐的群际关系，个体会塑造积极的外群体形象，对外群体做更多抽象的积极描述和具体的消极描述；而在竞争的情境下，个体为凸显自己的优越性，提高在内群体中的地位，便通过语言群际偏差进行内群体保护和外群体贬损。

4. 群体地位

语言群际偏差受群体地位高低的影响。研究表明，处于高地位群体中的成员常表现出群体优越感与内群体偏好，这种优越感会反映在对外群体成员的语言评论中。尤其是当群体间的地位差异凸显时，高地位群体中的成员往往会表现出更明显的语言偏见（Bettencourt & Bartholomew，1998），而处于低地位群体中的成员持有比较复杂的群体态度。当知觉到群体间的地位差异是受到不公平因素影响时，低地位群体中的成员表现出内群体偏好，维护内群体利益和形象的意识增强（蒋燕玲，杨红升，2015）。当知觉到群体间的地位差异具有稳定性和必然性时，低地位群体中的成员倾向于接受群体地位的现状，并表现出外群体偏好，对高地位群体中成员的积极行为选用抽象度较高的语言进行描述，以对其内在品质进行肯定（李琼，刘力，2011）。

5. 个体情绪

研究表明，情绪对人们的认知过程有影响（Forgas，2000；Martin & Clore，2001），所以情绪通过认知对语言使用产生影响（Shulman, et al.，2011）。Forgas 的研究表明，情绪状态在各种各样的情况下都会影响语言的使用，例如，相较于积极情绪下，人们在消极情绪下倾向于运用具体的说服信息。

Beukeboom 和 Semin（2006）的研究发现，积极情绪下的个体更容易对沟通目标做出语言上的积极评价；消极情绪下的评价语言往往也消极。Beukeboom 和 Semin（2006）的研究表明，交流对象的情绪同样会造成语言使用差异。交流者面对情绪积极的个体，更愿意使用抽象的词语传递信息，面对情绪低落的个体，则倾向于使用具体的词语来传递信息。在积极情绪线索（微笑、亲密接触）

下，交流者体验到友好、愉快的氛围，感受到相互之间的理解和支持，倾向于做抽象的积极描述，拉近彼此的心理距离；相反，在消极情绪线索（愤怒、拒绝身体接触）下，交流者感受到了对方的敌意与误解，以及心理距离的疏远，更愿意使用谨慎详细而更少有争议的具体描述，这表明情绪体验会影响语言的使用。

6. 人格特质

Beukeboom等（2013）的研究发现，个体的内外向特质也是影响语言偏向的重要因素。对同一信息的描述，外向个体使用词语的抽象水平要显著高于内向个体，这可能是由于内向者说话更加严谨——倾向于使用争议更少的具体词语对信息进行描述，而外向者更愿意表达主观看法，因而使用的词语抽象水平更高。

7. 个人对外群体的一般偏见水平

人们对外群体的偏见水平存在明显的个体差异，与较低偏见的个体相比，偏见水平较高的个体会表现出更明显的语言群际偏差。有研究表明，种族偏见水平较高的个体对非裔黑种人的态度更消极，对他们负向的行为或符合认知预期的行为会选用更抽象的语言进行描述，而对他们正向的行为或不符合认知预期的行为会选用更具体的语言进行描述（Schnake & Rusche，1998）。人们对某个群体或个体持有的偏见态度，常以一种消极刻板印象的形式存在。人们会依据这种刻板印象对该群体内成员的行为做出评价，对出现的消极行为使用抽象的语言描述，对积极行为则使用具体的语言描述。区别于社会情境因素，个体本身的偏见水平以一种更稳定、更隐秘的形式影响个体的语言，这种偏见甚至不为个体本身所知觉（蒋燕玲，杨红升，2015）。Schnake和Ruscher（1998）的研究表明，在实际社交情境中，个体会有意识地调控自己的态度以避免表现出明显的偏见，所以在偏见的外显测量中，人们常常会出于社会赞许的目的而有意识地隐瞒自己的真实态度，如在现代种族主义量表（MRS）中未表现出种族歧视的个体，但在语言偏见测量中则可能会对有色人种表现出消极的态度。

8. 其他因素

除以上因素外，语言群际偏差还受到其他一些因素的影响。研究表明，性别因素对语言群际偏差有影响，对共同的内、外群体成员的行为进行描述时，女性会比男性表现出更明显的语言偏见（Reid, et al., 2003）。年龄因素也会影响语言群际偏差，Werkman等（1999）针对年龄这一因素进行了探索，选取8～19岁的青少年为研究对象，对他们的语言群际偏差水平分组进行分析，发现语言群际偏差水平随年龄的增长而上升。另外，职业、受教育程度可能也是影响语言群际偏差的因素,这需要在以后的研究中做进一步的探究。

第二节 语言沟通的文化差异

一、东西方不同文化价值观对沟通的影响

Chen 和 Starosta(2007)指出,"沟通"一词来源于英语中的 communication,即沟通双方将信息进行传递,让对方接收并理解信息传递方的思想、态度、情感等信息内容。更具体而言,它是指人与人之间通过语言、文字、符号或其他的表达形式进行信息的交换和传递的过程。侯小梅(2010)指出,与一般性的沟通相比,跨文化沟通更具复杂性。从简单意义上讲,跨文化沟通就是来自一个文化群体的交流者与来自另外一个文化群体的交流者相互间进行信息的传递和互动的过程。具体而言,在一个文化群体中的文化编码信息,如语言文字信号和非语言文字信号(表情、肢体动作等信息)在该文化群中有相应的特定含义,但是传递到另外一个文化群体中,要经过解码、翻译才能被接收者感知、理解并接受。来自不同文化群体沟通者的行为方式、语言及价值观等方面存在较大差异,这些都会影响沟通者之间的信息沟通与交流。

荷兰社会学家(Hofstede,1980)于 20 世纪 70 年代对大型跨国公司国际商业机器公司(International Business Machines Corporation,IBM)来自 72 个国家和地区的 10 万余名雇员进行了一项大规模的态度对比调查,在大量数据分析的基础上,提出了四个价值维度:权力距离(power distance)、不确定性规避(uncertain avoidance)、个体主义与集体主义(individualism-collectivism)、男子气与女子气(masculinity-femininity)。该研究在起初引起了巨大的争议,但其研究成果仍然被广泛应用于管理学、社会学、社会心理学、文化研究、跨文化沟通交流等领域。本节介绍前三个价值观对跨文化沟通和交流的影响。

(一)权力距离

Hofstede(2001)在 *Culture's Consequences:Comparing Values* 一书中对"权力距离"的定义是:在一个国家的机构或组织中,弱势成员对于权力分配不平等的期待和接纳程度。机构可以是社会的基本单位,如家庭、学校、社区,组织是人们工作的场所。起初的研究数据并未包含中国内地(大陆),但是从属于中华文化圈的中国香港和中国台湾在 72 个国家和地区中分别位列第 15 位和第 29 位。

后续研究（王显云，2010；陈宝文，李俊燕，2013）则表明，中国的权力距离指数位列第12位，属于高权力距离文化特点国家，美国排名第57位，属于低权力距离文化特点国家。

高权力距离文化强调服从和尊敬，比如，听从老师和父母的话，长辈和高权力的人话语权比较大。在高权力距离文化如中国传统文化中，推崇尊师重道、"天地君亲师"、圣人之言不得有违、位高者权重、长幼尊卑等都能反映出高权力距离的文化价值特点。低权力距离文化则更崇尚民主和平等以及个体主义，"人人生而平等"，倾向于鼓励勇于挑战和质疑权威。在低权力距离文化中的人看来，这是他们的权利甚至是义务，所以向长辈、老师问"为什么"是很普通的事。

陈国民（2009）指出，在高权力距离文化的家庭中，孩子要听从父母、长辈的教导，未成年人在家庭事务中没有太多的话语权，所以高权力距离文化家庭多数是属于"专制型"的家庭。在低权力距离文化的家庭中，父母与孩子之间则更多的是一种平等的交流，父母在一些家庭事务中会征求和倾听孩子的意见，因此低权力距离文化家庭多数属于"民主型"的家庭。与此同时，在中英文对家庭成员的称谓上，也能体现出中西文化中高低权力距离的差异，例如，在以高权力距离文化为代表的中国文化中，对于家庭内部不同关系亲属成员的身份称谓有非常明晰的划分，如"爷爷""外公""奶奶""外婆"，而英语中则只有笼统的grandfather 和 grandmother 两个词来指代。同辈的"兄弟""姐妹"，又有"堂兄弟""表兄弟""亲兄弟""堂姐妹""表姐妹""亲姐妹"之分，英语中则仅仅有"brother"和"sister"来涵盖所有的兄弟姐妹所包含的意义。同时，对于父母一辈的亲属，有"伯""叔""舅""姑""姨"等称谓，但是英文中也仅仅是以"uncle"和"aunt"来涵盖父母所有的兄弟姐妹。从对家庭成员划分明晰的称谓中可以看到，在中国这样典型的高权力距离特点的文化中，强调长幼有序，同时还指示出不同角色关系成员的责任与义务。英美文化因为权力距离低，对家庭成员的称谓比较笼统和模糊，表现出该文化强调的人人平等的价值观。

权力距离对教育思想及行为也会产生影响。在低权力距离文化背景下，苏格拉底鼓励学生质疑常识，做独立的思考者，产生自己的想法（Tweed & Lehman, 2002；Yang & Sternberg, 1997）以及挑战自己的老师（埃里克，戴维，2013），课堂教学以"学生为中心"。在高权力距离文化背景下，孔子鼓励学生尊敬师长。课堂教学是以"教师为中心"，教师拥有绝对话语权，教师的任务是传道、授业、解惑，信息从教师传递到学生（雷聪，2010）。

杜军辉（2007）指出，在企业中，高权力距离的文化表现为上下级认为彼此事实上不平等，组织系统的设置是基于这种不平等，权力尽可能集中于少数人的身上。同时，员工习惯安于现状，他们认同高权力者或权威人士的决策，很少对上司提意见，甚至希望上级能对他们直接下达命令，他们只需要直接按照命令完成任务即可。高权力距离文化的企业，只有自上而下的单一沟通模式。低权力距离文化的企业，员工看重自身的权利，希望能参与到企业和公司的决策中，尤其是和自身相关的问题，他们会更加积极地去表达自身的诉求。他们希望工会在和公司的董事会、企业的决策层及上司领导的沟通和交流中拥有更大的话语权，或者他们会通过员工的满意度来表达自身的意见或诉求。在低权力距离文化的企业中，是一种上级和下属之间有互动的交流模式。

（二）不确定性规避

霍夫斯塔德将不确定性规避定义为一个社会所感到的不确定性和模糊性的威胁程度，人们为了避免这些不确定的情景，会在多大程度上采取一些技术、法律或宗教等方式来回避这种不确定性。

在高不确定性规避的文化中，通常是规则导向性的，相关机构通过制定一系列的法律、规章、制度，限制或减少不确定的因素。在低不确定性规避的文化中，人们对不确定性具有较高的容忍度和适应性，通常表现为愿意变革，乐于承担风险。因此，相比高不确定性规避的群体，低不确定性规避的群体对未知情境和模糊状态的可接受程度更高，也更具冒险精神。就个体层面而言，高不确定性规避的个体更倾向于建立正式的规则，相信通过绝对知识和专家评定等手段能避免一些不确定的事件和非常规的环境威胁，因为他们倾向于认为变化是危险的，更喜欢正式的组织结构、事先制定好的规则。低不确定性规避的个体则更富冒险精神，容许不同意见和模糊的情景存在，因为这类人做事灵活，喜欢不断变化，思维开阔，不喜欢受正式规则的限制。他们会不断寻找新的做事方法，且认为任何事情都会有更好的方法来完成。有研究表明（徐笑君，2010），高不确定性规避的个体在旅游时，会在行程安排和信息获取方面做更多的工作，对于景区信息和交通渠道的了解较之低不确定性规避的个体更加深入，同时更多会选择报团旅行。

一些学者认为，中国文化属于高不确定性规避的文化，因为中国传统文化属于大陆文明，有一种封闭性和稳定性，所以有"祖宗之法不可变""稳定压倒一切"的说法，传统思维中很难容忍不同的意见，"离经叛道"被视为很危险。西方文化属于海洋文明，提倡批判精神，敢于质疑、反驳他人甚至是权威的观点。西方教育中，都是鼓励学生适当冒险，勇于探索。美国英语学会于1998年做过的一项对美国人和中国人价值观的调查和对比显示，美国人的价值观中居第一位的 change（变化），在中国人的价值观中是没有一席之地的。伍先禄和彭爱和（2009）指出，如果据此就认定西方文化属于低不确定性规避的文化，而东方文化属于高不确定性规避的文化，恐怕还值得商榷。霍夫斯塔德在 2005 年出版的 *Cultures and Organizations: Software of the Mind* 一书中指出，中国属于不确定性规避程度较低的国家（与越南并列）。花卫和张美霞（2011）指出，一些国内的相关研究结论也和霍夫斯塔德的结论具有一致性。同时，Newman 和 Nollen（1996）也认为西方文化社会中并非全部都属于低不确定性规避的文化，德国就是典型的例子。德意志文化强调严谨和务实，他们对于不确定性会感到焦虑和不安。当然，中国文化是属于高不确定性规避文化还是低不确定性规避文化，还处于争论之中，因为不确定性规避受时代的影响较大，不同时期的调查结果差异较大，这可能还和中国改革开放对传统文化价值观造成的冲击有关。当代中国社会中的青年，尤其是"80 后""90 后"一代接受了更多的西方文化，相比上一代思想更加开放，对不确定的事物和情境更加包容。因此，谢冬梅和范莉莉（2012）的研究结果表明，中国的不确定性规避指数（uncertain avoidance index）比德国更低。

在学校中，不确定性规避也会影响学生在课堂活动中的表现。周敏（2014）指出，在欧美国家的课堂之中，学生可以随时打断正在上课的老师，提出自己的疑惑，而老师也会停下来，让更多的学生参与相关的讨论。因为在一些属于低不确定性规避文化的国家和地区，教师上课的方式比较随意，一般不会按照设计好的教学思路按部就班地讲。如果觉得学生当场提出的问题或见解很有讨论的必要性，教师就会继续和学生交流、互动。在一些典型的高不确定性规避文化的国家，如日本，学生更多是按照教师上课的思路和节奏听讲，并根据教师提出的问题作答和思考。在课堂上，极少有学生提出自己独到的见解，很多学生在遇到不会或者不愿意回答的问题时，更多时候会选择沉默。

（三）个体主义与集体主义

个体主义的价值取向强调个人的自由和个人的重要性，欣赏个人独立，并认为这是一种美德。个体主义价值取向的人关注自我，并在自己的利益和集体的利益产生冲突时倾向于忽略集体的利益。与个体主义相反，集体主义价值取向的人认为个人是社会的附属品，主张个人利益服从集体利益，个人利益与集体利益相冲突时，优先满足团队的需要，而非个人的愿望。从人与社会的价值来看，个体主义倾向于以一个独立自主的个体为单位，注重个人的自由、权利及成就，看重对独立自主的"小我"的培养，并认为这是社会幸福的基础。追求个人的利益是被鼓励的，社会的运作是靠法律来维系的，社会公正就是使大多数人得到最大利益。集体主义则倾向于以"人伦"为经、"关系"为纬，组成上、下次序紧密的社会，注重个人对社会的责任与义务。其同时服从规范，"牺牲小我，完成大我"是被鼓励和许以重赏的，社会的运作靠个人的自律及舆论来维系，社会的公正就是对遵守规范者的奖励，对违反规范者的惩罚（杨中芳，高尚仁，1991）。

这两种价值取向会对商务交流产生影响。陈煊和周凝绮（2015）认为，集体主义者强调属于某个组织，"我们"的意识处于先导，而个体主义者则强调自我是独立于环境的。例如，在一场商务洽谈中，双方做自我介绍时，集体主义倾向的人会说："您好，我是来自×××公司的××。"个体主义倾向的人则会说："您好，我是××，来自×××公司。"同样的交流内容，集体主义价值取向的人将公司这一集体放在了个人名字的前面，强调集体地位的重要性，个体主义价值取向的人则突出的是自己，而非集体。如果不了解这两种价值取向，在商务洽谈中必然会导致误会的产生。在跨国公司中，两种不同价值取向的员工和上司之间也会有小小的摩擦。例如，一个集体主义取向的员工和一个个体主义取向的上司平时是要好的朋友，在一次会议中，这位上司提出了一个方案，征求包括这位员工在内的大多数人的意见。会上无人提出异议，于是决定执行。但是会后，这位员工却告知好友上司，方案存在问题，不可行，这让上司非常生气，而员工也感到不解。

为什么会产生这样的误会？首先，这位员工来自集体主义价值取向的文化群体，强调的是共识性的决策，崇尚集体内部的和谐关系。大家都同意的方案，仅有其一个人反对和持有异议，却没有在众人面前提出，是因为其担心在众人面前指出上司的错误，会让上司没有面子，会破坏集体的和谐与团结，也会破坏彼此的友情。这位上司来自个体主义取向的文化群体，主张果断性的决策，认为方案有问题就应该当面提出，集体的和谐不如方案的可行带来的实际经济效益更有价值。员工会前和会后的态度不一致，反而会让其感到不理解和愤怒。

这两种价值取向除了在跨国公司内部交流体现出显著的差别之外，在来自不同文化价值取向的公司之间的交流上也存在着差异。这些公司通常以电子邮件的形式进行沟通。集体主义价值取向的沟通者通常在语言和措辞上表现得比较含蓄和谦卑，因此在面临一些争议和纠纷的时候，为了顾及对方的面子，表达往往过于模棱两可，以至于问题不能得到有效解决。比如，有这样一封邮件：

  Dear Sirs,

  We haven't received your payment of the sum $50,000 scince we have sent our products three months ago. Could you please pay us ASAP？

　　Your faithfully,

　　Linda

从这份邮件中可以看出写信人明显底气不足。在对方违约的情况下，本应该理直气壮地要求对方立即付款，但由于写信人害怕得罪对方，做事留有余地，显得不够强硬和积极，这是集体主义的典型表现。因为集体主义的人际关系偏重于情感，在人际交往中看重人情和相互的往来，不愿撕破双方的面子，以保持良好的关系。然而，对于个体主义价值倾向的人来说，强调的是公私分明，双方在进行贸易往来时，尊重商业规则，人情与事情分开，在事实面前，往往是公事公办，不为感情所左右（陈煊，周凝绮，2015）。

二、不同思维方式对沟通的影响

（一）思维方式

思维是人脑的机能，是人脑借助语言、表象或动作实现的对客观事物概括的和间接的认识，能动地反映着客观现实，是认识的高级形式（彭聃龄，2004）。思维的进行必须有着某种类型的物质依托，这种物质依托可以是客观事物的具体形象，也可以是不同层级的思维类型。语言是思维的主要工具，是思维方式的构成要素。语言和思维相互依存、相互作用。语言是思维的外化，思维是语言的内容和表达的对象。语言和思维都受到民族文化和哲学观念的影响，可认为是在文化范畴之内。思维的差异本质上也是文化的差异，这是由地理环境、生产生活方式、历史和哲学观等因素共同影响而形成的。不同历史、不同地域、不同文化特征必然产生不同的思维方式。从总体上看，东西方的思维方式具有不同的特征：东方偏重人文，注重伦理道德，重悟性、直觉、意象，好静，内向，守旧，求同，求稳重，重和谐等；西方则重自然，偏重科学、技术，重理性、逻辑、证实，好动，外向，开放，求新求异，好变，重竞争等。

（二）综合性思维和分析性思维

从根源上看，以中国为代表的东方文化是一种大陆文明，这里拥有广袤的土地和山川河流，土地肥沃，物产丰盈，非常适合人类定居。在这样的地理环境下，东方先民繁衍生息，创造出了自给自足的农耕文明。西方文化则属于一种海洋文明。西方文明的发源地三面环海，同时还有星罗棋布的小道和为数众多的半岛。这些地方大多山峦起伏，土地贫瘠，不适合发展大规模的农业。因此，西方先民很早就以海为生，在大海中自由闯荡，并用本地的特产与其他地方的特产进行物物交换，逐渐演化为商业贸易，形成了商业文明。龚燕（2007）认为，长期的自给自足的小农经济让农耕文明开始孕育，他们认识到土地的丰收离不开风调雨顺，离不开自然的馈赠，逐渐开始意识到要把天、地、人等自然、社会、人生从整体上联系起来，主张"天人合一"，这就使得大陆文明注重整体思考，善于从整体上去考察各个部分的有机联系。变幻莫测、波涛汹涌的海洋环境，则练就了海洋文明中的人独立、勇于探索和冒险的精神。他们重视理性分析，善于推理，鼓励积极地展开竞争，追求自己的权益。海洋文明对个体的注重和对分析的思考，使得他们将主体与客体、人与自然、物质与精神、现象与本质逐一割裂开来，形成一种对立的二元论哲学观。在此基础上，农耕文明显示出更多的整体性思维，而海洋文明则显示出更多的分析性思维。

  农耕文明体现出整体性、综合性和直觉体悟式的思维模式，强调总体上对事物的把握，注重事物之间的联系，但是又不重视周密的逻辑分析，因而具有笼统、模糊的特征；海洋文明则体现出个体性、分析性和逻辑推理性的思维模式，习惯从个体上把握对象，擅长对整体中各个细节的分析，能比较深入地把握事物的本质，却不善于从整体上去着眼，难免有失偏颇，过于片面。比如，中医把人体看作一个有机的整体，重视人体表里内外各种机能之间的联系，善于观察却疏于解剖；西方医学则重视分析人体，重视解剖，善于根据人体九大系统结构来解释病例现象，但是不重视人体表里、内外的机能联系，不善于辨证施治。其实这就是思维方式上的差异与对立造成的。

  思维与语言存在着密切的联系，因此思维模式对语言表达有着深刻的影响，而语言表达又对沟通有着重要的影响。在语言的表达方面，整体性思维影响下的语言（如中文）在表达时往往突出主题，对句子的理解全凭借沟通交际双方的主体意识，常常使用托物言志、借景抒情、情景兼容的表达方式。王国维的《人间词话》中的"以我观物，物皆浊我之色彩"，表现出"天人合一"的哲学思想。曾剑平等（2005）认为，分析性思维影响下的语言（如英语）在表达时强调主客体对立，注重形式逻辑论证，是一种非此即彼的二项式逻辑，在价值判断时不是good（好的）就是bad（坏的），不是right（正确的）就是wrong（错误的），不是clean（干净的）就是dirty（脏的），常常忽略中间价值，因此很少出现"多少""好坏""长短"这类互补和对立的词语。英语的句子在表达时高度逻辑化和形式化，各种组成部分很少省略，主语更不可少，而汉语在表达时，无主语的语句比较常见，比如，汉语中的"吃饭了么？"这句话并没有指明"谁"，但是在沟通交际中，却非常明了。英语的语句结构成树权型，尽管枝繁叶茂，却条理清晰、句意分明。在一个句子中，如果有叙事又有表态的部分，英语会先表达个人感受和主观评价，之后再对事实进行述说，略有先短后长、头重脚轻的感觉。在时间顺序的表达方面，英语并没有严格地按照先后顺序去表达，而是先把主干放前面，时间顺序是通过介词短语和时态表达出来的。汉语则与之相反，往往是叙事在前、表态在后，叙事可以比较长，而表态则较短。同时，在时间上，汉语语句是按照先后顺序，由因到果、由假设到结论等顺序来排列的。

施栋琴（2002）指出，从语序上看，整体性思维影响下的语言是从外到内，从大处着眼，因而在语言表达上是先整体再部分，从大概念归纳出小概念，先从外部环境或场所入手，再到人物的描述；而分析性思维影响下的语言则倾向于从内到外，从小处着手，先部分再整体，从小概念推演至大概念，先是人物内部描述，再到对外部环境和场所的叙述。

（三）逻辑性思维和形象性思维

有研究（方申国，黄薇，2006；郭志华，2007）指出，逻辑性思维和形象性思维也同样属于海洋文明和大陆文明影响下形成的思维方式差异的表现。逻辑性思维也叫抽象思维，即运用抽象的概念，通过分析、综合、比较、推理、判断揭示事物的本质规律，也就是说逻辑性思维是抽取同类事物的本质属性或特征，舍弃其他非本质的特质或者属性的思维过程。形象性思维是指运用形象和表象解决问题，在大量的表象基础上进行高度的分析、综合、抽象、概括，从而形成典型形象的心理过程，即是说形象性思维具有整体、粗略、非逻辑、形象、可感性、直观等特点。

从这里我们可以看到，逻辑性思维和形象性思维在思维的起点上是不同的，逻辑性思维是以反映事物的一般概念为起点，而形象性思维则是以反映事物的个别形象为起点。逻辑性思维是线性的，运用概念、判断、推理和论证来向前推进，其思路不会因为对象的不同而产生太大的差异，强调"非此即彼"；而形象性思维不一定都是线性的，因为是以事实为线索，跟随事实的发展而展开，呈现出螺旋式和波浪式的曲线，强调"亦此亦彼"。因此，在汉语的沟通表达和文章写作过程中，需要把发散出的思维再收回来，回到原来的起点上，因此形象思维影响下的语言表达并非直截了当的，而是迂回婉转的阐述，避免直入主题，"起、承、转、合"的行文和表达方式，具有婉转、含蓄、间接、迂回的特点。但是，如果换作是逻辑性思维影响下的语言表达，会被认为是条理不清晰、重点不突出，在兜圈子，令人费解。

在沟通过程中，逻辑性思维和形象性思维在语言表达方面也有差异。逻辑性思维注重语言表达和遣词造句上的准确，不产生歧义，词语符合逻辑，符合客观存在，避免不良的引申义，语句要围绕主题信息准确无误地展开。因此，逻辑性思维多注重通过说理、论证来进行交流和沟通。形象性思维则注重运用众多生动形象的事例、比喻等丰富的信息材料，由此及彼，触类旁通，举一反三。因此，形象性思维多注重用记叙、描写、指明特征、塑造形象等方式来交流和沟通。

有研究者指出，在一些商务谈判之中，东方人一般会顾及双方的身份和地位差异，并保持和谐友善的人际氛围（安冬风，2006；孙君，2013；高君强，2013）。他们不喜欢直接、强硬的交流方式，当在利益上存在分歧的时候，会进行模棱两可、含糊其辞的回答，或者采取反问的方式转移重点，因而在有异议的时候，不会直接拒绝对方，认为这样会有损对方的面子，僵化关系，不利于问题的解决。然而，西方人则较为随意，容易忽略谈话双方的身份差异及人际关系，习惯开门见山、直奔主题，在谈判之初就急于进入具体的条款，对直率的谈判对手较为欣赏，如果对方提出的意见自己不能接受，则会直言相告。

三、不同沟通风格和沟通情境对沟通的影响

（一）沟通风格

关于沟通风格，赵伊川和姜绍平（2006）认为它是指沟通者在沟通的过程中将自己展现给对方的方式，包括自己喜欢谈论的话题，最喜欢的交往方式，如礼仪、应答方式、辩论、自我表白及沟通过程中双方希望达到的深度等。最简单的划分方法就是直接沟通风格（direct communication style）与间接沟通风格（indirect communication style）。直接沟通风格是指用非常清晰明了的语言，明确地将信息进行传递，通常情况下会将重要的信息放在前面进行表达和阐述。间接的沟通风格则是指运用比较模糊、含蓄的词语进行信息的传递，通常情况下会采用一种微妙的方式来暗示关键信息的所在。比如，同样是想让别人开门，具有直接沟通风格（如美国人和加拿大人）的人会说："Hey! Guy! The door still closed!"（嘿，伙计，门还关着呢！）以此暗示对方门还没有打开。具有间接沟通风格的人（如日本人和中国人）则会说："今天感觉挺热呢！你说呢？"在吃饭这件事情上，具有直接沟通风格的人会说："We can have dinner together."（我们可以一起用餐。）具有间接沟通风格的人则会说："你感觉饿了么？"在以上两种情境中，间接沟通风格的交流方式中始终没有提到沟通信息中的目标词汇。

严文华（2008）在《跨文化沟通心理学》中提到，在印度尼西亚，如果一

位男性想向一位女性求婚，而两家不是门当户对，男方则会让自己的母亲去上门提亲。女方家长会热情地招待男方的母亲，先上一杯茶，然后再上香蕉。男方母亲回去后告诉自己的儿子"没有希望"。女方家长在聊天中并未提及不同意婚事，男方家长又是如何知道的呢？其中的玄机在待客之道上。因为茶和香蕉并没有一起端上来，这就暗指男方和女方"不合适"。女方家长没有当面拒绝，避免了男方家长的难堪。

彭凯平和王伊兰（2009）在其《跨文化沟通心理学》中则列举了在2008年奥运会的开幕式报道中，新华社和《人民日报》的报道方式与美联社与《纽约时报》的报道方式就存在非常大的不同。按照中国人的沟通习惯，一般是先从宏观层面入手，然后才进入微观层面，之后再回到宏观层面，采用的是大背景—具体案例—大意义的方式；西方人则是先从微观层面入手，然后是宏观层面，最后是微观层面，采用的是具体案例—宏观背景和意义—具体案例的方式。这其实是由于文化背景不同所带来的沟通风格的差异，在两种沟通风格中还体现了整体结构的差异：中国的报道遵循着时间的单维历史观，从头到尾有始有终，所有活动和事件都是在时间上一一展开。美国的报道则是遵循多维历史观，以个人为主体，包括精英和平民在内的多人从自己的角度展开，多角度地平行推进。两种风格都无好坏之分，仅仅是沟通风格上的差异而已。若是仅仅以单维度的眼光来看待多维度的风格，或者以多维度的标准去衡量单维度的风格，都会有失偏颇，带来跨文化沟通上的障碍，进而造成误会。

美国心理学家Lufthe和Ingam在1969年提出乔-哈瑞理论（Joe-Harry theory）。其根据自己知道—自己不知道、他人知道—他人不知道两个维度，将人际沟通划分为四个区域：开放区（自己知道，他人也知道）、隐秘区（自己知道，他人不知道）、盲目区（自己不知道，他人知道）、封闭区（自己不知道，他人不知道），并将此称为乔哈瑞视窗（图3-1）。乔哈瑞视窗理论在一些跨国公司沟通情境中有着较多的应用。

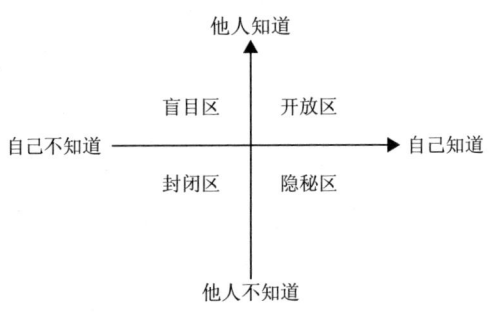

图3-1 乔哈瑞视窗（乔哈瑞，1969）

国内学者张卫健和刘玉新（2000）在此理论的基础上，整合了 Hall（1973）的人际风格与管理影响学说和 Buzzotta 等的管理者行为评价模型等相关理论，编制出适合中国文化背景沟通者的《沟通风格问卷》，将沟通者的沟通类型划分为乔哈瑞视窗中的四种，并发现较多的人会表现出四种典型的沟通风格，但多数人兼有两种以上的沟通风格。

开放型的沟通者重视自我披露，同时也重视对其他的沟通者进行信息的反馈，能够在团队中营造出宽容理解的开放氛围。这种沟通风格的人不仅能创造出健康融洽的人际氛围，更能提高团队的工作业绩。在很多跨国公司中，跨文化沟通背景下需要更多开放型的沟通者。

盲目型的沟通者较多地运用自我披露，但是忽视了对其他沟通者信息的反馈，在沟通时有一种"独断"的色彩，有时候会显示出一种过分自信的心理。这种类型的沟通者如果在跨国公司中作为管理者，经常只是发布"工作如何进行"等信息，不太关注从员工那里获得反馈信息，更多看到的是员工的缺点而忽视了其优点。对于盲目型的沟通者而言，长期的沟通不畅会造成员工心怀不满，很少将自己视为团队的成员，以致工作业绩的下降。如果关系日益紧张，可能会使得员工采取强制性的反馈手段，如提意见，向上级告状，或隐瞒重要信息来报复管理者。

封闭型的沟通者较少进行自我披露，也忽视了对其他沟通者的信息反馈。其典型的心理是焦虑和没有安全感，常常担心失去工作和职位，所以认为唯一可行的就是维持现状。因为与其他的沟通者的信息交流少，在跨国公司中，员工对于这样的管理者会怀有敌对和失望的情绪，因为他们得不到及时、充分的鼓励和有效的指导。

隐秘型的沟通者较少进行自我披露，但是较多地使用了对他人的信息反馈。其典型心理是猜疑和寻求社会认同，喜欢弄清员工的心思和活动，从而寻求信息的反馈，但是把自己的评价和个人情感隐藏起来，以保持团队表面的和谐和一致。所以，这类沟通者在跨国公司中对员工进行绩效评价时，总是只提优点，少论缺点。

（二）沟通情境

爱华德·霍尔（E. Hull）于 1976 年最早提出"沟通情境"的概念，他认为在跨文化沟通中还存在着其他一些非语言的障碍，其中最主要的就是高情境文化（high context culture）和低情境文化（low context culture）的差别。按照霍尔的解释，高情境文化是指大部分信息都是由环境信号、非语言信号或其他一些方式

（如表达方式、肢体语言、语音语调及语速等）等情境性信息来传递的，较少运用直接而明确的语言信息来传递。严文华（2008）指出，"绝大部分信息或存在物质语境中，或内化在个人身上，极少存在于编码清晰的被传递的信息中"。低情境文化是指大部分的信息较少依赖环境，而由明确的语言信息来传递。也就是说，高情境文化中的沟通属于一种间接的沟通，在交流时沟通者所表达出来的词汇和语句仅仅是所需要传递信息的一部分，还有一部分信息需要信息接收者通过沟通的环境或背景来理解，敏感地捕获文字之外的信息。低情境文化则是一种方式明了的沟通，因为其主要的信息传达都通过字面意义来进行，所以只要理解了文字所包含的信息，就能完全抓住沟通者所传达的信息。

　　高情境文化和低情境文化沟通的主要差异包括：①沟通双方能否推测到对方的意思。高情境沟通文化中讲究对"弦外之音"的理解，低情境沟通文化中则需要把话说得很明白。②具体的表达方式不同。高情境沟通文化中常常使用委婉、间接的表达方式，低情境沟通文化中则常常使用明了、直接的表达方式。③两种情境沟通文化在人际敏感性上有差异。高情境沟通文化中对于人际关系有很高的敏感性，他们能从交流过程中很快地判断出交流双方的亲密程度。对低情境沟通文化中的人而言，他们在双方的交流过程中对人际关系较为迟钝，不太能判断出双方的亲疏程度。④低情境沟通文化中的人喜欢运用一些戏剧化的表达方式来夸大或强化他们所要表达的信息，高情境沟通文化中的人则不需要这样的方式来表达。⑤高情境沟通文化强调沟通双方的和谐、礼貌，因此较少出现争辩，低情境沟通文化则强调对话和争论。因此，在高情境沟通文化中的人看来，低情境沟通文化有一种霸道的感觉；低情境沟通文化中的人对高情境沟通文化又有一种虚伪懦弱的印象，其实这是不同的沟通情境文化差异导致的。

第三节　语言跨文化差异的神经机制

　　语言最基本的构成单元是字词，任何语言都是在其独特的字词基础之上构建起来的。世界上绝大多数文字在发展的早期都经历了结绳记事阶段（文字发展的准备阶段）、图画文字阶段和表词文字阶段。历史上，不同语言形式字词的发展都无一例外地受到其所处文化背景的影响。在表词文字阶段之后，由于古埃及文化、罗马文化、犹太文化等多种文化在不同历史时期相互交替占据文化主导地位，各种文化之间产生了激烈的碰撞。为了使各种文化之间更好地交流和融合，西方文字逐渐向表音文字发展。然而，在以中国为中心的东方世界，汉文化虽然经历了几千年的政权交替，但它一直在东方文化中占有主导地位，因此汉字最终发展成为世界上仅存的词素文字（伊斯特林，1987）。不同的发展历程使拼音文字的字形同语音有紧密的联系，而汉字的字形同语义有更为密切的关系。这种不同使得不同文化背景下个体的大脑有相同的结构和功能，也有因为文字不同而发展出不同的结构和功能。Bolger 等（2005）对 25 篇有关文字加工的研究材料进行了元分析，结果显示不同的文字系统在加工文字时使用了一个普遍的大脑功能网络，但是区域内功能定位的具体分布又反映出文字系统的差异。此外，大量的研究从脑成像和电神经生理学的视角，进一步描述了汉字和拼音文字在音、形、义三者之间的关系上的不同。

一、不同文化背景下文字字形加工的神经基础及其差异

除了韩文外，几乎所有的字母文字都是以线性排列来构造词汇的。这与汉字在正方形的空间内以二维空间排列信息，其后再以线性排列构造词汇的方式有很大的不同。这样的不同导致了汉字阅读相对于字母文字需要大脑调动更多有关图形加工的脑区参与到解码过程中。大量脑成像结果为该观点提供了证据。字母文字加工在视觉区域展现出很强的大脑左半球偏侧化效应，其中包括左侧梭状回。相反，汉字加工更多地表现出大脑双侧化效应，不但包括和字母文字加工有关的左半球视觉区域，同时也包括与之相对应的右半球视觉区域（Bolger, et al., 2005）。右半球视觉区域的加入，很可能为汉字所独有的单个汉字内部空间分布信息的加工提供了功能上的支持。

为了传递不同形式的信息，视觉刺激都包含有一定的空间信息成分。低频空间信息在大范围水平上表征较为粗糙的结构化的信息，而高频空间信息表征更为细致的亮度变化和细节信息（Goffaux & Rossion，2006）。汉字除了像拼音文字一样包含有高频空间信息，以区分字母与字母之间（例如，dear-deer）或者笔画与笔画之间（例如，凤—风）的不同以外，也包含有低频空间信息以区别不同汉字空间结构之间的不同（例如，杏—呆）。正是这种低频空间信息对高频空间信息的辅助，使得上万个汉字之间可以相互区分。因此，相对于拼音文字，处在汉文化背景下个体的大脑应当有专门针对汉字字形中低频空间加工的神经基础。

电神经生理学的研究结果为加工汉字的神经基础提供了强有力的证据。张学新等（2012）通过采用即刻重复启动范式，在汉字双字复合词上第一次发现了一个在识别字母文字时从来没有发现的、汉字特有的脑电成分——顶中区 N200。这个脑电成分是在汉字双字词呈现后 200ms 左右出现的一个负成分，它广泛地

分布于大脑的顶中央区。并且，值得注意的是，当相同的汉字紧接着再次呈现的时候，第二次呈现的汉字所引发的 N200 有大幅的增强现象，也就是有更大的负向偏移（Zhang, et al., 2012）。当采用相同的方法研究单个汉字时，单个汉字也在 200ms 左右引发了略小但相似的脑电反应（Zhang, et al., 2013）。研究者通过进一步对语音、语义和字形进行操控发现，这种 N200 及其增强效应同汉字的语音和语义加工无关，是一种反映汉字字形加工的脑电成分（Du, et al., 2014；Zhang, et al., 2012）。

为弄清 N200 及其增强效应的本质，研究者操纵汉字字形加工的影响因素来观察 N200 的变化特征。颠倒第一次呈现的汉字双字复合词中前后两个汉字的位置，发现颠倒情况下第二次呈现相同词所产生的 N200 效应增强的幅度相对而言低于不颠倒情况下所产生的增强效应（Du, et al., 2013）。颠倒第一次呈现单个汉字内两个部件的位置，发现颠倒情况下第二次呈现相同汉字所产生的 N200 效应增强的幅度相对而言低于不颠倒情况下所产生的增强效应（Zhang, et al., 2013）。这两个实验均表明，N200 这个汉字特有的脑电成分是同汉字的低频空间信息，也就是汉字或部件的相对位置信息相关联的。此外，Zhou 等（2016）通过操纵第一次呈现的汉字字体，来考察拥有相同低频空间信息、不同笔画形式（也就是不同的高频信息）的汉字（例如，帮助—帮助）对 N200 的影响。实验选择了宋体、隶书、舒体这三种在笔画形式上不同但又没有改变低频空间信息的字体第一次呈现，采用宋体形式的相同汉字紧接着第二次呈现。结果显示，笔画形式并没有改变 N200 增强效应的幅度，而是影响了在 100ms 左右的负成分 N1。N1 这个负成分通常被认为与视觉特征加工有关。无论是汉字还是字母文字视觉特征上的变化，都会对这个成分产生影响。以上这些神经电生理学的证据证明了大脑对汉字的加工可能相对于字母文字的加工多了一个过程，而这个过程可能加工的是汉字所独有的低频空间信息。

二、不同文化背景下文字语音加工的神经基础及其差异

在汉语口语中包含有大量的同音异形字，所以不同于其他文字使用语音来区分信息，汉字是使用语音配合字形来共同区分信息。同音异形字使用相同的音节，但是字形和语义有着天壤之别（例如，十一石）。因此，相对于字母文字，汉字在进行语音加工的时候，不可能单凭语音去判断需要提取的汉字是什么，而需要配合其他有效线索，在拥有相同语音的备选汉字之中进行选择。

Tan 等（2005）发现，相对于字母文字，汉字加工在 LMFG 呈现出更强的

激活，而在 IFG 上却表现出相对较弱的激活。相关研究表明，个体在进行与空间工作记忆（Courtney, et al., 1998）和言语工作记忆（Petrides, et al., 1993）相关的任务中，LMFG 都会有不同程度的激活。因而，在汉字加工过程中，LMFG 拥有更强的激活，可能正好说明汉字的阅读加工中既包含了一定的与言语工作记忆相关的语音加工过程，又包含了与空间工作记忆相关的字形加工过程，而这个过程可能正好为解决汉字加工过程中大量同音异形问题奠定了基础。也就是说，在进行汉字阅读时，LMFG 激活相对较强的个体可能能够更好地处理同音异形词选择的问题，进而拥有更加优异的阅读能力。Siok 等（2004）所做的一项研究表明，相对于阅读能力较差的儿童，阅读能力较好的儿童正好在 LMFG 上拥有更强的激活。

三、不同文化背景下文字习得的神经基础及其差异

由于汉字与拼音文字在字形、语音和语义关系上的差异，两种文字在习得过程中的侧重点会有所不同，这会造成大脑神经结构及功能逐步朝着各自所需的方向发展。

首先，由于字形上的复杂性，相对于拼音文字，汉字在大脑中要形成高质量的字形表征，可能需要更多的练习。书写练习作为一种学习汉字的传统方式，可以强化字形表征，使练习者的注意力集中在笔画的空间关系和笔画顺序上，更好地掌握汉字的内部结构。同时，充分的书写练习也会在汉字字形意识形成的过程中加入动作线索，在笔顺与书写动作特征之间建立联系。通过对比汉字书写学习和拼音书写学习，以及学习者被动识别汉字时的脑成像结果，Cao 等（2013）发现无论在词汇判断任务还是内隐书写任务中，在 BSPL 与 BLG 都显示出经过汉字书写练习的汉字比经过拼音书写练习的汉字会引发更强的大脑激活。这个结果从某方面证明了汉字的书写练习确实可以建立起有关汉字空间结构的高质量的字形表征。同时，该研究还发现，在词汇判断任务中，BSMC 更多地参与到经过汉字书写练习的汉字加工过程中。这也从某种程度上说明了感知运动信息同汉字识别过程有一定的交互作用。

电神经生理学的研究也提供了类似的证据。Cao 等（2013）操纵了三种汉字学习的方法，分别是书写、视觉特征分析和朗读，并且在再认阶段收集了与各词汇对应的脑电数据。实验结果表明，书写练习相对于其他两种练习可以引发更大幅度的 P100，这说明书写练习可以增强学习者对字形的视觉注意。此外，练习后测得的 P100 的振幅同 3 个月后的再认成绩呈高度正相关。

其次，伴随着阅读水平的提高，汉字阅读过程更加强调对词形表征的精确分析，而英语阅读却更加强调词形与语音之间的联系。Cao 等（2010）的研究发现，在语言习得过程中，汉字在 BMOG 的激活拥有显著增加的趋势，而英文却没有表现出这样的趋势；然而，英文在左侧 IFG 和 LSTG 上的激活拥有显著增加的趋势，但汉字却没有表现出这样的趋势。通常在字母文字的阅读过程中，左前颞回被认为与语音加工有密切的联系（Simos，et al.，2000），体现了词形和语音之间的简单转换（Shaywitz，et al.，2004）。另外，有研究表明，随着汉字阅读年限的增长，左前颞回的激活反而有减弱的趋势（Cao，et al.，2010），这说明随着汉字阅读能力的提高，词形和语音之间的联系反而被削弱了。

语言是文化传承的基础，而文字就是文化传承的载体。各民族只有将本民族的文化用本民族所特有的文字记录下来，文化才有了传承的可能。在各民族文化传播和发展过程中，文化的不同很大程度体现在以文字为代表的语言上，进而最终会体现在不同文化下个体的大脑结构和大脑功能上，而这种不同语言在神经结构和功能上的特异化反过来又将会成为各种文化延续的基础。

四、语音意识与阅读能力的文化差异

儿童语音结构的意识会影响阅读能力的发展。大量实证研究支持了这一理论，同时研究结果也表明，儿童的语音敏感性在英文和中文阅读中有不同的作用。Tan 等（2005）通过研究发现，语音意识（PA）在汉语阅读发展中的作用是次要的。其研究对北京永泰小学的 131 名儿童进行了测试，其中 58 名为初级阅读学生（23 名男生，35 名女生，年龄为 7～8 岁），73 名为中级阅读学生（31 名男生，42 名女生，年龄为 9～10 岁）。这所小学位于北京郊外一个社会经济地位处于平均水平的地区，所有儿童均以普通话为母语。在进行这项研究时，被试还没有开始学习英语或其他语言。研究者对儿童进行语音意识、书写及阅读能力的测试，发现东方儿童阅读汉语的能力与其书写水平有较强的相关性，而语音意识与汉语阅读的关系相对较弱。研究还通过对儿童进行正字法意识与汉字运动程序的测试，发现书写在阅读发展中的作用是由两种可能的相互作用的机制所导致的：第一种机制是正字法意识，它促进了视觉符号、音韵学和语义之间连贯、有效的联系；第二种机制是书写的运动程序，即汉字的长期运动记忆。

在欧美文化背景下，大量的证据表明，儿童的阅读技能与儿童的听力技能密切相关，尤其是语音加工对阅读技能有重要影响。Wagner 等（1994）追踪调查了 244 名儿童，研究了包括语音意识在内的多项语音加工技能以及阅读技能。

其研究对象包括幼儿园到小学二年级的学生。语音意识的测量采用了音素删除、语音分类、首音比较、音素分割以及语音组合等多种任务。研究结果支持了语音意识与阅读能力之间的双向因果联系。对于对口语的语音构成不敏感的个体而言，在后续的阅读技巧上会表现出困难，而这种困难又会影响到其语音意识的顺利发展。语音加工能力对单词解码具有较大的影响，字母命名知识会对语音加工能力产生中等程度的影响。Schneider 等（1997）以德国儿童为被试，选取了 205 名幼儿园儿童组成实验组，对其进行语音训练，166 名来自附近地区幼儿园的儿童组成控制组，不接受语音训练。在训练前后对每一位被试都实施包括语音意识、语音记忆、词汇通达中语音编码、言语智力以及早期读写能力在内的各项测量，结果发现了语音意识训练的短期效应和长期效应。训练后儿童的语音意识有了明显的增强，并且训练效应是特异的，即训练并没有影响其他认知因素，包括与语音意识同属于语音加工技能的语音记忆和词汇通达中的语音编码。训练的长期效应表现在实验组小学二年级学生的阅读与拼写成绩明显好于控制组。

研究者通过分析语言处理过程中神经通路的功能连接，探讨了不同文化背景下语音意识对儿童阅读的不同影响。He 等（2003）的一项 fMRI 研究表明，执行书写运动任务时会激活一个特定的大脑模块，该模块在汉语阅读任务中得到了进一步的研究。中国阅读者和西方阅读者在阅读过程中主要涉及初级皮层运动区、补充运动区、布洛卡区和韦尼克区。其中，布洛卡—韦尼克通路主要用于字音的访问，而补充运动—布洛卡通路主要用于字义的访问。而且，中国人在汉语阅读时连接了前额叶皮质、补充运动区和布洛卡区，而西方人在字母阅读中连接了布洛卡区和韦尼克区。中西方人阅读时使用脑区的不同在一定程度上可以解释东西方文化背景下人们的阅读差异。

汉字的加工因其字形的独特而不同于字母文字的加工。随着对汉字加工研究的不断深入，Wu 等（2012）使用元分析的方法总结了前人的研究成果，并对汉字正字法、语音和语义处理进行了独立的神经网络的研究。研究采用激活似然估计（ALE）的方法，对 8 项正字法任务的研究、11 项语音任务的研究和 15 项语义任务的研究进行了分析。结果发现，在左额中回、左顶叶上小叶和左中梭状回之间发现了语言处理之间的趋同激活，无论任务性质如何，字符识别过程都有一个共同的网络。左顶叶下小叶和右上颞回都是专门用于语音处理的，而左侧颞中回参与了语义处理。左侧额下回出现了功能性分离，后背部负责语音处理，前腹部负责语义处理。此外，在语音处理和语义处理中都发现了枕颞腹侧的参与。这些结果可以更好地解释汉字字形字体处理、字音处理和字义处理的神经网络。

那么，阅读的神经回路是否因文化而存在差异？Nakamura 等（2012）利用

fMRI 技术对中国读者和法国读者进行了比较，实验测试了 16 名法国人（5 名女性，平均年龄为 24 岁）和 16 名中国人（12 名女性，平均年龄为 22 岁）。被试均为右利手，身体健康，以他们各自的语言为母语。这两组被试都完成了对草体字符的书写临摹。结果发现，两组被试的阅读网络被激活并表现出相同的启动模式。这个阅读网络是由左侧枕-颞视觉字形系统组成的，它对字符很敏感。由此看来，不同文化背景下的阅读网络均是相似的，阅读具有相对固定不变的脑区。

阅读障碍在西方国家中的发生率高达 10% 以上，严重影响了儿童的学习和生活。Compton 等（2001）对 476 例阅读障碍（RD）儿童进行测试，研究对 RD 儿童（RD 儿童的年龄为 8～18 岁）进行了语音意识（PA）、快速命名（RAN）和阅读技能的检测，目的是探讨西方 RD 儿童的 PA 和 RAN 在阅读中的作用。研究结果显示，PA 和 RAN 技能对阅读有较大的影响，其中 RAN 缺失主要影响顺利完成阅读任务的速度与流畅性，PA 缺失主要影响阅读任务中语音处理技能任务的完成。这说明语音加工和阅读障碍相互影响，在语音加工的语音意识和词汇提取上，RD 儿童存在一定程度的缺陷和发展迟滞。

研究表明，书写汉字与拼音的过程有不同的脑区参与。Cao 等（2013）选择了 17 名卡内基·梅隆大学或匹兹堡大学中文班的学生作为研究对象。这些学生在书写文字的条件下学习了 30 个汉字，又在书写拼音的条件下学习了 30 个汉字。fMRI 数据表明，通过短期训练，学习者的大脑能适应新的语言系统。在词汇判断和内隐书写任务中，双侧顶上小叶和双侧舌状回区域有较高的激活水平。这些发现意味着书写汉字能建立文字的视觉空间结构和字形表征。与拼音书写训练相比，书写汉字训练引起了双侧感觉运动皮层更多的参与，这意味着书写训练可以使感觉运动信息与汉字认知产生交互作用。文字识别的准确性与右侧顶上叶、右侧语言区和左侧感觉运动区的激活强度高度相关，这提示了这些区域有支持书写汉字的辅助效应。最后，研究者还发现书写训练可以导致双侧颞中回脑区产生更强的激活水平，从而促进了与语义的联系。拼音书写训练则导致右侧额下回脑区产生更强的激活水平，从而促进了与语音的联系。因此，汉字书写和拼音书写对应不同的脑神经网络。Chen 等（2002）的研究发现，拼音与汉字所涉及的认知机制有着明显不同。阅读汉字和拼音时共同激活的脑区包括额下回、颞中回、颞下回、顶下和顶上小叶、纹外皮层等区域，而阅读拼音会导致双侧顶下皮层（楔前叶和颞中回前部）的强烈激活，但是阅读汉字激活了左侧梭状回、双侧楔叶、颞叶中后部、右侧额下回和双侧额上回。

Dehaene 和 Cohen（2007）用 fMRI 技术记录了中国儿童和法国儿童在用母语进行阅读时的大脑活动。研究结果发现，阅读汉语和法语都激活了大脑左侧后半球的形状识别区域——视觉文字形成区域（VWFA）。虽然法国和中国被试的视觉文字形成区域和埃克斯纳区（EXA）（负责运动功能）都被显著激活，但也表现出了文化差异效应。书写动作（writing gesture）对中国被试的影响更显著，虽然中国和法国儿童在阅读手写体母语的时候都使用了视觉和动作中枢系统，但两者的侧重点存在差异，中国儿童非常重视书写笔画的顺序和方向，更多地依赖于词汇词义处理系统，而法国儿童更多地依赖于语音转码。因此，早期阅读的习得过程实际上是主管该文字阅读加工的脑神经回路功能特异化的过程。这种特异化会随着儿童识字和阅读能力的发展而逐渐增强，从而进一步强化大脑中不同的语言加工中枢和神经回路，最终形成"中文脑""英文脑""法文脑"等。

He 等（2003）使用 fMRI 研究了中英双语者对中国汉字和英文字母语音加工过程中的大脑激活状态。两种书面语在语音和正字法方面存在较大差异。研究发现，汉字的语音加工涉及左中额叶（LMF）、后顶叶回旋（PPLG）的神经系统，这个皮层区域是空间信息加工、空间工作记忆和协调认知资源的中央执行系统，负责言语工作记忆的左侧额中回对汉字的识别具有调节作用，而在英语阅读中被显著激活的颞叶后部在汉字加工中的作用甚微。这表明中英双语者将他们的第一语言系统应用于第二语言阅读，并且中文中缺少汉字—语音的转换规则，导致中国读者借助阅读系统处理英语的能力较差。

第四章

文化与情绪

第一节　情绪的文化差异

一、情绪的定义

有关人类情绪的研究由来已久，事实上我们在与人交往的过程中对他人情绪的重视较之对其行为的重视更甚，因此我们常常会询问自己和他人的感受如何。Le Doux（1998）曾说，如果不要求对"情绪"下一定义，人人都知道情绪是什么。然而，当研究要求我们对情绪有明确的界定时，学者却始终不能就情绪的定义问题达成一致（Ekman，1984）。Jr Kleinginna 和 Kleinginna（1981）对情绪的定义做了较为全面的检索之后，也略带调侃地指出情绪是一个令人困惑的概念，似乎除了心理学家之外的所有人都知道情绪是什么。

Jr Kleinginna 和 Kleinginna（1981）的调侃并非没有缘故，他们在文献检索过程中搜寻到 92 种关于情绪的定义。为了对情绪的定义做梳理，Jr Kleinginna 和 Kleinginna（1981）按照情绪现象的基础和强调的理论问题将这 92 种定义分成了 11 类，具体如下。

1）情感的定义。其强调唤起的感受及（或者）情绪的享乐价值，例如，James（1884）早期将情绪定义为知觉到令人兴奋的事实后直接引发的身体改变以及我们对这些改变的感觉；Baron 等（1980）将情绪定义为涉及生理唤醒并伴随个性行为的主观感受状态。

2）认知的定义。其强调情绪的评估和标记过程，例如，Bowlby（1969）将情绪定义为个体对其器官状态和行为冲动或者因所处环境所导致的状态的直觉评估。

3）外部刺激定义。其强调外部激发情绪的刺激，如 Millenson 和 Leslie（1967）认为情绪是操作性行为导致的广泛的行为改变和强化物的呈现或消失之间的联系。

4）生理的定义。其强调情绪的内部生理机制，例如，Bruce（1977）指出感觉到某种情绪，很大程度上是指对行为发出警示的各系统的身体反馈。

5）表达的定义。其强调情绪可观测的外部反应，例如，Clynes 和 Menuhin（1977）将情绪定义为与运动系统相联系的一类品质，认为只有将运动系统纳入并作为情绪时空存在的一部分，才能完整地体现情绪的特点。

6）破坏性定义。其强调情绪对心理组织与功能的破坏，例如，Young（1943）认为情绪是源于心理，涉及行为、意识经验和脏器功能的对个体完整性的严重干扰。

7）适应性定义。其强调情绪对心理组织与功能的促进，例如，Rado（1995）认为情绪是一种准备信号，为机体在紧急情况下的行为做好准备。

8）多元的定义。其强调情绪的多个相互关联的成分，该类型收集了32种情绪的定义，包括 Izard、Lazarus 和 Zimbardo 等的定义都被归入此类。Izard（1971）认为情绪是一个涉及神经生理学、神经肌肉学和现象学的复杂概念；Lazarus（1975）认为情绪会引起主观情感、生理改变以及行为冲动，而情绪的质量和紧张度完全取决于个体对目前正在进行或即将采取的行动对其健康的重要性的认知评估；Zimbardo（1980）认为情绪是个体感受到的行为意向，是一个复杂的主观心理过程，可能由环境刺激引起，以生理反应为中介，并可能会驱动个体的行为。

9）限制性定义。其强调情绪与其他心理过程的区分，例如，Hilgard 等（1979）认为情绪通常由外部刺激唤起，情绪表达指向环境中唤起情绪的刺激。动机则常由内部刺激引起，并自然地指向环境中的特定客体。

10）动机定义。其强调情绪与动机之间的关系，例如，Arnold（1961）认为情绪是将趋向知觉为有益的、将离开知觉为有害的东西的一种体验倾向，这种体验倾向与一种接近或退避的生理变化模式相伴随。

11）怀疑论定义。该类定义质疑情绪定义的价值，例如，Skinner（1953）认为情绪是人类行为的虚构原因，情绪这一名词使得我们能够按照情境对行为发生概率的影响进行分类。

以上11类涉及的92个情绪定义尚为1981年之前的不完全统计，心理学家定义情绪的尝试并未就此止步，面对各有重点的关于情绪的定义，Russell（2003）提出情绪概念似乎只是许多有共同成分的体验的一个方便的标签，就像艺术和音乐包含许多共同成分一样，情绪与非情绪之间的界限就如艺术与非艺术、音乐与非音乐的界限一样随意。那么，我们称为"情绪"的东西究竟是否有一些相同的有意义的成分呢？以下两组学者的论述或许有助于回答这个问题。

Gross 和 Thompson（2007）认为情绪有三个核心特点：其一，情绪只有在个体认为其卷入某一情景时才出现；其二，情绪是多方面的，涉及体验、行为及外周和中枢神经系统的反应（Mauss, et al., 2005）；其三，以上三个方面的改变都是可控的。Gross 和 Thompson 提出的这三个核心特点既关注到了情绪的生理基础，反映出情绪与情景和生理因素之间的密切关系，同时也指出了个体认知在其中扮演的重要角色。

Shiota 和 Kalat（2017）在进一步回顾了心理学家关于情绪的定义之后，提出这些定义有三个共同之处：第一，从进化层面看，情绪是"功能性"的，即有用的。尽管有些研究者认为情绪尤其是极端情绪如暴怒、惊慌等具有破坏性，大多数情况下情绪会引导我们快速而有效地行动（例如，恐惧使我们迅速逃离，被激怒时会反击等）。第二，情绪是对发生的特定刺激的反应，情绪与动机的区别正是体现在这一点，动机是对内部需求的反应，例如，饥饿来源于身体对食物的需求；而情绪则需要对情境做认知评价，情绪的产生取决于对外部事件的评价和它们的意义。第三，情绪状态包括四个方面，即认知、感受、生理变化和行为，但是又并非四个方面缺一不可。例如，考试得高分时会认知到好消息，感受到开心和一些生理变化，但也有可能是什么都没做，此时也不能说没有情绪产生。

整体来看，Gross 和 Thompson（2007）、Shiota 和 Kalat（2017）等对情绪心理学定义的共同点的总结是相似的，两者都支持情绪是由多种成分构成，以及多种成分间有联系。但是关于情绪的具体成分究竟有哪些，以及不同成分间确切的关系是什么，学术界还无法达成共识。面对文献中数以百计的情绪定义，在使用情绪一词时，可能真的该如 Shiota 和 Kalat（2017）所说，不需要对情绪下一个终极定义，但在讨论时应该说明引用了哪种定义，以免使读者感到困惑。

二、情绪的先天特点

达尔文在《人类的表情》一书中指出，所有物种的情绪与其他重要的结构和功能是一同进化而来的。达尔文将情绪看作是通过遗传而来，由先天决定，因而是具有普适性的，是对某种反复发生的情景做出反应的特定心理状态。

达尔文在对动物做了大量观察之后发现，在受到威胁，感到愤怒、悲伤或者兴奋时，很多动物在行为表现上具有相似性。从进化论的角度看，那些在面对威胁时能改变外观，使自己的体型看起来更大的动物，会有更多的机会活下去，因为增大的体型很可能会吓退捕食者。因此，面对威胁时，鸟类会竖起羽毛并张开翅膀，猫会弓起背并竖立毛发，灵长类动物会后腿站立且高举双臂。

达尔文写信问身处国外的朋友：当地人吃惊的表情是不是眼睛睁大、嘴巴张大并且抬高眉毛？并在朋友回信的基础上得出结论，声称他的时代中大多数人相信主要的表情是具有普遍性的，是先天决定且与人类一起进化的。后来，这种研究方法受到 Ekman 的批评，Ekman 认为如果达尔文使用更加不具有诱导性的问题（例如，"你能描述一下人们在感到吃惊的时候通常会有什么样的面部表情吗？"），就不会乐观地相信人们都支持情绪具有文化普遍性（Ekman，1973），早期的进化论观点却以此方法收集信息，认为如果我们观测儿童的情绪，将会发现来自世界各国的孩子都具有相同的情绪反应模式。

在心理学领域，最早强调非习得性情绪反应具有普遍性的研究者是 Tomkins（1962，1981）。他指出婴儿无需预先学习就会对巨大的声响表现出恐惧，或者表现出呼吸急促，他们为了适应环境，似乎先天就具有对于特定刺激做出普遍性反应的能力。Tomkins 有关情绪普遍性的理论影响了包括 Ekman 和 Izard 等在内的一批情绪研究者（Ekman，1992）。他们从 20 世纪七八十年代起进行了一系列有关面部表情和情绪自主神经系统活动的研究，收集了大量实证数据，试图证实不仅快乐、惊奇、恐惧、悲伤、愤怒、厌恶等基础情绪具有普遍性，在人类发展历程后期出现的情绪如轻蔑等情绪的表达也存在跨文化的一致性（Ekman & Friesen，1986）。

Camras 等（2007）在一项研究中，邀请了来自美国、日本和中国 11 个月的婴儿，研究其在愤怒和恐惧情绪下的反应。在实验中，研究者抓住婴儿的手腕并将其手腕固定在小桌上，婴儿因为手臂不能自由活动便产生愤怒的反应。恐惧情绪则是由一个大猩猩玩具诱发，该玩具头部与身体分离，通过遥控可以使大猩猩眼睛发亮、嘴唇张开并发出刺耳的咆哮声。研究者以视频记录了婴儿的表情，并对其表情做了编码，结果发现不同文化的婴儿在愤怒与恐惧两种消极情绪下的面部表情并不存在显著的跨文化差异。

Levenson 等（1992）选取来自西苏门答腊米南加保族一个穆斯林母系农业文化（该文化严格禁止公开表达消极情绪）的 46 名男性被试参与一项生理与情绪体验的研究，对照组为 62 名美国被试。在研究中，这些被试被要求调动面部肌肉，这些面部肌肉调动方式可以模拟 5 种情绪下的面部表情，对比米南加保族被试和美国被试在各种面部肌肉调动状态下的自主神经系统活动的结果。研究者发现，在没有真实情绪产生，仅仅调动面部肌肉的情况下，自主神经系统就会根据面部肌肉所模拟的情绪表现出不同的活跃模式。不仅如此，研究者还发现测量到的来自两种文化的被试调动面部肌肉时的自主神经活动具有一致性。该研究作为 Levenson 等研究者早期关于情绪与生理研究的延续，第一次以实证数据证实了面部表情导致的自主神经系统活动在非美国文化群体中亦存在。

Camras 等研究中的被试为平均年龄为 11 个月的婴儿，其情绪反应受社会和文化的影响尚小，而受生物因素的影响较大。Levenson 等关注自主神经系统在情绪状态下的反应，自主神经系统通常在意识极少甚至无法干预的情况下自动对身体的各种状态做出反应，这进一步说明情绪带来的生理反应是我们的身体自发产生的，这种自发反应通常受先天因素的影响较大，而受后天社会文化因素的影响较小。

以上这些发现实际上为情绪的跨文化一致性提供了极具说服力的证明。一方面，一些研究者认为，由于证据确凿，情绪的跨文化一致性已不再是心理学家争论的焦点（Matsumoto，1990）。另一方面，大部分心理学教科书也认为人类的六种基本情绪（快乐、悲伤、愤怒、惊讶、恐惧和厌恶）表情无论在何种文化情景下都与六种基本情绪相对应，因而具有跨文化的一致性。然而，事实真的如此吗？近年来，学术界越来越多地意识到近 50 年以来的研究关注情绪的文化一致性，而忽略了表情和情绪所携带的文化信息。

第二节　文化对情绪的影响

上一节中我们提到，达尔文在其进化论的研究过程中就已经开始关注文化对情绪的影响，其结论基本上是情绪具有跨文化的一致性。曾经批判过达尔文研究方法的 Ekman，是早期关于情绪的文化一致性与特异性争论中不得不提到的重要人物。早期的情绪普遍性的支持者发现，快乐、惊奇、恐惧、愤怒、蔑视、厌恶和悲伤的表情可以跨越文化背景而被来自不同文化的人正确识别（Russell，1994），Ekman 通常被视为这一观点的坚定支持者。

然而，Ekman 回顾了包括 Triandis 和 Lambert（1958）、Vinacke（1949）等的研究在内的五项以证实文化特异性假设为目标的研究之后，得出的结论却是

> 五项研究都发现了支持普遍性的证据，其中四项发现了表情判断存在文化差异的证据。但是，我们看出有关文化差异的证据并不足以证明表情不具有普遍性。没有证据表明在一种文化中被大多数人判断为一种情绪的表情会在另外一种文化中被大多数人辨认为另外一种情绪。在解读表情时

的文化差异主要表现为：在表情解读的跨文化相似性前提下，表情的背景、表情的后果、对表情混合状况的判断和判断的准确程度在文化间可能存在差异（Ekman，1973）。

由此可见，Ekman 坚定地支持表情的文化普遍性，但同时也承认表情解读存在跨文化差异。虽然表情不是情绪的全部，但是有关表情的研究在关于情绪的研究文献中占据了较大比例，因此该话题的研究对整个情绪领域的研究而言也具有重要的意义。虽然 Ekman 通常被看作情绪普遍性的支持者，但从前文的论述看，Ekman 在情绪究竟是普遍性的还是具有跨文化差异这一问题上，持有矛盾的立场。这种矛盾立场的出现恰好反映出在情绪研究领域中有相当多支持情绪具有文化特异性的证据，这些证据使得研究者不得不正视文化在情绪现象中所扮演的重要角色。

一、文化影响情绪的表达和识别

如前所述，关于表情的研究在情绪研究中占有重要地位，Chen 和 Jack（2017）在分析早期关于面部表情的研究倾向于支持六种基本情绪的表情跨文化一致性时，认为可能有三个方面的原因导致了文化一致性结论的盛行。

第一，在 Ekman 之后的半个世纪里，经典的表情研究都使用自上而下理论驱动的研究范式来探测面部表情的模式以及六种基本表情所传达的社会性信息。这种模式本身受到研究者自身文化背景的影响，反映了研究者受文化影响的直觉和观察。在解决人类行为普遍性的问题时，文化中心主义的偏见可能会影响到研究结果，导致带有偏见的结论的出现。

第二，早期有关面部表情的研究往往忽视了表情的社会沟通功能。一方面，早期的研究关注六种基本情绪的面部表情，而这六种基本情绪只是人类日常所用情绪中的很小一部分。另一方面，早期研究关注表情传达者的内部情绪状态（例如，低眉、紧绷的唇和眼表明一个人很愤怒），而非面部运动可能预示了社会行为倾向（如他要攻击我），导致情绪的社会沟通功能在很大程度上被忽略。

第三，面部表情出现时有复杂的动态信息表达模式，被激活的动作单元有哪些？动作单元被激活的顺序如何？对这些问题的探讨都能为情绪识别和分类提供重要的信息。早期的研究者使用静态的情绪图片或者两种情绪图片之间渐变的方式研究表情，极少使用动态参数，如动作单元的幅度、加速状况、峰值延迟等。然而，这些信息对于情绪表达的跨文化差异的测量来说可能是重要的维度。

Chen 和 Jack 以上的分析，实际上指出了表情的跨文化研究长期以来存在的问题。除以上这些问题之外，Jack 等（2016）同时还指出，传统的研究方法要求被试在六种情绪中选择一种来与面部表情图片匹配，每一种情绪被选中的概率为 1/6，只要被试命名某种表情的正确率显著高于 1/6，就被认定该表情得到正确识别而非被试随机选取了一种情绪与之匹配。在正常的社会生活中，只有面部表情所表达的情绪需要被一个群体中的大部分人在大部分情况下正确识别，才能达到社会沟通的目的，实验研究中采用如此低的标准，容易引起天花板效应，从而掩盖表情识别的文化差异。

因此，虽然大部分研究都支持六种基本情绪的表情能够得到跨文化识别，但是检验识别正确率的时候却会发现，"恐惧"和"厌恶"这两种被广泛认为受生物机制影响较大（Susskind, et al., 2008）并能在大脑深处得到迅速加工的情绪（Morris, et al., 1996；Phillips, et al., 1997），常常在非西方文化中被错误地识别为"惊奇"和"愤怒"（Jack, et al., 2009；Matsumoto & Ekman, 1989；Moriguchi, et al., 2005），或者在非西方文化中的识别率显著下降（Biehl, et al., 1997；Chan, 1985；Jack, et al., 2009）。

Izard 早在 1971 年就在一项大型的情绪研究中报告，在通过照片判断美国人表情的任务中，美国被试可以达到 83% 的正确率，欧洲被试的正确率为 75%～83%，而日本和非洲被试的报告正确率分别只有 65% 和 50%（Izard, 1971）。这一结果说明，不同文化个体在判断异文化情绪表情时会受到文化的影响。

Elfenbein 和 Ambady（2002a, 2002b）关于表情判断的研究也发现，表情识别过程中个体会表现出内群体优势。人们在识别来自本文化的内群体成员的表情时，其识别的正确率显著高于识别外群体成员的表情，且这种文化差异在物理距离较为接近的文化间表现得不明显，而在距离较远的文化间表现得更为显著。

选用远离现代文明的被试做对照时，虽然来自不同文化的被试在识别情绪的效价方面并无显著差异，但是纳米比亚的 Himba 人在对具体的面部表情（Gendron, et al., 2014b）和声音的情绪类型命名时却存在一定困难，识别率降低。对于这种跨文化识别和命名情绪成绩的降低，有学者认为可能是受到不同文化使用的描述情绪的词汇的限制。当一种文化缺乏确切描述特定情绪的词汇时，个体在对该情绪命名时，准确率就会显著降低。

另外，Marsh 等（2003）关于非言语口音的研究或许也可以为上述研究结果提供解释。Marsh、Elfeibein 和 Ambdy 认为，以往研究中发现对情绪的面部表达的识别存在文化差异，很可能是由于面部表情出现时，不同文化的人调动面部肌肉的方式有细微的差别，即情绪的面部表达是不同的。他们选用 Matsumoto 和 Ekman（1988）开发的日本人与高加索人情绪表情集（JCFEE）和日本人与高加索人中性面孔集（JCNF），要求79名美国或加拿大人通过表情图片辨别展示出该表情的个体是日本人还是日裔美国人，这79名被试既包括高加索人，也包括非裔人和亚裔人。该研究结果显示，被试判断表情主体国籍的正确率显著高于随机水平，表明面部表情携带了有关个体国籍的信息。Marsh等将这种携带了国籍信息的表情称作非言语口音，非常形象地说明了文化融入表情的现象，物理距离接近的文化间的非言语口音相似度可能更高，从而极有可能会导致表情的跨文化识别率更高。

文化间的物理距离并非唯一影响文化差异产生的因素。跨文化心理学领域的研究认为，文化与文化之间可能在包括权力距离、规避不确定性、个体主义和男性主义等四个方面都会有差异（Hofstede，1983）。Wang等（2017）在一项涉及56个国家被试的研究中发现，尽管规避不确定性效应并不显著，但是个体主义、权力距离和男性主义会使个体更加厌恶损失，并影响到其在彩票任务中的选择。Matsumoto和Ekman（1989）也借用这四个维度对包括美国、巴西、日本、中国香港等在内的15个国家和地区的情绪数据做二次分析，分析的结果虽然并未完全支持其关于权力距离、规避不确定性、个体主义和男性主义对情绪影响的假设，却提示我们情绪的跨文化差异并非国家差异，在分析情绪的跨文化差异时，很有必要建构起有关文化变异的维度理论。

Mesquita（2003）也指出，情绪体验在不同文化间差异较大，文化模型对理解和预测这种差异而言必不可少。Shweder等（2008）在谈及情绪的意义时，也认为这种意义必须在文化背景下才能得到理解。为确认究竟是文化中的哪些因素导致了表情判断的跨文化差异，Masuda等设计了一项实验。在实验中，Masuda等（2008）对比日本与西方被试的表情知觉，要求被试观看一个中性卡通形象展示快乐、悲伤、愤怒的表情，该卡通人物被与其有相同或者不同情绪表情的其他卡通人物围绕。实验中要求被试对被环绕的卡通人物的情绪做出判断，结果发现，周围人的情绪更容易影响日本被试对居中卡通人物情绪的知觉。Masuda等进一步对来自两种文化的被试做眼动记录时，发现与西方被试相比，日本被试看周围人物的时间显著较长，说明日本被试受周围人物情绪影响的知觉是由其将注意资源更多投向周围人物导致的。该实验结果表明，西方被试更加倾向于将情绪看作独立个体的感受，而日本被试则认为个体感受无法完全独立于群体。

在Hemert等（2007）的一项研究中，研究者筛选出1967—2000年公开发表的190项跨文化情绪研究，并对这些研究的数据做元分析，结果发现文化水平的因素（如价值观、宗教信仰、生存模式等）可以解释27.9%的情绪相关因变量的变异。前文提到的Elfenbein和Ambady（2002b）的研究，在对168项有关情绪识别的实证研究做元分析之后发现，尽管跨文化情绪识别的整体正确率是高于随机水平的，但被试在识别与其同一国家、地区或种族个体的情绪时正确率更高，表现出内群体优势，且这种内群体优势在相互暴露较多的群体间或在少数族裔成员识别主流群体成员表情时的表现并不明显。

以上这些表情识别的跨文化研究在很大程度上支持了 Chen 和 Jack（2017）对六种基本情绪的跨文化识别差异被掩盖的原因的分析，表明情绪的面部表情及其识别确实存在跨文化差异。另一项值得一提的颠覆了基于 Ekman 六种基本情绪分类的跨文化研究，是 Jack 等在 2016 年以数据驱动方法完成的一项研究。

情绪词汇是情绪表达的重要工具，也是关于情绪的跨文化研究关注的焦点之一。在研究中，Jack 等（2016）首先从一些中英文语料库、词表和小说中收集了中英文情绪词，然后邀请 50 名英国人和 50 名中国人分别在七点量表上对这些词汇从熟悉性和典型性两个维度做评估。经过筛选后，保留那些在熟悉度和典型性方面得分较高的词汇。之后，要求另外一批被试分别从效价、唤起和控制三个维度评估筛选出来的词汇，对这些情绪词汇两两做语义相似度评估。相似度分析的数据表明，英语情绪词汇可以分为 8 类 [包括六种基本情绪和骄傲、羞愧（shame）]，而汉语情绪词汇则被聚类为更多类别 [包括六种基本情绪（但是其中有两种惊奇、两种恐惧）、尴尬、羞愧、骄傲和蔑视]。虽然两种语言的聚类分析都发现了更多的消极情绪，但是汉语中的消极情绪类别之间的差异更加明显。研究者解释这一结果时认为，该结果表明在中国文化中对消极事件（包括消极情绪）的知觉和反应具有更重要的社会沟通功能。

Ma 等（2017）的研究使用传统的研究方法对比日本人和欧裔美国人之后发现，欧裔美国人倾向于将积极情绪知觉为更有用和有较少危害，且欧裔美国人比亚洲人更愿意感受到积极情绪。这种倾向性在需要更多认知资源投入的情景中表现得更为强烈。例如，考试是一个需要个体投入较多认知资源的情景，在备考情景下的欧裔美国人被试会更加倾向于品味积极情绪。

两相印证，Jack 等（2016）和 Ma 等（2017）的研究共同表明，积极情绪和消极情绪的表达和识别在东方文化和西方文化中确实存在差异。对他人消极情绪的知觉和适当反应，对于维护和谐的人际关系具有重要的意义，因而东方文化背景下的个体更加关注对他人消极情绪的知觉、沟通和反应。积极情绪的品味、体验对个体的自我价值感的确认和提升具有重要的意义和价值，有助于积极自我的养成，因而个体主义文化背景下的个体更关注积极情绪的获得。

二、文化与情绪的认知评估

在情绪研究领域，除了基础情绪具有普遍性和情绪受文化因素影响的社会建构观点之外，还有两种介于两者之间的情绪理论，即情绪的认知评估理论与情绪的心理建构理论。情绪的认知评估理论强调个体对应激事件之后生理反应的解读，认为认知解读会影响情绪的发生和发生之后的体验。情绪的心理建构理论认为，情绪与其他心理状态一样，是多种心理与神经系统相互影响和协调的产物（Lindquist，et al.，2012）。早期研究中，情绪的认知评估理论比较关注文化因素的影响。情绪的心理建构涉及情绪的生理机制，将在第三节中介绍。

关于情绪的评估理论最早的研究者是 Arnold 和 Lazarus。自 20 世纪 70 年代后期开始，心理学家和哲学家分别沿不同路线进行的研究殊途同归地证实，个体会对刺激事件带来的本体感受以及该事件的重要性做出认知评估，而情绪的产生会受到评估结果的影响。所有情绪评估理论都持有的重要观点之一，就是情绪评估的过程受评估主体影响，有着不同评估习惯的人在情绪评估过程中会表现出个体差异，因此当相同事件发生在不同个体身上时，会有截然不同的情绪出现。

个体常常根据自身所支持的动机、价值观、自我概念和规则等所面对的情景或事件做出评估。心理学家和人类学家的研究都表明，人类在动机、价值观、自我概念和规则等方面具有跨文化差异。情绪评估过程受这些文化负荷较高因素的影响，也会表现出跨文化差异。Scherer 等（1986）在一项大规模跨文化研究中发现，面对同样的情绪诱发事件，来自 8 个欧洲国家的被试关注的方面不同。后来，Matsumoto 等（1989）将研究被试扩大到美国和日本，在对收集到的数据做分析和解读时，他们发现日本被试报告了更少的与身体有关的快乐、由死亡和分离诱发的悲伤，以及由知觉到的不公平引起的愤怒。同时，日本被试在陌生人诱发的情绪中报告了更少的恐惧和更多的愤怒。Scherer 等进一步猜测，引起这种差异的因素不但包括文化价值观和规则，地理和社会经济因素也可能在其中扮演了重要的角色。

由于最初的研究工具中并未包含与情绪评估有关的问题，研究结果无法回答有关情绪评估受到事件在某一文化中发生的频率等的影响究竟有多大的问题。Scherer（1997c）在后续研究中加入了测量情绪的研究工具，调查了来自欧洲、美洲、亚洲、非洲共计 37 个国家的被试。研究结果显示，虽然来自四大洲的被试普遍都有情绪事件的评估机制，但是来自不同地区的被试有显著不同的评估倾向。与来自国民生产总值较高国家的被试相比，来自国民生产总值较低国家的被试觉得自己更可能遭遇到能够诱发恐惧和悲伤的事件。来自非洲的被试更倾向于将事件评估为不道德、不公平、不公正。与其他地区的被试相比,拉美被试更少将诱发情绪的事件评估为不道德。

在另外一些研究中,研究者也发现,道德与否在个体的情绪事件评估中是重要的维度之一。Mauro 等(1992)在对比美国和日本被试之后发现,美国大学生在评估情绪时更多使用责任感作为评估标准。Haidt 等(1993)发现,与美国人相比,巴西人更多地将社会性违法以及非传统的饮食与性行为判断为不道德,而且教育水平高的被试较教育水平低的被试更少对此类事件做道德维度的评估。墨西哥文化对情绪表达时的身体接触持有较为积极的态度,所以墨西哥裔美国人比欧裔美国人对情绪表达时(尤其是在公共场合)的身体接触有更高的包容度(Vishkin, et al., 2018)。

引起特定情绪的人与情绪主体之间的关系也会影响个体对情绪的评估。在一项以中国人和美国人为被试的研究中(Li, et al., 2017),研究者要求两组被试回忆以往受到伤害时感受到的愤怒和悲伤情绪,结果发现,美国人和中国人回忆出的伤害事件之后的愤怒和悲伤情绪有显著的跨文化差异。美国被试报告了更多的愤怒,对中国被试而言,情绪感受的强度会受到伤害者与其是否熟悉的影响,熟悉的人引发的愤怒感会更低。该结果表明,在注重关系的集体主义文化中,个体对情绪的评估更有可能会受到人际距离的影响。

面对唤起情绪的场景时,对于不同性别的个体,其情绪唤起程度不同,这种情绪唤起的性别差异也受到文化的影响(Gong, et al., 2018)。当德国被试与中国被试同时被要求对一些情绪唤醒图片所唤醒的情绪强度做评估时,中国女性对积极和消极图片的情绪唤醒程度的评估值显著高于中国男性,而德国女性对消极情绪图片的情绪唤醒程度的评估值显著高于德国男性,对积极情绪图片的情绪唤醒程度的评估值显著低于德国男性。这一研究结果表明,文化对不同性别角色的反应和行为方式的影响也会反映在情绪领域,从而使得不同文化下的个体有不同的情绪反应模式。

以上研究表明,个体的情绪评估过程和结果会受到其所在文化的影响。对于同样的唤醒状态或诱发事件的不同评估结果,不但会导致个体对自身的情绪贴上不同的标签,在情绪产生之后,由于不同文化对情绪的接受度和解读方面的差异,也会使得情绪对个体身心产生不同的影响。以下就着重讨论情绪对健康影响的文化差异问题。

三、情绪对健康影响的文化差异

情绪与健康之间有密切的关系。早期的研究已经发现,诸如抑郁、焦虑等消极情绪会对个体的健康产生消极影响,而积极情绪对个体的健康具有促进作用。但是,情绪对健康的影响是否存在文化差异呢?Pressman 等(2013)收集了全世界 142 个国家和地区超过 15 万人的数据用于研究情绪与健康之间的关系,这些数据中不但包含个体对自己情绪和健康状况的评估,同时还包括个体在衣、食、住等方面的满足程度和安全感等的自我报告。Pressman 与其同事分析了这些数据之后发现,积极与消极的情绪对个体的健康有不同的影响,两者合计可以解释超过 46% 的健康数据的变异,且在经济发展水平较低的国家(以 GDP 为指标),积极情绪与健康之间的关系更为密切。研究者因此得出结论认为,情绪对健康的影响是具有全球范围内的一致性的,虽然通常认为在一些经济比较落后的国家,饥饿、居住条件和安全问题会对个体的健康有较大影响,研究数据却表明,在这些国家,对健康而言情绪是更为重要的影响因素。

该研究以大样本数据为基础分析情绪在所谓"第一世界""第二世界和第三世界"国家对健康的影响,一方面证实情绪与健康之间有较为稳定且密切的联系,另一方面也说明情绪对健康的影响在不同国家可能存在差异。该研究在收集情绪数据时,仅要求被试报告接受测试之前一天是否体验过笑、爱、愉快、幸福、伤心、忧虑、压力、无聊、抑郁和愤怒。有关身体健康的自评量表要求被试回答是否对自身健康状况满意,是否因健康问题而无法做自己想做的一些事,是否感到休息充分和前一日是否感到身体疼痛四个问题。简单的测量方式方便大样本数据收集,但是在数据解读时却可能因信息量太小而导致解读困难。

Curhan 等(2014)在对上述研究做评述时,认为尽管消极情绪对健康的影响在 Pressman 等的研究中表现出文化一致性,但是当确认消极情绪对健康的影响究竟有多大时,必须要考虑文化变量。Curhan 等认为,在美国文化中,个体的消极情绪被认为有害且由自我导致,而在日本文化中,消极情绪被认为是很自然的,且多数由关系问题导致。不同的认知和归因模式可能会造成同样程度的消极情绪在不同文化中引发健康问题的可能性不同。为证实这一推测,Curhan 等(2014)以更加客观的临床测量工具测查了 1741 名美国人和 988 名日本人,数据分析结果表明,尽管消极情绪在两个群体中都能显著预测健康问题,但是其对身体和心理健康的消极影响在美国被试中表现得更为严重。这一研究结果本身虽然并未证实不同文化对消极情绪的解释方式是导致该差异产生的主要因素,却证实了情绪尤其是消极情绪对健康的影响程度确实会表现出跨文化差异。

Curhan 等的研究并非唯一支持情绪与健康之间的联系有跨文化差异的研究。Miyamoto 等(2013)对比了平均年龄分别为 55 岁和 54 岁的 1044 名美国人和 382 名日本人,不但要求这些被试对一份情绪问卷作答,同时还收集被试的血液，并检测其中的白细胞介素（il-6）。il-6是一种炎症标志物，其在血液中的含量越高，则预示健康状况越差。研究者通过对美国被试和日本被试数据的对比，试图探明情绪与健康之间的关系是否受文化因素的调节。结果发现，消极情绪能够显著预测美国被试的炎症标志物il-6的水平，但对日本被试的il-6水平没有显著的预测作用。这一结论甚至在控制了被试的人口学变量、心理因素（积极情绪、神经质、外向性）、健康行为（吸烟、饮酒状况）和健康状况（慢性病和BMI）之后仍然有效。这一发现以生理指标测量被试的健康状况，证实了文化对消极情绪和健康之间的关系具有调节作用。Miyamoto等在解释这一结果时也认为，美国人将消极情绪看作不适应的表现，而日本人倾向于认为消极情绪的出现很正常且可以接受，不同的情绪解读方式可能是导致消极情绪对健康产生不同影响的重要因素。

四、跨文化背景下的情绪调控

情绪调控（emotion regulation）是指人们在目标驱动之下管理和调节自己的情绪反应的能力（Matsumoto，2006）。文献中能够找到的情绪调控策略超过200种以上（Parkinson，et al.，1996）。Rippere（1977）最早在其访谈研究中发现了文化因素在抑郁症的治疗过程中的重要性。之后，有大量实证研究发现，来自不同文化的个体在情绪评估（Haga，et al.，2009；Matsumoto，et al.，1988；Mauro，et al.，1992；Roseman，et al.，1995；Scherer，1997a，1997b）、调节（Biehl，et al.，1997；Matsumoto，1990，1993；Matsumoto，et al.，1998）和应对（Ahn，et al.，2008；Bjorck，et al.，2001；Chun，et al.，2006；Constantine，et al.，2005）方面存在显著差异。其中，得到较多研究的是重评和抑制这两种情绪管理策略。Matsumoto（2006）认为，重评的情绪调控策略之所以有文化差异，主要原因是对个体情绪评估起指导作用的文化世界观和自我概念本身具有跨文化差异。抑制策略之所以受到文化的影响，主要原因则是不同文化对抑制的解读不同，或者对何种情况下使用抑制策略有不同的要求。

在跨文化领域的研究中，最常受到关注的文化差异因素是集体主义与个体主义倾向的差异。集体主义崇尚积极的社会关系的维护，因而其成员更有可能为维护和谐的人际关系而倾向于使用抑制的策略调控自己的情绪。Matsumoto（2006）在一项跨文化研究中发现，与美国被试相比，日本被试更少使用重评的情绪调控策略，而更多使用抑制的情绪调控策略。该研究只是众多支持采用情绪调控策略进行跨文化差异研究中的一个代表，很多研究都支持情绪调控策略的使用存在跨文化差异。例如，在一项对比荷兰人和来自摩洛哥、印度尼西亚、中国三个国家的荷兰交换生的研究中，研究者测量了被试在日常生活中的表达抑制倾向（Huwaë & Schaafsma, 2018），研究者也发现中国被试无论对积极还是消极情绪的抑制都显著多于荷兰被试。进一步的分析还表明，中国被试与关系较为亲密的他人互动时较少抑制积极情绪，而荷兰被试在与关系不太亲密的他人互动时会更多地抑制消极情绪。

情绪调控的跨文化差异并不只是存在于个体主义和集体主义文化之间，在个体主义和集体主义文化区分的大框架下，文化内部的个体所处的具体文化环境其实也有不同，因而也会导致个体在情绪调控方面表现出差异。例如，藏族和汉族虽然同属于集体主义文化，但是与汉族相比，藏族普遍信仰藏传佛教，受到佛教的影响更大，因而也更看重人际关系的和谐。在一项考察藏族大学生文化适应的研究中（Yong, 2013），研究者以情绪调控问卷调查并对比了藏族和汉族大学生重评和抑制两种情绪管理策略的使用情况。结果发现，藏族大学生与汉族大学生虽然在重评策略的使用方面的得分差异并不显著，但二者在抑制策略的使用方面差异显著，藏族大学生在抑制维度的得分显著高于汉族大学生。研究者在解读这一数据时指出，藏族信仰藏传佛教，因而对和谐的社会关系的关注程度更强，个体情绪的表达有可能会造成群体中其他成员的困扰，为避免社会关系受到消极影响，个体会更加倾向于抑制自己的情绪表达。

宗教作为文化的重要组成部分，其对有宗教信仰的文化个体情绪调控的影响在实证研究中并不鲜见。Vishkin 等（2018）对犹太教和天主教信徒的研究也发现，宗教信仰使得个体能够更多地使用认知重评和更少地使用表达抑制的方法调控自己的情绪，并进而影响到个体的幸福感和生活满意度。宗教信仰的虔诚程度在犹太教和天主教信徒样本中都表现出与认知重评策略使用频率的显著高相关，但是仅在天主教信徒样本中表现出与表达抑制策略使用频率的显著相关。

以上研究大部分关注消极情绪的调控问题，那么对消极情绪如此，个体对积极情绪的调控会不会受到文化的影响呢？ Ma 等（2017）在对欧裔和亚裔美国人的积极情绪管理进行对比之后发现，相比亚裔美国人，欧裔美国人认为积极情绪更加值得欣赏而不是需要抑制，因此在考试前较亚裔美国人更多地报告尝试欣赏而非抑制积极情绪。该研究同时还发现，欧裔和亚裔美国人表现出的这种对积极情绪调控的文化差异，在毫无预期就出现的考试情景下变小，甚至会在将要与陌生人互动的情景中消失。也就是说，文化背景与情景因素会交互作用于个体的积极情绪调控。

除了情绪调控策略使用方面的跨文化差异，由于不同文化对个体应对情绪情景的规定和各种情绪调控策略意义的解读不同，使用同样的情绪调控策略也可能对个体的心理健康状况产生不同的影响。Lee（2011）对比了亚裔和欧裔美国人的情绪调控策略及对其心理健康的影响，结果发现，亚裔美国人受益于表达抑制的情绪调控策略，而欧裔美国人则受益于重评的情绪调控策略。在另外一项研究中，Soto 等（2011）检验了表达抑制在不同文化群体中的作用。结果发现，欧裔美国人使用表达抑制会伤害其心理功能，而中国被试的表达抑制则并不能预测较差的心理健康状况。

文化对情绪调控效果的调节并不仅仅出现在不同族群之间，甚至在同一族群内，持有不同价值观的个体，其使用情绪调控策略的效果可能也是不同的。Butler 等（2007）的一项有关情绪调控与文化的研究，通过实验操作诱导美国被试抑制其情绪表达，结果发现支持欧美价值观的美国人的表达抑制与消极的情绪有关，而且会降低人际反应，导致消极的同伴知觉以及敌意，而支持亚洲价值观的美国人的情绪抑制引起的消极反应显著低于支持欧美价值观的对照组。

以上这些研究从不同角度探讨了文化在情绪调控过程中扮演的角色，结果不但支持情绪调控的跨文化差异，还进一步表明不同文化的个体使用同一情绪调控策略后，其心理功能受到的影响可能有很大差异。可见，情绪调控作为一种社会产物，无论是其在特定文化中的意义还是使用情况，都会受到文化的影响。

五、情绪的生物文化模型

在本章第一节，我们介绍了有关情绪跨文化一致性的证据，本节又讨论了情绪跨文化差异的研究成果。那么，文化在情绪中究竟扮演了什么样的角色呢？

当学术界对于一个问题持有两种相对的观点时，通常的解决途径就是在两种观点之间找到一个平衡点，关于情绪文化普遍性与特异性的争论亦是如此。Mesquita 和 Frijda（1992）在考察文化变量对情绪的影响时指出，情绪既具有普遍性，又具有文化特异性，可以通过对情绪过程的理解来评估其生物和文化决定因素。但是最早真正提出一个确定的模型来描述生物与文化因素对情绪的影响的，可能是 Matsumoto 和 Hwang（2011）。这两位学者在 2011 年提出情绪的生物文化模型（biocultural model），期望以此来整合实证研究中关于情绪的文化特异性与一致性的争论。

Matsumoto 和 Hwang（2011）提出的情绪的生物文化模型强调，在任何一种情绪中都存在着不同的情绪领域，有些领域受生物因素影响较大，而有些领域受文化影响较大。Matsumoto 和 Hwang（2011）认为，一些情绪是生物固有的进化产物，因此即时反应才具有普遍性，而文化则能调节生物性情绪，不但决定着什么使我们产生情绪，也让我们能在情绪被引发时能够适应情绪反应。语言、记忆和抽象思维等人类特有的认知能力使文化能够通过推动与文化有关的情绪及其意义的建构而实现情绪的精细化。因此，在回答情绪究竟是文化普遍还是文化特异的问题时，实际上更应该考察的是生物与文化因素在情绪中的相对贡献。生物与文化因素在不同情绪中以及情绪的不同领域中的影响都会有所不同，这才导致了以往研究看似矛盾的结果的出现，而实际上这些矛盾并非不可调和。

从情绪的分类来看，按照是否有明确的证据表明其存在生物根源，生物文化模型中的情绪被分为两类：一类情绪有明确的研究结论支持其生物一致性，如愤怒、厌恶、恐惧、喜悦、悲伤和惊奇的情绪（Buck，1999；Ekman，1999；Izard，2007）；另一类是在动物身上难以观测到的情绪，如羞耻、难堪、骄傲等，却缺乏跨文化表达、生理反应、诱发条件和反应一致性的证据。

除了情绪的分类之外，心理学家还关注情绪涉及的各个方面。对情绪涉及的不同方面的检视，有助于我们解读生物与文化因素对情绪的影响。实证研究中，有些关注情绪引发的即时反应如面部表情、声音表达方式、生理反应或心理变化（Levenson，et al.，1992；Tsai & Levenson，1997），有些关注自我报告的主观体验（Kitayama，et al.，2006）、情绪的意义（Uchida & Kitayama，2009）、对情绪的关注（Mesquita，2001）、引发情绪的事件的愉悦性（Mesquita & Karasawa，2002）或者情绪的概念（Russell，1991）。所有这些研究都与情绪有关，但关注的却是情绪的不同方面。

Matsumoto 和 Hwang（2011）将以上有关情绪不同方面的研究区分为情绪的三个领域。情绪引发的即时反应如表情等被称作启动反应（priming reactions），这些反应往往发生在几秒钟以内，其测量对时间的精确度要求非常高，不需要语言或意识的过多参与。自我报告的经验被称为主观体验（subjective experience），需要语言和较高等级思维活动（如内省）的参与。态度、价值观、信念、叙事理论和情绪概念等被称作情绪意义（emotion meanings），需要语言和高等级认知过程的参与。

在区分了情绪的类型之后，Matsumoto 和 Hwang（2011）又提出了情绪的文化生物模型（图 4-1），用以说明生物与文化因素各自在情绪中的贡献量实际上取决于研究者研究的是情绪的哪个领域。

从图 4-1 可以看出，文化因素在涉及意义的态度、价值观、信念等情绪领域贡献最大，按照情绪意义、主观体验、启动反应的顺序，文化的影响力呈递减趋势，而生物因素的影响力呈递增趋势，亦即生物因素在包括生理反应、表达行为和初级认知等在内的启动反应领域贡献最大。

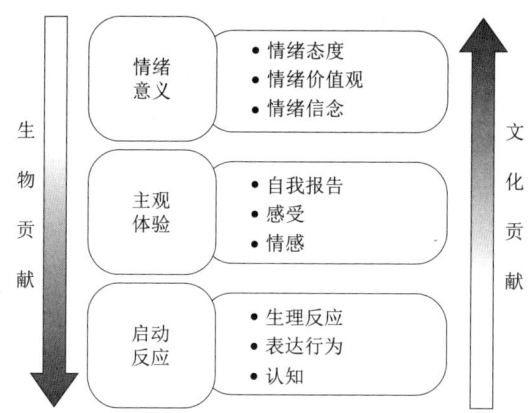

图 4-1　文化与生物因素对情绪不同领域的影响（Matsmumoto & Hwang，2011）

情绪是行为的基本动力且具有重要的社会功能，因此文化规范对情绪的调控，实际上能够促进社会合作。文化规范确认了社会许可的行为的范围，并使得群体能够高效地工作。文化鼓励群体成员遵守规范并帮助个体更好地适应复杂的社会生活。文化通过规范调控情绪，以确保社会行为符合文化预期，促进社会协调，并减少社会混乱。

第三节　文化与情绪的神经机制

一、情绪的认知神经机制

（一）早期情绪理论对情绪产生的神经机制的探讨

心理学家很早就开始了对情绪的认知神经机制的关注和探索。早期的研究者在解释情绪发生的机制时，就开始关注到情绪过程中神经系统的反应。最早的詹姆士-兰格（James-Lange）理论认为，情绪经验是由对机体变化的知觉引起的，而所谓机体变化是指交感神经系统支配的内脏器官的反应，个体对自主神经系统带来的体内生理变化的知觉导致了情绪经验的产生。

后来，坎农（Cannon）等以猫和狗作为研究对象，通过手术切断了动物的内脏与脑的联系，结果发现手术后的动物在内脏与大脑通路消失的情况下，依然会表现出恐惧反应。在另一项实验中，他们摘除了动物的下视丘，发怒等反应则随之消失。因此，坎农认为情绪体验并不一定需要人们知觉到体内的生理变化，却需要大脑的特定部位参与。

后来，坎农批判了詹姆士和兰格提出的情绪理论，认为内脏器官并无灵敏的神经系统，不可能将生理变化迅速转换为情绪经验。在愤怒和恐惧的情绪状态下，个体自主神经系统的反应大致相似，个体也无法只根据自主神经系统提供的信息判断情绪感受。另外，坎农还指出，个体在注射肾上腺素后，虽然有生理变化，却没有情绪感受。

坎农根据丘脑失去大脑皮质控制导致患者的情绪激动，以及丘脑的病理机制，提出了情绪的丘脑学说，认为丘脑是情绪的中枢，丘脑使感觉带有情绪色彩。外周神经系统接收到外界刺激后，通过神经电冲动将其传送至丘脑，再由丘脑传送至大脑皮质，从而激活大脑皮质，大脑皮质的激活状态又传出至丘脑，解除丘脑的抑制状态，引起情绪反应。之后，丘脑的神经冲动经过神经通路传送到内脏器官和骨骼肌，而内脏器官和骨骼肌的活动经过丘脑之后再通过神经通道反馈到大脑皮质，在皮质内与最初刺激情景的知觉相结合产生情绪。坎农的弟子巴德（Bard）后来修订了坎农的丘脑学说，认为丘脑同时向大脑皮质和自主神经系统发出信号，并产生情绪经验和内脏器官的活动，这就是著名的坎农-巴德情绪理论。

（二）脊髓、外周神经系统与情绪

Hohmann（1962）曾研究了脊椎骨受伤的退伍军人，发现脊椎骨受伤后，反馈到大脑的生理变化较弱，情绪唤起也较弱，且受伤部位越高，减弱的程度越大，而受伤部位越低，随着生理变化信息的增多，情感体验也越丰富。Jasnos和Hakmiller（1975）之后向被试呈现女性照片，让被试想象与照片中的女性单独相处时的感觉，同样发现被试脊椎骨受伤的部位与情绪唤醒的强弱有关，证实神经系统反馈给大脑的感觉越少，则情绪体验越弱。Chwalisz等（1988）在一项研究中分别访谈了脊髓受伤、有残疾和无残疾的被试，与另外两组被试比较，脊髓受伤组报告在受伤后有更多的恐惧情绪体验，且自主反馈水平较高的脊髓受伤组被试报告了更高水平的消极情绪。神经系统由外周和中枢神经系统构成，而中枢神经系统除了脊髓外，还包括大脑。以上介绍的这些研究关注的都是外周神经系统和脊髓在情绪过程中扮演的角色。Chwalisz等（1988）的研究在一定程度上表明，与外周神经系统和脊髓有关的机制只是影响情绪经验的一部分要素，而大脑作为中枢神经系统中高级加工的机制，其在情绪过程中扮演的角色在实证研究则中受到了更多的关注。

（三）大脑与情绪

实际上，较脊髓和外周神经系统而言，心理学家在探索情绪的认知神经机制的过程中更多关注的是大脑。从 20 世纪早期起，有关大脑在情绪中扮演的角色就开始得到关注，早在 1937 年，Klüver 和 Bucy 就发现，将恒河猴双侧颞叶切除之后，恒河猴的行为由狂野变为驯顺、平静和不易动怒，表现出情感淡漠或者缺乏情绪反应，对原来害怕或喜爱的东西不再有相应的情绪反应（Klüver & Bucy，1937）。Klüver 和 Bucy 的研究对象恒河猴原本对人类和蛇有惧怕的反应，但切除双侧颞叶之后，变得不怕蛇或者人类了。这种被称为双侧颞叶切除综合征或者柯鲁弗-布西综合征（Klüver-Bucy syndrome）的症状，后来被发现与杏仁核这一内侧颞叶结构的损伤有关（Le Doux，1992）。

1. 快乐中枢

Olds 和 Milner（1954）在老鼠的下丘脑背部和隔区等处埋入电极，该电极与老鼠体外的一个杠杆装置相连，当老鼠按压杠杆时会受到微弱的电流刺激。该研究中的老鼠不停按压杠杆以得到电刺激，频率可以达到每小时 2000 次，并且能连续按压杠杆 15～20 小时，直到精疲力竭。Olds 和 Milner（1954）指出，老鼠可能会因为下丘脑背部受到刺激而感到快乐，因此将此处称为"快乐中枢"。

许多实验室重复了这一研究，并控制动物的饥渴程度和血液中的性激素水平，观察自我刺激现象。经过 20 多年的研究，研究者（Burgdorf & Panksepp，2006；Panksepp，2006）总结出这些能产生自我刺激的脑结构，形成两条多巴胺通路。它们都发源于脑干被盖腹侧区，一条通路终止于前脑的伏隔核（位于杏仁核前），另一条通路终止于额眶皮层（FOC）。心理学家将这些脑结构和它们之间的通路称作奖励或者强化系统，其引发的积极情绪在个体学习过程中起到了强化作用。

2. 边缘系统

以上提到的这些研究都是早期对情绪的认知神经机制的探索。在 Klüver 和 Bucy 报告柯鲁弗-布西综合征的同一年，即 1937 年，Papez（1937）提出情绪反应涉及由下丘脑、前丘脑、扣带回和海马组成的脑回路。之后，MacLean（1949，1952）扩展了该情绪网络，加入杏仁核、额眶皮层和部分基底神经节，将其命名为边缘系统。该系统围绕在胼胝体边缘，由于杏仁核和额眶皮层是情绪神经基础最重要的研究焦点，边缘系统作为"情绪脑"，在情绪神经的基础性研究中扮演了重要角色，但是 MacLean 提出的边缘系统概念却由于无法制定一个标准来定义哪些结构和通路应该包含进边缘系统，以及经典边缘区域如海马等被证实对一些非情绪性加工过程（如记忆）有更为重要的作用等原因，被研究者看作是一种描述性或历史性的划分而非功能性的划分。

（四）情绪涉及的五个关键性脑结构

谈及情绪涉及的脑结构，不得不提的是，Adolphs 等在 1994 年报告的一个杏仁核退化案例中，医生为确定患者癫痫发作的原因而扫描了她的大脑。结果发现，除了杏仁核之外，没有其他脑结构异常。该患者被称为 S.M.。之后，检查 S.M. 的认知功能，发现她一切表现正常，但是在判断情绪图片表达的情绪时，"恐惧"的脸会使 S.M. 感到迷惑，她会将恐惧报告为惊讶、愤怒或其他情绪。与此同时，S.M. 在判断其他基本情绪甚至一些微妙的情绪时，基本没有问题（Adolphs, et al., 1994）。进一步的研究发现，她能够描述引发恐惧的情景并且能正确使用关于恐惧的词语（Adolphs, et al., 1995），而且她在辨别情绪声音时和正常人的表现一样，能够辨别恐惧的声音（Adolphs & Tranel, 1999）。

S.M. 的案例至少带来两个重要的发现：一是杏仁核在辨别恐惧的面部表情的过程中扮演了重要的角色；二是人们可以在理解其他情绪毫无问题的情况下，只对特定的情绪出现理解困难。

前者并非新消息，因为杏仁核作为与恐惧及其他情绪过程有密切关系的结构，一直以来都得到较多关注。无论是以动物还是人类为研究对象的有关情绪的神经系统的模型研究，几十年来都取得了大量研究成果。已有的研究支持杏仁核在人类和动物的内隐情绪性学习与记忆、情绪对记忆的调节、情绪对注意与知觉的影响、情绪与社会行为、情绪的抑制与管理等情绪过程中都扮演了重要的角色（Phelps & Le Doux, 2005）。

第二个发现则在一定程度上支持情绪不只有一种神经回路。该观点也得到了其他研究者的支持。Ochsner（2008）在回顾了情绪的脑机制的相关研究后，总结认为人类社会情感信息加工中有五个关键性脑结构，即杏仁核、前扣带回、前额叶皮层、腹侧纹状体（VS）和眶额叶皮层。杏仁核主要与情绪产出功能相关，特别是恐惧情绪的产出，它在情绪性学习行为中对有害的外部因素十分敏感，可以很快识别出这些因素，以便尽快躲避这些不利因素；前扣带回负责情绪过程的注意、意识以及情绪的主观知觉和动机行为的启动；前额叶皮层是人类情绪行为的高级调节中枢，对情绪行为的后果给出预测性控制，确定特殊行为目标以及调控持久与延缓性的情绪反应；腹侧纹状体包括伏隔核对生物学阳性情绪具有重要的调节作用，特别是能调节那些与主观体验有关的因素；眶额叶皮层则与情绪过程的外周自主神经系统的功能变化，如心率、呼吸、消化道功能变化和特殊味道引起的主观体验有关。

这一观点与当前的情绪认知神经研究关注特定类型的情绪任务和特定情绪

行为的神经系统的趋势完全一致。早期的研究者倾向于将情绪看作单独的概念，将"情绪脑"与大脑的其他部分区分开来。随着情绪研究的精细化和复杂化，研究者越来越清楚地意识到情绪是一种具有多面性的行为，很难由一个单独的神经回路或者脑系统来概括。研究者认为，根据情绪任务或情景的不同，不同的神经系统会参与其中。这些系统可能包括一些在一定程度上只负责情绪加工的脑区，同时还包括一些具有多种功能但具体功能取决于特定情绪是如何作用的脑区（例如，负责注意警觉的脑区可能也参与威胁信号的侦测）。

（五）ERP 和 fMRI 技术的使用

近年来，ERP 和 fMRI 技术的应用使得研究者能够观测到个体在完成一些任务时大脑内部的活动，从而推动了该领域研究的进展。以情绪性图片引发的脑功能变化为例，Olofsson 等（2008）的情感 fMRI 研究综述认为，在以视觉 ERP 作为生理指标的研究中，大多数支持具有消极、恐惧性刺激的图片比愉快性图片能引发较强的 100～200ms 短潜伏期诱发电位，而且诱发反应幅度与图片的情绪性质有一定关系。能引起强烈唤醒水平的凶杀和色情图片，除了引发短潜伏期诱发成分，还能引发潜伏期为 200～300ms 的早后负波（EPN），却不像短潜伏期成分那样，表现出情绪性质和诱发反应幅值之间的联系。

对此，一种解释是情绪图片的性质与短潜伏期反应的关系是杏仁核的功能特点。研究者认为，生物进化过程中外部世界一旦出现危及生命的因素，就会立即通过丘脑和杏仁核快速引发情感反应，短潜伏期的 ERP 是快速情绪反应的生理指标，随后的 EPN 与 N2 波有一定重叠，是对有害刺激进行选择性注意，以便精细地探究刺激的特性。再稍后的 P300 波和晚顶正波与自上而下的情绪信息加工有关。

另外，多项 ERP 研究（Cacioppo, et al., 1994；Cuthbert, et al., 2000；Schupp et al., 2000）发现，与中性图片相比，情绪图片能够在图片呈现 400～800ms 时诱发出更大幅度的晚正电位（LPP）。Codispoti 等（2006）在实验中向被试出示中性、愉快和不愉快的面部表情照片，研究图片的反复出现对脑电、皮肤电和心率的影响。三张照片每张重复呈现 60 次，叠加后发现，由图片诱发的晚正成分不受重复次数的显著影响，虽然脑电指标会随重复次数的增加而表现出习惯化效应，但是习惯化的速度显著低于皮肤电和心率。因此，Codispoti 等（2006）认为 ERP 晚正成分是情绪识别任务中较皮肤电和心率更重要的生理指标。

Kober 等（2008）使用一致性分析、结构分析和路径分析等技术对 162 份有关情绪的神经影像研究提供的关于情绪任务激活的脑区和共同激活的功能组等数据做了多层次元分析，结果发现人类的情绪变化激活的大脑皮层较广，包括背内侧前额叶（布罗德曼区 9/32）、前扣带回、额眶皮层、额下回（IFG）、岛叶（Ins）和枕叶皮层。这些大脑皮层的激活常伴随更多皮层下脑结构的共同激活，包括丘脑、纹状体腹侧区（VASTR）、杏仁核、中脑导水管周围灰质和下丘脑。

二、情绪跨文化差异的神经机制

随着认知神经科学的兴起，近年来有关情绪的研究越来越多地从认知神经机制的角度探讨人类情绪的文化差异。文化神经科学（cultural neuroscience）是关注文化与生物机制如何跨越种系发生、发展和时间尺度共同塑造人类行为的交叉研究领域（Cheon, et al., 2013）。该领域的研究近 20 年在理论及实证研究方面都取得了不少进展。

从方法上看，Han 和 Northoff（2008）介绍了跨文化神经影像（transcultural neuroimaging）研究的方法，并用神经影像和 ERP 研究了东西方个体在神经层面存在的差异。Ambady 和 Bharucha（2009）提出了文化映射（cultural mapping）的概念，并提出可以用来源分析（source analysis）探索文化间存在的认知功能差异及其产生的原因。从理论上看，Chiao 和 Ambady（2007）在整合文化心理学、认知科学和基因学理论与方法的基础上，提出了文化神经科学的理论框架。Vogeley 和 Roepstorff（2009）提出了由于文化与生理互动的动态特性而导致的回路效应（looping effect）。Kitayama 和 Uskul 共同提出了神经-文化互动模型，用以解释神经活动的文化模式（这些文化模式往往是由人类发展过程中为社会生存所产生的神经改变导致的）。这些理论和方法方面的探索及其成果为文化神经科学研究人类情绪的文化与生理机制提供了极好的基础。

在情绪研究领域，情绪文化认知神经科学的研究进展可以概括为两个方面（Chiao, 2015）：其一，尽管历史上有关情绪的文化普遍性的理论和情绪文化特异性理论之间存在竞争关系，但有越来越多的证据表明，这两种理论在一定程度上都是正确的。也即两者均能概括情绪发生和体验中的特点，但是分析的水平不同。两者对于理解适应性情绪行为都是必要且有重要意义的。其二，上文中所涉及的四种情绪理论（基本情绪、认知评估、心理建构和社会建构的情绪理论）都可以在情绪的双继承（dual inheritance）或者文化-基因共同进化（culture-gene coevolutionary）模型中得到合理解释。基本情绪和社会建构的情绪理论可能代表了基因和文化遗传对情绪的双重作用，而认知评估和心理建构理论则说明了认知与神经建构在情绪行为的基因与文化选择过程中的微调作用。

三、情绪的文化神经研究

文化-基因共同进化模型为人类情绪的研究提供了理论基础。该模型的实证逻辑和研究方法使研究者能够更好地确认文化和基因对人类情绪与行为的神经和生理机制影响的独特性及程度。从本质上看，该模型是达尔文自然选择导致生物进化的理论的补充。进化论的观点强调自然选择，而人类生存发展的过程中不但面临自然环境的挑战，同时人的社会属性也决定了人类必须为适应社会生活而做出调整。文化-基因共同进化模型强调这种社会性调整不但会发生在心理层面，同样也会发生在生理层面。

文化对人类大脑的影响不但可以通过基因选择的方式实现，也可能由神经可塑性或皮层下结构自上而下的调整而实现。例如，在人类发展过程中，不同脑区间的突触联系会因环境输入的丰富或缺失而得到强化或削减，而诸如目标定向和动机类型等反映了个体的文化规范、文化实践和文化信仰，也可能通过自上而下调整的机制对个体的脑区产生影响（Hofstede & Hofstede，2001；Markus & Kitayama，1991）。

当文化对人类基因或者神经系统的影响表现在情绪领域时，基本可以梳理为四类研究，分别为情绪的识别、情绪体验、情绪调控以及情绪与健康。以下便分别介绍这四类研究及其成果。

（一）情绪的识别

能够成功地知觉并识别出情绪，对于人类的社会互动与社会生存而言有重要的意义。尤其是文化内群体成员，因其在个体发展过程中为文化个体提供支持甚至有关生存的信息，对文化内群体成员表情的知觉与识别又显得更为重要。正如前文所说，有关面部表情识别的研究发现，人们在识别本文化成员的表情时的表现显著好于识别异文化成员的表情（Elfenbein & Ambady，2002a，2002b）。Marsh 等更是在此基础上提出非言语口音，并以实证数据支持了人们可以从表情推测出该表情持有者的国籍（Marsh, et al.，2003）。Cordaro 等（2016）在一项非言语情绪声音识别的研究中发现，来自 11 个国家和地区的被试在识别这些声音负载的情绪时，相互之间都表现出较大的跨文化差异，从另外一个角度为非言语口音的存在提供了部分支持。所以情绪识别的跨文化差异，并不完全是表情识别的问题，多种感官通道的情绪信息都可能有识别方面的跨文化差异。

Liu 等（2015）在实验中要求同龄的中国和美国被试加工多感觉通道的情绪信息，并观测其行为和脑电方面存在的差异。该实验使用一项情绪 Stroop 任务，被试需要在两种条件下对面孔—声音刺激对做出情绪一致或不一致的判断，第一种条件下指导语要求被试注意面孔而忽略声音，第二种条件下指导语则要求被试注意声音而忽略面孔。结果发现，当不同通道间的情绪面孔—声音对不一致时，虽然中美被试判断的正确率都会下降且 N400 波幅增大，但中美被试受到面孔或声音干扰的模式存在跨文化差异。其具体表现为美国被试受到无关面孔干扰时，其判断正确率下降和 N400 波幅增大的幅度远大于中国被试。这一结果说明，中美成年人在加工社会情绪线索时确实存在跨文化差异，文化会影响个体在识别多通道不一致情绪线索时的认知神经机制。

支持情绪识别的认知神经机制存在差异的并非只有脑电研究，Derntl 等（2012）以同龄亚裔和欧裔大学生各 24 名作为研究对象，以高场（high-field）MRI 检测两组被试在识别高加索人面部表情任务中的脑部反应。功能检验显示，亚裔和欧裔大学生在识别情绪时，都表现出杏仁核双侧激活，但是亚裔大学生（特别是对于愤怒的男性面孔）表现出更强的杏仁核激活，并伴有识别率的下降。除此之外，该研究还发现，亚裔被试在欧洲居住的时间与其杏仁核激活之间存在显著的负相关。这一结果使用 MRI 数据，同样也证实了文化在表情识别过程中扮演着重要的角色，个体识别异文化表情时会表现为杏仁核的高度激活。

谈到情绪的识别，恐惧情绪由于会提供有关环境中存在威胁的信息而对个体生存具有重要的意义和价值。关于恐惧情绪识别的脑机制，早期有关情绪识别的神经基础的研究就发现，杏仁核在人类识别恐惧情绪时扮演了重要的角色，如前文提到的 S.M. 这样的患者，在杏仁核损伤后无法识别恐惧的面部表情（Adolphs, et al., 1994）。Adolphs 等在 2005 年的后续研究中进一步检验了这一现象出现的原因，结果发现，如果要求患者注视恐惧表情图片中的眼周部位，他们能够很好地识别恐惧表情，说明杏仁核外侧受伤的个体在恐惧表情辨认方面的困难，实际上是由患者缺乏对恐惧相关的面部肌肉特征的注意而导致的（Adolphs, et al., 2005），这也表明杏仁核在情绪场景中具有注意指向的功能。

神经影像学和认知神经心理的研究都表明，杏仁核对模糊的环境和不确定性做出反应的是恐惧情绪识别的皮层下结构（Pessoa & Adolphs, 2010）。对人类而言，杏仁核约 10% 的区域活动受血清素转运体基因调控（Munafò, et al., 2008）。关于遗传和基因如何影响杏仁核的研究由来已久，但是文化对杏仁核遗传功能的影响却直到近年来才有进展。

Chiao 等（2008）在实验中向 12 名居住在日本本土的日本人和 10 名居住于美国的高加索人展示 80 张黑白色调的人面图片，这 80 张人面图片分别展现了恐惧、高兴、愤怒或者中性情绪。情绪面孔图片中有 40 张为高加索人，另外 40 张则为日本人。以 fMRI 测量双侧杏仁核对恐惧和非恐惧面孔的反应，结果发现，无论是来自美国的高加索人还是本土日本人，在识别内群体成员的恐惧表情时杏仁核都更活跃，然而在识别愤怒、高兴或中性情绪时，却并未表现出这种激活。对该结果做解读时，Chiao 等提出，从进化的角度看，人类敏感于内群体恐惧的面部表情，可以更加迅速地识别由群体其他成员传递出的遭遇危险的信号，从而提高个体存活的可能性。因此，个体在遭遇恐惧表情时的杏仁核激活可能具有生物适应的意义。

上述研究中被试表现出的文化差异并不总是与国籍有关，当移民远离母文化，进入异文化时，他们面临着新的信仰、规则和文化实践的挑战。在类似移民的案例中，杏仁核在表情面孔识别时扮演的角色也会受到个体文化适应的影响。Berry（1997）的 U 形文化适应模型认为，个体对主流文化的心理调适是非线性的。也就是说，移民一开始对主流文化表现出非常积极的体验，然而在心理上与主流文化度过了"蜜月期"之后，主流文化和母文化之间的冲突与融合会带来文化适应压力，从而使文化适应个体的心理健康状况遭遇下滑。随着个体逐渐寻找到有效的应对方式，文化适应压力逐渐降低，其心理健康状况又会得到改善。

Derntl 等（2009）在研究居住于欧洲的亚洲被试时发现，在欧洲居住时间越短的被试，其杏仁核在面孔识别任务中的激活程度越高。Derntl 等（2009）认为，对这一结果有两种可能的解释：其一是欧洲面孔的表情对于在欧洲居住时间较短的亚洲移民而言是较为新异的刺激；其二是移民面对异群体表情加工时，需要付出更多的努力。虽然目前尚无确切证据表明以上两种解释何者为真，但可以确定的是，在与异文化接触的过程中，个体情绪的皮层下反应是具有可变性的，在主文化中沉浸较长时间的个体，其杏仁核被情绪线索激活的程度较低。也就是说，文化适应的结果并非只表现为行为和主观感受的变化，同时还伴随着神经系统的改变。

（二）情绪体验

古人说"福兮，祸所伏"，所以中国人在面对"福"的时候，在体验快乐的同时，或多或少还有些担忧，因为要"居安思危"和"先天下之忧而忧"。西方享乐主义和功利主义哲学的传统却更加强调个体追求快乐的价值。由此可以看出，两种文化对快乐和痛苦的定义是不同的。从另一个角度看，不同文化对于什么带来痛苦和快乐的社会规范也不同。在集体主义文化中，表达被视为缺点，而顺从社会价值规范被认为是美德，相反，在个体主义文化中，顺从社会价值规范被认为是缺点，而自由表达被认为是美德。在关系紧密的文化中，社会背离代表着某种社会性的痛苦，而对于关系松散的文化而言，反抗和独特性会带来社会快感。这些现象的存在说明，我们对于诱发情绪的事件的判断，实际上是社会学习的结果（Chudek & Henrich，2011）。社会学习使来自不同文化的个体在面对同样的情绪情景时，在情绪体验方面表现出跨文化差异。

以个体对奖赏的情绪体验为例，在拉丁美洲文化中，家庭责任作为一种社会期许，在一定程度上能够改变个体对奖赏的主观体验（Cuellar, et al.，1995；Fuligni，2001）。Telzer 等（2010）在其研究中对比了高加索裔美国被试和拉丁美洲被试在得到奖赏时中脑缘的活动状况，结果发现，高加索裔美国人在得到给予自己的奖励时，中脑缘更加活跃，而拉丁美洲被试则是在奖励被授予家庭的时候，表现出更高水平的中脑缘激活。在 2013 年的一项研究中，Telzer 等进一步以 48 名拉丁美洲青年人为被试的研究结果表明，如果一名拉丁美洲被试在为家庭做贡献时比自己得到奖励时表现出更强的腹侧纹状体激活，那么这个人在未来出现冒险行为的可能性更小（Telzer, et al.，2013）。由此可以看出，拉丁美洲与美国文化差异所导致的情绪体验不同，其背后的认知神经机制极有可能与中脑缘和腹侧纹状体的活跃状况有关。

除了奖励给予何人之外，人们花费多长时间才得到奖励（McClure, et al.，2004）以及文化的长期和短期取向（Hofstede & Minkov，2010）也会影响到个体对奖励的价值判断。跨期选择（intertemporal choice）和延迟折现（delay discounting）都能反映出时间对收益的心理价值的影响。长期取向的韩国人在价值观方面更加看重未来可能取得的收益，而短期取向的美国文化更加看重过去和现在的收益。当人们喜欢当前而非未来的收益时，他们会低估延迟获得的收益的价值。Kim 等（2012）的一项实验结果显示，韩国被试对延迟之后的收益表现出更强的腹侧纹状体活动，而美国人则是在面对即时收益时出现更强的腹侧纹状体活动。该实验还发现，与韩国人相比，美国人确实对经济收益表现出更强的延迟折现。这一结果不但证实了个体在面对即时和延迟收益时的感受存在跨文化差异，同时也证实这种差异的出现与个体认知神经系统尤其是腹侧纹状体的激活有关。

个体的认知神经系统面对奖赏时会表现出感受方面的跨文化差异，那么在体验和减轻痛苦时的历程是否也存在跨文化差异呢？以移情为例，有研究发现，在面对他人的痛苦时，英国人比东亚人更容易体验到他人的痛苦，但是体验的准确性却低于东亚人（Atkins，et al.，2016）。对他人痛苦体验的理解是利他或者助人行为发生的前提。当个体感受到他人的痛苦和磨难时，个体的前扣带回和双侧岛叶（BI）都会表现出高度的激活（Lindquist，et al.，2012），而文化对痛苦和移情体验的影响可能由多种因素引起（Chiao & Mathur，2010）。

从社会性影响因素看，历史上两个群体如果发生冲突并进而出现一个群体被边缘化和压制的情况，被边缘化和压制群体中的个体体验到的生理、情绪和社会性痛苦的状况与压制者群体会有较大差异（Williams，et al.，1997）。从生物性影响因素看，非洲人或非裔美国人对一些疼痛性的疾病（如镰状细胞病，sickle cell disease）的遗传易感性越来越高，而这种疼痛性疾病遗传易感性的提升，很有可能会影响到不同族群对急慢性疼痛的体验（Kwiatkowski，2005），从而导致对疼痛的感受和忍耐方面的跨文化差异。

与西班牙裔美国人相比，非洲裔美国人对疼痛的忍耐度更低（Rahim-Williams，et al.，2012），并且体验到强烈的临床疼痛或因疼痛导致残疾的比例也更高（Edwards，et al.，2005；Green，et al.，2008）。非裔美国人作为少数族裔感受到消极的社会态度和歧视，在感受到因不平等而产生的社会性痛苦的同时，又相对缺乏获得缓解慢性疼痛方面帮助的机会，进而使他们的痛苦体验比作为主流族群的欧裔美国人更多、更强。

个体关于痛苦的体验有文化差异，痛苦之后的认知神经反应也存在文化差异。以前文提到过的前扣带回为例，无论是中国被试还是欧洲被试，在实验室情境下感受到内群体成员的疼痛时，都表现出更高水平的前扣带回反应（Xu，et al.，2009）。Mathur 等（2010）在研究族群认同与移情的认知神经反应之间的关系时发现，族群认同较高的非裔美国人对群体成员的疼痛移情时，可以观测到更高的皮质中线反应（corticalmidline response）。高加索裔美国人感受群体成员疼痛的时候，则是族群认同感较低的被试才表现出更加活跃的神经系统反应，且这种反应发生在内侧颞叶的双侧海马旁回（BPHG）处。研究者在解读这一研究结果时认为，当自我与他人之间的心理距离比较近的时候（高族群认同），个体与观点采择和情感分享有关的神经机制被调动起来，而当自我与他人之间的心理距离比较远的时候，被激活的则是如编码和提取这样有关学习的神经机制。

社会支配取向与个体对社会等级的支持有关，文化的社会支配取向也被证实会影响到个体移情的体验。Cheon 等（2011）要求韩国被试和美国被试观看一些内群体和外群体情绪痛苦的场景图片，并以脑成像技术记录被试移情时的神经活动状况，结果发现个体的社会支配取向与其左脑颞顶联合区对内群体痛苦情绪的优先反应有关，且与高加索裔美国被试相比，韩国被试报告对内群体感受到更多的移情,并且在左脑颞顶联合区表现出更高程度的激活。颞顶联合区通常被认为与心理理论对他人的思想、信念和感受的推论有关。韩国被试生长在推崇社会等级的文化中,使用心理理论对各等级他人的思想、信念和感受做推论,对个体的社会适应而言显得更为重要,因此在感受内群体成员痛苦体验的时候,会更多调用与心理理论有关的颞顶联合区。对于更加支持平等的美国被试而言,则无须这样做。

以上提到的这些有关奖赏收益、痛苦和移情的研究,从不同角度说明了个体在面对情绪刺激的时候会产生什么样的情绪体验,以及产生这些情绪体验的时候,参与加工或被激活的脑区都可能表现出跨文化差异。具体的神经机制或回路涉及中脑缘、腹侧纹状体、前扣带回、双侧岛叶、双侧海马回和颞顶联合区等,且这种差异可能与社会和生理双方面的因素的影响都有关系。

(三)情绪调控

在本章第二节,我们介绍了一些情绪调控跨文化差异研究的成果,提到在诸多的情绪调控方式中,跨文化研究关注较多的是重评和抑制这两种情绪管理策略。不同文化不仅推崇的情绪调控方式不同,而且对不同情绪调控方式意义的解读也是不同的。与个体主义文化相比,集体主义文化在情绪调控过程中更加强调抑制,且集体主义文化和个体主义文化中的个体使用表达抑制策略对其心理功能产生的影响也有差异。从认知神经的角度来看,这种跨文化差异很有可能与情绪调控时调动了不同的生物过程有关。

Murata 等(2012)向来自东亚和美国的被试分别展示了一些能够唤起消极情绪的图片,并要求这两组被试抑制自己的情绪。研究者在实验中记录被认为能够反映视觉区因杏仁核反馈而对情绪刺激加工增强的中线顶电极 LPP,结果发现,亚洲组被试在抑制时有反应降低的趋势,而美国被试在抑制时却并未表现出反应降低。该结果表明,对亚洲人而言,抑制对于降低情绪体验的强度而言是有效的策略,然而对于欧洲人而言,抑制在降低情绪体验强度方面的作用非常有限。

除脑神经外,包括基因在内的能够调节人类社会情绪感受的生物因素也会影响个体的情绪调控习惯。催产素受体基因(OXTR)rs53576 被认为与社会敏感性有关,与拥有 A 等位基因的个体相比,拥有催产素受体基因 G 等位基因的人更可能成为敏感的父母(Bakermans-Kranenburg & van Ijzendoorn, 2008)、更加有同理心(Rodrigues, et al., 2009)、更加乐观和具有高自尊水平(Saphire-Bernstein, et al., 2011)。Kim(2011)等发现,无论在何种文化中,携带两个 G 等位基因的个体更加倾向于有更高的社会情绪敏感度,并在情绪调控方面表现出与所属文化较高的一致性。美国的 G 等位基因携带者更少使用抑制的情绪调控策略，而韩国的 G 等位基因携带者更习惯于使用抑制的情绪调控策略。这些研究结果从不同角度证实了情绪调控的基因-文化交互作用，同时也让我们意识到了文化背景在基因-文化关系中的重要性。因为文化规范的不同，拥有同样基因的人可能会因适应性的社会敏感而使用不同的行为方式。

（四）情绪与健康

前文曾经提到情绪与健康之间的关系受文化因素调节，不同文化中的个体都有精神健康与疾病的体验，但是这些体验的产生和调控过程却受到个体所处文化背景的影响。更加直接的有关文化在情绪与健康之间关系中扮演的角色的证据来自临床心理学家的研究。从第四版的《精神疾病诊断手册》（DSM-Ⅳ）开始，包括拉塔症[①]（latah）和恐缩症[②]（koro）在内的 25 种文化相关症状（culture-bound syndrome）都被纳入诊断标准。欧美的临床工作者最早在治疗来自有色人种群体的病患时注意到这些文化相关症状。研究者后来将文化相关症状定义为在特定文化背景下才会表现出的异常行为（Guarnaccia & Rogler，1999；Mezzich，et al.，1999）。

以 hwabyung（HB）为例，这是一种韩国文化相关症状，在受害者因遭受长期社会侵犯而产生的愤怒感受的情形下，在知觉到霸凌或人际侵害时，患者更加倾向于抑制自身的愤怒以维护人际和谐。HB 患者通常有愤怒、不公平或不公正的感受。其行为症状表现为叹气、流泪、多话和常去开放空间，身体症状表现为燥热、胸闷、心悸、呼吸道阻塞等。流行病学研究表明，大约有 4.95% 的韩国老年女性患有 HB。更加有趣的是，在所有韩国人中，只有老年女性这一特殊群体会受到该病的影响。

HB 患者对愤怒的感受性增强，这有可能是与愤怒有关的神经回路失调或过度活跃导致的。Lee 等（2009）对比了 HB 患者与正常被试在知觉中性、愤怒和悲伤时的神经反应，结果发现，与 HB 患者相比，健康被试在面对悲伤面孔时感知到更高的情绪唤醒，而 HB 患者面对情绪面孔时，包括纺锤体和舌回在内的知觉区有较强的激活。同时，HB 患者还在中性面孔条件下表现出右侧前扣带回区域较低的激活。该研究结果显示，前扣带回脑区的失调和腹侧视觉皮层对情绪线

[①] 拉塔病：主要见于马来西亚人和其他东南亚人文化中的一种特异综合征，其特点是极易受暗示、模仿言语、模仿行为色情言语、混乱和自动服从。

[②] 恐缩症：一种特定文化背景下的急性妄想综合征，见于马来西亚人和（中国南部）华南人，患者认为其阴茎正在缩小，可能进入腹腔而消失，一旦发生，就将死去（在此种文化背景中广为流传的一种信念）。

索的感受性上升可能是 HB 文化相关症状的神经生理基础。

四、文化-基因共同进化理论

达尔文的进化论认为，情绪行为是一种促进人类生存的适应性行为，而情绪的文化-基因共同进化理论则补充道：在人类适应环境和生态压力进化出适应性行为的过程中，不但有基因选择的影响，同时也有文化选择的影响（Chudek & Henrich，2011），而在文化和基因适应的过程中，又会进一步塑造认知和神经建构。文化认知神经科学领域的实证研究为这种文化-基因共同进化的观点提供了验证的途径。

文化-基因共同进化理论面临最早的挑战之一是确认人类行为在文化与基因两方面同时进化的模型。文化心理学家最常关注的就是集体主义文化与个体主义文化之间的差异，研究结果认为这种集体/个体主义的差异能够塑造个体的认知（Markus & Kitayama，1991）甚至神经机制（Chiao & Blizinsky，2010）。因此，文化-基因共同进化理论最早的假设就是集体主义与个体主义是影响行为进化的重要因素。

有研究表明，集体主义国家在历史上经历过更多的流行病爆发（Fincher, et al.，2008）。Chiao 和 Blizinsky（2010）又发现，血清素（或称 5-羟色胺）转运体基因的等位变异与文化集体主义有关，在有较高病原体负荷的地区，在集体主义文化群体中探测到血清素转运体基因中短等位基因（short allele of the serotonin transporter gene）的可能性更大。这两项研究虽然并未能确认文化和基因之间的因果关系，但既然文化集体主义可能是文化对环境压力的选择，基因方面表现出的文化差异也很有可能是伴随这种文化适应过程出现的基因适应的结果。因此，Chiao 和 Bizinsky（2010）的发现首次为文化-基因共同进化模型提供了实证支持。同时，由于集体主义文化往往与包括较低的焦虑水平、较少的情绪失调等在内的较好的精神病理状况有关，这一发现也可以说是首次揭示了隐藏在情绪与精神病理背后的神经回路的文化差异。

除集体主义与个体主义的差异外，紧密-宽松（tightness-looseness）也是文化心理学家关注的一个重要的导致文化差异的维度。文化的紧密—宽松指的是在特定文化群体内部对社会规范的感受性（Gelfand, et al.，2011）。紧密型文化如伊朗、土耳其和新加坡等文化有非常严格的社会规范，且对违反规范的行为有较低的容忍度，一旦个体违反社会规范，会受到严厉的惩罚。宽松型的文化如英美文化等的社会规范相对宽松，给予个体较大的自由，对违反社会规范的行为的容忍度较高。

  Gelfand 及其同事在 2010 年发表于《科学》的一篇文章采集了来自欧洲、美洲和亚洲的 33 个国家被试的数据，发现文化在紧密-宽松维度的特性受到生态威胁的影响。这种生态威胁包括周边国家的领土争端和环境灾难等。在经受过生态威胁的文化中，对规则和政策的严格遵守可以保证大多数人的社会生存不受威胁。与此相应的是，在历史上较少或没有经历过生态威胁的地区，文化上的宽松可能因为允许冒险和容忍创新和不确定性而增大该文化群体革新与发现的可能性。

  与有关文化集体主义和个体主义的研究一样，文献中也有研究表明，生态威胁带来的紧密-宽松性也可以部分地归因于血清素转位基因选择。紧密型文化中有更多的个体携带血清素转位短等位基因的，甚至紧密-宽松性对文化个体道德态度的预测力也可以部分地归因于血清素转位基因的等位基因变异（Mrazek, et al., 2013）。因此，不同地区的人在对一些争议性话题（如堕胎、自杀、离婚和加税等）做道德判断时表现出的差异，既是文化选择的结果，又是基因选择的结果。文化启动或者基因表达的动态变化是否能够改变人们的道德态度？经济和技术发展带来的文化变迁是否能促进生理改变？目前，尚未有足够的实证研究为这些问题提供明确的答案，但是以文化神经科学的方法检验情绪的文化-基因共同进化理论的研究为我们更加深入地理解人类情绪行为的机制及差异来源提供了一些线索。

  从人类发展和繁衍的历史来看，情绪在人类早期的发展中起到了非常重要的作用，交感神经系统对外界刺激自发的反应在很大程度上使得人类个体能够及时回避那些有可能威胁到生存的刺激，从而保证个体的基因能够更好地存活下去。但是在人类漫长的发展、进化过程中，早期所有人为维持生存所必需的高度一致的情绪反应渐渐具有了更强的社会属性，今天我们表现出的情绪受到社会建构的影响，因而会存在跨文化差异。本章梳理了情绪领域的跨文化研究，并介绍了情绪跨文化差异的认知神经机制方面的实证研究和相关理论。文化认知神经心理的研究结合了社会塑造和生理机制两种视角，这种双重视角的研究对于我们理解人类情绪心理的发生和发展过程及其影响都有非常重要的意义和价值。

第五章

文化与自我

第一节 自我的文化差异

James（1890）认为，一个人的自我是所有能称为他的（his）的总和，包括他的身体、精神、衣服、房屋、妻子、孩子、祖先、朋友、名声、作品、土地、马匹、游艇和银行账户等。这诸多属于自我的内容又可分为经验自我（即客观我）和纯粹自我（即主观我）。经验自我包括物质自我、社群自我和精神自我，是被觉知的自我；纯粹自我具有能动性和主动性，是觉知的自我。Mead（1934）呼应了 James 的观点，认为自我通过有意义的象征符号，在主我和客我的互动中形成、发展和变化，二者不断互动形成新的自我。这两种观点都体现了自我是客我（Me）和主我（I）的统一。

国内有关自我的研究，主要的观点有：①杨中芳（1991）认为，中国人的自我应该称为自己，包括"个己""自己"两个部分，个己是以自身实体为界限的那个狭窄自身，自己包括以个体实体为界限的自我，也包括那些包含特定的他人的一般自我。②杨国枢（2004）提出了华人自我四元论。该理论将自我分为个人取向和社会取向，其中，社会取向又包含关系取向、家族取向和他人取向。

国外关于自我结构的构想凸显了自我认识主体和认识客体的双重属性，反映了西方文化传统中主客对立式的认识特色（杨国枢，陆洛，2009）。国内关于自我结构的构想凸显了人我关系、人与社会的关系及人与环境的关系，体现了中国传统文化背景下自我"湖心之石"的特点。

人是一种文化存在，人的心理与文化密不可分。人总是生活在一定的文化之中，文化是人区别于动物的本质属性，它在很大程度上制约乃至决定着人的心理活动和行为（李炳全，2007）。自我是文化的产物，在通往自我认识的道路上，文化因素是第一个路标。在很大程度上，我们是谁、我们认为我们是谁，是由我们所生活的时代和地点所决定的。文化在塑造人的社会特性上所起的作用最为明显，文化期望也影响人的自我观念（乔纳森·布朗，2004）。文化影响着人们的行为甚至大脑的结构和功能（Shinobu & Jiyoung，2010）。文化与自我研究的首要意义，就在于更好地认识我们自己（朱滢，2007）。目前，在文化和自我领域有影响力的有三种理论，下面将一一进行阐释。

一、Triandis 关于企业文化价值的研究

文化心理研究的价值传统，主要是对文化种群的价值系统或价值观进行研究。这方面的研究一直是有关文化研究的重要领域，因此形成了一种研究传统——价值传统。价值传统，顾名思义，就是把文化视为社会或种群之间有差异的价值系统，从价值系统的角度或以价值系统为研究中心和重心去研究文化或文化心理和行为。从文化存在的实际情况来看，不同的文化种群或社会有不同的价值系统。换句话说，每一种文化都拥有自己独特的价值观念体系。一般来说，一直生活在某一文化中的人或许感受不到这些价值观念，但到具有不同文化的其他国家或文化地域旅游过或居住、生活过的人则能明显、切实地体会到这些国家或地区的人具有与自己不同的价值观。由此看来，价值观是文化的重要组成部分和文化最突出、最鲜明的体现。因此，在某种程度上，价值可用来界定文化本身，价值观方面的差异尤其是少数的积聚起来的"核心"价值的差异，可为我们的思考、理解和解读文化差异提供一定的结构或框架。正因为如此，对价值观的研究备受文化研究学者尤其是文化心理学家的关注。许多文化心理学家积极倡导并坚持这一研究传统，自觉开展这类研究（Smith & Bond，1999）。

Hofstede（1980）研究了 20 世纪 70 年代大型跨国公司中来自 72 个国家和地区的 10 万余名雇员的态度，收集到了大量的数据。他以国家为单位对这些数据做了因素分析，以此为基础提出了四个价值维度，即权力距离、个体主义与集体主义、男性气质与女性气质和不确定性规避。

权利距离是指文化成员甘愿容忍或认同权力和权威方面的等级差异。权力距离越大，文化中所存在的权力和权威差异越明显，等级区别越森严，文化中的个体的容忍度越高；反之，则文化中的个体的容忍度越低。因此权力距离成为衡量某一文化中的人的民主观念和等级观念的重要指标，也是衡量他们的自主性、独立性与依赖性、受动性的一个重要标准。一般来说，其成员越是能容忍权力和权威的等级差异的文化，其成员的依赖性越强，越能服从权威和上级，越容易被

领导和管理，其民主观念越差，越能容忍独裁，反之亦然。

个体主义是指文化以个人为本位，强调个人的中心地位和作用，要求尊重个体，从个体出发考虑问题，突出个体的价值、自由和权利。西方社会主要持这样的文化价值观念。相反，集体主义则是以社会和群体为本位，强调以社会和群体为中心，突出社会和群体的地位和作用，强调个体对社会和群体的服从，维护社会和群体的利益。当个体与社会或群体的利益和要求等发生冲突时，要求以社会和群体利益为重，维护社会和群体对个体的权威，牺牲个体利益或权利来维护社会和群体的利益和权利。

男性气质是指文化成员乃至整个社会强调成就和实质性的成功（material success），注重人的进取、开拓精神。女性气质是指该文化及其成员注重和谐与关心，强调整体的发展，而不强调个体的发展，重视人与人之间关系的和谐，反对离群索居和人们之间的冲突。在冲突发生时，其强调解决冲突的办法是忍让或退让。

不确定性规避是指文化及其成员对模糊或意义不确定的认可和容忍程度。例如，西方文化要求其成员直率，明确表达出自己的想法或要求，这种文化的不确定性规避程度较高。东方文化则鼓励其成员含蓄、委婉，这种文化的不确定性规避程度相对较低。

二、文化决定的自我

寻找文化中不同的维度是心理学家话语的基础，是一个主题的分析单元，是不同心理学家在同一领域得以深入研究和不断积累的平台（杨宇，2008）。西方心理学家探讨文化与自我的关系，提出了个体自我构念理论。自我构念是 Markus 和 Kitiyama（1991）在东西方自我概念的跨文化研究中提出来的，它指的是关于自我和他人的关系、自我和他人差异的一系列的想法、感受和行动。自我构念的提出最早源于 Markus 等（1977）对自我图式的研究，自我图式组织和指导着对与自我相关信息的加工过程。面对日常生活中丰富、复杂的刺激，人们依据相应的图式，对最重要和最核心的信息迅速加工并做出判断。自我构念是自我与他人关系的图式，是（跨）文化心理学家探讨文化与自我关系的重要途径。跨文化研究结果表明，不同文化中的人有着截然不同的对自我、他人以及自我和他人之间相互关系的构念（Markus & Kitayama，1991）。

Markus 和 Kitiyama（1991）通过跨文化比较，提出了独立型和互依型两种自我构念，这是西方社会进行文化研究时确立的个体心理水平的自我构念，或者可以说是文化研究的自我传统（李炳全，2007）。首先是独立型自我构念。不同的人具有内在的独立性，这在许多西方文化中是一种信念。文化要求人们变得独立并去表达自己的独特性。实现独立的文化目标，需要个人建构自我，把自己看成一个个体，其行为主要参照自己的内在思想、感受等，而不是参照别人。按照这种观点，自我起源于个人内部特征的整体性和独特性。在这种文化背景下的个体属于独立型自我构念。独立型自我构念以个体主义的、自我中心的、分离的、自主的、自我包含等为主要特征。其次是互依型自我构念。非西方文化重要的规范是保持人与人之间的互依。互依型自我构念的主要特征是社会中心的、整体的、集体的、情境主义的、关联的。独立型自我构念主要存在于以美国为代表的西方文化中，而互依型自我构念主要存在于以中国为代表的东方文化中（Markus & Kitiyama，1991）。独立型自我构念、互依型自我构念和个体主义自我、集体主义自我是研究文化心理与行为过程中确立的不同维度，区分了一种文化与另一种文化有何相同或不同（杨宇，2008），独立型自我构念、互依型自我构念是比个体主义自我、集体主义自我更广泛的概念（Yamada & Singelis，1999）。从这两个维度描述的自我构念的特点来看，独立型自我构念与个体主义自我相似，而互依型自我构念与集体主义自我相似（李炳全，2007）。该理论从跨文化的角度，阐释了自我概念受到了文化的影响（图5-1）。

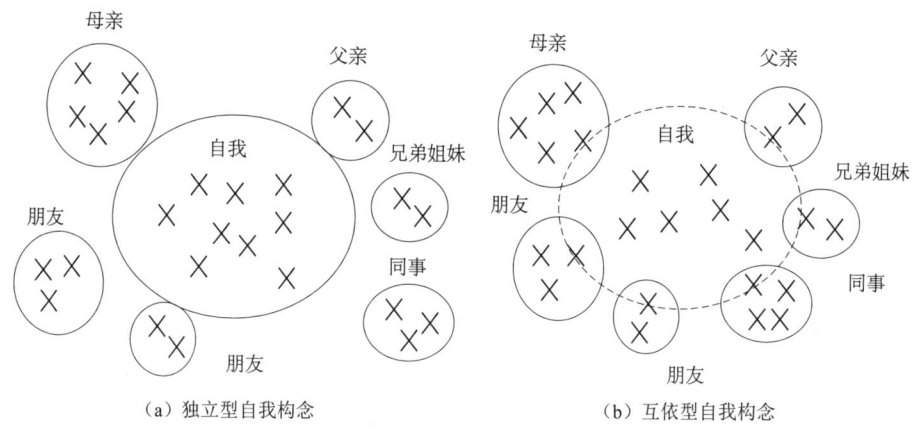

图 5-1　自我构念的类型（Markus & Kitayama，1991）

三、文化建构的自我

根据文化动态建构论的观点（Hong, et al.，2000），文化是一种松散的组织或结构，有多种水平的存在方式，具有高动态性。早期的研究假设文化对行为的影响是静态的和整体性的。然而，文化对行为的影响也呈现出动态发展和动态建构的特征。动态文化建构论关注文化和情境的双重作用。无论集体主义文化还是个体主义文化，个人不仅可以具有集体主义和个体主义两种倾向，同时个人可以持有一种以上的文化意义，甚至包含冲突的文化意义。在某一文化背景下，哪种文化意义的模式是高度精细组织的，哪种模式就便于提取（Hong & Mallorie，2004）。大量研究表明，独立型、互依型两种不同的自我构念可以同时存在于一种文化或一个个体身上，关键在于特定文化支持哪种构念（Yamada & Singelis，1999），或者说每种文化都是个体主义与集体主义的混合（Kolstad & Horpestad，2009）。个人的自我构念系统是随着文化和情境即时建构的，而非稳定不变的实体。

第二节 文化与物质自我

一、物质自我的内涵

James（1890）认为，物质自我指的是从身体到财产等一系列与我们日常生活息息相关的物质存在，是自我最原始的形态。身体是每个人的物质自我的最核心的部分，其次是服饰。物质自我是不能改变的，人们只能靠服装来掩盖它的不足或者突出它的优势。

二、文化对物质自我的影响

文化对物质自我有重要的影响。东西方不同文化中对物质自我有截然不同的理解。"身体发肤，受之父母，不敢毁伤，孝之始也。"这是东方文化对物质自我影响的见证。在古代斯巴达，体弱的孩子会被扔掉，不能拥有生存的权利。在中国文化背景下，被人们熟悉和广泛接受的刮痧治疗，在西方社会看来是有损个人身体的行为。身体自我也不是一个自然人的个体对其身体的认识，而是一个社会的个人对其身体的认知和评价，是受社会文化的支配和重要他人评价影响的。

三、物质自我的实证研究

（一）身体自我的实证研究

身体自我是指个体对自己身体的认知和评价，它是个体自我意识中最早萌发的部分,是自我概念的重要部分(刘莹莹,2013)。身体自我涉及个体对自己的相貌、体格、体能等的看法和评价,指个体对自己的生理、心理、仪表等的认知。关于身体自我的研究,主要集中在橡胶手错觉(RHI)和负面身体自我(NPS)两个方面。

1. 橡胶手错觉的研究

在身体自我中,人们对自己的身体是属于自己一部分的体验,是自我意识最基本也是最早萌发的部分,这种体验对于人们的日常生活是非常重要的。大多数人认为这种能力是理所应当的。正如James(1890)所说的,"当我决定写作时,我不需要像寻找一支笔或寻找一张纸那样来寻找我的手,原因很简单,我的手一直在那里"。但是研究证明,某些患有特殊疾病的人是缺乏这种能力的。这种属于某人自己身体的直接体验即"我的身体"是属于我的并一直存在于我的精神生活中的感觉,就叫作身体所有权(body-ownership)(Gallagher,2000)。身体的所有权意识为躯体信号提供了特殊的特质,它是自我意识的根本。错觉实验范式为身体所有权的研究提供了一个非常重要的工具,而橡胶手错觉实验更为身体所有权以及身体自我的研究提供了便利条件。

橡胶手错觉是一种感知觉错觉,是指敲击被试看到的一个橡胶手,同步敲击隐藏在视野外被试自己的手,会引发橡胶手是"我"的手的错觉现象。Botvinick和Cohen(1998)第一次报告了橡胶手错觉现象。实验一[图5-2(a)]中的被试坐在座位上,他的左臂静止地放在面前的桌面上,在左臂旁边放置一个隔板用来阻挡被试的视线,一个同被试的手相同大小的橡胶手模型直接放置在被试面前的桌面上。要求被试的目光集中在假手上(被试看不到自己的左臂与左手),主试使用两支小画笔同时触摸橡胶手和被试看不见的左手,尽可能同步地触摸。在10分钟之后,被试完成两部分问卷:1道开放式问题,要求被试描述他们在实验中的感受;9道封闭式问题,要求被试对与橡胶手错觉相关的9种具体的知觉体验做出肯定或否定选择,题目包括"似乎我感受到的触摸是由画笔触摸橡胶手产生的"等9个陈述句,问卷为七点量表,等级从"-3"到"+3",分别表示从"强烈不同意"到"强烈同意",被试根据自己在实验中的感受做出选择。问卷结果表明,被试体验到一种错觉,他们似乎感受到的触摸不是来自隐藏的真手,而是来自视野中看到的橡胶手,似乎橡胶手感受到了触摸。在第二个实验[图5-2(b)]中,实验条件与实验一相同,实验目的是通过测量被试对自己手的位置的判断,进一步验证实验一出现的错觉。被试闭上眼睛,主试沿着桌子边缘拉动被试的右手食指,要求被试判断自己视野外左手食指的位置。结果表明，被试的本体感觉朝着橡胶手转移。控制组被试为异步触摸，发现产生了较低的橡胶手错觉，并且没有出现本体感觉朝橡胶手方向的转移。橡胶手错觉出现的两种主要表现形式是本体感觉偏移的产生和橡胶手身体所有权关系的出现。

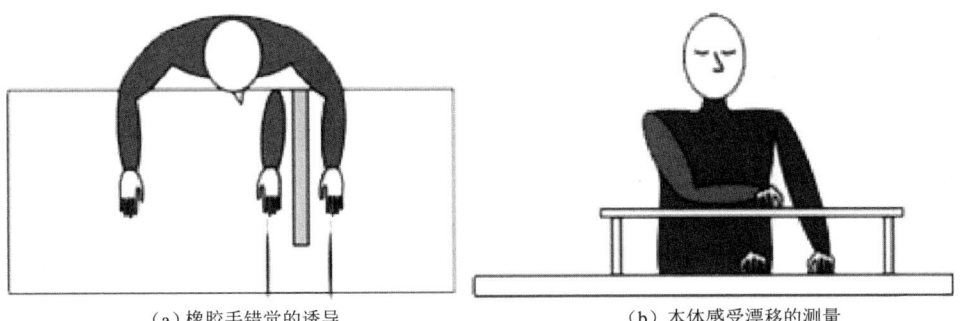

（a）橡胶手错觉的诱导　　　　　　（b）本体感受漂移的测量

图 5-2　橡胶手错觉实验设置过程（Haans, et al., 2008）

在橡胶手错觉出现之后，许多研究者开始采用不同的方法来研究橡胶手错觉。Armel（2003）改变了经典的橡胶手范式：先呈现橡胶手，然后将橡胶手移开，研究者刺激放置过橡胶手的桌面，被试依然会产生橡胶手错觉。Hohwy 和 Paton（2010）通过实验发现，人类还可以将木棒、小耙子、纸盒等外部物体看作自己身体结构的一部分。Bruno 和 Bertamini（2010）改变了橡胶手的大小，使用比被试的手更大或更小的假手，均产生了错觉，并且感觉自己的手变大了。Haans 等（2008）使用两因素设计发现，人造物体的形状与质地会影响橡胶手错觉。此外，一些研究者将橡胶手改为手臂或整个身体（Ehrsson, 2007; Slater, et al., 2009; Slater, et al., 2010），产生了手臂和身体的本体感觉偏移和所有权错觉。

Ijsselsteijn 等（2006）使用投影呈现橡胶手，被试产生较弱的橡胶手错觉。而采用虚拟现实技术研究橡胶手错觉时，运用人机交互界面，被试戴上特殊实验设备，就可以看到一只三维的假肢（Slater, et al., 2009）甚至是身体，同时敲击真实身体和虚拟身体，被试会将外部虚拟身体看作是自己的身体，甚至在某些实验条件下会产生"灵魂出窍"的体验（Lenggenhager, et al., 2007; Slater, et al., 2009, 2010）。使用虚拟现实技术使被试产生了真实的身体所有权，表明我们的身体表征具有极强的可塑性，同时也证明了现实的可虚拟性。

2. 负面身体自我的研究

负面身体自我，西方研究中亦称身体意象失调（BID）或身体不满意（BD），是个体对身体的消极认知、消极情感体验和相应的行为调控，是一个多维度、多层次的系统。陈红（2006）系统阐述并研究了青少年负面身体自我的结构模型。该模型中，青少年负面身体自我的结构包括一个整体的身体不满意因子和四个主要的特殊因子，即胖、瘦、容貌、矮，胖负面身体自我即其中的一个因子（高笑等，2012）。

（1）负面身体自我个体的信息加工特点

负面身体自我图式是在自我图式概念的基础上发展而来的。Markus（1977）认为，自我图式是"从过去经验中得到的，是对自我的认知发现。它组织和指导与自我有关信息的加工，是以自我概念为中心的、高度组织起来的丰富的观念群"。负面身体自我图式指导负面身体自我者的认知加工，这种图式使他们对信息存在认知偏好和自动化的加工。具体来说，负面身体自我个体对与身体图式一致的信息更加敏感，加工时间更短，对与自我身体图式不一致的信息产生抵触。陈红（2006）对负面身体自我作用机制的研究结果表明，有胖负面自我图式的大学生在加工身体信息时存在显著的注意偏向。例如，在编码阶段，被试更多地将与胖相关的词归为消极信息；在信息提取阶段，被试能更好地再认具有胖的特征的图片。

（2）负面身体自我的跨文化比较研究

Wiggins等（1992）的研究表明，自我概念与许多积极的成就和社会行为有关，如领导能力、满意度、降低焦虑、提高学术水平和身体表现等，身体自我在其中发挥着重要作用。Marsh（1998）等关于身体自我的测量研究发现，男性的得分高于女性，说明男性对自己的身体健康状态、外貌等方面的感受更为积极。Asci（2002）对土耳其青少年的自我概念进行了研究，身体自我知觉剖面图（PSPP）结果显示，在身体自我价值和身体吸引力上，土耳其的男女青少年在分量表得分上都要比美国大学生高，除了身体吸引力以外，男性在身体自我概念各分量表中的得分都比女性高，这也支持了Macsween（2004）等以前在美国采用PSPP进行研究得出的结论。Hayes等（1999）认为，在许多关于身体自我概念的研究中，问题女性报告的低自我知觉水平还不是很清楚，还需要进一步的研究来考察诸如文化期望和不同机会决定不同能力等因素是如何影响身体自我知觉的。这项研究还显示，随着年龄的增长，土耳其青少年后期在身体自我分量表上的得分没有变化，也就是说，在学校中，身体自我概念不会因为年龄的增长而变化。Asci（2002）的研究显示，身体自我随着性别而不是年龄发生变化。施启琰等（2017）的研究进一步确定，负面身体自我不仅存在于女性中，在现代男性中也同样普遍存在，并且现代男性对理想体型的要求也发生了变化，从单一的肌肉发达发展为低体脂、高肌肉的双维度体型，进一步验证了身体自我在性别上的差异。以上不同研究者在不同国家和文化背景下对身体自我相关因素的研究都得出了同样的结论，即身体自我存在性别差异，但是没有年龄差异。黄希庭（2002）等的研究表明，我国青少年学生在总体上对自己的身体是满意的，身体自我整体上不存在性别差异，这一结论与国外的研究结论不同，有可能是样本的年龄跨度太大，从初一到大四，纵向上加以整合，整体上就显示不出性别差异了。自我价值感是自我的重要方面，对个人的认知、情绪和行为具有一种弥漫性的影响。黄希庭等研究者将自我价值感的概念界定为：个人在社会生活中，认知和评价作为客体的自我（Me）对社会主体（包括群体和他人）以及作为主体的自我（I）的一种正向的自我情感体验，是一种稳定的人格倾向。国外的许多研究表明，对自己身体的不满意对应着低自我价值感。他们编制了"青少年身体自我问卷"，并以此探讨青少年身体自我的特点。同时结合自我价值感问卷，验证了 Fox 等关于身体自我和自我价值感关系的理论假设。研究采用开放式调查的方法，结合国外研究和专家意见编制出青少年身体自我的预试问卷，根据测量学标准剔除部分项目之后，采用因素分析的方法得出身体自我的维度。其对 1142 名青少年学生的调查结果表明：①编制的青少年学生身体自我问卷具有良好的信度和效度。因素分析得到了青少年学生身体自我的 7 个维度，分别命名为相貌、运动特征、性征、负面特征、健康、身材、视力。②青少年最看重的几个身体指标依次是健康、身高、视力、身材、抗病能力、眼睛。男女性别之间和年级之间在总体上具有一致性，但是在具体的身体指标上存在差异。随着年级的升高，青少年对于具体的身体指标的看重程度呈现出下降趋势，对健康等综合指标的重视程度提高，年级越高，对性功能的重视程度也越高。③与国外的研究结果不同，我国青少年的身体自我在总体上不存在性别差异，但在运动特征、性征两个方面，男性的得分显著高于女性的得分。④青少年身体自我在年级上呈现 U 形发展，在高二阶段以前逐年下降，之后逐年上升。⑤身体自我是自我价值感的重要来源，Macsween（2004）等提出的身体自我和自我价值感层次模型得以验证。同时他们发现，女性的身体自我对自我价值感的贡献大于男性，女性更容易受身体自我水平的影响。周天梅（2010）对汉族、羌族和彝族中学生负面身体自我、应对方式与主观幸福感关系的研究发现，在负面身体自我量表上，羌族中学生在整体、相貌和胖维度以及消极应对上的得分显著高于汉族和彝族中学生；而瘦维度上的得分显著低于汉族学生；并且中学生的瘦和积极应对方式以及主观幸福感呈积极的正相关。这说明不同民族的中学生在负面身体上存在不同的差异水平，并且负面身体会影响中学生积极健康的生活态度。

(3) 负面身体自我相关的神经研究

高笑（2007）通过两个相关的 ERP 实验，考察了具有胖负面身体自我的女性对身体信息注意偏向的大脑活动特点和规律。实验一采用情绪 Stroop 范式，考察了有胖负面身体自我图式的女性对词语形式的身体信息注意偏向的大脑加工特点；实验二采用空间视觉转移范式，考察了有胖负面身体自我图式的女性对图片形式的身体信息的注意偏向时的脑电活动特点。ERP 数据表明，具有胖负面身体自我图式的女大学生存在对词语形式和图片形式身体信息的注意偏向。该注意偏向发生在对身体信息加工的早期和晚期。该注意偏向主要发生在大脑的右侧顶部和顶枕部，可能与大脑对情绪信息和威胁性信息的加工有关。

李晓东（2007）采用 ERP 技术，选用全身照片和描绘身体的形容词作为研究材料，以大学生被试为研究对象，对大学生身体自我信息加工的独特性和阶段性做了系统的探讨。主要有如下发现：其一，相对于他人身体的认知加工而言，身体自我的信息加工具有独特的时间进程。主要表现在：①在刺激呈现后 600～700ms 这一特定的时间窗口，身体自我加工在额区、中央区尤其是右额区诱发了更强的 ERP 活动，并且这一效应与自我信息类型（自我身体参照加工或自我身体图片的再认加工）和认知任务（判断自己或陌生人的身体图片的方向）无关，这一结果反映了一般身体自我的共同的 ERP 神经活动模式。②两类身体自我信息加工的时间进程和头皮位置分布均不同。与他人身体再认相比，自我身体再认的独特时间进程（160ms 开始）早于对描绘身体形容词的自我身体参照加工（600ms 开始）。并且，对描绘身体形容词的自我身体参照加工在额区比他人身体参照加工诱发的 ERP 活动强，而自我身体再认除了额区以外，在左侧颞枕区、顶区和中央区都比他人躯体再认诱发的 ERP 活动更强。其二，身体自我的信息加工是一个从知觉分析、结构编码一直到身体身份的判断和识别的连续过程。这一过程可以分为两个不同的阶段。身体自我信息加工过程的早期阶段诱发了反应结构编码的 N170 和 VPP 等成分；与他人身体参照加工相比，自我身体参照加工在 60ms 以后诱发了更大的 ERP 成分。此外，情绪性的自我身体表情只影响身体自我加工的晚期成分。这说明身体自我的加工是分阶段的，至少存在早期的结构编码和晚期的语意、表情等方面的加工，并且这两个阶段与不同的脑区有关：感知加工阶段主要与左侧颞枕区和中央区有关，语意加工阶段主要与额区、中央区和顶区有关。③身体自我信息加工不仅具有特定的脑功能区，而且具有独特的认知加工过程。这一发现为身体自我这一心理学构念提供了神经生理学证据。

梁毅等（2008）用 ERP 技术探讨了女性负面身体自我（大学生）对胖、瘦两类身体图片进行再认时的动态变化。结果发现，相对于控制组（正常女大学生），胖负面身体女大学生在 750～800ms 的时间窗口内，胖图比瘦图诱发出一个更正的 ERP 波形，差异波的地形图显示该正成分在大脑中前部都有更强的激活。进一步对差异波做偶极子溯源分析，结果发现，该正成分主要产生于右侧枕叶附近。这似乎表明，右侧枕叶的激活与身体自我信息的出现有关，与负面身体自我图式的体验有关。

朱岚（2013）在相貌负面身体自我女性对面孔信息的认知偏向研究中，运用三种实验范式（改进的点探测实验范式、视觉点探测掩蔽任务和回忆—再认范式）、四种实验材料（中性图片、低吸引力女性面孔图、中等吸引力女性面孔图和高吸引力女性面孔图）、两种研究手段（行为研究和 ERP 技术）探讨了相貌负面身体自我女性注意及记忆偏向的内部机制。行为研究的结果发现，无论是以阈上还是阈下的方式呈现刺激，对于高吸引力面孔而言，相貌负面身体自我女性都表现出了对低吸引力面孔的注意警惕和注意回避。在此基础上，其又采用了学习—再认的实验范式，考察了相貌负面身体自我女性对高、中、低吸引力面孔再认过程中大脑皮层的时程动态变化。结果表明，在学习阶段和再认阶段，低吸引力的面孔诱发了负面身体自我者更大的 P100 和 N170 的波幅，对照组不存在这种差异。

陈红等（2012）运用 ERP 技术进行了研究，研究对象为大学本科女生 30 人，平均年龄为 22.12 岁，通过《负面身体自我-相貌量表》（NPSS-F）测试，将平均分高于 2.5 分者作为实验组，即图式组；将平均分低于 1 分者作为对照组，即无图式组。考察相貌负面图式女性对高、中、低吸引力面孔加工的脑内时程动态变化。行为研究和脑电结果发现：在位置和吸引力面孔判断中，相对于中等吸引力面孔，图式组对低吸引力面孔的反应速度更快，P100 和 N170 波幅更大，对高吸引力面孔的反应速度更慢，P100 和 N170 波幅更小；而对照组在位置判断中的三类反应均无显著差异，在吸引力面孔判断中，对高吸引力面孔存在偏好。结果表明，相貌负面身体自我女性对低吸引力面孔存在认知偏向，为负面图式理论提供了脑机制证据。

Glauert 等（2010）在身体不满意与瘦身体注意偏向的研究中，采用点探测任务，通过三个实验来说明身体不满意与注意偏向的关系。在三项研究中，研究一中的被试为 50 名本科女生，平均年龄为 20.2 岁，平均身体质量指数（BMI）为 21.5，使用 500ms（实验一）呈现的极度刺激（瘦和胖的身体），在瘦身体位置探针的反应速度显著快于在胖身体位置探针的反应速度。实验二与实验一的不同之处在于，将刺激的呈现时间从 500ms 缩短到 150ms，结果同实验一，说明人们对于瘦身体存在注意偏向，在瘦身体图片呈现的时间内，会出现自动注意的过程。在实验三中，为了避免实验一和实验二极端胖或瘦图片刺激的干扰，使用了更接近人们感知到的肢体的图片刺激，呈现时间为150ms，结果发现，当刺激图片与人们对胖身体和瘦身体的感知越接近时，女性对自己的身体越不满意，BMI越高，对瘦身体图片的注意偏向就越少。这项研究的结果表明：女性对瘦身体图片的注意偏向似乎是自动的。随着BMI的增大，身体不满意度较高的女性对瘦身体图片的注意偏向减弱。

陈红等（2008）采用词汇任务判断范式，探讨了负面身体自我者的认知加工偏好。研究一考察了胖负面身体自我大学生对胖相关的身体信息词加工偏好，结果表明，其加工胖身体相关词的编码速度比对照组显著更快，对胖消极和隐喻词的偏好高于积极词。研究二考察了瘦负面身体自我大学生对瘦相关的身体信息词的加工偏好，发现其对瘦相关词的编码速度显著比对照组更快，但对瘦积极词、消极词、隐喻词、形似词编码的偏好不存在差异，结果支持负面身体自我图式指导认知加工。

高笑等（2012）运用更具生态效度的身体图片作为实验刺激，刺激呈现时间为2000ms，将传统经典的点探测范式与眼动追踪技术结合，探讨了胖负面身体自我女性对身体信息注意偏向成分的时间进程。基于前人的工作（Castellanos, et al., 2009；Garner, et al., 2006），研究考察了四个眼动数据：首视点定向偏向分数、首视点潜伏期偏向分数、首视点注视时间偏向分数以及总注视时间偏向分数，系统探讨了注意定向、探测时间、最初注意维持/回避以及总体注意维持/回避。眼动数据表明，胖负面身体自我图式者对不同身体图片存在不同的注意偏向模式，对胖身体的图片为注意警觉—维持模式，具体表现为早期加速探测、注意定向，以及最初的注意维持和总体注意维持；对瘦身体的图片仅为注意警觉，具体表现为早期加速探测；行为数据支持实验组对胖身体的图片的注意维持以及对身体图片的注意脱离困难。该结果部分支持Vitousek和Hollon(1990)的模型，即负面身体自我图式能够易化对图式一致信息的加工，而未发现对图式不一致信息的回避或抑制。

冯文锋等（2010）对已有负面身体自我个体注意偏好研究采用的实验范式问题进行了分析，提出胖负面身体自我个体对胖相关信息的注意偏向存在另一种可能，即胖负面身体自我个体对胖相关信息可能存在注意维持时间更长的假设，共设计了3个实验对假设进行验证。实验1a采用线索范式研究高胖负面身体自我个体对胖相关词语的注意警觉和注意维持，线索目标刺激呈现间隔（stimulus onset asynchrony, SOA）为300ms，实验1b采用同样的实验范式，只是将实验材料变为更具直接意义的身体轮廓图。两个实验的结果均支持实验假设，但是未能排除反应准备和线索对目标产生掩蔽等因素的影响。因此，实验2在身体和花瓶轮廓图周围呈现字母，要求被试对字母进行辨认，对被试的注意维持成分进行直接的测量。结果验证了高胖负面身体自我女大学生对胖身体轮廓图的注意维持时间更长。综合几个实验的结果，可以得出以下结论：胖负面身体自我女大学生对胖身体信息的注意偏差表现为注意维持时间更长。

寇慧等（2015）采用改进的点探测范式并结合眼动技术，以相貌词（积极和消极）为刺激材料，实验中积极相貌词—中性词、消极相貌词—中性词、积极相貌词—消极相貌词以及中性词—中性词配对呈现，考察了相貌负面身体自我女性对相貌词的注意偏向及其时间进程。眼动数据的结果表明，在积极相貌词—中性词和消极相貌词—中性词条件下，与控制组相比，相貌负面身体自我女性的首视点更频繁地指向消极相貌词，对消极相貌词的探测速度更快，并且首视点维持在此类词语上的时间更长，但未发现总体的注视时间偏向；与积极相貌相比较时，相貌负面身体自我女性呈现出与上述相同的结果，此时的注意模式为警觉脱离困难。此外，相貌负面身体自我女性还表现出对积极相貌词的减速探测偏向。行为证据进一步显示，相貌负面身体自我女性对消极相貌词存在注意脱离困难。在积极相貌词—消极相貌词配对条件下，相貌负面身体自我女性对消极相貌词也表现出注意脱离困难。以上结果表明，相貌负面身体自我女性对消极相貌词表现出警觉脱离困难的注意偏向。

Cho 和 Lee（2013）探讨了39位男性和41位女性对理想化身体的注意偏向。研究结果显示，高身体满意度男性对肌肉发达的身体会更长时间、更频繁地关注，以及高身体满意度女性对瘦身体有更长时间和更频繁的关注。尽管男性注意肌肉，女性注意瘦身，但都表现出对他们认为更具吸引力身体类型的注意偏向。这些结果可以为解释身体满意度与社会比较理论与注意偏向之间的关系提供间接证据。

田录梅和王玉慧（2013）探讨了矮负面身体自我大学生对矮相关信息的认知加工偏好。其采用2×4的混合实验设计，运用词汇判断和再认的实验范式，比较两组被试在编码反应时、情感编码结果及再认正确率上的差异。结果如下：①矮负面身体自我大学生对矮实验词的情感编码得分显著低于对照组大学生，并且显著低于对矮对照词的情感编码得分；对矮实验词的编码反应时显著短于其他词。②相比对照组大学生，矮负面身体自我大学生对矮实验词的再认正确率显著更高，再认反应时显著更短；对矮实验词的再认反应时显著短于矮对照词；其他差异不显著。结论如下：矮负面身体自我大学生对相关信息存在一定的编码偏好、消极情感偏好和记忆偏好，其认知加工在一定程度上受负面身体自我图式的指导。

Liu 等（2014）的研究评估了与中国年轻男性对身高不满有关的信息注意偏向。在研究 1 中，其采用点探测任务，对 32 名高身体满意度（highly stature dissatisfied，HSD）男性和 36 名低身体满意度（less stature dissatisfied，LSD）男性进行了身高相关的单词和中性词测试。HSD 男性对身材矮小的单词的探测反应显著慢于 LSD 男性，但无论是高不满意者还是低不满意者对高身材单词或中性单词的探针的反应速度没有显著差异。在研究 2 中，33 名 HSD 男性和 34 名 LSD 男性完成了一项内隐的学习任务，接着是一项单词识别任务。最后，其发现 HSD 男性从最初的任务中识别出更多的矮身高语言，但其他词类的识别准确性在组间没有差异。总之，这些发现表明，HSD 男性比 LSD 男性更倾向于选择性地避免反映身材矮小的线索，并选择性地识别关于矮小的单词这样的线索。

Hui 等（2016）研究了女性对不同吸引力面孔的注意偏向。被试由 27 名高面孔满意度（high face dissatisfaction，HFD）女性（M=20.19 岁，SD=1.86）和 27 名低面孔满意度（low face dissatisfaction，LFD）女性（M=20.52 岁，SD=1.72）组成，对她们的眼球运动进行跟踪，完成了一项视觉点探测任务。在面部与中性刺激（花瓶）配对的情况下，与 LFD 女性相比，HFD 女性更经常地将其第一次注视定向到脸部，将其第一次注视更快地引向没有吸引力的面部，并且在这样的脸部具有较长的首次注视持续时间。所有参与者在吸引人的面孔上的整体注视时间比在不吸引人的面孔上的整体注视时间更长。行为数据显示，HFD 女性难以摆脱面孔的注意。然而，在包含有吸引力和没有吸引力的面孔的刺激对中没有组别差异。总之，当面孔与中性刺激（花瓶）配对时，HFD 女性表现出一种注意定向和维持，至少在最初的时候是朝向没有吸引力的面部，但对有吸引力的面孔保持全面的注意维持，在有吸引力面孔—无吸引力面孔的配对中不存在注意偏向。

（二）服装与物质自我的研究

1. 服装对物质自我的影响

人们主要通过对自我或对他人的体形、身高、容貌、肤色的判断而形成正确的物质自我，从而选择适合自我的服装，用服装对"自我"进行形象塑造，掩盖其缺点并修正，以突出优势。

葛彦（2007）从中老年女性对自我外观形象的态度出发，将自我外观形象细分为时尚型、大众型和讲究型三种。他发现自我外观形象、着装态度、自我体型满意度与相应的管理行为存在显著性差异，自我体型满意度调查和人体测量的结果在不同群体间也存在明显差异。同时，他认为时尚型群体追求外观形象的时尚、年轻，大众型群体追求外观形象的成熟、稳重，讲究型群体则希望外观形象能体现个人的气质、身份。韩薇（2002）认为，身体态度不同的人在选择服装的款式或颜色方面也有所不同，人们根据自己的身体态度选择服装，两者共同组成人的外观形象。

在国外，Johnson等（2002）通过对39名女性开放式面试问题回答的内容进行分析，认为个性特征、行为信息、生物特征、健康与卫生、社会角色等一起构成了个体对他人的印象，但这种印象受外貌或服装等其他信息的影响。Tiggemann和Lacey（2009）在研究不同年龄女性服装与身体经验的关系时发现，女性运用服装来掩盖体重和不满意的身体。Trautmann等（2007）在研究身体不满意与贪食症及穿着行为方面的问题后，也得出了相同的结论。

2. 自我相关物品与自我延伸

社会产品是自我概念的延伸，人们往往通过特定的产品传达自己期望展示的身份信息（Belk，1988）。身份信息理论也指出，个体会借助于物质产品建构和加强自己的社会身份，传达和彰显自我的独特性信息，而不同类别的产品在彰显和建构个体身份以及满足个体的独特性需求上存在显著差异，比如，服装是个体表达自我独特性的重要载体（Berger & Heath，2007）。不仅个体所拥有的物品可以延伸自我，财产也可以象征性地延伸自我。财产不仅是自我的一部分，也是自我发展的工具。个体更倾向于在身份象征性产品领域追求和保持自我的独特性，并且有意识地避免与他人在这些产品上的高度相似（Chan, et al., 2012）。在撞衫情境中，身份象征性的服装是消费者向公众展示自我独特性身份的重要载体（Berger & Heath，2007）。与他人撞衫引发的高度相似性会对消费者的自我独特性身份产生较大的威胁，激活其公众自我意识，使其更加关注他人对自己的评价，从而产生较高的尴尬情绪。因此，撞衫引发了个体更高的产品处置的意向（宫秀双，蒋晶，2018）。

（三）疾病与物质自我的研究

1. 进食障碍患者的物质自我

进食障碍是以进食行为异常为主要症状的慢性精神疾患，多发于14～20岁的女性，大约10%的青少年女性会出现不同程度的进食障碍症状。大学生群体中存在的异常进食行为者是罹患进食障碍的高危人群。牛娟（2009）的研究表明，进食障碍症状组在外表评估及对身体满意度两个因子上的得分低于对照组，在外表关注、自重划分和过重担忧三个因子上的得分均高于对照组。进食障碍症状组在社会性体格焦虑问卷上的得分显著高于对照组。这些结果提示，进食障碍症状者拥有消极的体象观念，表现为对身体的不满意，高估自己的实际体重和过度为体重增长担忧。其中，对身体的强烈不满是诱发异常进食行为出现的最主要因素。

2. 视障儿童的物质自我

宋鸿雁（2001）的研究结果显示，不同视力状况的被试在物质自我方面存在极其显著的差异。视力因素对自我概念的物质自我、精神自我和社会自我三个维度的影响是较为显著的。主要表现在：①弱视生被试、明眼生被试和盲生（缺乏视觉经验的盲人学生）被试在物质自我方面差异显著，这可能是过分补偿的结果。盲生由于完全看不到自己的外貌，对物质自我很少关注，弱视生却有可能过分地关注自己在物质方面的状况。②明眼生被试在社会自我方面与弱视生被试存在显著差异。这是因为明眼生被试有正常的社会交往活动，而弱视生则较孤僻、冷漠，喜欢独来独往。③盲生与弱视生和明眼学生在精神自我方面有显著差异。盲生完全没有视力，这个世界的各种刺激对他们来说就少了很多，这使他们更多地关注自己的内心世界。因此，盲生的自我中心倾向也比较突出，他们以洞察"我"来洞察这个世界。因此，盲生投入更多的精力来观察自己的情绪体验、沉思、幻想，进行自我评价。

3. 弱视儿童的自我意识

周爱保和姜艳斐（2013）通过对4～6岁弱视儿童和正常儿童进行访谈，并结合经典自我参照效应范式，从记忆自我、内省自我两个层面由浅入深地对弱视儿童和正常儿童的自我意识进行了比较研究，为促进弱视儿童自我意识发展提供了依据。研究结果显示：①4～5岁弱视儿童自传体记忆水平均低于正常儿童。由于视力的原因，弱视儿童感受、观察事物和现象的能力比正常儿童差，且由于父母的过度保护，限制了他们日常活动和交往的范围，使其失去了较多语言表达实践的机会。②4岁的弱视儿童就已经具有时间心理旅行的能力，且4～5岁弱视儿童时间心理旅行能力的发展趋势和正常儿童相一致，都符合儿童发展的一般规律。这表明视力上的缺陷不会影响弱视儿童的情景记忆和对未来可能发生的事情的预测能力。③5岁正常儿童、弱视儿童在形容词条件下均没有出现自我参照效应。这可能是由于对于儿童来说，人格特征形容词仍然过于抽象，影响了儿童的自由回忆成绩。④5岁正常儿童、弱视儿童对描述自我状态句子的加工时间均比一般常识性的句子长，对自己的评价明显倾向于积极的。这可能是因为儿童对形容词的理解是建立在具体情境的基础上的，在具体情境中儿童更倾向于将自己描述成积极的。

第三节　文化与社会自我

一、社会自我的内涵

James（1890）提出的社群自我强调不同的人际关系背景下自我的形象、名誉等。以此为基础，后来不同的心理学家以不同的视角诠释和发展了社群自我的概念。Cooley 指出，自我是通过人际关系建立的，人们不仅想象他人如何看待自己，而且想象他人如何评价他们的所见所闻。Fitts（1965）认为，社会自我反映的是被试与他人交往过程中的价值感和胜任感。黄希庭（1998）认为，个体在参加各种社会团体、扮演各种社会角色等与他人的交往过程中，逐渐产生了社会自我。社会自我是个人对自己的社会属性的意识，包括个人对自己在各种社会关系中角色、地位、权利、义务等的意识。Brewer 和 Gardner（1996）的社会自我理论分别从个体自我、关系自我和集体自我三个水平界定了社会自我，其中关系自我和集体自我都凸显了人际关系在个体社会自我中的重要性。王轶楠和杨中芳（2005）、杨国枢和陆洛（2009）关于华人自我的研究，均凸显了人我关系、人与社会及环境的关系。不难看出，后续的学者在发展社会自我概念的过程中，更多关注个体与他人之间的关系，并且通过大量的实证研究对相关概念进行了验证。

二、文化对社会自我的影响

东西方文化对自我概念的理解有着截然不同的观点，互依型和独立型自我构念便是中西方文化影响社会自我的结果。在西方个体主义文化背景下，强调个体的独特性，自我是相对独立于他人的；而在东亚集体主义文化背景下，个体更注重自我与他人关系所起的作用，强调社会连接性，自我只能从与他人之间的关系中得到理解（Markus & Kitayama，1991）。尤其是对于中国人而言，伦理本位的社会关系更注重人与人之间的关联。比如，"朋友如手足""情同骨肉""一日为师，终身为父"等都反映了中国文化背景下个体与他人之间的关系。近年来，大量有关自我概念、文化与自我的行为及神经研究验证了相关的理论。

三、社会自我的实证研究

（一）自我与先赋性关系

1. 自我概念包含父亲

Harada 等（2010）在研究中要求被试在三种条件（自我参照：被试姓名；父亲参照：父亲姓名；控制条件：陌生人姓名）下完成词汇位置的判断任务，并尽量记住这些词。结果发现，与控制条件相比，无论何种文化启动，自我和父亲参照的 VMPFC 激活均增强；在个体主义启动中，父亲参照比自我参照和控制组的 DMPFC 激活增强，集体主义文化启动中则没有出现激活增强，即文化启动不影响 VMPFC 的活动，但影响 DMPFC 的活动。

2. 自我概念包含母亲

Zhang 和 Zhu（2011）在自我参照效应范式中引入了母亲参照的条件，并采用 Conway 和 Dewhurst 的 remember/know 判断（简称 R/K 判断），结果发现自我参照与母亲参照之间高度相似，首次通过行为研究证实了中国文化背景下自我图式中包含母亲。Zhang 和 Zhu（2011）采用 fMRI 技术，有力地证实了自我参照和母亲参照均激活了 VMPFC，两者激活 VMPFC 的相似性为中国人的母亲参照条件下的记忆成绩与自我参照的记忆成绩无显著差异提供了神经科学的证据。这也提示了在行为水平和神经水平上，自我概念均包含母亲。管延华和迟毓凯（2013）采用错误率和反应时作为指标，比较了自我参照和母亲参照对人格特质记忆的影响。结果发现，在再认判断的错误率上，自我参照与母亲参照表现出相同的趋势。这表明，中国人的母亲表征与自我密切相关。Ng 等（2010）在研究中明确提出亲密度并不是自我包含他人的必要条件。他们在研究中引入不能认同的重要他人（NIP）。研究采用了组内设计，分别在西方文化启动和中国文化启动下考察了 NIP 是否会被包含在自我概念中。与 Zhu 等（2007）的研究相比，这种设计的确控制了组间设计存在的文化变化导致的诸如语言差异对实验结果的影响，但研究得到了与 Zhu 等（2007）的研究非常相似的结果，与西方文化启动条件相比，东方文化条件启动下减少了母亲、不认同他人与自我之间的神经差异。

值得注意的另一现象是，自我概念包含母亲具有动态性特点。杨红升和朱滢（2004）用 R/K 判断的再认范式考察了 60 岁和 70 岁两个年龄段的老年中国人的自我记忆效应。结果发现，老年人的记忆仍表现出自我参照效应，但 60 岁以上的老年中国被试没有出现母亲参照加工的优势效应。这可能是因为对于老年人来讲，多数人都已经和母亲分开生活多年或母亲已经去世。

大量研究表明，在中国文化背景下，自我概念包含母亲，但对于这种现象还需要从不同的角度进行思考。熊恋等（2012）以中学生为研究对象，采用自我参照效应范式，发现中学生的自我概念中包含好友但不包含母亲，该结果与已有研究不一致，可能的解释是中学生的年龄特点所导致。管延华和迟毓凯（2013）的研究也表明，在再认判断的错误率上，自我参照与母亲参照表现出相同的趋势；但在再认判断的反应时上，自我参照的速度明显快于母亲参照。这表明，中国人的母亲表征与自我密切相关，但在更敏感的探测中，仍能发现两者之间具有相互独立性。反应时和错误率结果的不同表现说明，中国人的母亲表征和自我虽然密切相关，但两者只是部分交叠，并非完全重合，即中国人的自我与母亲的表征之间仍然具有相对的独立性。这样的结果其实与Markus等的文化与自我的理论并不矛盾。虽然在西方文化背景下人们的自我概念更强调自我的完整性和排他性，但这并不能否认在东方文化背景下人们的自我概念仍然具有相对独立性，尽管自我表征中也会表现出与母亲等亲密个体具有互依性的特征。研究同时发现，与母亲关系的不同亲密程度会对自我参照效应产生影响。如果被试与母亲的关系属于低亲密水平，那么与母亲参照相比，会产生记忆的自我参照效应；但是，如果被试与母亲的关系属于高亲密水平，那么自我参照效应的量就会降低。因为对于与自己亲密的个体而言，其图式表征中会融入自我概念的成分，对于具有互依性特点的东方人而言更是如此。

3. 自我概念包含子女及其他家庭成员

陈禹（2015）等采用经典的自我参照R/K判断范式，测量了129名处于不同家庭发展阶段中个体（均有配偶和孩子）的自我、配偶、孩子以及他人参照效应。其以黄希庭等编制的562个人格特质形容词为基础，从中选择252个人格特质形容词用作实验材料，褒贬词各半，其中120个词用于对学习阶段进行判断，记为"旧词"，在对词性和词频进行匹配后平均分配到不同参照条件中。结果发现，子女年龄为0～6岁的被试组和子女年龄为19～22岁的被试组均未表现出配偶参照效应和孩子参照效应；子女年龄为7～18岁的被试组表现出了配偶参照效应和孩子参照效应。这表明个体的配偶参照效应和孩子参照效应是动态变化的，孩子所处的年龄阶段以及家庭发展阶段会影响个体是否将配偶和孩子纳入自我概念中。子女年龄为0～6岁的被试，从夫妻关系看，年轻夫妇初为人父母，夫妻间的关系较融洽，对婚姻的满意度较高，但双方刚从原生家庭中分化出来，在诸多方面难免存在摩擦和不协调，例如，生活方式、家庭开支和亲朋交往等方面（池丽萍，辛自强，2001）。同时，伴随孩子的出生，双方必然将部分注意力转移到孩子身上，特别是母亲，甚至是将绝大部分精力用于照顾孩子，这可能会使夫妻间正常的互动、交流遭到破坏（Klein & Loftus，1988），再加之孩子尚小，个性、人格特征不鲜明，亲子关系处在磨合阶段，所以这一时期个体未出现配偶参照效应和孩子参照效应。在孩子 7~12 岁和 13~18 岁时，孩子已入学，家庭活动可能多数都以孩子为轴心，家庭生活变得有组织和有规律，家庭成员间性格的相容性增强，父母和孩子都逐渐适应了这种相处模式（池丽萍，辛自强，2001；林崇德，2009）。在此期间，可能由于孩子进入青春期，亲子沟通等方面会出现摩擦，但由于这一时期孩子大多数时间还是与父母居住在一起，并且在前期的磨合中一些不成文的家规也在无形中形成，这是家庭生活较稳定、成员间相容性和亲密性最佳的时期（方晓义，徐杰，2004）。这个时期出现了配偶参照效应和孩子参照效应。在孩子 19~22 岁时，大多数子女异地求学或者融入社会开始工作，子女逐渐走向独立，可能长期不在父母身边，父母会明显感到不适应。随着子女走向独立，原来的生活模式发生改变，夫妻关系也需要重新磨合来适应这种变化（池丽萍，辛自强，2001；林崇德，2009；李燕，2005）。所以，这一时期没有出现配偶参照效应和孩子参照效应。

李彦锋（2011）以中老年人记忆的自我参照效应为切入点，采用参照效应研究的 R/K 判断范式，通过三个实验探究了中老年人的记忆是否存在自我参照效应、中老年人记忆衰退的特点以及中老年人的自我概念的特点。结果发现，在中老年被试中出现了孩子参照效应，即对与孩子相联系的材料和与自我有关的材料的记忆效果类似，并且优于其他参照条件有关材料的记忆效果。这说明，随着成年人社会关系的发展，某些亲密他人渐渐进入了他们的自我图式。这个结论反映了我国文化中的爱幼，也揭示了为什么有那么多的中老年人会有"空巢综合征"（ENS），即他们会因为子女异地求学、异地工作或成家独立生活有明显的生活不适，主要表现为出现失落感、孤独感、衰老感、抑郁、焦虑等不良情绪反应。

Han 等（2016）发现，人类的大脑可以在成年期被塑造，成年人与配偶和子女有共同的经验，以发展自己和重要的他人的共同的神经表征。研究者对 14 对中国中年已婚夫妇的自我、配偶、孩子和名人的人格特质判断，得到的 fMRI 结果表明，与名人相比，在自我、配偶和孩子的特质判断中，MPFC 存在共同激活。自我和配偶的判断在腹丘脑和尾状核有共同激活。女性和男性被试在对孩子的物质判断中表现出 MPFC 的共同激活，而女性在配偶判断中表现出比男性 MPFC 更强的激活。这是因为成年后，夫妻及其他家庭成员拥有共同的生活经历，在对人格特征的反思中形成了对自己、配偶以及其他家庭成员的神经表征，并在对人格特征的反思中形成了对自己和夫妻家庭成员的共同神经表征，而且这种共同神经表征可以指导其对家庭成员的亲社会行为，并增强责任感。

（二）自我与交往性关系的研究

1. 自我概念包含恋人

（1）实际亲密度对恋人参照效应影响的研究

为考察实际亲密度对恋人参照效应的影响，周丽和苏彦捷（2008）采用自我参照研究中的 R/K 判断范式和实际亲密度与应有亲密度量表对 68 名（35 名男性，33 名女性）处于恋爱关系中的被试进行了研究。实验材料取自张力研究中的 16 组共 192 个形容词（各组均平衡了笔画数、词频以及褒、贬义）。将其中 8 组词两两合并为 4 组，随机对应四种（自我、恋人、鲁迅、语义）参照条件，将剩余的 96 个词作为干扰项。结果发现，实际亲密度会影响恋人参照效应，高实际亲密度组整体上表现出恋人参照效应，而低实际亲密度组整体上未表现出恋人参照效应。对该结果的解释，基于将自我参照看作是一种自上而下的或者说是基于图式的加工过程的假设（Bosmans, et al., 2000）。根据这种假设，自我是一个高度精细化和组织化的结构（Klein & Loftus, 1988），它的激活为新信息和已经存储的信息（记忆结构）之间提供了更多潜在的联结（Bosmans, et al., 2000）。与恋人的实际亲密度越高，恋人与自我的心理距离也就越近，恋人参照可能就越容易激活自我结构，使得恋人参照条件下的词汇也得到精细化和组织化的加工。另外，在恋人参照效应上存在性别差异。女性整体上表现出恋人参照效应，而男性整体上未表现出恋人参照效应。恋人参照效应上的这种性别差异可以用女性更可能具有互依和关系性的自我，而男性更可能具有较弱关系性而较强独立性的自我（Cross & Madson 1997）来解释。女性更可能把恋人当作"家人"或"自己人"，而男性对恋人的态度更容易处于"朋友"与"家人"的波动中。

（2）自我面孔与恋人面孔的研究

杨青（2013）以中国大学生为被试，探讨了对自我面孔与恋人面孔、陌生面孔在加工方式与注意特点上的异同，为自我相关信息加工的独特性以及自我-他人共享表征的理论争论提供了新的实证研究证据。其采用眼动记录法并结合朝向判断、视觉搜索、反向眼跳、空间线索范式等实验任务，对自我面孔优势以及自我面孔加工中对注意的捕获、维持的优势进行了验证。结果表明，无论是在朝向判断任务还是视觉搜索任务中，自我面孔都表现出了速度上的优势效应，但是同时自我面孔的速度优势在与恋人面孔比较时都没有表现出来，而且自我面孔和恋人面孔在眼动注视模式上也更多地表现出了一致性，因此，可以推测与陌生面孔加工相比，自我面孔加工具有多方面的独特优势，但是自我面孔和恋人面孔这一重要他人面孔的加工则具有更多的共享性，而非独特性。恋人面孔优势效应出现的一个重要原因是恋人面孔唤起了积极的情绪或者积极的自我评价，进而促使恋人面孔也表现出优势效应。

2. 自我概念包含朋友

管延华和迟毓凯（2006）的研究采用记忆研究范式，以32名本科生为被试，实验选取120个人格特质词汇，其中褒义词和贬义词各半，随机抽取60个特质词汇（褒义词、贬义词各30个）作为学习阶段的目标项目，其余作为再认阶段的干扰项目。其采用3（编码水平：自我编码、朋友编码、语义编码）×2（特质类型：褒义特质、贬义特质）的被试内实验设计，比较了自我参照编码和朋友参照编码对人格特质记忆的影响。结果发现，自我参照编码和朋友参照编码的再认错误率均低于语义编码，且两者之间的差异并不显著。这表明，在东方文化背景下，与自我参照效应相似，也存在朋友参照效应，即朋友参照编码会对人格特质记忆产生积极影响。在中国人的心目中，"朋友如手足"，人们常常将朋友比作自己身体的一部分，自我与朋友常常难分彼此。

吴慧芬和周爱保（2013）的研究采用听觉呈现实验任务与口头报告完成实验任务相结合的研究范式，以自由回忆率为因变量，探究了加工深度与随意编码两种条件下中国青年大学生是否都会出现朋友参照效应。研究以20名在校大学生为被试，选取32个人格特质形容词作为实验材料，其中积极（褒义）词与消极（贬义）词各16个。其采用2（参照条件：自我、朋友）×2（形容词效价：积极、消极）的完全被试内设计，因变量为自由回忆率。结果发现，在加工深度的任务评价方式下，发现了与自我有关的效价词的自由回忆率和与最好朋友有关的效价词的自由回忆率之间没有显著差异，这说明在新范式下发现了中国青年大学生具有朋友参照效应。

3. 导师参照效应的研究

Ma和Han（2009）选取20名中国研究生作为研究对象，在自我面孔优势效应的研究中得到有趣的发现：当被试看到自己导师的面孔时，会减慢对自己面孔的反应，不存在自我面孔的优势效应。然而，让被试评估对自己导师的害怕程度时则发现，越是害怕导师给出负面评价，被试的自我面孔的优势效应越会受到影响，这可能与我国传统文化中的尊师重道观念有关。在师生互动中，教师是引导者、支配者、位尊者，学生是跟从者、服从者、位卑者。虽然当前的教育观念也提倡平等的师生关系，但是受传统文化的影响，很多时候教师仍然是教学的中心（石健壮，李森，2009）。特别是研究生学习阶段，导师与研究生既是师承关系，又是长辈与晚辈的关系，兼有上下级的关系，所以在我国研究生中出现了"怕导师"的现象。

西方研究生是否也"怕导师"呢？Liew等（2011）将被试扩展到了西方学生，实验结果却表明，"导师效应"即看到导师面孔后，对自我面孔反应减慢的现象在西方学生中不存在。他们指出这一结果与文化相关，我国是集体主义文化，受孔子儒家思想的影响，要求"弟子，入则孝，出则悌"，而美国以个体主义为导向，强调独立性和自主性，注重个性的自由发展与人际平等，教师在具备专精化的知识的基础上，还要与学生形成自由平等的关系。不同的文化对师生关系有不同的理解，导致中国被试在实验中出现"导师效应"。

鲁铱和李晔（2014）以文化内隐观视角探讨了研究生对导师负面评价产生恐惧的影响因素。其采用问卷调查和求教文化观启动实验的研究方法，结果发现：①"怕导师"现象是存在的，即研究生害怕来自导师的负面评价。相比女性导师，研究生更害怕男性导师，可能男性导师给学生的感觉更严肃、权威。导师的职称会影响研究生的害怕程度，当导师是教授时，研究生更为害怕。教授有一定的学术积累，学术水平获得了一定认可，学生对其更为尊敬和敬佩，也会更关注导师对自己的评价。②研究生的师徒关系内隐观与其对负面评价的恐惧有关，越具有"学从师教"观念的人，越害怕来自导师的负面评价。求教文化观启动的被试更害怕导师的负面评价，非求教文化观启动的被试对导师负面评价的害怕程度最低。③求教文化观的启动会影响研究生对导师负面评价的恐惧程度。"学从师教"的观点强调教师对学生的指导作用。对于研究生而言，他们希望能在科研方面有所学、有所得，但他们的能力还不够，对专业领域不够了解，对科学研究方法掌握不足，需要一位对专业领域较熟悉的导师给予学术上的指导，帮助他们更快地了解学术研究的基本步骤。由于对导师学术指导上的期待以及导师重要性的肯定，研究生会更在乎导师对自己的评价，希望通过导师的评价来肯定自己的能力，而导师的负面评价可能会使研究生怀疑或否定自己的能力。

第四节　文化与精神自我

一、精神自我的内涵

　　精神自我是个体的内部自我或心理自我，人们所感知的道德能力、态度、情绪、兴趣、动机、意见、特质，以及愿望都是精神自我的组成部分（James，1890）。简言之，精神自我指的是人们所感知到的内部心理品质，它代表了人们对于自己的主观体验——我们对自己有什么样的感受（乔纳森·布朗，2004）。在精神自我领域，相关的研究主要集中在自我姓名、宗教文化以及其他与身份标志有关的信息方面（如民族、国旗等）。

二、文化对精神自我的影响

　　正如前文中提到的，人是一种文化存在，人总是生活在一定的文化之中，它在很大程度上制约乃至决定着人的心理活动和行为。研究者对文化间的差异对自我的影响也越来越关注，尤其是宗教文化对自我的影响。

　　宗教可以促进自我控制、利于自我监控、促进自我监督、培养自我监管的行为，从而影响信仰者的身心健康和社会行为特点（McCullough & Willoughby，2009）。譬如，基督教强调人类个体对于上帝的依赖，并主张抛弃作为受造物和罪人的自我，以便更彻底地臣服于上帝（Ching，1984）。此外，为了在上帝之爱中生活，人们必须承认自我的"虚无性"，并为实现自我超越而进行精神追求。这些观念对自我造成的可能影响是模糊了自我与他人的边界。基督徒有关自我与上帝关系的信念可能会对其认识自我的方式产生很大影响。

　　已有研究证实，宗教文化可以调节自我人格特质表征的神经基础。宗教文化和实践能改变自我参照过程的神经机制（Han，2008），与宗教领袖相比，佛教信仰者、基督教信仰者在对自我信息编码与表征的过程中，VMPFC 激活程度降低，而 DMPFC 激活程度提高，该区域主要负责对自我相关刺激的评价（Han，et al.，2010）。再如，藏传佛教教义强调"无""空"，膜拜天地神灵，人们具有最小的"自我感"。这使得藏族被试在行为和神经水平上都没有典型的自我参照效应（Wu，et al.，2010）。

　　东方文化中人与人之间互依的关系和西方文化中人与人之间独立的关系，使得东方文化中被试的社会自我包括母亲，而西方文化中被试的社会自我不包括母亲。这具体表现在相较于名人特质判断，自我特质判断会引起东西方被试

MPFC 更强烈的激活；相较于西方被试，东方被试对于母亲特质判断的激活程度更高，更类似于自我特质判断。宗教文化对于精神自我的影响则主要体现在信仰者与非信仰者自我表征脑区的激活存在不同——相较于非信仰者，信仰者在对自己进行特质判断时 VMPFC 的激活程度降低，而 DMPFC 的激活程度提高。由此可以看出，宗教对于精神自我的影响不同于文化对社会自我的影响。

三、精神自我的实证研究

（一）自我姓名

当被询问"我是谁？"的时候，人们往往都会最先回答自己的姓名。也就是说，人们主观觉知自己的语言文化符号，其中一个很重要的信息就是自己的姓名。关于识别自己名字的研究较多地出现在注意领域，最早可以追溯至鸡尾酒会效应（CPE）（Pollack & Pickett，1957），同时这也是人名识别中最为经典的研究。自己的名字在行为反应上的独特性是否存在着相应的生理机制，就成了一个值得探讨的重要问题。事实上，脑电、脑成像等技术已经被用于研究这一问题。根据具体研究目的，这方面的研究可以分为三类：从心理语言学的角度考察加工自己的名字与加工其他词汇是否涉及不同的脑机制；在临床上验证用自己的名字所诱发出的生理反应是否可以作为诊断指标；以自己的名字作为材料探讨自我的脑机制（杨红升，黄希庭，2007）。尽管具体的研究目的和出发点不同，但这三类研究结果都可以用来证明加工自己的名字在脑机制上的独特性。

以自我姓名为材料的神经成像研究多以听觉或视觉呈现姓名刺激，已有研究证实，个人相关名字（如自己的名字、朋友的名字、搭档的名字）和名人的名字在大脑中的激活水平是不同的（Tacikowski，et al.，2011；Wuyun，et al.，2014）。Tacikowski 等（2014）引入一种交叉模型范式（视觉和听觉同时呈现），以不同亲密程度他人的姓名为刺激来研究自我和重要他人的神经机制。在视觉和听觉呈现过程中，研究者发现在自我名字和重要他人名字条件下，MPFC 的激活水平增加。采用听觉形式呈现这些名字时，双边额叶脑回也被激活了。这表明刺激呈现形式不会影响个人相关信息的脑区活动。

已有的研究大多使用自我参照任务，要求被试完成特征判断任务，如"善良这个词是否适合描述你自己"。被试在完成此类任务的过程中，面临其他的认知过程，如判断、评估、分类等，这些潜在的混淆变量可能会使得自我表征的神经活动被改变（Wuyun，et al.，2014）。另外，已有研究显示，对自我姓名的加工是优先进行的，并且这一效应发生在信息处理的早期（N170、N250 和 P200）

和晚期（P300）。但该效应是姓名特异的，还是其他与姓名高相关和高熟悉性的社会刺激也会具有该特点，需要进一步澄清。

1. 自我姓名的意义

自己名字的出现通常预示着与自我相关的重要信息（如警告、威胁、称赞等）。人们总能以一种高度优先和自动化的方式回应这种刺激。研究表明，即使是4～5个月大的婴儿，也是更喜欢听到他们自己的而不是其他人的名字（Mandel & Pisoni 1995）。以色列和荷兰2～5岁的儿童阅读和书写自己名字的速度要快于其他口语词（Levin & Aram, 2005）。精神病患者在对时空定位很差的情况下，依然能够再认自己的名字（Fishback, 1977）。在全身麻醉后，被试对自己的名字的反应仍优先于疼痛或噪声（Kurtz, et al., 1977）。即使在睡眠中，人们对自己的名字也会唤起实验要求的行为反应——握拳，但不是每个被试都会从熟睡中醒来（Oswald, et al., 1960），而 Portas 等（2000）的实验则证明自己的名字能将个体从睡眠中唤醒。

大量实证研究也证实自己的名字能获取更多资源而拥有较强的注意。Moray（1959）发现，在非追随耳中呈现被试的名字时，有部分被试报告说听到了这个名字，而对于非追随耳中重复呈现多次的其他单词却没有觉察到。Wood 与 Cowan（1995）的实验得到了与 Moray（1959）的研究基本相同的结果，同时还发现当非追随耳中出现被试的名字时，被试对追随耳中随后出现的两个项目的追随加工成绩明显降低，但与名字同步出现的单词却未受到影响。Oswald（1960）等的研究则发现，播放被试的名字常常能够将其从睡眠中唤醒，或者诱发出类似于半觉醒状态时的脑电波形。

Mack 与 Rock（1998）报告了多项关于自己名字的视觉搜索实验，其中有实验发现搜索自己的名字比搜索其他人名的速度要快数百毫秒，且搜索速度不因干扰项目的数量多少而变化（5.7ms/项目），表明对自己名字的搜索可能采用了平行搜索方式，不受注意资源的限制。另外一项实验则发现，当以自己的名字作为靶刺激时，搜索速度显著快于以名字作为干扰刺激时对靶刺激进行搜索的速度。Harris 等（2004）的实验同样证实了搜索自己名字的速度优势，但将自己的名字作为干扰刺激时，对靶刺激的搜索速度的影响与其他干扰刺激对靶刺激的影响之间未见显著差异。

除视觉搜索实验外，识别自己的名字在其他多种视觉加工任务中也体现出了与识别其他名字的不同之处。Wolford 和 Morrison（1980）的侧翼干扰任务（flanker task）实验发现，在对呈现于干扰刺激两侧的两个数字做奇偶性质是否相同的判断时，如果该干扰刺激为被试自己的名字，则判断反应时会有显著延长。注意瞬脱、重复知盲（repetition blindness）、偏对比掩蔽等领域也发现了识别自己名字的独特性。Raymond 等（1995）发现，自己的名字不容易出现注意瞬脱。Shapiro 等（1997）关于重复知盲的研究则发现，与重复呈现其他名字相比，自己的名字出现的重复知盲效应显著降低。偏对比掩蔽效应（MME）方面的实验也证明自己的名字能够俘获注意而不容易出现这种掩蔽。例如，Shelley-Tremblay 和 Mack（1999）的研究发现，当以靶刺激为被试自己的名字时，对比掩蔽效应最小，觉察到自己名字的次数显著多于对其他靶刺激的觉察；当以自己的名字作为掩蔽刺激时，对靶刺激的觉察成绩则要显著差于以其他材料作为掩蔽刺激的觉察成绩。

有研究发现，喜欢自己的名字是一种非常重要的特质，能进一步帮助被试理解内隐自尊（Luo, et al., 2014）。也有研究者认为，自我名字非常接近于内在自我（Tacikowski, et al., 2011）。例如，跨文化的研究显示，没有名字的状态等同于没有荣誉或者身份（Watson, et al., 2007），而改变个体的姓名与改变一个人的身份有关（Kang, 1972）。

现有研究对于自我姓名的意义存在很大争议。虽然大量研究都将自我姓名作为自我概念的一部分进行研究，但有学者认为人们对自我姓名加工的优先性不是因为其自我相关性，而是熟悉性。例如，有研究者在对比了自我姓名（高相关、高熟悉和自我相关）和亲密他人的名字（高相关、高熟悉和自我无关）后发现，它们在 P200、N250 和 P300 的波幅没有差异，而得出自我姓名的优越性，只是因为其熟悉性（Tacikowski, et al., 2014）。也有研究显示，人们对自己的名字和亲密他人名字加工的差异可能主要是量的不同而非质的不同，这说明自我姓名的独特性是相对的（Tacikowski, et al., 2011）。

但也有研究表明，自我相关性的程度越高，引发的 P300 波幅越大（Fan, et al., 2013）。这表明自我姓名的优势还是来自自我相关性。由于 P300 也是对情绪加工时的敏感指标，有研究认为自我姓名的特性来自它的高情绪性，并探讨了自我姓名与情绪效价之间的关系。有研究表明，负性效价姓名和情绪名词都能引起晚成分的积极效果，这与情感意义的评估有关，不同的神经系统与姓名和情绪意义名词的检索有关（Wang, et al., 2013）。钟毅平和黄俊伟（2011）采用 ERP 考察了正性情绪对自我参照加工程度效应的影响。实验结果发现，中性情绪条件比正性情绪条件激发了更大的 P2 波幅，高自我相关的刺激比其他刺激诱发了更短的 P200 潜伏期；高自我相关名字比中等自我相关名字和非自我相关名字诱发了更小的 N200 波幅和更长的潜伏期；高自我相关名字比中等自我相关名字和非自我相关名字诱发了更大的 P300 波幅，中等自我相关名字比非自我相关名字诱发了更大的 P300 波幅。实验结果表明，无论在正性情绪启动还是中性情绪启动的影响下，自我参照加工都能表现出稳定的特征，而且高自我相关的刺激会得到更为深入和精细的加工，表现出自我参照加工的程度效应。孙晓（2013）的研究采用注意瞬脱的双任务（rapid serial visual presentation，RSVP）范式，通过操纵 T1 任务知觉负载水平的高低及 T1～T2 的延迟长短，检验不同负载和延迟条件下被试对陌生姓名、明星姓名和自我姓名的正确识别率。研究发现，自我姓名加工具有明显的注意瞬脱对抗效应，体现出加工的独特性，但其独特性受负载及延迟条件的影响，且明星姓名在一定条件下也出现了与之相近注意瞬脱的对抗效应，证明自我姓名加工具有相对的独特性。

所以，目前的研究都能证明自我姓名在脑神经方面也表现出了独特性。但对于这种独特性的讨论，针对自我相关性和熟悉性的研究较多，针对情绪性的研究较少。现有姓名的脑神经机制相关的研究结果表明，个体加工自我姓名时会出现 P300 波幅的增大，P300 又是一个对情绪敏感的指标，所以今后对于姓名意义的研究，一方面可能是对于自我姓名情绪性的探索；另一方面，对于自我姓名加工独特性，应结合自我相关性、熟悉性和情绪性进行综合探索。

2. 自我姓名的相关神经机制

（1）自我姓名的 ERP 研究

ERP 的研究表明，自己的名字对大脑活动有很强的调节作用。已有研究显示，加工自我姓名具有优先性，并且这一效应发生在信息处理的不同阶段，如早期（N170、N250 和 P200）和晚期（P300）。

P150 是发生在刺激呈现后 150ms 周围相对小的正波。已有研究结果表明，听觉呈现自我名字（Höller, et al., 2011）、视觉呈现自我名字（Okano, et al., 2013）均引发了 P150 波幅的增大。

N170 是一个发生在刺激呈现之后 170ms 的负成分，并且它的最大值在顶枕部头皮部位。通常在大脑左半球，相较于面孔，N170 在姓名上有更大的振幅（Martens, et al., 2006; Tacikowski, et al., 2011）；在大脑右半球，相较于名字，其在面孔上有更大的振幅（Jacques & Rossion, 2007）。此外，N170 是不受名字和面孔的熟悉程度和/或启动操作影响的（Pfütze, et al., 2002; Martens, et al., 2006）。总之，N170 通常与刺激类别判别相关联。

P200 发生在刺激呈现后约 200ms，其最大值是在正面中央部位的头皮。Ofek 和 Pratt（2005）的实验则发现，对于个人具有重要意义的刺激出现后约

200ms时，即会引发不同的脑活动。Hu等（2011）的研究表明，处理语义自传信息（包括被试的全名、出生日期和故乡），相较于陌生人全名和与自我无关的日期和地点，会与更大的P200的反应有关。Fan等（2013）的研究发现，相较于被试父亲和名人的名字，被试自己的名字会引发更大的P200。P200成分呈现的这些效应已经解释了在自我相关信息方面自发的高唤起和注意获得（Hu, et al., 2011）。

自我和他人姓名的差异还体现在N250成分上（Zhao, et al., 2009）。N250是发生在刺激呈现后250ms左右相对小的负波，其最大值在颞顶头皮部位。N250波幅的意义如下：①相较于不熟悉的名字和面孔，对熟悉的名字和面孔产生更大的波幅；②相较于非最初的名字和面孔，对最初出现的名字和面孔产生更大的波幅；③不受语义启动的影响（Pfütze, et al., 2002a）。

P300是发生在刺激呈现后大约300ms的正波，其最大时覆盖了中央顶头皮部位。与自我无关内容相比，自我相关内容常常能引起更大的P300（Berlad & Pratt, 1995; Cygan, et al., 2014; Folmer & Yingling, 1997; Gray, et al., 2004; Müller, et al., 1997; Tacikowski & Nowicka, 2010; Zhao, et al., 2009），尤其是当用熟悉的声音朗诵的时候（Holeckova, et al., 2006）。

研究已经证实P300和多种认知功能有关，如内容更新、分配注意资源和记忆的编码、提取阶段的整合（Polich, 2007）。P300可以由以下几种情况引发：①熟悉的名字或面孔；②研究中大量的重复；③语义启动。另外，已有研究显示，姓名和面孔再认之间并没有区别（Bentin & Deouell, 2000; Tacikowski, et al., 2011）。临床研究表明，可以将自己的名字所诱发出的P300作为诊断昏迷患者意识恢复情况的指标。Signorino等（1995）发现，昏迷的患者在听到自己的名字时，会较多地出现P300成分。三项以正常被试为对象进行的研究也证明了以P300作为诊断指标的可行性。其中，Berlad和Pratt（1995）对Oddball范式进行了改进，以被试自己的名字作为小概率刺激而不需要被试进行反应，结果仍然出现了P300成分，且波幅显著高于一般的小概率刺激。Folmer和Yingling（1997）的研究同样发现，在不要求进行反应的条件下，自己的名字可以诱发出听觉P300成分，而听到其他名字时却没有出现这一成分。Holeckova等（2006）的研究比较了分别由熟悉或不熟悉的声音念出自己的名字以及非语音刺激所诱发的脑电变化，听到自己的名字时出现了更强的失匹配负波（mismatch negative, MMN）与P300，且由熟悉的声音念出自己的名字与由不熟悉的声音念出自己的名字相比在P300晚期成分上也有明显差异。

Perrin等（2005）比较了由不同人名所诱发的N100、P200、N200和P300

等成分，虽然在前三个成分上并没有出现不同人名之间的差异，但自己的名字所诱发的 P300 波幅显著大于其他常见人名诱发的 P300 波幅。同时，进行的 PET 扫描结果也发现，P300 波幅与右脑内侧前额叶、左脑前楔状核等区域的脑血流量显著相关，由此说明这些区域很可能参与了对自己名字的识别。Gray 等（2004）、Ofek 和 Pratt（2005）的研究将自己的名字与其他涉及自我的刺激（如家人的名字、朋友的名字、自己的生日、电话号码等）作为一类，比较了其与中性控制刺激的差异。其中，Gray 等的实验表明，与自我有关的刺激诱发的 P300 波幅大于其他刺激，潜伏期也更长。

Fischler 等（1987）发展了一种比较特殊的任务来分离识别自我名字与识别其他名字的脑机制差异，要求被试对形如"我的名字是×××"的句子进行是否判断，事先指定一个名字让被试假定为自己的名字，而将其真正的名字与其他名字一起作为否定选项，结果发现被试自己的名字在出现时仍然诱发出了一个较强的 P510，且不受练习因素的影响。Müller 和 Kutas（1996）向被试听觉呈现若干以其自己的名字、专有名词（包括一些常见人名）和普通名词开头的句子，结果发现，与听到普通名词相比，听到自己的名字和专有名词时会诱发出更强的 N100 和 P200 成分；而与专有名词相比，自己的名字还在顶区中央位置约 400ms 时诱发出一个比一般专有名词更强的负波，并在 500～800ms 时在外额区位置出现了一个晚期正波。

（2）自我姓名的 fMRI 研究

fMRI 是一种具有高空间分辨率的神经成像技术。对于自我概念的 fMRI 研究，多以人格特质判断为主，以自我姓名为刺激的 fMRI 研究相对较少。

当个体听到自己的名字时，大脑左半球的某些区域显示出了更大的激活，主要包括额叶中间皮层、颞上回皮层和颞中叶皮层等（Carmody & Lewis, 2006）。相较于著名的或陌生人的姓名识别，自己的名字识别与广泛的双边网络强的激活有关，包括额颞、边缘系统和皮层下结构，但是，相较于重要他人的名字，自己的名字的激活独特地显示在右额下回（Tacikowski, et al., 2011）。Qin 等（2012）的研究显示，加工自己的名字和亲密他人名字时，内侧前额叶皮层中有一个重叠的活动区域。然而，自己的名字和熟悉名字的不同活动区域在前扣带回后部被发现。Portas 等（2000）的实验更进一步证明，在觉醒与睡眠状态下，大脑对自己的名字的加工都不同于对一般信息的加工。与中性刺激相比，自己的名字在觉醒与睡眠状态下都更显著地激活了颞中回与眶额回皮层。分别对觉醒与睡眠状态下两种刺激所激活的脑区进行比较发现，睡眠状态下出现自己的名字时，左侧杏仁核与左前额叶激活程度更高，觉醒状态下却没有这种差异。这一研究不仅表明识别自己的名字具有脑机制上的独特性，同时还证明这种独特性与觉醒状态之间存在交互作用。

另外，有临床实验利用熟悉声音唤名刺激（patient's own name spoken by a familiar voice）鉴别诊断植物人和最低意识状态患者，研究应用 fMRI 对 7 名植物人和 4 名最低意识状态患者针对自我姓名的残留脑反应进行了前瞻性研究。结果表明，2 名植物人未出现任何显著的大脑激活；有 3 名植物人的初级听觉皮层表现出了激活反应；有 2 名植物人和所有最低意识状态患者不仅在初级听觉皮层出现激活，而且在高阶关联颞区也出现了激活。这表明患者对于熟悉声音唤名刺激的脑内反应可以用来测量最低意识状态者的认知加工（Di，et al.，2007）。

（3）自我姓名的近红外研究

相对于其他的名字，听自己的名字（尤其是母亲朗读时），婴儿的背内侧前额叶皮层（DMPFC）出现更大的活动。这些发现表明，特别是以母亲的声音为内容时，婴儿的背内侧前额叶皮层在 6 个月时已经对与自我有关的社会信号敏感。

（二）宗教文化的研究

近年来，宗教文化的研究表明，宗教活动能够促进内隐自我监管，这种内隐自我监管与自主神经系统紧密连接，当人们需要面对高的社会需求或内心冲突时，内隐自我监管能灵活调动各种心理资源（自尊、归属感、正面情绪、内在动机、增加工作记忆的容量）来应对冲突（Koole，et al.，2010）。

宗教文化会调节自我人格特质表征的神经基础（韩世辉，张逸凡，2012b）。为了考察基督教信仰和实践对自我加工认知神经过程的影响，Han 等（2008）招募了基督徒与非宗教信徒各 14 人完成对自我和公众人物的特质判断任务，并进行 fMRI 扫描。结果表明，相较于信仰者，非信仰者的 VMPFC 参与了自我特质加工。信仰者在进行自我特质判断时，会激活与推断他人心理相关的 DMPFC。已有研究显示，VMPFC 被认为是参与编码自我相关刺激的脑区（Northoff & Musholt，2006；Han，Northoff，2008），而 DMPFC 被认为是参与对自我相关刺激的评价和再评估（Northoff & Musholt，2006），以及对他人心理状态的推断过程（Grèzes，et al.，2004；Mitchell，et al.，2005）。这些结果表明，在特质判断任务中，信仰者使用 DMPFC 区分自我和他人，而非信仰者则利用 VMPFC 完成这一过程。

Han 等（2010）进一步调查了 14 名中国佛教徒在判断自我、一般他人、释迦牟尼和耶稣的特征时的脑区活动。结果发现，相较于一般他人的特征判断，佛教徒对于自我特征的判断没有产生 VMPFC 的活动增强，而是显示出 DMPFC 或者喙前扣带回、中部扣带回和左额/岛皮质的激活。相较于一般他人特征判断，自我特征判断减少了 DMPFC 和后顶叶皮层的功能联结。结果显示，无我的佛教教义削弱了 VMPFC 对自我的表征，但提高了 DMPFC 对自我相关刺激的评价。Wu 等（2010）采用自我参照加工效应范式，扫描了藏族和汉族被试的大脑，发现汉族被试对自我特征的判断激活区域与之前的研究一致，而藏族被试并没有表现出典型的自我参照效应。佛教中无我的教义使得藏族被试在行为和神经水平上都没有典型的自我参照效应。

　　Ge 等（2009）发现，基督教信仰者和实践调节信仰者对宗教领袖的认知神经过程，使得信仰者对于耶稣的特征判断增加了语义特征总结，但减少了记忆检索行为。通常人们对于自我的特征判断多采用语义特征总结，对他人的特征判断多采用记忆检索策略。这表明自我判断和宗教领袖判断之间存在相似的神经过程。这些研究通过影像的技术，表明宗教文化会影响表征自我和宗教领袖的神经机制，宗教文化及实践削弱了自我表征的优越性，加强了自我评价、自我监管的过程。

　　宗教可以作为一种主观文化影响自我参照的神经加工过程。Xia 等（2017）的研究要求基督教信仰者对自己的名字、宗教领袖的名字（耶稣）和名人的名字做出颜色判断。行为数据显示，对这三类名字在反应时和准确率上都不存在显著差异。脑电数据显示，自我名字和宗教领袖名字引发的 P200 和 P300 波幅均显著大于名人名字，自我名字的 P300 波幅显著大于宗教领袖名字。自我名字是他/她身份的象征，最接近个体的核心自我。自我名字意味着与自我有关的潜在的重要信息（如警告、威胁、赞扬），因此引起了更大的 P300 波幅。基督教的宗教教义教导信徒要在心中保持平和、依靠上帝，可能会使信徒更加放松、平静和安静。而且，宗教和精神活动与副交感神经系统活动有关，这可能会导致心率、呼吸频率、血压和皮质醇水平下降。对基督徒来说，自己的名字和宗教领袖的名字比名人的名字更具有社会意义，所以被优先加工。

　　Fan 和 Han（2018）的研究发现，非信徒比基督教信徒更倾向于避免死亡威胁的线索。屏幕中央呈现三种线索词（死亡、生命、痛苦），在线索词的周围闪现自己的名字和他人的名字，要求被试的眼睛盯住线索词对闪现的自己的名字或他人的名字进行判断。研究结果表明，被试对自己的名字比对他人的名字反应速度更快，引起了更大的 P300 波幅。对于非信徒而言，相比生命线索和痛苦线索，死亡线索条件下自己的名字引起了更大的 P300 波幅。P300 波幅的差异预测了非信徒更明显的对死亡威胁的回避倾向。该研究揭示了宗教信仰对人类行为和与生存焦虑相关的大脑活动的影响。

（三）国旗与自我的相关研究

每个人都有自己独具的身份标识和精神世界，这些身份标识或精神世界是个人独具的自我身份标识或象征，如自己的民族、国家、信物、故乡甚至信念等，都是个人的身份标识物，都具有表征自我的作用。国旗作为国家象征和一种社会认同，与爱国主义之间有密切的关系。国旗能唤起人们对国家象征以及对自己社会身份的意识，因此国旗可以激活集体自我和个体自我心理过程。黄俊伟和钟毅平（2011）的研究证实，与非自我参照刺激相比，自我参照刺激（自己国家的国旗）引发了波幅更大的 N200 和 P300。该结果说明，自己国家的国旗作为自我参照信息，其引发的自我参照效应在认知的早期和晚期阶段均表现出来，并且表现出了大脑左侧偏侧化反应。

第六章
文化与文化适应

在当代社会，国际交流日趋频繁和深入，由此引发的全球化趋势影响着整个社会的进展和每个人的生活。其中，一个显著的现象就是人口的移动。几乎在所有经济发达的国家都存在着相当数量的移民群体，而且这种趋势还在不断强化。在英国，根据国家统计局（Office for National Statistics，ONS）的移民报告（ONS，2013），2011 年，长期移民估计有 589 000 人，其中来自中国的移民数量就达到了 393 141 人，占英国和威尔士人口的 0.7%，占移民总数的 8%，这个比例在 2011 年的所有英国移民中名列第二。拉丁裔人口是美国人数最多而且发展最快的少数民族群体，目前已经占到了美国总人口的 17%，预计到 2060 年将会翻两番。从人群讲，留学生是其中增长最迅速的移民群体，数据显示，1990 年，全世界有 100 万留学生，到 2007 年增长到了 300 万（OECD，2009），估计到 2025 年，留学生将达到 720 万（Bohm, et al.，2002）。留学生除了一般性的职业规划（如专业选择、研究生规划等）以外，还会遇到独特的挑战，如文化适应的困难、语言障碍、工作权力、回国再适应等。在过去的一段时间，境外的高等教育所招收的留学生从 20 世纪 90 年代的 130 万人增加到 2011 年的 430 万人（OECD，2013），其中最受欢迎的国家包括美国、英国、澳大利亚、德国和法国（CBIE，2013；OECD，2013）。但是由于新的国家的竞争，传统的这些留学国家正在流失生源（OECD，2013）。例如，美国 2000 年的留学生比例为 23%，到 2011 年国际留学生的比例下降到 17%（OECD，2013）。这意味着文化因素在国家的发展及国家之间的竞争和合作中越发显示出重要的作用。以加拿大为例，留学生的招收数量从 2001 年到 2012 年已经增长了 94%，成了第七大留学生国家（CBIE，2013）。与其他主要的移民国家相同，其生源主要来自中国、印度、韩国和沙特阿拉伯（CBIE，2013）。加拿大的优势在于：传统上是一个移民国家，鼓励宗教、文化和语言的多元化。此外，自 2008 年以来，加拿大移民策略有很多的改变，有利于留学生向永久居民转变（CIC，2013；GC，2014）。根据对近1500名留学生的调查，学术地位、国家安全、教育负担和研究生移民机会成了学生留学加拿大的四个原因（CBIE，2013）。

虽然国际的发展趋势为民众提供了更多的文化选择的机会，但是置于多元文化背景的个体也面临着文化适应的压力。文化适应是一种直接而持久的文化现象，它涵盖不同群体，具有非常复杂的过程，因为出生国、代际状况、语言偏好、社会经济地位不同，个体的文化适应水平也会表现出显著的差异。相关研究者在这个领域展开了深入而多样化的研究，积累了相当丰富的成果。

第一节　文化适应的解读

一、文化适应的界定与模式

虽然文化适应的心理学实证研究是20世纪80年代兴起的，但是关于文化适应的概念很早就被提出了。早期最为经典的定义来自Redfield、Linton和Herskovits，他们认为，"文化适应是拥有不同文化的个体在群体中进行直接性而持久性的接触时，一方或双方原有的文化发生改变的现象"（Redfield，et al.，1936）。目前，该领域最具有代表性的观点来自Berry，他把文化适应界定为："两个或多个文化群体及其成员间的交往结果，表现为文化和心理变化的双重过程。"（Berry，2005）宽泛地讲，文化适应指的是与不同文化的个体、群体和社会接触后产生的长期的文化和心理的变化过程。

在这些概念中，文化适应将个体置于不同文化的选择境地之中，考察的是个体对于不同文化的选择倾向，衡量的是选择过程中原有文化的变化。但是就文化适应的变化过程而言，学者的认识又分为两个阶段：在第一个阶段，文化适应被看作一种直线发展的单维模型，个体要脱离他们的原生文化，进而适应主流文化（Gordon，1964）。这是一个此消彼长的过程，原生文化和主流文化被看作对立的两端，而且研究者更倾向于将主流文化的认同看作成功的文化适应的结果。在第二个阶段，学者提出了文化适应的双维模型，认为对原生文化和主流文化的投入是两个相互分离的过程，它们不存在相互抵消的线性关系，个体对主流文化的接近或疏离与是否坚持原有的原生文化无关（Miller & Kerlow-Myers，2009）。根据双维模型，Berry认为，对主流文化和原生文化的共同遵守是最理想的适应策略，而对两种文化的同时放弃会导致最大的心理压力。

在早期单维模型的研究中,文化适应被看作一个逐渐同化于主流文化的过程,新来者对主流社会的价值信念、行为规范和日常语言的采纳,常常被看作文化适应的标志(Alba & Nee, 2003; Gordon, 1964),他们为了采纳所在国的主流文化而放弃了自己的民族文化。但是,文化多元主义(MC)认为,移民群体虽然生活在主流社会,但是他们倾向于保留原有的民族语言、文化甚至身份(Gans, 1997)。因此,双维模型强调既要保持个体的原生文化,又要采纳主流文化,虽然以往的研究显示早期的单维模型和后来的双维模型都在个体的文化适应过程中有所体现(Castro, 2003),但是双维模型所具有的更包容的多元文化价值观,使其成了当今文化适应研究的主要模型,并且得到了更加广泛的实证支持。实际上,随着近几十年拉丁美洲和亚洲移民数量的大量增加,移民群体的一些文化传统在主流国家似乎也能够在一定程度上得到维持(Frey, 2011),而且通常这些国家的法律和政策也会保护移民的权利,例如,注重在社会机构中构建公平和公正的秩序,在教育机构中创设多元文化的课程,在日常生活中允许民族节日的庆祝等,这些开放性的意识和措施都有助于移民维护自己的传统文化(Alba, 1999)。

但是,双维模型目前也开始逐渐受到了挑战,Fons 和 Van de Vijver(2017)总结了三个问题:首先,双维模型的相关概念并不明确,例如,双维模型所谓的理想的文化适应策略是整合策略,整合是否表示两种文化需要平等对待?在宗教或婚姻伴侣这类需要进行明确选择的领域中,整合究竟意味着什么?其次,当前的文化适应策略似乎更像是一种人格特质,具有跨时间和跨情景的稳定性,但是在不同的领域中,文化适应偏好可能有很大的不同。例如,土耳其裔荷兰人倾向于在私人领域保持他们的民族文化,但在公共生活中更倾向于认同荷兰文化(Arends-Tóth & Van de Vijver, 2003)。最后,移民的多样化造就了统一地区文化的"超级多样性",这意味着在移民发达的地区存在着两种以上的文化,生活在这样一个高度多样化社区的移民发展出了一种相当强烈的世界主义的文化倾向(Van de Vijver, et al., 2015),这种倾向用双维模型的适应策略已经很难解释。

此外,就文化适应的概念而言,一直以来都强调文化的改变,但是文化适应也会涉及文化的维护,即文化遗产的保留问题。现代社会的生活模式变化巨大,民族原有的文化传统如何在新的社会形态下在年轻人身上得以传承,这也是文化适应的问题。而且现在无论是政府还是民众对文化维护的兴趣都越来越浓厚,它对人们幸福的影响也越来越大,未来的文化适应应该涵盖这一内容(Fons & Van de Vijver, 2017)。

二、文化适应的策略

有研究显示,在进入新的文化环境后的一段时间内,移民通过发展不同文化的处理能力来调整世界观和与此相冲突的行为模式,最后完成对主流文化的适应(Pritchard & Skinner,2002)。在文化适应的过程中,个体所采用的策略依赖于他们对待主流文化和传统文化的态度。Van Oudenhoven 和 Hofstra(2006)提出了两个著名的问题:"维持原有文化有价值吗?""维持与其他群体的关系有价值吗?"这些问题会引发个体的决策冲突,对这两个问题的回答影响着个体的文化适应态度(Berry,1999)。具体而言,当个体面对新的环境的主流文化时,需要思考的问题是投身主流文化对于自己的生存状态有何益处,个体是否有能力完成这一转变。同时,回顾自身已有的原生文化时,个体需要思考的问题是维持原有的文化传统对自己有何意义,原生文化是否与主流文化存在冲突。个体对这些基本问题的回答形成了四种基本的文化适应策略(Berry,1990,1997):整合(integration)、同化(assimilation)、分离(separation)和边缘化(marginalization)。整合是保持原有民族的文化价值观和规范,并且适应主流国家的文化价值观和规范;同化仅仅是适应主流国家的主流文化价值观和规范,但是放弃了原有的文化内容;分离是保留本民族的文化价值观和规范,但与所在国家的主流文化保持距离;边缘化是指既不保留本民族的文化价值观和规范,也不采纳主流国家的文化价值观和规范(Berry,1997)。其中,整合通常被看作最成功的文化适应策略,而边缘化则被看作最失败的文化适应策略,同化和分离处于二者之间(Berry,1990,1997)。Sam 和 Berry(2010)进一步对这些策略进行了描述:

> 这些策略依赖于个体对文化维持和接触这两个问题的平衡。同化策略的使用是在个体不希望维持他们的原生文化认同而去接近与其他文化的互动的时候;分离策略被界定为高度重视原生文化,避免与新社会成员的接触;整合策略是指个体有兴趣维持原生文化,同时又能够保证与其他群体的日常接触;边缘化被界定为对于文化的维持缺乏兴趣或很少有可能性(常常因为强制的文化损失),同时对于与他人建立关系也缺乏兴趣(常常因为排斥或歧视)。这四种策略既不是静态的,也不是最终的结果。它们会随着情境因素而发生变化。

结合文化适应的变化模式,单维模式所谓的文化适应通常是两种结果,即或者放弃原生文化、投身主流文化——所谓的同化策略,或者拒绝主流文化、维持原生文化——所谓的边缘化策略,但是从双维模式来看,文化适应不一定就是同化或者边缘化,文化适应的过程存在多种形式。Berry 的模型强调同一社会内各种文化的共存性，即文化多元主义（Phinney，1990），它是全面理解文化适应过程的基础。因此，大量的研究借用 Berry 的文化适应模式在不同情境下展开了对个体的文化适应过程以及与各类影响因素的关系的研究，具体检验了各种策略的效果。

第一种是整合策略。整体而言，相比其他文化适应策略，整合策略是最成功的。研究者发现，参与新的社会，同时维持原生文化的个体会表现出更积极的心理状况（Koneru, et al., 2007）。

积极的文化适应能够在不同群体之间的互动和他们的文化结合中实现。不同群体之间的互动有两种方式：参与性接触和维持性接触（Berry，2001）。如果缺乏参与性接触，个体接受他人观点的能力就会受限，从而会影响少数民族对主流社会的参与情况。相反，如果有足够的参与性接触，少数民族就会更好地了解主流群体，并且更有可能在主流社会获得有利于自身发展的社会地位。同样，文化的维持性接触也非常重要，因为它涉及一个群体成为另一个群体的一部分（或者忽视另一个群体）和彼此合并（或者相互区分）的过程，能够使个体获得归属感和认同感。积极的参与性接触和维持性接触似乎对于少数民族和主流群体都有益处，能够使他们获得平等的思想观念。Berry（2011）把积极的文化适应看作多元文化意识形态的融合，它导致了两个群体积极的整合。通过多元文化的意识形态，个体和族群能够在不丧失其身份的同时实现适应，最大限度地减少偏见、歧视和消极观念，最大限度地促进积极态度的形成，并使其努力为了实现共同目标而达成合作。当人们不再担心自己的身份时，他们就会接纳别人的不同观点，从两种文化中获得资源和支持。当少数民族群体与他们的文化和主流文化有密切的接触时，幸福感的水平会更高。因此，从心理学的观点看，整合是适应主流社会最好的方式。因为大多数研究采用横断模式，还不清楚整合的文化适应策略自身是否就足以发挥积极的效应，还是因为良好的自我功能的发展使个体在两种文化中获得了足够的平衡。

第二种是同化策略。这种策略在单维度的文化模式下（即从拒绝主流文化过渡到接受主流文化，这个过程表现为一条逐渐增强的直线型模式，只有"接受主流文化的程变"这一单一维度）被给予高度评价，但在双维度文化适应模式下被发现存在问题。例如，Behrens 等（2014）发现同化策略与高度的抑郁症状相关，这种文化认同风格虽然强调接近主流文化，但是以牺牲原生文化为代价的，因此可能会导致冲突性的认同危机，最终引发抑郁症状的易感性。

第三种文化适应策略是疏离，相比同化策略，个体采用这种策略时表现出较少的抑郁症状。因为当人们选择这种策略时，与客居文化的冲突被极大地否定了，所以诱发消极情绪的压力源也会变少（Walsh & Shulman，2007）。这是一种不稳定的、迷失方向的心理补偿方式，其作用可能是有限的，需要纵向研究的补充。

第四种文化适应策略是边缘化。疏离的文化适应风格至少包含对原生文化的取向，但边缘化的文化适应策略缺乏任何文化取向。由于文化认同是自我结构必不可少的部分，边缘化风格实际上对于任何情绪适应过程都缺乏有力的支持，容易导致不成熟的自我概念。当面对文化适应时，边缘化风格的个体会丧失文化的支持和自我的坚持，导致最终出现抑郁症状。

另外，文化策略的评估还应该考虑到策略实施的具体情境。虽然整合策略是通常意义上最理想的选择方案，但在真实的情境中并非总是成效显著。整合策略建立在对两种文化双重认同的基础上，这就意味着不仅少数民族要认同主流群体的文化，而且主流群体也要接受少数民族维持原生文化认同的需求。因此，当主流群体促进了少数民族的双重认同时，双重认同就会更为可行。当主流群体不开放、不包容时，这种策略同样能够产生压力。例如，在组织行为学领域，研究者发现在文化多样性的小组内支持多样性的规范能增强认同。在注重文化差异，容忍模糊性、行为方案比较灵活的组织内，不同文化认同的组合能够通过不同文化的群体气氛得到促进，这种不同文化的群体气氛与对组织的认同有积极的相关（Luijters, et al.，2006）。实际上，无论是在新环境中竭力维持原有的文化认同，还是努力接触新环境，移民都会受到与多样化相关的压力的影响。当个体竭力将两种认同进行结合时，两种文化规范产生的压力就会上升，最终导致产生角色冲突。而且，为了融入新的群体，个体在文化认同的过程中还需要顾及新群体成员的感受，其策略的使用会受制于人际互动的效果。因此，Luijters等（2006）认为，尽管双重认同对于员工而言可能是工作中最偏好的策略，它依然要求个体有能力处理压力。因此，在考虑文化适应策略的效果时，还需要考虑与处理文化适应压力的能力相关的特质在多大程度上决定了文化适应策略的选择偏好。

三、文化适应的评估

文化适应包括外部行为和内部心理的改变。外部行为的改变包括着装、饮食、语言、媒体、交友等，这些指标都比较容易测量；内部心理的改变包括认同和价值观，这些指标更加微妙，也更难测量（Matsudaira，2006）。Berry（1997）提到，当个体在文化适应的过程中经历文化差异时，他们会使用各种应对策略（例如，与主流群体的社会接触或与本民族成员的社会接触）来应对日常生活中出现的各类变化。当这种应对策略有效时，个体会对生活有更高的满意度、更多的积极情感、更少的消极情感。当应对策略不能充分满足个体的需要时，个体就会体验到更多的消极情感，具有压力感和挫败感。Berry 的理论构想得到了该领域研究者的普遍关注，也因此引发了基于文化适应双维度模式的诸多实证研究，这些研究在评估少数民族的文化适应时，通常采用了以下测评方法和工具。

（一）一般性的文化适应量表

《文化适应策略量表》（ASS）（Berry，2001）分别测量由 Berry 所界定的文化适应的两个维度，即参与主流社会和维持原有文化。其主要评估个体对语言、文化和社会互动等具体领域的偏好，这些维度代表着处于文化适应中的个体的重要的生活领域。参与主流文化的意愿用 8 个项目评估，例如，"我想与当地人交谈，想更多地了解他们"等；对原有文化的维持用 9 个项目评估，例如，"对我而言，维持自己的原有的文化很重要"等。

除了美国之外，加拿大也是重要的移民国家，《温哥华文化适应指标》（VIA）（Ryder, et al., 2000）就是专门评估定居于加拿大的各国移民的专项量表，包含 20 个项目，共有 10 个配对项目，每个配对项目分别代表主流文化群体和原生文化群体，评估了主流文化和原生文化取向。例如，"对我而言，维持和发展我的原生文化很重要"（针对原生文化群体），"对我而言，维持和发展加拿大文化很重要"（针对主流文化群体）。

（二）针对特定群体的文化适应量表

1)《亚裔美国人多重文化适应量表》（Chung, et al, 2004）。该量表用于测量美国亚裔公民对原有国家或民族文化的投入，对美国其他亚洲群体文化的投入，以及对欧美文化的投入。全量表共 30 个项目，采用 6 点计分，分数越高，表示对该维度的文化有更高水平的适应。通过探索性因素分析和验证性因素分析等步骤，在每一种文化领域中确定了 4 个维度，即文化认同、语言、文化知识和饮食消费。此外，《亚洲美国人多重文化适应量表》（Ownbey & Horridge, 1998）也是测量亚裔美国人的文化适应的常用量表。该量表有 26 个项目，5 点计分，年龄跨度为 18～87 岁。

2)《民族通用问卷》（GEQ）（Tsai, et al., 2000）。该问卷既有英语版，又有汉语版，独立评价不同类型的文化取向，最初设计用于评价中国成年移民在美国的文化适应情况，包括 6 个维度，即语言掌握（language proficiency）、社会联系（social affiliation）、日常活动（activity）、自豪感（pride）、受关注度（exposure）

和饮食（food）。量表采用 5 点计分，每个维度有美国和中国两种文化取向，问题完全一样，两个部分各由 38 个项目构成。

3)《牙买加裔美国人文化评定量表》（ARSJA）（Ferguson & Bornstein, 2015; Ferguson, et al., 2012）。该量表是一个三维的文化适应量表，用于测试加勒比和北美的黑人和白人群体的文化倾向。在此基础上，又发展出了适合南非群体的《南非文化适应评定量表》（ARSSA）（Ferguson & Adams, 2016），该量表包括 6 个平行的文化取向分量表，包含四种主要的南非文化和两种美国文化。每一种文化取向分量表都包含三方面的内容，即文化接触/友好（CC/F）（例如，"我现在的朋友都来自不同文化"）、文化娱乐（CE）（例如，"我喜欢听不同文化的音乐"）和文化自我认同和出身（CIP）（例如，"我喜欢从文化交融的角度认同自我"）。

4) 针对拉丁裔移民的《拉美裔双维度文化适应量表》（BASH）（Marin & Gamba, 1996），该量表包括 12 个项目，涉及三个领域——语言使用、言语精通和电子媒体。该量表也被广泛地应用于其他群体的文化适应研究中。

5)《双文化投入问卷》（BIQ）（Zane & Mak, 2003）。它评估了拉丁裔青少年针对美国文化和西班牙文化的取向水平，包括 11 个评估美国风格的项目和 11 个评估西班牙风格的项目。例如，"你在多大程度上喜欢美国音乐"（针对美国风格）和"你在学校说西班牙语感觉舒服吗"（针对西班牙风格）。

（三）文化适应的替代性指标

有些研究没有直接采用文化适应量表进行测试，而是采用了某些更容易获得的指标作为文化适应替代指标，通常在语言和认同两个领域测量，每个方面分别根据当前所在国家主流文化和移民原有文化进行评估。对于语言熟悉度，通过口头表达、语言理解、书面阅读和文字书写四个项目来评估。认同项目通常选自文化认同的项目，例如，"我把自己看作某国（民族）人"或"我觉得自己是某个国家（民族）的一部分"。

此外，文化适应压力也常常被用来衡量文化适应的心理状况。例如，Spiegle 等（2005）以 Oppedal 的研究为例，后者基于前人的工作，提出了三个因坚持传统而产生的压力的评估项目，包括"同胞批评你没有很好地维护原有国家的传统"，"你的孩子没有表现原有国家的传统"，"你的孩子的行为太趋向于主流国家的孩子"，这些项目反映了个体在一年内因为文化适应而出现的乡愁和压力的频次。

考虑到部分移民语言方面的障碍，文化适应量表通常需要翻译为适合移民的母语进行测试。通常由具有双语双文化背景的人员遵照使用标准的回译程序进行语言的翻译,然后由专业研究小组检查含义和文化的适合性,最后进行试点测试,从而保证测验工具的有效性。另外,还有几种替代性文化适应的测量指标,包括语言偏好、出生地、到达客居国的年龄、移民时间等。

(四)文化适应的质性方式

Miyawaki(2015)在探讨美国日裔后代的孝道时,采用 Gordon(1964)的经典同化理论(CAT)对 21 名日裔美国后代进行了访谈,构建了包含 6 个主题的半结构式问题——人口统计学信息、护理维度、文化价值观、文化适应、干预和政策、未来护理的推荐,这些问题分别与文化适应和文化价值观的主题合并在一起。对于访谈数据,采用计算机程序(如 ATLAS. tiV7)进行编码,完成归纳式的内容分析。访谈结果表明,后代移民子女的孝道观念和看护投入并未像预想的那样因为受到西方文化的影响而降低,依然保持着很高的与传统文化相符的水平。

(五)文化适应的综合性评估

除了普遍性的测量之外,质性的研究方法也常常被用于文化适应的研究中,尤其是访谈技术的使用。例如,Dentakos 等(2016)使用两阶段的混合方法设计探讨了留学生文化适应的动机。他们一方面采用了《大学文化适应问卷》(Baker & Siryk,1989)评估留学生文化适应的基本状况;采用文化适应量表——《文化适应动机量表》(Chirkov, et al., 2007)评估对所在国家的互动意愿;运用自我报告了解留学生在理解、写作和口语等方面的英语熟练程度,作为文化适应的替代性指标。另一方面,又采用了质性方法,通过开放式问题了解这些留学生未来的居住意向,例如,"研究生毕业以后,你打算回国还是留在现在的国家?"同时,采用深度半结构式访谈探讨了留学生移民前后的体验。访谈设计了两个领域:在国外学习的动机和目标;移民后的体验和未来的打算。由受过训练的学生进行访谈,时间为 30~60 分钟。所有访谈采用英语进行,录音然后转化为文本资料。在由第一作者编码之前,每个文本会被重新阅读多遍。然后,进行编码,使用在线数据管理程序整合为统一主题。经过上述方法的整合,研究者发现更强的文化适应动机确实能够预测留学生的适应和永久居住意向,而文化适应动机越低的留学生,越有可能在跨文化适应、大学感知和同伴关系中有消极感受。

（六）对文化适应测评模式的反思

上述测评工具或质性方法虽然在一定程度上反映了主流国家内部少数民族群体的文化适应状况，但是无论是量表或访谈提纲的设计还是结果的分析与评价，都基于双维度模式，集中体现在 Berry 的文化适应四重模型方面。但是，已经有学者对这种模型提出了批评，主要的问题表现在对文化适应采用了"一刀切"的方法（Rudmin，2003）。例如，该模型主要针对永久性移民的文化适应，主要用于自愿移民和难民样本。但是目前的大量研究涉及了另一个群体——留学生，随着全球化和教育的发展，海外留学生的数量正在不断增长，他们与普通的移民不同，具有旅居者的特点，所以将这种模型推广到暂时性移民的情境中可能就存在问题。因此，Chirkov 等（2007）提倡文化适应动机与文化适应取向（AO）对应，用于探讨留学生的文化适应状况。绝大多数关于文化适应的研究都集中于移民，忽视了发展中国家当地居民的文化适应，这也是文化适应心理学的必要研究领域（Sam & Berry，2010）。此外，文化适应心理学的研究范围应该从当代世界范围的社会文化变化的发生扩展到文化对话，文化适应心理学基本上使用量化方法，未来的研究方向也应该强调定性的研究方法（Ozer，2015）。

第二节 文化适应的进程

一、适应模式的两个层面——个体适应与文化适应

在个体模式中，研究者倾向于关注单独的个体，引发适应的条件包括重大生活事件（如离异、丧偶、搬迁、失业等）和日常生活琐事（如环境污染、交通拥堵、工作压力等），值得注意的是，传统意义上的一些积极事件（如结婚、升迁等）也会因为压力过大而引发焦虑感，从而需要个体进行适应。因为个体模式所关注的事件来自独立个体的生活范围，这类事件因人而异，所以在用于分析适应状况的过程中，更倾向于关注个体化的因素，如遗传特征、人格特质及行为模式，忽视了群体互动下的文化变量。当研究者把目光投向某个特定的群体时，文化的内涵得以凸显。实际上，它就蕴含在个体模式中所关注的各类具体的生活事件中，只是因为个体模式下的研究对象往往取样于同一个文化背景下的人，文化的同质性水平很高，因此常常被忽略。当取样范围扩展到民族层面时，文化的异质性就会显现出来，文化变量自然而然地进入了研究范围内，文化适应的研究意

义由此得以凸显。

与个体模式相比，在群体模式中引发适应的条件不再是具体的生活事件，而是更宏观的生活环境的整体性改变。这种变化不再局限于某个具体的个体，而是涵盖了该区域几乎所有的存在状态，由此引发了群体性的适应问题。其中，有两类典型的表现形式：一是移民的适应问题，例如，当代中国农民工从乡村进入城市后所面临的一系列适应问题，或者某一民族或国家的居民移居海外之后面临的适应问题。这类适应性事件是人们主动涉足新的社会和环境的过程，适应的发生源于地点的改变，具有突变性，只要从原生环境进入客居环境，就会产生压力，两种环境的差距越大，压力就越大，适应的要求也就越高。二是社会变迁下的原生形态的变化，例如，民族地区的城镇化进程，这类适应性事件是一个渐变的过程，具有被动性的特点。

目前，绝大多数研究集中于第一类适应事件，这和21世纪大规模的人口迁徙有关，其讨论的热点集中于文化适应。就文化适应而言，它又具体存在两个层面：群体层面和个体层面（Berry，2005）。在群体层面，文化适应要求社会结构和文化实践方面发生变化；在个体层面，文化适应要求个体在行为方式和心理信念方面发生变化。文化适应包括两个相互作用的因素：态度（个体关于如何进行文化适应的偏好）和行为（个体的实际活动）。在文化适应的过程中，个体必须要处理传统文化和客居文化的关系。文化适应的良好结果是整合，即移民在成为社会新成员的同时，还要维持原有的文化。这些个体被看作双文化取向者，但不一定是双语者。他们内化了两种文化，并且使用与每种文化相关的语言（Luna，et al.，2008）。

二、文化适应的过程

在关于文化适应的研究中，横断研究设计占据了大多数，这样的局面影响了因果关系的推论。因此，诸多学者呼吁该领域应加大对纵向研究的关注，否则无法检验文化适应的真正效果（Smith & Khawaja，2011），甚至有学者认为文化适应过程中的潜在的中介变量需要通过纵向研究才能得以检验（Zhang & Goodson，2011）。纵向研究能够对文化适应过程进行更密切、更连贯的观察，能够从逻辑上更准确地阐述文化适应各个阶段发展和变化的基本轨迹。

横断研究和纵向研究的取向是不同的，横断研究更强调适应的结果，而纵向研究更强调适应的过程。鉴于横断研究的局限性，研究者从对适应结果的关注转向对适应过程的探索。例如，对于移民在客居地所体验到的压力是否仅仅来自移居之后所遇到的挑战，移居之前的状况是否会影响移居之后的文化适应状况，这类问题就需要通过纵向研究进行调查。研究显示，当移民处于新的文化情境中成为少数民族时，他们的幸福感不仅受到客居文化的影响，也受到其移民前的过高期望和移民后的心理落差的影响（Tartakovsky，2009），这种落差部分与移民在移居前对民族文化的兴趣和对祖先故土的依恋有关，当移民之后的幻想破灭后，其幸福感水平就会明显下降。因此，近年来，研究者开始强调移居之前对文化适应的预先准备的研究，即文化适应前期。Tartakovsky（2009）测量了青少年移民之前和之后的心理幸福感，发现其移民前的幸福感是移民后前三年幸福感的最重要的预测变量。

除了文化适应的前期准备之外，在到达客居地之后，纵向研究大致勾画了这种适应的轮廓：在定居后第一年的上半年，文化差距的消极影响就可能出现，这个时候，移民会努力针对新的文化进行最初的调整。Ward等（1998）发现，客居新西兰的日本留学生第一周在幸福感的情绪维度上的得分低于之后的6个月和12个月的得分。在这个阶段，文化差距越大，幸福感水平越低。随着移民生活的继续（在第一年的下半年或之后一段时间），新来者要学习当地社会中更重要的规则，但他们不可能熟悉新文化的所有方面，因彼此误解而产生的人际摩擦时有发生，文化适应继续进行。在这个阶段，文化差距依然对幸福感有消极影响，但影响力已经低于前面的阶段。在最后阶段（如三四年之后），当移民逐渐融入新的文化群体并形成稳定的生活模式后，文化适应也就逐渐接近尾声（虽然在某些方面可能存在着永久性的适应问题），它不会再像当初那样与幸福感有密切的联系，因此文化差异就不再是影响幸福感的关键因素了（Tran, et al., 2015）。这种模式虽然致力于描述一般的适应过程，但是群体差异依然存在。研究者对来自49个国家和地区的移民在澳大利亚的文化适应的跟踪调查中发现，其原有文化和现居住地文化之间的差距越大，适应就越困难，相应的幸福感水平也越低，但不同民族的移民又显示出各自的独特性（Kashima & Abu-Rayya, 2014）。

此外，不同人生阶段也存在着不同的适应模式。例如，成人期的发展为原生文化适应提供了一种重要和独特的发展情境，自20世纪70年代以来，西方国家在人口和经济方面发生了显著变化，使得人们在恋爱、工作和世界观方面需要重新适应，这为成人期的形成提供了一个探索阶段。这个发展阶段有五个显著特征：认同探索、不稳定性、自我关注、中间人的感觉、可能性或潜在性的感觉（Arnett，2006）。这五个特征代表了重要的社会情境因素，影响着他们的适应进程，同样体现出不同的幸福状况。

除了单纯描述文化适应的发展过程之外，研究者还将文化适应中的个体因素和文化适应的效果结合起来进行了更深入的探讨。例如，关于中国留学生在海外的文化适应状况，Du 和 Wei（2015）检验了从文化适应经历到应对策略与短期效果的关系。研究者采用纵向研究设计，让 213 名中国留学生完成了在线调查。结果部分支持了两个调节假设：在第二个时间段的主流社会接触对于第一个时间段的文化适应和第二个时间段的生活满意度以及积极情感之间的关系起到了部分中介作用；在第二个时间段的本民族社会接触对于第一个时间段的文化濡化和第二个时间段的消极情感起到了部分中介作用。而且，出乎预想的是，第二个时间段的主流社会接触对于第一个时间段的文化濡化和第二个时间段的生活满意度、积极情感的关系也起到了部分中介作用。因此，对于中国留学生而言，主流社会接触和本民族社会接触都是重要的应对资源。总体而言，纵向研究的结果说明：第一，通过感受到与主流社会成员的亲密感，文化水平越高的留学生，对未来的生活满意度更高，积极情感更多；第二，通过感受到与本民族其他成员的亲密感，文化濡化的水平越高，消极情感可能越少；第三，通过感受到与主流社会成员更少的亲密感，文化濡化的水平越高，对未来生活的满意度越低和积极情感越少。

总体而言，当前关于文化适应的发展趋势的探讨还有待于更多、更严格的纵向研究的支持。Doucerain 等（2016）发现，主流文化取向和原生文化群体取向在客居国的前 5 个月都有直线增长，原生文化群体取向随着时间的流逝会变得更为积极（Brown, et al., 2013；Rogers-Sirin & Gupta, 2012）。但是，另一些研究发现了相反的结果，研究者观察到了原生文化取向或主流文化取向具有稳定的水平或者下降的水平（Kiang, et al., 2013；Updegraff, et al., 2012）。这些研究结果的差异，必然促使我们考虑到不同的纵向研究的取样误差，例如，从年龄考虑，有些研究关注的对象是青少年，而有些研究关注的对象则是成年人甚至老年人；从原生文化考虑，有些研究关注的是亚裔移民或留学生，有些研究关注的是非洲裔移民或留学生，而有些研究关注的则是拉丁裔移民；从主流文化考虑，大部分研究集中在美国、英国、加拿大，以及其他欧洲国家；从性别考虑，有男女共存的样本，也有专门针对女性的样本；从移民代际考虑，有第一代移民，也有第二代甚至第三代移民；从移居时间考虑，有几个月的纵向追踪，也有几年的追踪；从测评工具和指标方面看，有的研究关注幸福感，有的研究关注压力、焦虑和抑郁，还有的研究关注人际关系、身体健康等。因此，不同的研究在上述因素方面存在着很大的差异，因此，很难确定哪些变量造成了这些研究结果的差异。因此，需要综合更多的纵向研究结果才能够得出一般化的文化适应的发展规律。

三、远程文化适应

当今世界全球化的发展趋势越来越明显,全球化包含国家、民族和群体之间的相互依赖以及"商品、人员及思想的多重方向的流动"(Jensen, et al., 2011)。全球化不仅为文化适应的研究创造了宏大的社会背景和赋予了重要的时代意义,还产生了文化适应的新形式——远程文化适应。在传统观点中,某个文化群体的成员出于某种需要搬迁到另一个群体中去生活,这个带有原有群体文化特征的新来者为了能够在新的环境中生存下去,就需要和当地人开展直接而持续的接触,于是就产生了传统的文化适应。但是,现代的贸易、媒体和技术提供了另一种文化接触的可能性,它可以让在地理空间上永久性隔离的不同文化群体之间进行间接以及间断性的文化接触,这种情况下可能会产生远程文化适应。远程文化适应(RA)让地理和历史上分离的群体有机会进行有意义的接触,虽然这种接触是间接的,具有间断性的特征,而且与传统的直接的、连续性的文化接触不同,但依然反映了文化适应的新内容。在一些地方,这种现象被称为全球本土化(glocalization),是普遍化(全球的)和特殊化(地区的)趋势的同时存在,它描述了全球的或者特定的国外文化对当地现实的影响。以南非社会为例,20世纪90年代,随着种族隔离制度的结束,南非所有种族的年轻人首次被允许合法地在国内进行不同种族和不同文化的接触,这是他们的父母从未经历过的情况。像世界上其他国家的年轻人一样,如今南非的年轻人也居住在一个全球化的世界中,可以接触到来自本国以外的文化,包括来自美国的文化。美国化(Americanization)已被证明是一种文化适应的远程形式,是在全球化趋势下出现的间接性的和间断性的文化接触现象(Ferguson & Bornstein, 2015)。

文化适应的传统定义认为,文化接触必须是直接的——发生在相同的地点和时间,而且是持续的——体现在自始至终的过程中,因此这种定义排除了非面对面的交流、替代性地暴露于外国文化中以及间断性的接触(Sam, 2006)。但是,关于香港的研究挑战了这个假设。Cheung-Blunden 和 Juang(2008)的研究显示,在香港非移民青少年群体中也发生了双维度的文化适应,这意味着香港青少年对于英国文化的文化适应可能代表了"一种延伸的接触效应"(Wright, et al., 1997),青少年仅仅由于从熟悉英国文化的父母或其他成年人那里获取相关的信息而达到了对西方文化的认同,表明了远程文化适应效应的存在。这同时还引发了其他问题——既然间接的、断续的文化适应形式也是存在的,那么和直接的、持续的文化适应形式相比,哪一种更为强大呢?二者是否具有同样的运作机制?同一种文化适应策略在两种情况下是否具有相同的效果?Arnett(2002)提出了年轻人处理本地和全球文化的特定的个体模式——双文化认同,后来 Jensen 等(2011)描述了 4 种可能的与全球化有关的文化适应情况。Ferguson 及其同事在加勒比地区远程文化适应的一系列研究中提供了丰富的实证资料(Ferguson, et al., 2012)。他们调查了 245 名牙买加青少年和他们的母亲,根据与文化相关的行为、价值观和家庭互动模式等指标,采用聚类分析发现了具有双文化模式的年轻人的一个聚类,他们被标为"美国化的牙买加人",相较第二聚类的传统的牙买加人,这些人报告了高水平的牙买加文化取向、较高水平的欧美文化取向、较低水平的家庭义务、较高水平的代际义务差异以及较高水平的亲子冲突。而且,美国化的牙买加青少年在欧美取向和家庭义务上的得分类似于在美国的牙买加移民青少年,得分介于传统的牙买加青少年和在美国出生的欧美青少年之间。2015 年,他们在另一项研究中发现了类似的结果,这一次他们调查了 222 名牙买加青少年,基于相似的远程文化适应的指标,其中 38% 归于美国化的牙买加人。在这项研究中,他们发现了更大的差异,在女孩的美国化中,表现出更频繁的电视/因特网消费,在青少年中表现出更少的当地电视和运动消费。此外,食物、旅游、跨国传播与更强大的欧美文化取向有积极相关。2017 年,他们调查了 330 名牙买加青少年及其母亲,探讨了远程文化适应程度对他们美国式生活方式的影响。研究以美国人的身份取向和行为偏好以及电视节目的观看时间和不健康食物的摄取频率为指标,结果显示,女孩的美国身份取向和行为偏好直接预示了她们不健康的饮食风格,以电视节目的观看时间为中介,女孩母亲和男孩的美国身份取向及行为偏好间接预测了不健康的饮食风格。而且,以母亲观看美国电视节目的时间作为中介,其美国身份取向和行为偏好可以预测女儿的不健康饮食。

此外,关于远程文化适应和心理功能之间的联系还没有得到足够的探究。一方面,研究者认为年轻人暴露在当地和全球文化中,会使他们的文化认同变得更加复杂,因为会增加文化认同困扰的风险,危害他们的心理健康(Jensen, et al., 2011)。Ferguson 和 Bornstein(2015)关于赞比亚年轻人的远程文化适应的研究部分支持了这种观点,发现相比传统文化取向的同伴,对美国、英国和南非文化有更强取向的年轻人报告了较低的生活满意度,但没有表现出更大的心理障碍。然而,Cheung-Blunden 和 Juang(2008)发现,相比传统文化取向的同伴,在中国香港的中国-西方双文化取向的青少年那里没有发现更高水平的抑郁症状。另一方面,双文化取向在年轻人的日常生活中用于处理多种文化时可能是有利的。Chen 等(2008)关于北京和香港的非移民中国大学生的研究显示,具有文化整合的中国-西方认同取向与心理适应有积极的联系。

远程适应不仅出现在青少年阶段，而且在正在形成的成年期也很明显，延长的认同探索、多重生活可能性的思索以及在此发展阶段的中间人的感觉，可能会促进这种现象的产生（Arnett，2011）。而且，在南非的案例中，远程文化适应不仅反映了边缘群体和少数群体的年轻人对外部世界的追寻，而且反映了包括南非样本中的所有种族群体对外部世界的追寻（Ferguson & Adams，2016）。重要的是，对于那些处于理想和现实困境中的年轻人而言，对多元的当地文化和远程文化世界的处理，可能是21世纪的年轻人主动进行自我发展的新机制。而且，相比传统的文化适应，远程文化适应对于个人物理环境中的其他文化具有更强大的力量。结合加勒比的研究（Ferguson & Bornstein，2012），远程文化适应的存在及其双文化（甚至多文化）性质似乎是文化适应的共性。

虽然这些问题还有待在未来的研究中深入探究，但是至少说明了文化适应研究的新趋势。全球化包含经济、政治、技术和文化的成分，也包含观念和产品的文化传递（Berry，2008）。如果说全球化是"一种为文化适应提供起点的接触"（Berry，2008），那么全球化的现代形式必然引发文化适应的现代模式。例如，20世纪末期的国际贸易就使得消费产品的交换有很多形式。实际上，新的证据显示，来自一种特定文化的食品的单纯消费强化了与这种文化相关的文化认同（Guendelman, et al.，2011）。此外，大众媒体已经成了一种文化全球化背后的主要力量，创造了一种"新的社会邻里关系"。21世纪的技术革新，包括快速发展的新媒体（如网络交流），已经极大地拓展了社会邻里的界限，超越了旧媒体（如电视、杂志）的范围。以前，有意义的文化接触可能就是直接面对面交流的同义词，但是现在不一样了，现在的大众媒体促进了间接接触。全球化也挑战了传统的文化适应对于持续的、暴露性文化接触的要求。Sam（2006）断言："关于时间长短或持续性的问题本身对于文化适应的影响已经不再那么重要了。"

第三节 文化适应的影响因素

文化适应是个体面临一个全新环境时的变化过程，这种变化涉及认知、情感和行为各个维度，扩散到个人发展、人际关系、家庭、学校、工作及社团的各个领域，其发展变化必然会受到各方面因素的影响。研究者发现，置身于不同的移民国家，移民的文化适应状况就会不同（Berry，1997）。例如，Sabatier和Berry（2008）发现，在法国和加拿大的年轻移民对不同文化间的关系、家庭氛围、适应水平和预测适应的因素方面存在差异。居住在挪威、瑞典、芬兰、德国、法国和荷兰的土耳其年轻移民在文化适应偏好、体验和适应方面存在差异。但是文化适应心理学主要关注的不仅仅是环境对个体的影响，更侧重于探讨个体如何应对环境，他们的哪些反应是有效的，哪些反应是无效的，哪些反应是积极的，哪些反应是消极的。因此，关于文化适应的影响因素，研究者的主要关注点在于个体在新环境下对压力的感知和应对、个体自身的文化适应动机、个体在新环境中的人际关系的选择和重新构建、个体在日常生活中的娱乐活动，还有个体对于歧视的感知以及心理干预的手段，等等。

一、文化适应压力

文化适应是一个复杂的过程，"涉及各种相互调节的文化形式和心理变化，需要群体双方进行长期的心理和社会文化的适应"（Berry，2005）。在这个过程中，新来的移居者需要和当地不同的文化进行接触，学习彼此的语言，熟悉彼此的文化。但是，这样的交换可能会导致误解和冲突，引发文化适应压力（Berry，2005）。作为文化适应的代表性群体——移民，他们的移居过程本身就是一个潜在的压力源，他们通常会体验到各种与文化适应相关的压力。迫于生存的需要，个体在原有国家或民族内部内化的传统文化，在移居他国之后必然会所有调整，于是个体面临着适应的任务，体验到了转变的压力，不仅需要适应新的社会角色，还涉及信仰和价值观方面的变化。这些挑战伴随着学习新的语言、接受新的社会规范和熟悉新环境的过程而加剧，个体很容易陷入语言不熟练、就业状况不满意以及社会交往机会明显减少的窘境之中（Thomas，1995）。而且，移民还常常体验到乡愁（一种强烈的对家乡的怀念或者强烈的失落感），这会引发更多的情绪问题。此外，文化适应的压力不仅来自全新的群体，同时也包括内群体的压力，属于同一国家、民族或地区的成员之间会有意或无意地对个体是否坚持传统文化进行监督和评判（Vinokurov, et al., 2002）。但是，人们在文化适应过程中所感受到的压力也存在着个体差异，主要表现在四个方面。

第一，处于不同状况的个体对文化适应的压力感知不同。就永久性移民而言，相比男性，女性更容易感受到压力，第一代移民比第二代移民更容易感受到压力（Liebkind，1996）。但是，在留学生群体中，关于年龄和性别的实证研究在文化适应压力方面的作用既有支持的证据，也有反对的证据。以留学生的学业适应为例，留学生的平均绩点和文化适应压力的关系，以及留学生的平均绩点和总体的压力适应之间的关系，目前都没有统一的结论。不过语言能力与留学生的积极适应有关，尤其是对自己新的语言能力的感知（而非实际的语言能力）能够预测他们在跨文化压力下面对新环境时的生活和学习质量（Dentakos, et al., 2016）。

第二，文化适应压力与个体的文化适应取向也有关系。一般而言，主流文化取向的个体表现出更少的文化适应压力，而原生文化的维持则与更多的文化适应压力有关（Berry, et al., 1987；Vinokuro, et al., 2002）。但是，关于在芬兰的越南移民的研究发现，文化适应取向和文化适应压力之间的关系受到了性别因素的调节。当女性与主流文化分离时，更容易感受到压力，而男性采纳西方生活风格并拒绝传统的家庭价值观时，更容易感受到压力（Liebkind, 1996）。此外，家庭内部伴侣的文化适应取向也会直接影响到配偶的文化适应压力。例如，在关于美国的波斯尼亚难民的文化适应的研究中，丈夫对主流文化行为层面的文化适应成了妻子创伤后压力的保护资源（Spasojević, et al., 2000）。

第三，个体的文化适应会对个体化的人际关系产生影响，从而体现出不同的适应状况。例如，在美国的韩国看护者报告了家庭成员间的文化适应存在冲突的情况，因为不同的家庭成员的文化适应的速度不同，在关于照顾老人的问题上会表现出不同的价值观和信念（Lee & Bronstein, 2010），形成了家庭内部的压力源。因此，文化适应压力不仅受到个体自己的文化适应水平的影响，也会受到与自己关系密切的或者对自己有重要影响的他人的文化适应水平的影响。

第四，不同个体所面临的主要压力源不同。有人经历了作为员工时的新的社会角色所带来的文化适应压力（Luijters, et al., 2006）；有人面临着照顾老人时主流文化的亲子伦理观念和传统文化的子女角色的冲突所引发的压力（Chun, et al., 2007）。美国的越南移民面临的主要挑战是英语的习得，以及新的西方文化和美国生活风格的同化。在美国和加拿大的大部分日本人在面对文化适应时，如果持有更强烈的亚洲文化价值观，其压力和抑郁水平就会更高（Knight, et al., 2002）。

压力过大或持续时间过长容易导致个体产生更多的消极情绪，从而影响其文化适应的质量，而且文化适应和消极状况之间的关系可能还受到其他变量的影响。例如，研究发现，拉丁裔大学生自身的情绪调节能力在他们的文化适应压力与抑郁和焦虑症状之间起着间接的作用（Mayorga, et al., 2018）。因此，明确与文化适应相关的压力源及其影响力非常重要，相关部门和人员能够在此基础上为新来者提供相关的资源，以引导其应对压力问题，使其顺利完成文化适应。

二、文化适应动机

在文化适应过程中，研究者认为个体的文化适应动机对于文化适应有潜在的影响。例如，个体当初出于何种目的来到新的国家？其期望在崭新的环境中获得什么？文化适应动机被界定为学习新的国家或地区的文化，与当地的成员发展友谊，探讨所在国家的社会和文化环境的意愿（Chirkov, et al., 2007）。如果文化适应被看作学习新文化的过程，文化适应动机就是投入这个过程中的意愿。

以此为思路，研究者对留学生和永久居住的移民进行了区分。对于留学生而言，无论居住意图如何，他们最初移民都是为了学业，因此被看作旅居者，即那些在有限的时间内自愿离开祖国，为了完成特定的学业或实现与职业相关的个人发展目标而面对文化适应的人（Pedersen, et al., 2011）。有两个关键的特征可以区分永久居住者和旅居者：一是，旅居者的移民目的是由非居住目标所引发的，而留学生的主要生活导向则是学习（Wintre, et al., 2015）。二是，旅居者的移民状况是非永久性的，如果留学生能够充分意识到这种过渡性特征，就会在文化适应的困境中更倾向于关注学业成功，因此诸如是否能够融入当地社区、是否能够接受当地文化之类等问题就不再那么突出（Kim, 2001）。但是，如果他们从长远的角度设想自己在异国他乡的生活，留学生这种旅居者的状况可能就特别具有风险性。Berry 等（1987）发现，相比永久居住者，旅居者体验到了更高水平的压力和更低水平的社会适应性。在有关旅居者的身份构建方面，当身份不一致性与非身份化之间产生冲突时，内部动机能够为来自独立文化的旅居者提供缓冲；而外部动机则能够为具有共生文化的旅居者提供缓冲（Matschke & Fehr, 2017）。

近年来，研究者不断地深入研究这个问题，动机与文化适应的关系又得到了进一步的挖掘。Dentakos 等（2016）使用两阶段的混合方法设计探讨了留学生文化适应的动机。多层回归分析检测了文化适应动机作为留学生文化适应和永久居住动机的预测指标的作用，在排除了年龄、性别、学业年限、外语水平后，文化适应动机对于留学生的文化适应有显著预测作用，无论从总体水平还是具体的学业、制度、社会和个人情绪维度考虑，更强大的文化适应动机确实能够预测留学生在异地的适应状况和永久居住意向。文化适应动机水平越低的留学生，越有可能在跨文化适应、大学感知和同伴关系中有消极感受。

整体而言，有关文化适应动机在留学生文化适应中的效应的研究还很少，因此还不能得出普遍性的结论。但是，根据目前的研究结果，可以从四个方面进行推测：第一，文化适应动机反映了个体差异，既然在永久性移民那里文化适应水平与国外适应状况存在积极关系，就可以推测文化适应动机越高的留学生，其适应状况也应该越好。第二，留学生的文化适应动机与心理健康有积极联系，与身心疾病和社会交往困难有消极联系。基于这一结果，更高水平的文化适应动机也应该与留学生的学校适应相关,例如,学业适应和团体归属。第三,Chirkov 等(2007)的研究发现,文化适应动机与在国外生活的时间无关,说明文化适应动机是一个衡量适应的稳定性指标,但是还不知道这一结果在多大程度上与留学生有关。第四,那些表示愿意在国外情境中投入更多兴趣的学生,更可能愿意追求永久居住权(Kim,2001)。因此,我们假设文化适应动机不仅可以预测留学生的文化适应状况,还可以预测其永久居住的意图。

三、人际交往与文化适应

研究发现,处于新的文化群体中的个体在面对文化适应问题时,无论是与新的国家或地区的成员进行主动交流,还是与原有国家或地区的家人或朋友保持联系,都可以起到促进文化适应的作用。与当地居民的互动能够促进个体对于主流国家文化的认同,而与留守国内的家庭和朋友的交流则能够增强他们的幸福感。其中,友谊在青少年移民的个人认同和社会认同的再次界定过程中起着重要的作用。Akhtar(2009)观察到,拥有自己文化的朋友通常有助于抵消移民孤独感。青少年移民为了解决家庭文化价值和学习文化价值之间的冲突,常常通过朋友来获得确认、指导和支持(Vitoroulis,et al.,2012),与朋友的交流似乎是针对学校体验的文化适应整合的一部分(Tong,2014),朋友的文化背景可能对他们的文化适应的程度和性质进行调节。有关美国移民的研究显示,无论是内群体还是外群体的朋友都有利于文化适应(Chan & Birman,2009)。

当进入一个不同的文化环境时,很多人时常会丧失他们以前的社会联系。因此,对于他们而言,在一个全新的环境中建立社会联系就显得非常迫切,但同时也充满了挑战。一些人可能会主动接触客居国的主流文化,了解其社会状况和生活习俗,当适应新的文化时,他们的投入会促进自己对于新的社会产生积极的归属感。在这种情况下,在与主流社会成员的密切接触的过程中增强的同伴情感,能够预测新来者在新环境中可以进行更好的文化适应,而且与更高的主观幸福感水平相关(Valdivia,et al.,2015)。

但是,不同民族间的友谊往往没有同一民族的友谊那样稳定和令人满意(Jugert,et al.,2013),相比民族内部的友谊,不同民族的友谊也会有更大的冲突(Schneider,et al.,2007)。因此,大量的数据显示,青少年倾向于选择民族内部的朋友。Valdivia(2015)发现,移民青少年的友谊更多地建立在相同文化的成员群体中,青少年移民所提名的朋友也更多地来自自己的文化群体,还有面临着共同的移民问题的其他文化背景的朋友。同样,主流社会青少年所结交的朋友也主要属于他们自己的文化群体。这种情况不仅仅局限于青少年移民，实际上，成年移民的大部分友谊也建立在移民群体中，尤其是文化相同的移民中，这在其他地方的移民那里也有表现（Verkuyten & Martinovic，2006）。

因此，在适应新的国家的文化和社会规则的同时，许多移民也依然希望与原有的文化保持联系。他们可以通过长距离的社会网络与留守在国内的家人和朋友保持联系，可以与国外的同胞以原有的文化模式为基础建立联系，也可以参与到国外的本民族社区中感受原有的文化氛围。维持民族联系的愿望对于中国留学生而言可能尤其强烈，因为他们的文化属于集体主义性质。中国留学生通过分享他们在全新世界的困难，可能会感受到与同一民族的伙伴之间具有更多的联系，获得更多的社会支持，从而提升了主观幸福感。Du 和 Wei（2015）检验了中国留学生与所求学的国外主流社会的社会联系和国外本民族社区的社会联系，结果发现，两种类型的社会联系都可以作为其文化适应和主观幸福感的中介变量，因此主流社会的社会接触和本民族的社会接触对于中国留学生而言都是重要的应对资源。

但是，关于上述两种类型的人际交往对文化适应的影响还存在争议。例如，就主流社会的人际交往而言，Du 和 Wei（2015）关于中国留学生的研究结果与 Yoon（2008）等对韩国移民社区成年人的研究结果相似，与他们对美国的亚洲留学生的研究结果也很相似，说明主流社会的社会接触在文化适应和主观幸福感之间的中介作用在不同的亚洲群体中存在普遍性。但是，关于在异地的民族社区的人际交往则存在较大的争议，例如，Yoon 等（2008）对韩国成年移民群体的研究发现，民族社区的人际和社会接触能够在文化适应和主观幸福感（生活满意度和积极情感）的关系中起到完全中介作用。但在 Du 和 Wei 的研究中，这种中介作用仅仅存在于消极情感维度，而且仅仅针对男性和研究生。但是，这个研究结果又与 Yoon 等（2012）的横断研究结果存在部分相似，后者也发现民族社区的人际和社会接触能显著调解文化适应和主观幸福感（包括生活满意度、积极和消极情感）之间的关系。这说明关于这个问题的研究还有待进一步深入和完善。

此外，主流社会的人际接触还影响着原生文化取向和主观幸福感的关系。这个路径在 Yoon（2008，2012）等针对韩国移民社区成年人的研究中没有发现，但是在他们针对亚洲留学生的研究中，通过与主流社会和民族社区的联系，发现文化适应与主观幸福感产生了联系。对于中国留学生而言，具有更强的原生文化取向的学生可能与美国主流社会的联系更少，因此所体验到的生活满意度可能会更低，体验到的积极情感也可能会更少。比较在美国的其他亚洲留学生，中国留学生，尤其是表现出原生文化取向的男性和大学生，可能会发现与主流社会的人建立密切的社会联系存在困难，这种困难可能要归咎于主观幸福感的缺乏。还有研究发现，尽管存在社会经济、文化方面的缺陷，但大多数西欧移民青少年似乎感觉良好。研究人员倾向于将这些青少年的幸福感与其背景文化有关的移民的独特经历相联系，关键因素就是亲缘性关系（Güngör & Perdu，2017）。

总体而言，这些研究结果说明：第一，通过与所迁居的国家的主流社会成员建立密切的人际联系，文化水平越高的留学生，文化适应的状况也更好，在未来的生活中可能会体验到更多的积极情感，从而有更高的生活满意度；第二，通过与本民族其他成员所建立的亲密感，维持原生文化的需求越能够得到满足，消极情感可能会越少；第三，与客居国主流社会成员的亲密感降低，原生文化的取向越强，未来生活中体验到的积极情感可能越少，生活满意度越低。

四、网络媒介与文化适应

网络媒体同样在文化适应中扮演着重要的角色。这不仅表现在网络的一对一交流中，如电子邮件、网上视频等，也表现在群体交流中，如网络论坛。它们为应对文化适应的个体提供了各种类型的社会资源。这些社会资源大致可以分为两种类型：物质产品（如房屋、车辆、金钱等）和符号产品（如教育、成员关系和社会声望等）。在网络媒体的研究中，社会资源之一就是信息本身。换言之，信息成了蕴含于社会网络中的特殊类型的社会资源。与低收入的移民工人相比，移民学生相对年轻而且教育水平高，更倾向于主动使用各类信息和交流技术。当移民学生应对新环境的挑战时，他们可以借助网络媒体与故乡的家人和朋友进行远程交流，也可以通过网络信息尽快地了解当地文化，融入相关的群体之中，克服了很多实际条件的限制。通过电话、远程信息、社会媒体和电子邮件与家人和朋友交流，使移民学生有了归属感和情感依靠（Sandel，2014）。通过持续地在网络上了解故土的新闻和娱乐信息，同时补充主流国家的媒体内容，能够使这些学生形成跨文化的、混合的网络空间，在这里他们能够从多重角度了解世界。

随着网络技术的发展，网络在线论坛为具有共同特征的人提供了一个广阔的交流平台，人们可以就相同的问题进行深入而持久的讨论，并且在此过程中建立密切的社会联系，获得丰富的社会资源。实际上，当一些在线社区为成员提供社会资源时，就形成了社会支持的强大网络。关于移民在线社区的研究认为，在线社区能够为网络成员提供有关文化适应的自我愿望表达的平台，同时也能够在此得到鼓舞和安慰；在线社区的形成和维持基于相同的文化诉求，因此满足了成员按照理想的文化模式创造和再创造虚拟社团的心理需求；在线社区也分别为不同国家和地区、不同种族和民族的人提供了认同感的形成、转换和重建的机会（Kim，2011）。近年来的研究进一步深入探讨了少数民族在线社区如何为其成员的文化适应提供潜在的社会资源和社会支持。例如，Oh（2016）分析了生活在美国的韩国裔妇女如何通过在线社区为自己的文化适应寻找社会支持的网络资源。Oh 所关注的在线论坛具有三个特点：第一，它的在线成员的数量相对较大，成员信息交流以匿名方式进行；第二，未经确认的成员是潜在的信息提供者，他们能够提供大量的信息，而且这些信息的质量通常很高；第三，它也是一个不受约束的网络，通过成员与网络的联系就可以获得信息。韩国裔妇女的在线社区成了社会支持者的网络，她们通过知识的传播以及积极的情感反馈支持信息搜寻者。因此，在这项研究中，对于信息搜寻者的社会支持是通过发布针对性的信息而实现的，一个重要的问题是这些支持者是通过哪些方式为信息搜寻者提供支持的。这些方式通常可以划分为两种类型：第一类是为信息搜寻者提供的工具指导，具体而言，又包括两类：信息输送和顾问。信息输送的主要作用仅仅是提供知识，不进行进一步有针对性的解释和说明。信息顾问负责纠正错误的信息，或者提供他们的观点或建议。第二类是情感支持，他们或者对信息搜寻者面临的文化困境表示同情，或者鼓励他们继续努力，或者与他们分享自己的经历。上述方式有时候会结合在一起。

此外，在客居国与家乡人的技术性的媒体交流已经成了另一个研究重点。和家乡的家人和亲友的交流有助于提升身在异国他乡的留学生在情感和学业上的适应质量。在国外的留学生会运用社会网络平台，诸如 QQ 保持联系，探讨作业和分享学习方法。他们通过网络社区寻找本国的朋友，然后在线下继续保持友谊，已经熟悉国外环境的留学生组织也会给新来的同胞提供学术和情感支持及实践类信息，通过相关的网站协助本国成员适应环境（Oh，2016）。但是，与本国人过于频繁的接触，也让留学生感到他们根本没有离开祖国，妨碍了他们进一步与主流社会的交往。因此，另一些研究更侧重于关注留学生与当地人的主动交往倾向。研究者发现，留学生很少使用传统的电话或新闻报纸去了解当地的情况或与当地人交往（Park, et al, 2014），而是主要使用网络和社会媒体去了解在线群体和社会事件。留学生同时使用国内和客居国的在线社会网络会减小文化适应的压力，提升心理幸福感水平，这意味着客居国媒体的利用有利于促进文化适应（Park，et al.，2014）。

Lim 和 Pham（2016）研究了在新加坡的印度尼西亚和越南的大学生，探讨了技术性的媒体交流在促进移民学生的调整和文化适应方面的作用。通过媒体剥夺的练习，研究者发现留学生与家乡人和朋友的交流可以为他们提供心理支持，但是这种漫长而持续的交流也垄断了学生的业余时间,妨碍了他们与当地人的交流。同时,社会媒体交流也加剧了只容纳本民族的文化孤岛的发展。因此,移民学生必须在维持故土文化和探讨主流文化之间取得平衡。整体而言,这种交流还是利大于弊,从积极方面讲,移民学生使用网络作为文化适应的空间,能更好地理解主流国家对外国人的态度,因此,能够更好地处理自我与当地人的关系。研究结果显示,技术性的媒体交流在帮助移民学生培养和维持社会联系方面起着不可替代的作用,这些媒体交流为他们提供了重要的与国内的家人和朋友联系的线索,使他们在面对崭新的、陌生的环境时,能够得到来自远方的支持和友谊。因此,维持故土文化的媒体交流,对于留学生在客居国的适应起到了积极作用,为他们提供了更大程度认同本土文化的渠道(Cemalcilar, et al., 2005)。

五、休闲娱乐与文化适应

关注休闲娱乐与文化适应的学者发现,休闲娱乐类活动对于发展应对能力和促进个人成长而言是重要的应对资源。实证研究表明,个体会将休闲娱乐作为应对压力和提升心理健康的方式(Kim, et al., 2016)。一些研究从移民的角度探讨了休闲活动的价值,认为在文化适应领域,适当的休闲娱乐可以缓解压力,进而促进个体的文化适应。一些研究者提议参与休闲活动可以提供这样的条件——孕育积极的群体间接触以及促进不同文化和民族背景的个体之间的互动。例如,Kim等(2016)在针对朝鲜难民的文化适应的研究中,发现他们应对压力的策略主要如下:投入到有意义的活动中、情感和社会支持、个人成长。这些策略都可以在休闲娱乐活动中得以实现,如锻炼、运动、电脑游戏、精神活动,以及与文化相关的活动和旅游等。通过参加这类活动,他们可以增加与他人的积极互动,提升处理各类文化适应压力的能力。绝大多数调查对象都相信,投入到这类活动中能够创造大量的机会建立友谊和拓展社会关系。他们认为由于文化差异和消极的刻板印象,自己与当地人的交流受到了限制,通过参与这类活动,他们建立和发展了与当地国家的人的友谊。与此类似,Song(2006)也发现,朝鲜政治避难者主动投入休闲活动,可以增加与韩国人接触的机会,从而发展群际友谊,这有助于他们的文化适应。

音乐欣赏和参与是典型的休闲娱乐项目,其被视为文化整合的方式之一,能够增强群体融合和社会支持。Frankenberg等(2016)评估了音乐课程对于小学生移民文化取向的影响。在他们的研究中,音乐课程是对学校常规课程的拓展,在第一年和第二年为学生提供了基本的音乐指导和乐器练习,在第三年和第四年安排音乐表演。结果显示，在一年半的时间里，相比没有接受音乐课程的控制组而言，参与音乐课程的小学生移民对于主流文化的认同程度有更大程度的提升，但是对于年龄更小的孩子而言，没有发现这种差异。结果还显示，在集体活动中的音乐表演具有更强的效果，那些属于少数民族身份的小学生移民在一个更大的群体内的音乐合作和表演的经历会使他们产生更强烈的主流文化取向。

但是，关于音乐与文化适应的关系也存在不同的结果，例如，Bergh（2007）在挪威的学校进行了为期三年的音乐课程的长期效果的研究。研究者给多元文化背景下的不同民族的学生呈现他们各自传统的民间音乐和经典音乐，关注不同民族群体的积极关系。在13年后的回顾评价中，当年的参与者虽然报告了对此项活动的高度喜爱，但是这个项目并没有影响到其日常生活中的文化适应状况，也没有增强他们与其他民族群体的关系。Bergh推测那些参与者没有把代表特定文化的当地少数民族和他们的音乐联系起来，由此对音乐代表社会群体的适合性提出了质疑。

不过更多的研究还是支持音乐在文化适应中的积极作用。Sousa等（2005）的研究发现，对于9～10岁的葡萄牙儿童而言，音乐节目能够起到减少他们对于少数民族的消极刻板印象的作用。与此相似，Odena（2010）发现，在北爱尔兰的新教徒和天主教徒青少年中，跨社区的音乐教育项目能够减少偏见，尽管这种效果可能会因为包括社会经济状况在内的情境因素而受到限制。Gilboa等（2009）也观察到了音乐对于不同文化间关系的强大影响，研究者报告参加了24周的音乐治疗的群体（包括移民和出生于客居国的第二代移民）表现出更高程度的对于原生文化和主流文化的认同，同时还提升了群体成员彼此之间倾听和表达的能力。

六、文化适应中的歧视

个体进入一种新的文化情境时，不仅面临着陌生环境自身带来的挑战，也可能会受到当地人的歧视。即使是暂时性居住的留学生这样一个文化水平更高、适应能力和学习能力更强的群体，也同样面临着这些问题。对于国家而言，能够吸引大量的留学生代表了政治、经济和社会文化的优势。从短期利益来看，留学生对经济发展和劳动力市场的繁荣都有好处。从长远利益来看，留学生代表着具有潜在价值的新移民。作为受过高等教育的年轻群体，留学生在研究生期间的持续学业可以缓解客居国当前情境和未来规划中所面临的劳动力短缺的问题，也可以应对低出生率和工作人群老龄化的问题。但是，增加留学生和移民不能只依靠政府的激励措施，当地民众对于移民的接受态度也会对他们的跨文化经历产生影响。

当移民在异国他乡时，当地人对他们初步形成的消极刻板印象通常包括语言交流薄弱、生活范围狭窄、日常生活无法融入当地的风土人情等。此外，他们还面临着其他与他们的民族和文化背景相关的消极的刻板印象。在这种情况下，他们成了种族歧视的目标（Yoon & Portman，2004），并且由此引发了其他类型的歧视（Sherry, et al., 2010）。在学校情境中，少数民族的学生在文化和语言上往往处于劣势，常常被消极地视为对主流群体不感兴趣，也无法参与其中的外来人。因此，这类学生甚至包括少数民族教授都会遭遇歧视（Lee & Rice，2007），由此体验到巨大的文化压力，表现出抑郁和自卑等不良情绪（Smith & Khawaja，2011）。同时，在人际交往方面，他们也容易被同学排斥和孤立，遭受到来自其他主流群体成员的敌意（Gu, et al., 2010）。歧视的体验对于文化适应中的个体而言非常关键，是少数民族所经历的最具危害性的文化适应压力之一，而且影响着个体文化适应的方式以及对主流社会的态度（Berry & Sabatier，2010）。总体而言，很多国家不断增强的排外思想让移民学生感受到了冷漠的氛围，对潜在的存有敌意的环境的适应和第一次独立生活混杂在一起，形成了困扰移民学生的异化状态。

已经有大量的研究检验了感知到的歧视对个体的文化适应的影响方式（Van Oudenhoven, et al., 2006）。在以前的研究中，歧视对文化适应策略的影响是在相互性（歧视影响着文化适应，而文化适应也影响着歧视）的角度被探讨的。当少数民族面临歧视时，他们的反应是通过采取与主流社会保持距离的文化适应策略。在这种拒绝的情况下，面临文化适应任务的个体要想顺利地整合不同文化或者同化主流文化，就会面临更大的困难。与此一致的是，当少数民族预感到歧视时，就倾向于避免与主流群体接触，从而减少了亲社会行为（Twenge & Baumeister，2005）。同样，Berry（2006）发现，在面对歧视时，年轻的移民倾向于拒绝主流文化，更可能沉浸于原有的文化中。这些结果也得到了其他研究的支持，感知到的歧视与分离性的倾向和边缘化的策略有联系（Berry & Sabatier，2010），而这些策略通常在文化适应中被认为是消极的适应方式。

另外，根据 Branscombe 及其同事的观点（Branscombe, et al., 1999），知觉到的歧视相比文化适应态度更可能培育群体内部的认同感和凝聚力。研究者发现，移民对于原生文化的坚持和他们遭受歧视的经历能够相互强化，知觉到歧视的移民更有可能聚合在一起借助内群体的力量抵消来自外群体的不良感受。这样的方式虽然可以在一定程度上缓解遭遇主流群体歧视的恶果，但也会进一步恶化他们与主流社会的关系，强化他们对主流社会成员的不信任感，从而更有可能表现出不合作的行为趋势，而这种反应又激发了主流社会成员相应地将他们看作滋事者和不愿意配合者，从而加深了原有的歧视。

不过，关于移民所感知到的歧视和他们在新环境的适应状况之间的关系还存在争论。例如，歧视与文化适应的关系可能在很大程度上受到了所在环境的调节。Berry 和 Sabatier（2010）发现，在法国的移民中，歧视和分离及边缘化存在关联。但是，在加拿大蒙特利尔移民中，这种效应并不显著。还有研究提出了相反的证据，例如，Badea 等（2011）发现，感受到来自主流社会的歧视与同化和整合策略呈负相关，但是与分离和边缘化策略无关。然而，其他研究并没有发现歧视与文化适应策略的关系，其中可能还考虑到了其他因素的作用。因此，当前的研究更加注意将歧视和文化适应的关系放置于更具体的情境中加以解释。例如，Ramos 等（2016）调查了歧视对英国的留学生的文化适应策略的影响。他们采用了纵向研究，在一年期间跟踪了 113 名留学生，观察他们的文化适应的发展趋势。他们尝试在社会认同理论的框架下解释歧视对文化认同策略的影响。具体而言，留学生所感知到的歧视会影响他们对群体边界渗透力的感知，进而影响文化适应策略。结果显示，感知到的歧视与渗透力感知的缺乏有关，从而导致其对主流社会的躲避，却增强了对原有文化的认可。还有研究者发现，文化适应者的少数民族身份认同能够作为中介变量影响感知到的歧视和幸福感之间的关系（Bergman，et al.，2017）。

也有研究者发现了移民在文化适应过程中自身的态度与他们所遭遇的歧视的关系。研究指出，移民自己也更倾向于与本民族的人交往，尤其是在进入主流群体中的初次交往阶段，他们更愿意和文化民族或国籍背景相同的人在一起（Sherry，et al.，2010），从而有意或无意地把自己排除在主流文化之外，形成了文化孤岛现象，即与相同国籍的学生在学习和工作中形成密切联盟，这会强化他们受歧视的感知。因为对比更愿意与本民族交往的学生，那些愿意与当地人进行互动的学生能够获得更高的满意度和满足感，心理弹性、压力缓解和抑郁预防的能力都会得到提升（Cheung & Yue，2013）。有研究者综合考虑了阿拉伯裔青少年的穆斯林身份与美国身份的整合、被歧视的经历和避免接触主流群体的意图之间的关系，发现对于认为自己的美国身份和穆斯林身份有冲突的青少年，其感知到的歧视与避免与主流群体接触的意图呈正相关关系。然而，对于那些认为自己的美国身份和穆斯林身份有较高的同一性的被试来说，其感知到的歧视与避免接触主流群体的意图之间的关系并不显著。这些结果说明，受歧视的少数群体之间的身份整合可以缓解歧视对群体间行为的消极影响（Saleem，et al.，2018）。

七、文化适应的干预

文化适应心理学的研究者不仅需要关注影响文化适应效果的各类因素，也应该根据相关的研究成果设计文化适应的干预程序，以迎合多元文化交流的时代趋势，为全球化背景下增强个体的文化适应提供可资借鉴的方法。例如，群体自信训练可以降低留学生在应对文化适应困境时的消极情绪水平。Kim 等（2014）使用拓展后的完形关系提升程序（gestalt relationship improvement program，GRIP）作为干预方式，降低了韩国国民对朝鲜政治避难者的偏见水平，他们由此认为这类活动可以为朝鲜政治避难者提供一种使其获得新的文化视角和知识的积极方式，从而促进韩国国民和朝鲜政治避难者之间达成有意识的、有意义的理解。此外，前文中在休闲娱乐部分提到的音乐课程和音乐表演也能够起到干预的作用（Frankenberg，et al.，2016），那些接受了音乐干预的小学生移民表现出了对主流文化更高程度的认同。因此，研究者认为给年轻移民提供在大型的、文化异质的群体中进行音乐表演的机会，是有效的干预手段，能够鼓励少数民族移民适应主流文化，为他们融入新环境提供更多的机会。在学校情境中，Kim 等（2009）还发现，艺术疗法为那些具有政治避难者身份的学生提供了大量的机会，可以减轻他们的文化适应压力，提升他们适应学校环境的能力。

但是，总体而言，研究者对于此类文化适应干预的尝试性研究似乎缺乏兴趣，很少有文献提到心理学方法如何能够帮助移民或留学生应对和缓解文化适应压力，提升他们的心理健康水平，以及提供实践性的和学术性的协助，而且也不曾对促进心理适应和提升心理健康的干预效果进行评估。一项系统性的论述文化适应研究价值的评论曾论述道："（在这个领域内）那些经过实证检验的能够起到降低文化适应压力并协助个体适应环境的干预方法是缺乏的。"（Smith & Khawaja，2011）即使在这些有限的干预性研究中，文化差异的训练也主要集中在认知和行为方面，其中心目标是引导移民发展不同文化间的能力和交流技巧，帮助他们与不同文化的成员进行有效和适当的交流。但是，有研究者提出情感因素才是干预训练最应该关注的部分，应该在干预项目中得到充分的体现（Wawra，2009）。此外，除了在认知和行为层面学习主流文化的社会规范和交流技巧外，文化差异的训练还应该关注在真实的社会互动情境中，当个体在实践这些规范时会如何应对他们所面临的情绪方面的挑战（Morris，et al.，2014）。因此，完整的干预应该包括认知、行为、情绪，这对于促进移民的跨文化适应是必需的，同时也迎合了他们文化适应中的独特需要。鉴于上述原因，Pan 等（2016）检验了群体认知行为干预对于提升和促进赴香港求学的内地大学生的心理健康及其作为新移民的成长效果。认知行为疗法基本上关注认知重构和行为调整，以及认知、行为和情感的相互作用。在具体的研究中，他们招募到 36 名具有轻度到中度心理问题的中国内地学生，让他们完成了 8 期认知行为的干预程序，并在之前、之后和 3 个月的后续测验中完成了各类心理健康测验，作为干预效果的评估指标。结果显示，这些接受了心理干预的内地学生的心理问题、文化适应压力、消极情绪和消极观念都有显著的减少，而积极情绪则有显著增长，对于移民身份的心理适应也有更大程度的提升，而且这种积极效果在 3 个月后的追踪调查中依然存在。由此可以证明，认知行为干预是一种有效的干预方法，对于提高心理健康和促进移民的文化适应均有积极效果。

值得一提的是，这项研究还注意到了干预方法的文化适应性。研究者认为，认知行为疗法适合中国文化，因为它表现出了对中国文化价值观高度的兼容性。首先，相对于非指导方式，它符合中国人倾向于指导性的心理咨询倾向（Hodges & Oei, 2007）；其次，讲授/学习技能和对"此时此地"的关注与中国实用主义的价值观和寻求直接性的问题解决方式相一致（Hodges & Oei, 2007）；再次，咨询师和来访者的责任分享以及对家庭作业的强调迎合了中国文化所提倡的天道酬勤的基本观点（Hodges & Oei, 2007）；最后，认知行为咨询师扮演的角色是教育者和专家，与中国人对权威和专家意见的尊重相呼应。此外，这种疗法对于中国人的效果在各类研究中已经得到了证明。当然为了使其能够更好地适应中国患者，根据中国文化价值观修改咨询阶段和概念，研究者（Pan et al., 2016）提出了五种应对消极情绪的策略。虽然文化差异所带来的挑战依然存在，包括对中国患者应用认知行为疗法时，在不同文化情境中所形成的不良适应的认知如何解决的难题，但是这种尝试具有非常积极的价值，因为文化适应只有通过干预的检验，理论模型在实践中才有得到检验的机会，才能将这一领域的有关文化适应的各种影响因素有机地整合在一起，最终形成统一的文化适应模式。

第四节　文化适应的效果

文化适应的效果表现在生活的方方面面，纵观文化适应和生活质量的关系，研究结果存在很大差异，有些研究得出了积极联系，有些研究得出了消极联系，还有些研究根本没有发现二者的联系，这说明文化适应的效应可能在不同的领域有不同的表现。

一、文化适应与心理健康

虽然文化适应状况与各种心理健康状况存在联系，但是这种联系具有非常大的差异。在关于移民文化适应的理论假设中，最具有代表性的首推移民风险模式（IRM）（Crosnoe & Fuligni，2012）。这一模式基于压力假设（Berry，et al.，1987），认为当个体从熟悉的地方移居到陌生的环境时，该事件自身就是一个潜在的压力源，它使得移民在文化适应的过程中遭遇到更多的挑战，从而增加了发生心理问题的可能性。这种理论假设很容易被大众接受，它确实描述了一种文化适应过程中普遍存在的状况，尤其是在文化适应的初始阶段的表面现象。在具体研究中，留学生是文化适应群体中最容易获取的样本，关于他们的研究相对全面地反映了文化适应压力所导致的心理问题。研究者观察到与本地的学生相比，留学生更有可能出现心理问题，因为他们在一个新的文化环境中会遇到各种各样的适应性挑战，例如，语言不熟练、学业压力大、社会网络不健全、与当地社区的互动有限、文化习俗存在差异等（Pan，et al.，2010）。在美国大学，11.6%的留学生经历着很大的文化适应压力（Chavajay & Skowronek，2008），其中21%的中国留学生在美国学习期间表现出严重的心理问题（Wang，et al.，2012）。与此相似，中国留学生在澳大利亚的文化适应压力也达到了中等水平（He，et al.，2012）。高水平的压力常常会将留学生置于高风险的心理问题情境中。有15%～25%的留学生会在文化适应过程中遭遇各种类型的心理问题，诸如抑郁、焦虑、强迫、完美主义倾向和躯体化症状（Khawaja & Dempsey，2007）。除了这些常见的心理问题外，大部分学生还时常会体验到各类一般性的消极情绪，诸如乡愁、孤独、担忧、疲劳、悲伤、疏离、迷茫和无望（Nilsson，et al.，2004）。

但是也有研究者提出了所谓的"移民悖论"（IP）的现象，用于描述移民子女在新的国家表现出的积极发展的趋势。在一项关于瑞典移民青少年的文化适应策略与心理健康关系的研究中，通过对第一代和第二代移民以及当地瑞典同龄人的心理健康进行比较，部分验证了"移民悖论"的假设。结果表明，与第二代的移民相比，瑞典青少年有更多的心理健康问题，同时和两代移民中的同龄人相比，他们的抱怨更加严重。此外，第一代移民青少年比第二代有更多的心理健康问题（Pesa & Ashir，2017）。基于纵向多层的数据挖掘模式也验证了移民悖论现象，同样发现文化适应对移民青少年有更积极的作用（Motti-Stefanidi & Coll，2018）。因此，当把文化适应群体转向青少年移民时，这两种所谓的文化适应与心理健康关系的模式都得到了部分研究的支持。

一方面，在全世界的范围内，青少年移民在文化适应过程中确实显示出了更高水平的焦虑、抑郁、躯体化等情绪问题。此外，还存在社会适应问题、不良行为和攻击性行为等，在学业上还存在着注意力缺陷的问题（Walsh, et al., 2015）。关于犹太人的研究也倾向于支持风险模式，犹太青少年移民同样存在很多行为问题和心理问题（Walsh, et al., 2012）。总体而言，综合考察诸多研究结果的元分析表明，更高的文化适应与更少的心理症状和抑郁水平有关，这些研究主要集中在欧洲国家，虽然研究显示了更复杂的社会-文化模式，但有关移民悖论的心理适应趋势并没有被发现。

另一方面，对其他移民群体的研究也呈现出矛盾的结果。一些研究报告了文化适应压力导致了移民更高水平的抑郁，但是另一些研究却没有发现文化适应对移民抑郁情绪的显著影响，有几项关于美国境内移民的研究甚至描述了文化适应之下其有更好的健康状况（Behrens, et al., 2014）。

究竟是有问题的文化适应过程激发了心理健康问题，还是有心理问题的移民更可能在适应新社会时遭遇巨大困难，这个问题还值得继续探讨。此外，可能还存在着其他因素同时影响文化适应过程和心理健康，例如，家庭的动力和沟通对二者间的关系起着调节作用（Tong, 2017）。总体而言，关于移民文化适应和健康关系的研究是多样化的，不能明确得出哪些风险因素能够必然预测健康状况。造成这种局面的原因有：第一，样本所包含的个体来自不同的文化背景，具有不同的移民动机，其情绪状况也不同；第二，不同的客居国家的移民政策和社会对移民整合的态度不尽相同，无法直接比较；第三，文化适应的概念有多种界定，因此其操作化的方式也不同（有些是态度，有些是行为），有的基于一个维度，有的基于两个维度，而且，有些研究检测一般性的风险因素，如性别、年龄、社会压力，而有些研究检测与移民有关的风险因素，如民族种类、歧视、居住时间、社会整合，不能得出一致性的结果。上述问题可能是文化适应与心理健康关系不稳定的原因，后续的研究还需要更全面地去分析这些影响因素。

二、文化适应与生理状况

文化适应不仅与个体的心理健康相关，也与移民的身体健康状况和健康行为有关。关于文化适应与身体健康的关系存在着两种相反的研究结果：一种结果表现出了文化适应与身体健康的消极联系；另一种结果则表现出了二者之间的积极联系。

一方面，一些研究发现文化适应与消极的身体健康状况有密切的联系。例如，在美国的少数民族群体中，拉丁裔群体是美国人数最多而且发展最快的少数民族群体。研究者发现，相比其他少数民族群体，成年的拉丁裔移民的血糖控制率的水平是最低的，死于糖尿病的风险也是最高的，而且拉丁裔移民的健康还会因为年龄、性别、文化适应和拉丁裔子群体的不同而不同（Mansyur, et al., 2016）。具体就文化适应而言，在拉丁裔群体中文化适应水平越高的个体，患糖尿病的概率也越高。还有研究发现，文化适应的提升有可能会增加患高血压和心血管疾病的风险，在美国大型的多民族样本中，文化适应与高血压人群的扩散有关。具体而言，对主流文化的适应程度较低、出生于他国或移居他国、在移居国生活时在家庭交流中保留其原有的语言以及移民时间较短的移民群体中，患高血压的增长趋势反而有所下降（Tailakh, et al., 2016）。有一些研究分析这可能和生活习惯有关，例如，西方国家的现代化生活水平很高，代步工具比较普遍，因此活动量大幅度减少可能导致高血压患者的增加。

另一方面，一些研究发现文化适应与积极的身体健康状况有密切的联系。例如，在美国的阿拉伯移民群体中，Tailakh 等（2016）检验了患有高血压的美国阿拉伯移民的文化适应、医疗遵从、生活风格和血压控制之间的关系。他们使用横断研究调查了 126 名被试，结果发现，文化适应水平越高的个体越可能遵从医疗，更愿意进行体育活动，也更能够控制血压。但是也有研究发现，阿拉伯人原有的生活风格更倾向于运动，而文化适应的移民常常采取西方式的生活方式，表现为久坐式的生活，热量和盐分含量过高的饮食，从而表现出文化适应越好，身体健康状况越差的趋势。还有研究表明，健康知识储备量较少的个体通常在自我报告中表现出较差的身体状况和心理健康状态。移民往往对客居国卫生系统的规定和习俗缺乏了解，而缺乏有效的健康知识，可能是移民疾病治疗和预防的一个重要障碍（Mantwill & Schulz, 2017）。所以，一般认为个体的文化适应程度越高，其对健康看护服务的利用水平越高，健康状况也越好。但是 Tailakh 等（2016）的研究发现，肥胖、吸烟和糖尿病在对主流文化有更强取向的高血压阿拉伯移民中更普遍，从而导致了高血压治疗和控制中的持续负担。阿拉伯文化可能对肥胖有促进作用，因为体重超标被阿拉伯社会看作财富的象征。文化适应程度更强的阿拉伯移民更愿意遵从医疗，更愿意参加体育活动，对血压控制得更好。因此，通过与文化适应有关的自我看护管理干预措施去控制这个群体的血压，评估文化适应如何影响高血压管理和控制，以及哪些因素干扰了其对医疗的遵从，很有必要。

如何解释这一现象？尽管存在各类假设，如缺乏支持、增加的压力、歧视、不健康的行为等，但对其原因依然不明确。已知低水平的血糖控制与自我管理不善有关，包括饮食和体育活动。有些研究检验了文化适应与饮食及体育运动的关系，有些研究发现面临更多文化适应的人更倾向于不健康的饮食，但是也会进行更多的体育活动。具体到体育活动方面，大量的研究报告了个体感知到的文化适应和体育活动之间的关系，但是文化适应和体育锻炼之间的关系的量化结果非常复杂。其中，多项研究发现，更高水平的文化适应和更高水平的体育锻炼呈显著相关，或者低水平的文化适应和更低水平的体育锻炼有关，但也有少量研究发现二者存在消极联系，此外还有部分研究发现二者没有关系。其他研究发现，二者的关系会因为体育锻炼的领域而变化，或者会因为代际而变化（Benitez, et al., 2016）。

但是现有的研究不能解释文化适应对于健康或者健康行为的效应究竟是直接的还是调节的，或者是中介的。其他的研究关注了行为发生的情境，其中社会文化情境对于治疗糖尿病的最大贡献表现在与鼓励健康生活风格有关的社会支持方面。但是，也有研究发现，美国的拉美移民的文化适应与不良的健康状况有关，但文化适应能够提升他们对健康卫生服务的利用水平和增强他们对健康的感知。同时，还有研究探讨了文化适应和健康行为关系中的一些间接变量的作用，在65岁以上的移民人群中，较低的语言适应能力与较高的慢性肾病的患病率有关，表明具有较低语言文化适应能力的老年人是患慢性肾病的高危人群，而提高语言文化适应能力，能有效地降低这类疾病的发生率（Lora, et al., 2018）。Benitez等（2016）回顾了33项关于文化适应的测量和概念以及体育活动的研究，结果发现，文化适应虽然一再被强调，但是可能对于健康的影响没有传统、生活模式和民族资源对其的影响那么大。

此外，研究者也发现了能够预测文化适应的生理指标。呼吸性窦性心律失常是副交感神经活动的标志，被认为是支持社会投入活动的神经生理系统的指标。移民之后，人们必须要引导自我适应新的环境。呼吸性窦性心律失常是否会影响心理文化适应过程，值得探讨。Doucerain等（2016）采用纵向研究调查了在到达新的移民国家后的前5个月中，呼吸性窦性心律失常的休眠状况是否与主流文化和原生文化取向的变化有关。60名留学生提供了他们到达新的国家后在第一次评价后的2个月和5个月的文化取向的信息。结果显示，无论是原生文化取向还是主流文化取向都有所增强，而且呼吸性窦性心律失常状态更可能与主流文化取向的增强有关，而与原生文化无关，排除了外倾性、抑郁和焦虑之后，这些数据提供了纵向研究的证据，说明更高水平的呼吸性窦性心律失常促进了患对新异的文化环境持接近取向的立场。

三、文化适应与教养方式

教养方式在几乎所有的归因和自我知觉维度都存在着跨文化的差异，即使控制了潜在的混淆变量，诸如父母的社会期许性效应，以及父母的年龄、教育水平和社会经济地位等在内的人口统计学因素，这种文化差异依然存在。而且，教养方式的文化差异与所在国家或民族的价值体系是一致的，因此可以推断不同国家父母教养方式所反映出的变异就是文化信仰体系造成的（Cote, et al., 2015）。

当父母携带子女移居其他国家后，或者年轻的夫妇在新的国家生育并养育子女后，在抚养子女的过程中，会面临教养方式方面的文化适应问题。蕴含在父母教养方式背后的文化因素既包括原有的传统文化的影响，也包括当前所在国家主流文化的影响。那么，在教育孩子方面，其教养方式与文化适应的关系是什么？它会更多地受到传统文化的影响，还是会更多地受到所在国家主流文化的影响？两种文化如何相互影响，最终作用于移民的教养方式？

移民的文化适应策略会影响他们的教育信念和实践，这些认知和行为表现尤其反映了特定文化的教养结构。研究发现，移民不总是采纳当前国家的文化观点，他们原有的蕴含传统文化意义的教养信仰和规范能够抗拒环境的变化。例如，Lin 和 Fu（1990）发现，相比美国白人父母，移民美国的中国父母所报告的教养价值观与本土的中国父母更相似。但是也有很多研究显示，中国的移民母亲可能会在文化适应的过程中对教养方式的意识形态进行调整。最近的一项研究更全面地说明了这个问题。Huang 和 Lamb（2015）检验了 37 名第一代中国移民父母在英国的文化适应和对子女的教养情况。结果显示，他们对中国文化的认同依然强于对英国文化的认同。作为父母的中国移民不仅自己对中国文化有强烈的认同，还会创造条件让他们的孩子保留中国文化，例如，让孩子上中文学校，让他们接触中国文化的各个方面。同时，他们依然赞同中国式的养育方式，虽然中国式的养育方式的得分与中国文化的遵从之间的关系受到了诸如子女的性别和父母的教育水平等其他因素的影响，但是它们二者之间依然呈显著正相关。这些发现与以往的结果相呼应，即中国的移民父母在教养子女方面的价值观和实践依然是传统的中国式的。但是主流文化的影响并非没有，尽管移民父母对中国文化有强烈的归属感，也努力让其子女学习中国文化，但是他们实际的教养实践相比传统的中国式教养实践似乎有所改变，他们在英国生活的时间越长，所报告的专制式教养风格（包括体罚）就越少；他们对英国文化越认同，指令性的教养风格（这是中国式教养风格的一个子维度）就越少，而权威式的教养风格就越多。这些结果与以往的研究结果相呼应，即移民家庭文化适应程度越高，就会更多地采纳主流文化的教养实践和态度。上述结果显示，中国移民对移居国的主流文化的积极认同，意味着中国移民的教养方式可能会在文化适应的过程中有所改进。

  文化适应与教养方式的上述关系在其他移民群体中是否也能得到体现呢？Cote 等（2015）针对美国的韩国移民展开了研究，他们将其与韩国本土居民和美国本土的欧美裔居民进行了比较，发现存在两种类型的教养认知——归因和自我知觉，说明了文化对于移民母亲的教养认知以及适应力的影响。结果显示，相比韩国移民或欧美文化背景，韩国本土母亲在养育方面报告了更多的投入。这个结果与以往的研究一致，因为有研究发现，相比在中国的韩国母亲，韩国本土的母亲报告了更低的抚养满意度，而相比其他文化的母亲，欧美母亲所报告的抚养满意度和胜任感是最高的。在 Cote 等的研究中，相比韩国本土的母亲和韩国移民身份的母亲，在美国当地的欧美裔母亲也报告了更高的抚养满意度和更高的胜任感。研究者认为，对于韩国妇女而言，母亲角色是最重要的社会角色，因此她们会感受到巨大的压力，由此会影响抚养的胜任感，与此相比，欧美母亲则报告了更强的角色平衡能力，韩国移民身份母亲的角色平衡能力也高于韩国本土的母亲。这些结果也进一步说明，移民能够对新环境进行主动的文化适应，也因此能够从中获益，就移民美国的韩国母亲而言，她们因此获得了更强的角色平衡能力，而这种角色的转变也和韩国强调父母对孩子的投入，以及美国强调个人需要和目标实现的文化价值观有关。

  另外，就归因风格而言，根据文化适应的具体原则（Bornstein, 2015），韩国移民母亲似乎采纳了客居国文化的归因风格，但是对于母亲教养的自我感知又保持着原生文化的特点。具体而言，移民母亲倾向将抚养成功的结果归因于自我，但如果抚养失败，不会责备自己，这种归因偏见与欧美母亲类似，说明移居欧美的韩国母亲采纳了欧美文化中的自我强化和自我贬低相结合的归因方式。此外，相比本土的韩国母亲，韩国移民母亲也显示出更少的抚养投入，他们获得了相对更好的角色平衡能力，但是没有欧美母亲那么强大，相比欧美母亲，他们的满足感水平和胜任感水平也较低。归因和自我知觉结果的不同模式，说明移民母亲是双文化取向的，他们的文化适应策略是整合式的。

四、文化适应与赡养父母

  如果说关于文化适应与教养方式的关系的探讨侧重于父母的教育角色，那么关于文化适应与赡养关系的探讨则侧重于对子女的看护义务。文化适应不仅是一个人的使命，也是几代人面临的问题。第一代的移民年老的时候，需要子女的照顾，他们的子女开始履行赡养义务，在这种情况下，由移民家庭内部维系的原生文化和他们所在国家的主流文化之间依然存在着相互平衡的问题。关于这方面的研究更多集中于欧洲国家的亚洲移民，尤其是受儒家文化影响的东亚国家的移民。在东亚国家，孝道是儒家文化基本的价值观，孝道深植于东亚国家民众生活的方方面面，对人们的生活秩序和人际关系有深入和持久的影响（Lai，2010）。相比西方社会的个体主义文化价值观，亚洲文化把家庭利益置于个人利益之上，成年子女围绕家庭中心的原则来履行自己的尽孝职责。

因此，即使在西方的文化体系下，亚洲移民对待父母的态度和行为也依然与当地人有所不同，表现出了传统文化的强大影响力。例如，在履行看护父母的义务中，加拿大白人子女所报告的赡养父母的行为表现出更少的孝道，给父母提供的经济援助也更少（Chappell & Funk，2011）；而同处加拿大的中国移民子女在履行看护义务的过程中，则表现出更多的孝道投入、更积极的看护体验（Lai，2010）。在美国的中国移民子女对父母的照料还表现出中国传统文化中的终生性和互惠性的义务关系（Hsueh，et al.，2008），由于移民的身份，还表现出过渡性的孝道价值，之所以称为过渡性的孝道，是因为他们的孝道投入和文化价值观形成于移民美国之前，但是他们的孝道实践是在美国实现的。

在加拿大的日本人家庭中的下一代也存在这种过渡性的孝道形式（Kobayashi & Funk，2010），但是他们也意识到了父母所面临的文化适应和子女所面临的文化适应存在差距，因此对于孝道的期望和职责在代际也发生着变化。同样的情况在韩国移民群体中也有表现，移民美国的韩国子女同样努力维持着儒家文化所倡导的思维方式，把家庭和孝道看作基本的文化信仰（Kong，et al.，2010）。在美国的越南子女在具体的赡养行为上似乎受制于他们在美国的新生活，但是他们依然对孝道表示强烈的赞同，能够尽心照顾年迈的父母（Strumphf，et al.，2001）。另外，在对待需要照料的父母的态度上，亚洲移民子女也表现出了更强烈的尊老精神，在美国的中国人和菲律宾人都表达了尊重老人的强烈呼声，即使父母出现了痴呆症状。这种对老人的友好态度和看护职责、保护措施、赡养实践甚至互惠态度之间形成了强大的联系，保持着原生文化强大的生命力（Miyawaki，2015）。在美国的韩国女性在家中以符合原有文化规范的方式从女儿或儿媳的角色出发，尊重她们的父母和公婆，并且从照料父母的过程中获得了满足感（Kim & Theis，2000），从而解释了原生文化在移民国家中得以维系的原因。

移民家庭的子女也面临着新的国家的文化适应问题，尤其是在不同代移民的比较中，这种传统的孝道文化就表现出了变化性，这也是适应环境需求的表现。关于文化适应和赡养的研究基本上认为第一代移民看护者更有可能经历与新国家、新语言有关的由文化差异带来的适应性挑战。后代移民看护者可能会把新的语言作为母语，接受当地的教育，更熟悉当地的健康卫生体系，因为后代移民作为主流文化成员成长起来，他们的孝道可能与第一代移民看护者有很大的差异。具体而言，后代移民看护者因为受到欧美国家个体主义文化的影响，可能相比早期移民更少投入看护中。但是，Miyawaki（2015）的研究发现，虽然后代移民相比前辈具有更好的文化适应水平，但他们的孝道水平和看护投入也是最高的。对于年轻的子女而言，由于移民状况和经济问题，他们在履行赡养义务时被迫扮演着多重角色，不仅是老人和其他家庭成员的看护者，而且是公司员工。一方面，他们为了生存努力进行着文化适应，但是不管如何进行文化适应，在有关孝道的职责感方面，第二代和第三代在加拿大的日本子女所报告的强度和重要性方面都是一致的（Kobayashi & Funk，2010）。对于他们而言，家庭内部的看护工作是很正常的，在他们对未来的预计中，也包含着更多的家庭参与和家庭职责的分担。另一方面，中国、菲律宾和韩国移民看护者一致性地体现出看护者这一代和他们年老的父母这一代在孝道的责任和期望之间的冲突，或者三代之间的冲突——看护者的父母、看护者和看护者的孩子（Han，et al.，2008）。至于在美国和加拿大的日本移民，他们的赡养模式又不相同，因为日本的代际差异更大，由此推测日本移民代际的孝道认知会变得更加复杂和多样。

此外，由于移民地位的局限性和社会联系的贫乏，成年的移民子女迫于生存的压力，会将他们的看护职责扩展到成年的子女和配偶身上，甚至会涉及未成年的孩子。当家庭成员无法完全承担这种赡养职责时，就会雇佣别人进行看护，但是这些外来的看护者往往也具有相同的文化背景。例如，在美国的一些日本人和中国人的家庭就雇了懂双语的日本人或中国人作为付费的看护者，他们与家庭成员建立了假想的亲戚关系（Hsueh，et al.，2008），虽然使用了孝道的改良方法，但依然维持着家庭主义的核心理念。

虽然移居欧美的亚洲移民表现出了强烈的赡养老人的意愿，但是这种意愿在新的国家也面临着很多问题。在美国的中国看护者报告了老年移民的艰苦，在加拿大的中国看护者报告了在加拿大看护的代价很大，因为他们所获得的支持很少，工作的待遇很低，在美国的韩国看护者觉得如果他们的老年父母待在韩国本土可能会得到更好的照顾（Miyawaki，2015）。而且，看护者自己因为缺乏情感支持而感到孤独，而且怀疑他们在美国的看护体验与在韩国本土存在差异（Kim，2009）。这些困难可能会妨碍他们对新的国家文化的认同。

五、文化适应与职业决策

关于文化适应和职业决策的关系，研究者首先关注的问题是职业决策能力与个体对主流文化的适应性之间的关系。研究者假设如果移民能够更好地适应所在国家的主流文化，他们的决策能力就会相应地提升，毕竟职业发展与个体所生活的环境密切相关。具体就职业决策自我效能感而言，研究发现，在美国情境中的越南青少年、亚裔大学生、拉美裔的初中女学生以及墨西哥裔的高中生的群体中，其对主流文化的适应与职业决策自我效能感之间存在着积极联系（In, 2016）。这些结果所涉及的群体范围非常广泛，因此给予了主流文化适应有助于职业能力提升这一假设强大的支持。

也有一些研究关注了原生文化的维持和职业发展的关系。人们普遍认为，对于原生文化的坚持可能会妨碍个体的职业发展，因为过多保持原有的文化传统会使个体丧失了解所在国家发展状况的积极性，同时也无法建立有效的社会联系。但是这些假设是基于文化适应的单维模型提出的，在这种模型中，原生文化的维持和主流文化的适应是相互排斥的。但是双维模型认为这两种文化取向可以同时提升，Wu（2009）在美国亚裔大学生群体中发现，对某种文化的适应与职业决策自我效能感之间确实存在积极关系，这意味着与原有的文化保持强烈的联系，可能有助于亚裔大学生发展积极的自我概念和支持性的家庭关系，由此可能会促使他们在职业决策中建立信心。但是也有研究发现，在拉美裔初中生群体中，原生文化与职业决策自我效能感之间没有关系。在最近的研究中，In（2016）探讨了在文化适应情境中职业决策自我效能感与主流文化、原生文化的关系。研究调查了213名在美国的韩国留学生，结果显示：对原生文化和主流文化的适应与职业决策自我效能感之间呈显著正相关，这一结果支持文化适应的双维模型，即对主流文化的适应和对原生文化的坚持是彼此独立的两个维度，这就意味着韩国留学生在职业决策方面不需要放弃原有文化去适应美国文化，他们有可能在两种文化中都保持较高水平的文化适应。

此外，还有研究结合了职业建构理论和Berry的文化适应模型，考察了中国留学生的文化适应取向如何预测其职业生涯的探索和职业适应性。结果表明，在排除了大五人格的影响后，无论是客居国文化取向还是故土文化取向，都通过职业环境探索这一变量对职业适应性产生了积极的间接影响。此外，当客居国与本土之间的文化距离较大时，文化距离这一因素才会在客居国文化取向与环境探索之间的关系中起到调节作用。这些发现对文化适应和职业发展的研究具有启示意义（Guan, et al., 2018）。

六、文化适应与学校适应

关于移民子女在主流国家学校的文化适应状况，研究者主要是从人际互动的角度进行探讨的，重点关注了亲子互动和同伴交往。

首先，父母的文化适应与孩子的学校适应存在着关联。Baker（2016）采用家庭中心生态视角，以墨西哥裔美国学前儿童为样本，检验父母的语言文化适应、抚养实践和学术阅读之间的预测关系。与以往的早期关于儿童的研究一致，研究者将外语的精通程度和家庭语言的使用情况作为父母文化适应的语言指标，将家庭的学习刺激作为父母文化适应的养育指标。结果显示，在控制了人口统计学变量之后，父母在家中使用的第一语言能够预测孩子的阅读成就，父母的英语精通程度能够预测孩子的数学成就。而且，在考虑到父母的语言文化适应之后，母亲在家中的学习刺激对于孩子的阅读成就有独特的贡献，强调了家庭的学习刺激对于增强墨西哥裔美国儿童的入学前阅读技能的重要性。对该研究结果的可能解释是，父母把英语作为他们在家中的第一语言，可能也会教授孩子英语方面新的认知技能，这样就增强了孩子对英语的熟悉度以及其语言和读写方面的技能。此外，如果父母能够为孩子在家中营造英语环境，也会促进孩子入学前对英语的使用。那些被要求在家中用英语和父母进行沟通的墨西哥裔的美国孩子进入学校后将会有更强的英语能力，从而会有更好的阅读成绩。

其次，移民学生在学校获得的人际支持会影响他们的适应状况，如友谊的建立。友谊在青少年移民的个人认同和社会认同的再次界定过程中起着重要的作用。青少年移民为了缩小家庭文化价值观和学校价值观之间的差距，常常会通过朋友来获得指导、支持和确认（Shih，1998）。友谊所提供的社会支持与移民的幸福相关，与朋友的交流似乎是针对学校体验的文化适应整合的一部分（Tong，2014）。朋友的文化背景可能会调节青少年移民的文化适应的程度和性质。美国的研究显示，无论是内群体还是外群体的朋友都有利于文化适应（Chan & Birman，2009）。Valdivia等（2015）进一步探讨了这一问题，他们的研究目的在于确定学校适应、友谊和主流文化与原生文化的认同。根据 Berry 的理论，他们假设对两种文化的同时认同能够更好地预测学校适应，也期望这种整合的文化适应立场与更亲民、更融洽的友谊有关。他们调查了6所公立高中的682名学生，其中226人是第一代和第二代移民。结果显示，两种文化适应方式（主流/原生文化）都具有适应性，但是方式不同。对于原生文化的认同能显著预测友谊的亲密度，相反，对主流文化的认同与学校适应有关。根据教师的反映，具有整合倾向的青少年在学校的表现最好，但是和具有同化取向的学生没有显著差异。

但是，通常外群体的友谊没有内群体的友谊那样稳定和令人满意（Jugert, et al., 2013）。相比民族内部的友谊，不同民族的友谊也会有更大的冲突（Schneider, et al., 2007）。因此，文化适应中的青少年倾向于选择文化背景相同的民族内部的朋友。此外，性别因素也会影响学生的文化适应。男孩对情境的感知更消极，对主流取向的感知也较弱，并且会表现出更多的行为问题，但是在社团中的表现与女孩的差异并不大（Schachner, et al., 2018）。

七、文化适应与婚姻状况

关于文化适应与婚姻状况的研究主要集中在两个方面：一是文化适应的夫妻代沟问题；二是文化适应与家庭暴力的问题。

首先，移民对于配偶的选择具有明显的原生文化倾向，这种倾向却造成了夫妻双方文化适应的代沟。研究者调查了欧洲的土耳其移民，发现他们在婚姻的选择上有强烈的本土化倾向，更愿意和来自本国的伙伴结婚，这种文化倾向在土耳其男性和女性中都非常普遍（Spiegler, et al., 2015）。以德国为例，在那里的土耳其伴侣有超过一半的婚姻组合是混合式的代际状态，如一方是第二代移民，而另一方是第一代移民。过去关于第一代和第二代移民文化适应的研究表明，第二代移民对客居国家的语言熟练度更高，对国家主流群体的认同度更高，对原生文化的涉入更少（Martinovic, Verkuyten, 2012），因此移民的婚姻就潜藏着文化适应的代沟，这引发了关于移民婚姻文化适应代沟和生活状况的研究。

关于文化适应代沟，传统的研究主要强调亲子双方的文化适应差异，以及这种差异对子女文化适应的消极影响。随着第二代移民的成长以及相同国籍婚姻伴侣的增加，具有不同代际状态的移民夫妻成了欧洲社会的固有部分。这样的移民夫妻具有不同的社会化经历，一方在本国的传统文化中长大，另一方在移民国家的主流文化中长大。总体上，相比第一代移民，第二代移民更倾向主流文化，对传统文化的投入更少（Martinovic & Verkuyten, 2012），这就意味着在如今的移民群体中，文化适应代沟出现的可能性增加了。

Spiegler 等（2015）探讨了土耳其移民夫妇在文化适应方面的代沟对彼此文化适应压力的影响。研究者让夫妻双方在语言和认同两个领域与德国和土耳其两个维度报告了他们的文化适应状况。研究采用了当事人-参与者相互依赖模式（APIM 主体-客体互倚模型）评估效果，结果发现夫妻双方都存在类似于乡愁的消极文化适应情绪，但是坚持传统并不是很大的压力源，只是丈夫在这方面得分更高。在妻子方面，主流文化适应与更低水平的乡愁有关；在丈夫方面，传统文化的维持与更高水平的压力有关。总体而言，尽管数据显示妻子的土耳其语言能力越强，其丈夫的乡愁越少，但几乎不存在伴侣效应。文化适应的代沟与伴侣的文化适应压力无关。根据文化适应策略的人际观点，研究者认为夫妻双方都可以在相互交流的基础上接受两种文化。

其次，文化适应与家庭暴力也是研究者关注的一个热点。从文化适应的观点来看，移民在生活中会遇到各种挑战传统角色和传统规范的情况，这会成为亲密关系发生冲突的来源，因此文化适应的水平可以成为理解移民群体家庭暴力的发生率和表现形式的核心因素。目前，关于文化适应和家庭暴力之间关系的研究结果并不一致。一些研究显示，文化适应的水平越高，家庭暴力的发生率也越高。Galvez 等（2015）将文化适应和家庭暴力的关系聚焦于工作领域，发现高度文化适应的个体可能会体验到更大的压力，因为其更可能面临着冲突性的理想、规范和价值观，也可能会更多地意识到他们接触主流社会和接受教育及提升经济的机会是有局限性的。Sorenson 和 Telles（1991）指出，文化适应程度更高的拉丁裔男性可能会对他们的女性伴侣施暴，因为他们要努力平衡原生文化和正在适应的主流文化对他们的要求，因此对亲密伴侣施暴可能是传统性别角色的变化或者失衡的结果。另外一些研究显示，文化适应的水平越低，家庭暴力的发生率越高（Dimmitt，1996）。这种模棱两可的结果可能反映了心理测量的局限性，例如，使用不同的替代性指标，或者在对文化适应概念的界定上存在差异，但是无论文化适应和家庭暴力之间呈正相关还是呈负相关，都说明了从文化适应的角度解释家庭暴力的重要意义，但是对于其影响力和方向依然需要评估。

八、文化适应与异常行为

研究者除了探讨文化适应在个体正常生活领域中的效应外，还关注了文化适应与异常行为的关系。首先，移民的违法行为、文化适应可能与犯罪行为有关。例如，Adams 等（2015）调查了生活在美国东北部的波多黎各老人有关欺诈犯罪和警方接触的问题，他们评估了文化适应和压力感知在他们的犯罪和欺骗行为中的作用。结果显示，在一种移民的情境中，犯罪欺骗经历与更高的教育成就、增大的压力感知有关，也和心理层面的文化适应有关。警方接触与语言有关，但与心理文化适应无关。这些结果支持了接触犯罪和犯罪公正体系与文化适应相关的假设。但是，压力、文化适应和犯罪之间的关系是复杂的，还有待于进一步评估。

文化适应可能与药物滥用有关。文化适应是一个多维度的过程，这个过程一直在生命全程中进行着，它是理解药物滥用的病理学的中心主题，探讨个体对两种文化的认同程度，可以说明文化适应如何影响药物滥用，也可以明确实际的药物使用的社会情境预测因子（Martinez, et al., 2010）。一些研究发现，原生文化的维持与药物滥用的增加有关，另一些研究发现原生文化的维持对于移民青少年的药物滥用具有保护作用，但是对主流文化的适应可能会削弱这种保护作用。还有一些研究显示，对于主流文化和原生文化的认可都能够预防年轻人药物滥用的增加。Martinez 等（2010）检验了 1141 名西班牙青少年的西班牙风格和药物滥用之间的关系，以及这种关系是否会受到美国文化的调节。结果显示，西班牙文化与家庭功能和校园关系有更强大的联系，能够对药物滥用起到积极的保护作用，但是这些效应会因为年轻人的美国化（美国文化取向）水平的提升而下降，因此美国文化的适应调节着原生文化的维持和青少年药物滥用的关系。相比美国文化，西班牙文化对于个体自由具有更大的限制性，西班牙父母倾向于维持传统文化，这可能会缓解与孩子的代际冲突（Dinh, et al., 2002），因此积极的家庭功能能够提供社会支持，也能促进孩子在学校的表现。家庭的社会支持可以让年轻人更容易适应美国的学习体系，在学校会有积极的体验，这会减少年轻人与不良同伴联系的机会，增加他们抵制药物滥用的可能性。

总体而言，文化适应的心理学研究不仅从文化适应的概念界定、理论模型方面进行了深入的思考，而且通过各种评估手段和研究方法系统探讨了文化适应的过程及机制。但是这些研究还更多地停留在描述和解释的层面，对于深层的运作机制以及干预方法的探讨还很少。另外，文化适应是一个非常复杂的主题，也是一个贯穿个体终生的过程，同时也反映了时代发展的趋势，其中涉及各种情境变量和人格变量的综合效应，因此还值得研究者在这个领域继续深入探索。

第七章

文化与社会态度

刻板印象（stereotype）、偏见、歧视这三个概念，被融合于群际层面，形成了态度的认知、情感、行为三维整体性（Fiske，2004）。因此，刻板印象是社会偏见的认知成分，偏见是情感成分，歧视是行为成分。与此同时，它们也为个体心理和行为提供了合理的群体解释视角。本章将围绕这三个方面阐述文化与这些社会态度的关系、相关的认知神经研究以及减少偏见的策略。

第一节 文化与刻板印象

刻板印象是一种人类社会交往活动中十分普遍的认知现象，也是社会学领域长期受人关注的研究焦点之一。Lippmann 于 1922 年最早地系统阐述了刻板印象的概念，认为刻板印象是指按照性别、种族、年龄或职业等相关特征进行社会分类，以此形成的关于某一类人的固定印象。自此之后，刻板印象进入了社会研究的领域。Greenwald 和 Banaji(1995) 率先明确提出了内隐社会刻板印象的概念，认为内隐社会刻板印象是调节某一社会类别成员属性的、不能内省辨别（或不能准确辨别）的、过去经验的痕迹。随后，Vorauer 等（1998）提出了"元刻板印象"的概念，认为元刻板印象是个体关于外群体成员对其所属群体（内群体）所持刻板印象的信念。近年来，元刻板印象的内容研究大多数集中于不同民族、种族群体以及性别群体之间。

一、刻板印象的概念及研究进展

自 20 世纪 80 年代以来，刻板印象一直是社会认知研究领域的核心问题。

Lippmann认为个人为了能在复杂的社会中生存，头脑中具备了一幅关于这个复杂社会环境的简明"图画"，这种"图画"存在于个体与环境的互动中。因此，他认为"图画"就是刻板印象，其内容在一定程度上是由文化所决定的。Katz和Braly于1933年关于种族刻板印象的研究真正揭开了刻板印象研究的序幕，为后续研究提供了参考框架。也有研究认为，刻板印象是人们有关某一群体成员的相对固定的观念或期望所构成的认知结构以及特定的社会认知图式，它对人们的社会认知和行为有着重要的指导作用（Fiske，2004）。虽然学者对刻板印象的定义并非完全一致，但是刻板印象大都具有如下特征：对社会人群的一种过于简单的分类方式；都与事实不符，有时甚至是错误的；是存在于人们头脑中的固定印象。这三个特征使得刻板印象成为人际交往时产生偏见的主要原因（庞小佳等，2011）。

近三四十年来，随着认知心理学的发展以及实验方法的不断推陈出新，关于刻板印象的研究吸引了研究者的目光。其中主要的变化就是将研究重点从研究刻板印象的内容（通过特性归类）转移到研究包含在刻板印象化中的认知过程上，不再特别强调刻板印象的内容，而更关注刻板印象形成或发展的内部认知机制。这些研究主要体现在社会认知中的偏见、社会认知的三种隐喻以及社会认知中的内隐研究等方面（邹庆宇，2006）。

（一）社会认知中的偏见

在人际交往过程中，个体会利用各种可能的信息来形成对其他个体或者群体的整体印象。随着对外界认识的逐渐深入，这种印象就会越来越全面、越来越丰富，最终就涉及了社会认知的问题。从认知心理学的角度来看，社会认知是一个信息加工的过程，它研究的是认知个体对外来信息进行心理表象的加工过程，研究个体如何处理自身接收到的外来信息。由于外来信息输入的复杂性与不确定性，在某些情况下，个人依靠简单的直观推断难免会导致认知的偏差，从而逐渐形成社会认知偏见。

（二）社会认知的三种隐喻

第一种隐喻是认知吝啬者（CM）或心理懒鬼（MS）。Fiske和Taylor（1984）将社会认知者称为"认知吝啬者"，这表明人们在优化对他人的评价时，很少会激发并参加必要的心理活动，仅做足够的心理工作，心理工作通过基于类别的知识结构的激活而被简化。Gilbert和Hixon（1991）在分析这一问题时认为，人们常常回避思考的麻烦，原因很简单，即人们是心理懒鬼，而且刻板印象是这个懒鬼最好的朋友。

第二种隐喻是受激发的战术家和效率专家。Fiske 和 Taylor（1991）用"激发的战术家"代替"认知吝啬者"的隐喻，即一个利用多种认知策略并基于目标、动机和需要进行策略选择的完全忙碌思考者。在此，面对基本的信息加工的限制的需要被认为是一个社会知觉者面对的中心的和频繁发生的问题，并且会影响他们在多种任务情景中的配置认知策略。因此，效率专家对社会知觉者来说是一个理解社会认知作用的最相称的隐喻。一个有效率的心理过程在某种程度上表达了不需要很多的注意资源来保证此心理过程的顺利完成（Bargh，1989；1996）。

第三种隐喻是真理的探求者（TSSM）和意义上的制造者。Oakes 和 Turner（1990）抛弃"认知吝啬者"和"效率专家"的隐喻，而是在自我类别理论（SCT）的框架内运作，提出了理解对人的认知，将人知觉为真理的探求者和意义上的制造者。据此，知觉者使用分类的方式来思考人类创造世界的意义。分类的思考对知觉者有用的一个原因是，在不利或困难的加工条件下，它会使社会刺激富有意义。

（三）社会认知中的内隐研究

内隐社会认知是用以整合与再解释已确立的研究发现的一种宽泛的理论范畴，其目的是指引对新研究方法的探索以及对尚未明确形成的研究方法予以关注，从而建议在各种实践情景中加以应用，而其核心内容为刻板印象。1995 年，Greenwald 和 Banaji 提出"内隐刻板印象"的概念，它明确地被称为内隐社会认知现象。关于态度、自尊和刻板印象等几种内隐社会认知现象的研究表明：社会行为以内隐和无意识的方式操作。内隐社会认知是指在缺乏意识监控或者无意识的状态下，主体对社会刺激的组织和解释过程，而内隐刻板印象则可以被定义为调解某种社会类别成员属性的不能内省辨别（或不能准确辨别）的过去经验的痕迹（Greenwald & Banaji，1995）。经验主义理论（Nelson, et al., 1998）认为，儿童对世界的感知受社会文化环境的制约，因而儿童的刻板印象会与他们感知到的成年人的刻板印象相似，且因为大龄儿童具有更多认知技能和世界知识，其观点更有可能受到社会文化的影响。若干研究支持了这一理论，例如，McKown 和 Wensten（2003）发现，在 6～10 岁儿童中，大龄儿童比年幼儿童能更多地感知到成人在学习能力方面所持的族群刻板印象。另外，McKown 和 Strambler（2009）发现，随着年龄的增长，6～11 岁儿童能越来越多地推测别人的刻板印象；父母与儿童有关族群的对话会影响儿童对其他族群的刻板印象。Augoustinos 和 Rosewarne（2001）发现，澳大利亚 5～6 岁儿童本人所持的刻板印象与他人所持刻板印象高度相关，而 8~9 岁儿童的这种相关较弱。Copping（2013）等也发现，儿童感知到的成人刻板印象与儿童本人的刻板印象高度相关。另外，刻板印象还受个体所属群体地位的影响。社会认同理论认为，个体通过社会分类，对自己所属群体产生认同并产生内群体偏爱。由上述研究可见，儿童也会表现出内群体偏爱，其程度受本人所属群体的社会地位的影响，其所属群体地位越高，则个体的内群体偏爱就越少。

二、文化与内隐刻板印象

Greenwald 和 Banaji（1995）率先明确提出了"内隐刻板印象"的概念，内隐刻板印象可以帮助人们更加明确地从无意识的层面深刻地理解刻板印象。在心理学中有一种占据了将近 40 年的传统的理论观点，即刻板印象是自动激活的，是不能由知觉者的目的和策略所控制和改变的。随着研究方法的进步，这种观点受到挑战，也引起越来越多的关注，由此激发了研究者浓厚的兴趣。

随着认知神经科学的兴起，研究者对内隐刻板印象的神经机制进行了探索。当前，有关内隐刻板印象的 ERP 研究主要集中于三个方面：一是刻板印象激活对注意的影响，主要集中于种族刻板印象的研究；二是刻板印象的语义表征研究，多集中于性别、职业刻板印象的研究；三是刻板印象的抑制控制，多集中于性别和种族刻板印象的研究。研究表明，刻板印象在注意编码上与 P200、N100 和 N200 密切相关；而在语义加工上表现为语义和句法违背诱发的 N400 和 P600；刻板印象的抑制控制则与 ERN 有关。fMRI 的研究表明，内隐刻板印象认知加工涉及的大脑区域为大脑前额皮层以及外侧顶叶皮层附近的颞顶联合区、前扣带回和杏仁核。

（一）文化与内隐刻板印象的 ERP 研究

1. 内隐刻板印象的激活

（1）文化与内隐种族刻板印象的激活

内隐刻板印象的激活主要集中于种族刻板印象的研究。1933 年，Katz 和 Braly 发表了关于大学生刻板印象的研究，首次证实了可对种族与民族刻板印象进行实证研究，他们还提供了一种可以测量刻板印象的简便方法。他们向被试提供一个列有 84 个特征的清单并要求被试选择那些看来是典型的某个种族人的特征，进行了共 10 个群体测量，在为这 10 个群体进行特征选择之后，要求被试选择 5 个自己认为上述 10 个群体最典型的特征。结果表明，被试对每一个群体给出的某些特征十分一致，例如，84%的被试认为黑人迷信，78%的人认为德国人具有科学头脑，79%的人认为犹太人精明，35%的人认为中国人迷信。Gaertner和McLaughlin（1983）通过实验确立刻板印象的内隐运作原则，结果表明，白人被试对白人积极单词（如白人精明）的反应时间比对黑人积极单词（如黑人精明）的反应时间短，而这样的差异在否定词性配对中并未出现（如白人懒惰、黑人懒惰）。Dovidio等（1986）利用伴随靶子单词（积极或消极特质）之后呈现一个启动刺激（白人或黑人）的程序，要求判断靶子单词与启动单词是否属于同一范畴。结果发现，被试仍然表现出启动单词是白人时对积极单词的反应速度比启动单词是黑人时快，否则反之。Gilbert和Hixon（1991）则发现，给被试观看一段包括一位亚洲妇女的录像所激活的刻板印象会影响其后续的残词补全作业。Greenwald等（1998）运用内隐联想测验对黑人/白人种族刻板印象进行了研究，结果发现，不相容部分的反应时明显长于相容部分，这说明人们更易于将白人和好的属性连在一起，而将黑人和坏的属性连在一起，证实了种族内隐刻板印象的存在，还发现种族内隐刻板印象和相应的外显态度测量之间是相对独立的。他们还研究了日裔美国人和韩裔美国人对日本民族和大韩民族的态度，发现了明显的内群体-外群体效应，即他们更容易把快乐的词语与具有自己民族特征的名字相连，把不快乐的词语与具有对方民族特征的名字相连，并且内隐态度间的差异比外显态度间的差异要大。

进入21世纪，在刻板印象领域最受瞩目的是刻板印象内容模型研究，它以热情（warmth）和能力（competence）为基础建立二维模型，并通过17个不同国家和地区的跨文化研究进一步验证了热情和能力两个维度决定外群体的分布假设。同时，该模型认为大多数刻板印象是混合的，群体的社会地位可以预测刻板印象，刻板印象中普遍存在参照群体偏好以及外群体贬抑这个前提假设（Fiske, et al., 2002）。依靠热情和能力这两个基准维度，SCM划分了刻板印象中的四个群体丛：高热情-高能力群体（HW-HC）、低热情-高能力群体（LW-HC）、高热情-低能力群体（HW-LC）和低热情-低能力群体（LW-LC）。Fiske（2004）通过大样本的实证研究发现，HW-HC的代表群体是美国中产阶级等；LW-HC的代表群体是亚裔美国人、犹太人和富人等；HW-LC的代表群体是老人、残疾人和智力障碍者等；LW-LC的代表群体是吸毒者、流浪汉和乞丐等。

Leach等（2007）通过一系列实验把SCM与道德联系到一起。Wojciszke等（2009）发现，刻板印象涉及道德维度。以上研究者认为，应把SCM中的热情改为社会性（sociability），并强调在内群体维度中最应该重视道德因素，而能力和社会性次之。他们通过一系列的实验发现，道德在内群体评价中的重要性要高于对能力和社交性的评价，同时内群体道德影响了群体水平的自我概念，这些与积极评价相关，在对内群体的维度中应该最重视道德因素，而能力和社会性次之。尽管一些内群体认为相比外群体而言，内群体缺乏能力、社交性或声望，但他们一致认为内群体较他群体而言，其道德和品质是更良好的，这是首位的。Mosquera 等（2002）发现，西班牙和荷兰大学生都分别认为对方群体没有本群体更诚实和可信。在其他的一些跨文化研究中也发现了相类似的结果，即被试在各个因素中最快速联想的是道德因素的好坏与否，然后以此为依据判断其他维度。

Maddux 等（2008）证明了对亚裔群体刻板印象中的否定态度、情感与行为具有重要关联性，并认为现实主义威胁是联结类似少数民族群体刻板印象的重要机制。他们发现，美国白人对于亚裔美国人的刻板印象既包括积极的一面，例如，认为他们聪明、有能力、雄心勃勃、努力工作、精确、自律和勤奋等；也有消极的一面，例如，亚裔美国人狡猾、害羞、自私、缺乏热情和社交性，不喜欢主动参与公共事务等。Maddux 等（2008）强调，消极态度与行为的出现是因为美国白人时常感到外群体的现实主义威胁，其中包括可能的工作机会、教育、经济和政治机会的竞争，正是现实主义危机导致了对亚裔群体产生否定消极的态度和情感，当然这种否定消极的态度和情感是具有矛盾性的刻板印象。Lin 等（2005）发现，反亚裔美国人刻板印象区别于能力与社交性维度，《反亚裔美国人刻板印象量表》（SAAAS）通过 131 条种族态度条目化约为 25 个条目，通过 3 所高校的 222 名美国大学生被试证明，对亚裔的偏见不是轻蔑的人种偏见，而是认为其能力高但社交性弱的矛盾偏见，这一点是与白人对黑人的刻板印象完全不同的，因而被试对两个族群的态度和行为是完全不同的。

（2）内隐种族刻板印象激活的 ERP 研究

对种族刻板印象的研究大多数旨在理解自动化加工和控制加工在种族偏见中的相对作用。确定种族偏见被自动化激活或被有意控制的程度是社会心理学的一个基本主题。研究者使用 ERP 技术研究种族刻板印象，这些研究加深了人们对种族刻板印象如何影响人们的思想和行动这一问题的理解，也促进了对种族刻板印象与神经生物学之间相互作用的理解。研究发现，内隐种族刻板印象的激活与 N100、N200 和 P200 这些脑电成分有关。

N100 出现在面孔或其他刺激出现后 100ms，在刺激呈现后 120ms 时达到顶峰。Kubota 和 Ito（2007）的研究表明，N100 对于异族面孔比本族面孔更敏感。他们给 30 名白人被试呈现印有快乐、愤怒和中性情绪的不同种族的面孔图片，而后让他们完成种族和情绪分类任务，结果表明，黑人面孔所诱发的 N100

波幅比白人面孔所诱发的 N100 波幅更大，并且具有愤怒情绪的黑人面孔诱发的 N100 波幅最大。

Ito 和 Urland（2003）检测了种族和性别信息自动编码的程度，结果表明，在信息加工的早期阶段，注意就指向种族和性别线索，由黑人图片引起的 N100、P200 的波幅比由白人图片引起的波幅大，由男性图片引起的 P200 波幅比由女性图片引起的 P200 波幅大，这一结果说明种族和性别信息是自动编码的，同时也表明在刻板印象中，黑人更多地与暴力、攻击性和危险性相联系，并且作为外群体成员受到了更多的注意；而与女性相比，男性也被认为更具有危险性。

Correll 等（2006）用 ERP 技术检测种族刻板印象影响行为的方式，结果表明，P200 和 N200 这两种成分因靶子的种族不同而不同，相对于白人靶子而言，黑人靶子激起了更大的 P200 波幅和更小的 N200 波幅，但在 P200 和 N200 的波幅中，种族与物体类型的交互作用不显著，表明种族信息被自动加工，不依赖于其他物理的任务相关信息。

最近的研究发现，与刻板印象冲突的信息诱发了波幅更大的 N400（Hehman, et al., 2014；王沛等，2010）。王祎（2014）的研究结果表明，黑人面孔促进了对消极词汇的反应，白人面孔促进了对积极词汇的反应，在脑电上，一致性效应表现在 N400 波幅和 LPP 波幅上。

（3）文化与内隐民族刻板印象

西方个体主义社会强调个性、独立、种族差异，而东方集体主义社会强调和谐、国家和民族，中国研究者的研究集中于国民刻板印象和民族刻板印象。孙利（2004）对青少年国民刻板印象进行的研究表明，青少年对国家民族的印象是多维的，而且在各国家民族的纬度上得分不一，例如，法国人在情艺维度和气质维度的得分突出；而日本人则在态度、团体意识、大男子主义维度的得分突出。同时，年龄因素也会影响刻板印象内容，随着年龄的增长，评价的一致性逐渐提高。王一安和麻晓淼（2016）的研究表明，大学生普遍对法国人存在着类似于"乌托邦"式的正面刻板印象，在这些正面刻板印象中，仍然主要包括"浪漫"与"时尚"。这一现象表明，中国人对法国及其国民所形成的刻板印象具有稳定性和一致性，没有因时代与受众的不同而发生质的改变。

民族刻板印象是刻板印象类属中非常重要的一类，是个体对某一民族特质属性的固着、片面和概括化的认知。民族刻板印象是民族交往和族群互动的重要心理机制，民族之间若存在过多的民族刻板印象，特别是消极的民族刻板印象，容易使个体对某一族群产生认知上的偏差，致使彼此持有消极的族际交往态度，或者产生族群偏见以及不和谐的族际互动心理。蔡浩等（2009）对维吾尔族大学生的民族刻板印象进行了调查，结果表明，被试对汉族人和蒙古族人形成的刻板印象以正面与中性的为主。高承海等（2013）从"主位"和"客位"两个角度考察了少数民族和汉族大学生彼此持有的刻板印象及与民族交往态度的关系。结果表明，少数民族与汉族彼此持有的积极刻板印象数量没有显著差异，但汉族大学生的消极刻板印象数量显著多于少数民族大学生；少数民族与汉族的民族刻板印象内容存在显著差异；积极的刻板印象与民族交往态度呈正相关，消极的民族刻板印象与交往态度呈负相关。高兵等（2015）的研究结果发现，学生本人与他们感知到的成人的观点具有高度相关关系。在文体方面，汉族和藏族各年级学生均认为藏族好于汉族，藏族学生的这种倾向性比汉族学生更明显，两个民族学生的这种刻板印象都随着年龄的增长而更明显；学生感知到的成人的刻板印象也呈相同趋势；汉族各年级学生均认为汉族在学习方面好于藏族；藏族二、四、六年级的学生认为藏族学生在学习方面好于汉族，但到了八年级，则与同龄汉族学生观点一致，认为汉族学生在学习方面好于藏族；学生感知到的成人的刻板印象也有相同的趋势。有研究者调查了民族院校和普通院校民族班的大学生，结果发现，汉族大学生对少数民族大学生持有典型的刻板印象，认为少数民族学生冲动、粗鲁、落后等；少数民族学生则认为汉族学生爱钱、狡猾、自以为是等（高承海等，2013）。研究者调查了351名不同民族的大学生，发现个体民族本质论信念程度越强，其内族群认同感越强，对外族群的交往态度越消极，并且也发现汉族个体持有的民族本质论信念越强，对少数民族持有消极民族刻板印象的程度就越高（高承海等，2013）。有研究以我国的藏族大学生为例，发现民族本质论越弱，藏族与汉族大学生的跨民族交往意愿越强（杨晓莉等，2014）。影响民族刻板印象的主要社会心理因素，包括民族认同、民族接触、民族本质论信念、多元文化主义和族群竞争等（党宝宝等，2016）。

民族刻板印象的机制、作用、干预策略及其理论的研究应不断得到升华和延伸，以便更好地理解和剖析其在群体互动过程和群体关系中的作用。特别是进入21世纪以后，大量新兴神经科学技术的诞生和发展，为研究者进一步探析民族刻板印象提供了一定的技术支持，例如，对民族刻板印象加工的生理机制以及民族刻板印象发生的抑制机制的引入和应用等。

2. 内隐刻板印象的语义表征

刻板印象作为对某一社会群体特质的知识表征，其最为核心的内容是代表某一群体典型特征和行为的抽象化的语义信息。内隐刻板印象的语义表征研究多集中于性别、职业刻板印象。

（1）文化与内隐性别刻板印象的语义表征

社会认知中的性别差异历来是社会心理学研究的核心问题之一。性别与成就之间的刻板印象联系为将内隐记忆的研究方法应用于内隐刻板化提供了一个范例。内隐性别刻板印象就是内省不能确知的过去经历（内隐记忆）影响着个体对一定社会范畴中的男女成员的特征评价。Jacoby（1989）等就名望判断演示了内隐记忆的运作情况，实验结果反映出被试倾向于将第一天见到的非著名人物判断为著名人物，这说明记忆受到潜在的无意识的影响。利用 Jacoby 等的实验程序，Banaji 和 Greenwald（1995）进行了性别内隐刻板印象的研究，实验结果表明，在当初著名人物比例为 1∶1 的情况下，男性的成功率高于女性；曾见过的非著名人物的虚假报告率高于第一次见到的；在曾经见过的姓名中，男性姓名的虚假报告率高于女性姓名。这种内隐记忆实验程序提供了内隐性别刻板印象的语义表征证据，即男性的成就要比女性的高。

在东方集体主义社会，对待男女角色特征的认知时，人们普遍存在着对女性比较苛求、另眼相看的内隐刻板印象。进一步的研究显示，关于性别刻板印象的外显与内隐的结果明显不同（葛明贵，1998）。连淑芳（2003）首次用模糊主次评判方法配合语义启动技术来研究性别刻板印象，结果表明，用不同性质的启动词来激活与年龄有关的刻板印象，激活后的刻板印象对年龄的判断有不同的影响，而且被试中没有一个人能意识到这一点，这表明了内隐刻板印象的存在；人的判断具有模糊性，模糊主次评判方法有助于社会认知领域的量化研究；压抑策略的干预效果相当明显，刻板印象的内隐效应在明显地减弱，在性别刻板印象上存在内隐效应，而且没有性别差异，内隐刻板印象是根深蒂固的，在内隐的和无意识的水平上，压抑无法完全消除刻板印象。

（2）内隐性别刻板印象的 ERP 研究

内隐性别刻板印象的语义表征与 P600 和 N400 有关。Batholow 等（2001）的研究表明，句末语义与基于刻板印象所产生的期望相冲突会影响 LPP。Osterhout 等（1997）给被试呈现包含基于性别刻板印象的职业名称词和与这些词匹配/失匹配的反身代词的句子，发现刻板印象冲突诱发的 ERP 效应与句法不规则诱发的 P600 效应很相似。Wicha 等（2004）的研究发现，与语义不符的名词诱发了 N400 波幅，与性别不一致的名词诱发了 P600 波幅。Lattner 和 Friederici（2003）也发现内隐性别刻板印象的冲突产生了显著的 P600 效应，认为该成分标志着语义信息与刻板印象的再次整合。以上研究一致发现，在刻板印象冲突的情境下，会产生与句法违例很相似的 LPP。对于不同性别群体的被试，均表现出在内群体范畴词启动下的反应时显著短于外群体启动下的反应时，这一行为结果与以往研究相同（Banaji & Greenwald，1995）。ERP 结果显示，相对于外群体范畴词启动，两组被试均表现出在内群体范畴词启动下产生了更大波幅的 P600。根据 Osterhout 等（1997）的观点，"P600 波幅的变化反映了刻板化信念的强度"，由此推测每个群体可能持有更强的与本群体相关的刻板印象。以往对面孔的研究发现，在早期知觉阶段存在内群体编码偏好效应（Ito & Urland，2003），研究者对这一效应的解释是被试无意识地对内群体信息进行了更深层次的加工。

王沛等（2010）发现，性别刻板印象激活效应对早期 ERP 成分（P100、N170、N100、P200）没有影响，在刻板印象冲突情境下诱发了额中区更显著的 N400，该成分标志着刻板印象的激活效应；不同性别的被试均在内群体范畴词启动下诱发了波幅更大的 P600；刻板印象的激活效应以及内群体范畴词激活优势效应均发生在知觉后阶段。外在情感西蒙任务下的内隐刻板印象发生在语义加工晚期，主要体现为头皮中前部分布的晚期特质评估成分 LPP a 上的波幅变异效应，而语义启动任务诱发的外显刻板印象则可能存在两阶段加工，其中第一阶段为早期注意编码阶段，反映为前语义冲突鉴别成分 N200 上的波幅分离效应；第二阶段为晚期语义评估阶段，体现为头皮中后部分布的特质评估成分 LPP b 上的波幅变异效应（贾磊，2013）。杨亚平（2008）采用 ERP 技术与任务分离的逻辑思想相结合的方法，以性别刻板印象为例，系统探讨了刻板印象的加工过程及其机制。结果表明：对于刻板化信息加工的时间历程分为两个阶段：早期结构编码阶段和晚期决策阶段。两类刻板化信息都如此，两类信息所驱动的刻板印象的形成都是在早期结构编码 N170 之后的晚期知觉阶段；在加工的时程上，面孔信息所驱动的刻板印象形成的标志性成分是 P300；特质词所驱动的刻板印象形成的标志性成分是 P600。其他研究也表明，在语义启动下，性别刻板印象失匹配，也会诱发 N400 效应；性别刻板印象表征存在自上而下的由大脑额叶进行的语义分类加工（陈莉，王沛，2015）。

（3）文化与内隐职业性别刻板印象

内隐职业性别刻板印象一直都是研究者关注的焦点。关于其脑神经机制的研究，由于实验范式的不同，这些研究的结果并不统一。尤其是目前很多职业的从业者性别比例不平衡的现象依然明显存在，对职业性别刻板印象的加工机制、可能影响其激活的因素的作用机制、这种影响的持续范围等问题的探讨有一定的现实意义。连淑芳（2003）以性别-职业刻板印象 IAT 为实验材料和测量工具，安排不同的主试主持实验，结果表明，男性被试在女性主试条件下比在男性主试条件下呈现出较浅的内隐刻板印象，而女性被试无此现象，说明社会调节作用对男性被试有显著影响，在不同主试条件下，男女被试均表现出非常显著的内隐效应。王炳成等（2016）对大学生就业性别刻板印象的 Logistic 回归研究表明，女性职业刻板印象对毕业生就业情况有显著负向影响，而男性特质刻板印象构面对毕业生就业情况有显著正向影响。

（4）内隐职业性别刻板印象的 ERP 研究

对职业性别刻板印象的 ERP 研究表明，职业性别刻板印象会对 P600、N200 和 N400 的波幅产生影响。

Osterhout 等（1997）在被试阅读包含反身代词的句子时记录了他们的 ERP，实验结果表明，ERP 对与职业性别刻板印象不一致的句子敏感，并且与性别刻板印象不一致的句子引起的 ERP 效应和各种不合句法的句子引起的 P600 效应类似。在形成印象时，利用预期是有效且可行的，人类知觉中基本的认知和情感过程对预期相关信息敏感。期望决定着对行为的认知过程及情感反应，当群体成员的行为与刻板印象不一致时，知觉者会体会到更强的情绪唤醒并给予那些成员更极端的情感评价。Schmitt 等（2002）以德语为材料研究了语法信息和语义信息的相互作用，德国被试首先阅读含有指称词的句子，随后呈现人称代词，人称代词与其指代的内容可以在语法上性别一致，也可以在语义上性别一致，或与两者都一致，或与两者都不一致。结果显示，人称代词有显著的 P600 效应。男女性在行为学和 N400 指标上都表现出了职业性别刻板印象激活效应；女性在行为学和 P600 指标上都表现出了内群体优势效应，男性则没有；职业性别刻板印象激活效应与内群体优势效应均发生在知觉后阶段；职业性别刻板印象激活效应中的 N400 效应的产生机制是语义匹配而非扩散激活（黄俊伟，钟毅平，2011）。

内隐职业性别刻板印象会对 N200 和 N400 的波幅产生影响，它在认知加工的早期就已经被激活（张成荫，2011）。相比一致条件，不一致条件下诱发了更大波幅的 N400；相比男性启动条件，女性被试在女性启动条件下出现了更大波幅的 P600（范伟等，2016），这些研究结果可能表明职业性别刻板激活效应是存在的，且支持语义匹配模型，而不是扩散激活模型；女性被试具有内群体偏见效应；职业性别刻板印象激活效应和内群体偏见效应都发生在知觉加工的晚期阶段。

3. 内隐刻板印象的抑制控制

在内隐种族刻板印象的研究中，种族分类任务会激活个体对不同种族的积极或消极的刻板印象，这些刻板印象往往是以偏概全、不准确的，因此，个体会主动对这些信息进行行为抑制。有关行为抑制的 ERP 研究表明，刻板印象的行为抑制与 ERN 这一成分密切相关。ERN 是由错误行为诱发的一种脑电成分，峰值为 50～150ms。已有研究表明，ERN 与错误检测和冲突监控有关（Amodio，et al.，2008；Bartholow，et al.，2012）。

对黑人的刻板印象在美国文化中根深蒂固，因此白人对黑人的看法和行为在很大程度上受到自动激活的种族刻板印象的影响，即使人们采用控制加工的方式，试图阻止这种刻板印象影响他们的行为，也很难消除这一影响。Amodio（2004）等用 ERP 实验证实了这一结论。实验以无种族偏见的白人女大学生为被试，要求被试完成"武器"识别任务。在电脑中央快速呈现一张黑人或白人面孔图片后，紧接着呈现一张"手枪"或"手提工具"的图片，被试按相应的反应键将第二张图片按"枪"或"工具"分类，被试的反应要在靶子呈现后 500ms 内完成。结果显示，"工具"在黑人面孔后出现被误认为"枪"所产生的 ERN 显著大于"工具"在白人面孔后出现时被误认所产生的 ERN。同时，由种族偏见反应产生的ERN 大于由非种族偏见反应产生的 ERN。虽然在被试中普遍诱发了种族偏见反应，但那些由种族偏见反应激发了更大的 ERN 的被试在完成随后的任务时显示出更高的控制水平（如更高的准确性和出现错误后反应时延长等）。这些结果表明，尽管检测偏见及控制偏见过程的神经系统被激活，人们仍可能做出种族偏见反应。

（二）文化与内隐刻板印象的 fMRI 研究

尽管 ERP 技术能够较好地将刻板印象的认知神经过程在反应时程上呈现出来，但偶极子源定位的精确性较差，因此不能很好地揭示刻板印象在认知加工上所涉及的脑区乃至具体的神经通路，而采用高空间分辨率的 fMRI 则能很好地解决这一问题。近期研究发现，大脑前额皮层以及外侧顶叶皮层附近的颞顶联合区、前扣带回和杏仁核可能普遍参与了刻板印象的认知加工。

1. 内侧前额皮层与颞顶联合区

大脑内侧前额皮层及颞顶联合区是镜像系统（mirror system）的组成部分，近期的研究表明，这一系统极可能是社会认知信息表征加工的核心区域，这一区域与心理理论、移情以及和自我有关的一系列社会认知加工过程均存在密切联系，其中右侧颞顶联结处可能与对他人情绪和认知状态的推理加工有关（Uddin，et al.，2006；Decety & Lamm，2007），而左侧颞顶联合区则被报告与表征他人信念有关（Samson，et al.，2004）。研究表明，大脑颞顶联合区和内侧前额皮层可能是刻板印象的表征和认知加工的关键脑区，其中，左侧颞顶联合区以及附近的中部颞叶沟和缘上回在 fMRI 研究中表现出与信息的刻板辨别密切相关（Quadflieg, et al., 2008)。该区域与对自我及对他人特质和信念的表征加工存在密切联系，因此该区域的激活表征着刻板印象的信息分类。

2. 前扣带回和外侧前额皮层

刻板印象激活诱发的效应并非每次都能观察到，这是因为刻板印象的过程还受到前扣带回—背外侧前额皮层这一执行控制系统的监控。前扣带回与错误监控、认知控制以及情绪加工均有着密切联系，其中，喙前扣带回皮层主要与情绪加工冲突有关，背侧前扣带回（dACC）皮层则主要与认知冲突监控有关（Satpute & Lieberman, 2006），而背外侧前额皮层也是进行认知监控的重要脑区，它与扣带回的联结可能是大脑对认知加工履行监控功能的神经中枢。在功能划分上，前扣带回可能主要负责对刺激信号进行评估以及对产生的冲突进行监控，而背外侧前额皮层则更多地参与意识干预下的执行控制，且与注意的维持以及工作记忆参与下的任务完成有关（MacDonald, et al., 2000; Milham, et al., 2002）。

Richeson 等（2003）采用 IAT 所做的一项研究表明，当个体试图对负性种族刻板印象进行意识性的抑制时，前扣带回和背外侧前额皮层被明显激活了。此外，前文中 Amodio 等（2008）及 Bartholow 等（2012）在刻板印象抑制 ERP 实验中，错误相关负波（ERN）的源定位也是这个区域。与一般冲突控制中表现出的效应一致，前扣带回和外侧前额皮层对于刻板印象的抑制需要意识努力的参与。有学者（Cunningham, et al., 2004; Eberhardt, 2005）发现，当无意识地呈现黑人面孔照片（阈下呈现 30ms）时，白人被试的杏仁核依旧能够迅速被激活；但将呈现时间延长为 525ms，使得被试有意识地对照片刺激进行抑制控制时，通过前扣带回—背外侧前额皮层—腹外侧前额皮层这一认知控制通路的干预，白人被试可以抑制种族刻板印象，有效地控制杏仁核的激活。进一步的研究发现，刻板印象抑制过程也是资源依赖性的。随着个体对刻板印象抑制投入的认知资源越多，前额皮层的激活程度越高，但在同样依赖执行控制干预的 Stroop 任务中的表现就越差（Richeson, et al., 2003）。

3. 杏仁核

作为情绪系统的重要组成部分，杏仁核与情绪、情感的加工有关。此外，它在情绪学习及记忆调制上也具有关键性作用，其主要的作用在于形成和储存情绪事件记忆。社会信息，尤其是情绪性信息，通过感知系统处理后到达杏仁核的基底外侧复合体，尤其是外侧核，在这里经与记忆系统联结，得到记忆的长时增强，进而影响突出结构，形成对情绪事件稳定而系统的反应（Amunts, et al., 2005）。Phelps 等（2000）的研究表明，杏仁核直接参与了种族刻板印象的加工。他们的研究采用 IAT 检验了白人对黑人所持的内隐种族刻板印象。fMRI 的测量表明，较之于白人照片，黑人照片诱发了杏仁核及右侧前扣带回的明显激活。有研究表明，采用阈下 30ms 呈现的方式呈现具有消极刻板信息的黑人面孔图片，同样可以自动且无意识地快速激活杏仁核（Cunningham, et al., 2004）。近期的研究表明，除了种族刻板印象，杏仁核的显著激活同样可以在有关性别刻板印象（Quadflieg, et al., 2008）和非种族间的内外群体歧视行为（Rilling, et al., 2008）的研究中观察到。所以，杏仁核的激活应该是刻板印象认知过程中普遍涉及的一个脑区。Quadflieg 等对此的解释是，杏仁核的激活应该只与刻板印象的强度有关，不能作为区别不同内容刻板印象认知机制的依据。而且，没有杏仁核的参与，似乎不妨碍刻板印象的激活。Phelps 等（2003）对一名杏仁核受损患者进行了研究，令人惊讶的是，这名患者在问卷及 IAT 中均表现出了显著的种族刻板印象。因此，杏仁核在刻板印象认知中所起的作用极可能是作为刺激信息的初步处理的部位，负责对有关刻板印象信息中附带的情绪性信息（如具有潜在威胁性的黑人面孔、违反性别刻板印象的特征词等）进行快速鉴别，并激活相应的情绪性记忆，且作为情绪中枢为进一步的高级认知加工输入情绪信息。杏仁核的激活可能不是刻板印象认知过程中的必经环节，而仅是其中较为迅速和显著地反映出来的情绪性环节。

4. 内隐与外显刻板印象激活的脑区的差异

内隐和外显刻板印象的加工存在神经皮质基础的不同，内隐刻板印象的激活和抑制加工均主要依赖于额叶皮质和扣带回的参与，而外显刻板印象的激活虽然也依赖于额叶皮质，但其抑制过程主要依赖于颞顶联合区及小脑的参与，而对内隐和外显刻板一致性的直接比较显示，相对于外显刻板印象，内隐刻板印象更依赖外侧前额皮层与内侧颞叶所构成的内隐的语义观念启动系统。相反，相对于内隐刻板印象，外显刻板印象则似乎更依赖以背外侧前额皮层与辅助运动区为代表的镜像系统以及以脑岛为代表的意识系统（贾磊，2013）。

近年来，一些跨文化研究的结果表明，不同文化背景下的个体可能会在刻板印象上存在显著差异（Spencer, et al., 2007）。同时有研究证实，不同的社会文化环境会显著影响个体对于自我和他人表征的认知神经机制（Zhu, Han, 2008）。

三、文化与元刻板印象

（一）元刻板印象的意义

元刻板印象（meta-stereotype）是 Vorauer 等在 1998 年提出的概念，Vorauer 等（1998）研究了优势群体（加拿大白种人）的元刻板印象，即他们认为弱势群体（加拿大土著人）会如何看待他们，加拿大白人会认为自己在美国人眼中是谦逊、有礼貌的，而认为自己在加拿大土著人眼中则是傲慢、自私和世俗的。这一结果说明，他们头脑中的元刻板印象是有偏见的、傲慢的、自私的、不公平的和冷酷的。许多有关社会认知理论的研究认为，当群体成员身份凸显时，人们会感觉与内群体成员的相似性增强，而与外群体成员的相异性增大（Hogg，2003）。Frey 和 Tropp（2006）认为，当人们感觉与外群体成员的相异性增强时，则倾向于采用刻板化策略来读取他人心理。研究还发现，人们一般会期待外群体成员会对自己进行消极评价，并以消极的刻板印象看待自己（Vorauer & Kumhyr，2001；Vorauer, et al., 1998）。人们认为外群体成员对他们的看法比他们看待自己要更加刻板（Frey & Tropp，2006）。

近年来，对于元刻板印象的研究大多数集中于不同民族、种族群体以及性别群体之间，个别研究涉及了一些特殊群体，如艾滋病患者、宗教信仰者和非宗教信仰者等群体。越来越多的研究表明，元刻板印象是影响群际关系更加重要的变量（Gómez，2002）。与刻板印象相比，元刻板印象会对群际关系产生更深刻、更持久的影响（Gómez & Huici，2008）。如果个体认为外群体不喜欢内群体，会加深对外群体的消极归因，群际的反感会增加（Vorauer, et al., 1998），负面的元刻板印象可能会导致与其一致的行为反应（Kamans, et al., 2009）。消极的元刻板印象会引发焦虑、愤怒等负性群际情绪（Owuamalam & Zagefka，2013）。有关元刻板印象对群际关系的影响研究在国外日益受到重视（Lammers, et al., 2008）。因此，探讨不同群体之间的元刻板印象对群际关系的影响，已成为了解和改善群际关系的基础。

（二）元刻板印象的影响因素

影响元刻板印象的因素有两个：一是个体的偏见水平；二是元刻板印象的有效性，即元刻板印象的真实性。

1. 个体的偏见水平

Vorauer 等（1998）认为，高种族偏见者的种族态度在自我概念中处于核心地位，他们认为自己会被外群体刻板化，而低种族偏见者的种族态度在自我概念中不处于中心地位，因此较少认为自己会被外群体刻板化。如果个体认为外群体不喜欢和诋毁内群体，则会产生交互的反应，会加深其对外群体的消极刻板印象和消极的归因，群体间的反感会增加。偏见水平会影响人们与外群体成员的关系以及元刻板印象的形成。研究发现，低种族偏见者比高种族偏见者更希望与外群体保持积极的关系（Maddux, et al., 2005），低种族偏见者比高种族偏见者更可能认为自己与外群体成员相似，这种知觉使得他们认为自己会被外群体成员积极刻板化。另外，他们也更可能认为消极的刻板印象缺乏有效性，不适用于自己。高偏见者对外群体持有更强的刻板印象，反过来，他们也会认为外群体对他们持有较强的刻板印象。在 Vorauer 和 Kumhyr（2001）的研究中，他们让加拿大白种人分别与加拿大土著人（外群体）和加拿大白种人（内群体）相互作用，结果高种族偏见者认为自己在土著人眼中比在白种人眼中有更强的刻板化方式，而低种族偏见者则认为自己在土著人眼中比在白种人眼中有更少的刻板化方式；低种族偏见的加拿大白人不认为自己在土著人眼中具有群体的消极刻板印象（偏见、特权），而高种族偏见者则可能认为自己是消极的、刻板化的。Dawes 和 Finchilescu（2002）的研究以南非的白人和黑人为被试，也发现高偏见者的元刻板印象更加消极。

2. 元刻板印象的真实性

Vorauer 和 Kumhyr（2001）的研究发现，当加拿大白人感知到自己被土著人消极评价时，他们会倾向于对土著人进行更消极的评价，同时预期被外群体成员消极评价和刻板化会引起群体间焦虑。对于低种族偏见者来说，不真实的积极元刻板印象导致了行为的同化效应，而不真实的消极元刻板印象导致了行为的对比效应（Oldenhuis, et al., 2007）。高种族偏见者并不期望与外群体保持积极的关系（Maddux, et al., 2005），他们不是很关心外群体的刻板印象是否真实，所以高种族偏见者的行为反应受元刻板印象有效性的影响不大。高种族偏见者对外群体有更多的消极感受，并倾向持有消极的元刻板印象，即认为外群体会贬低自己所属群体，其行为也显示出对消极元刻板印象的同化效应。Krueger（1996）调查了美国白人和黑人的个人信念和相互的刻板印象，结果发现，人们会高估外群体对自己群体的积极看法，即元刻板印象比刻板印象更加消极。Sigleman 和 Tuch（1997）将黑人的元刻板印象和白人对黑人的刻板印象进行了比较，他们认为黑人的元刻板印象是准确的，但也同时指出由于社会偏好性的影响，刻板印象存在低估的偏差，而元刻板印象存在高估的偏差。Oldenhuis 等（2007）的研究发现，当基督徒学生认为自己要被非基督徒学生评价时，他们的元刻板印象被激活，即认为自己在非基督徒学生眼中是很保守的，结果高种族偏见者的行为显示出对消极元刻板印象的同化效应，即表现得比低种族偏见者更加保守。

（三）元刻板印象的研究

研究者对群际关系的测量通常使用外群体态度、群际关系认知和交往意向三个指标。Galinsky等（2003）指出，任何时候对权力的启动都可以激活与权力有关的概念和行为倾向。从内隐社会认知角度研究权力，通常采用情境性启动的方法。已有研究发现，在群际情境下，无权力的群体成员倾向于激活和应用元刻板印象，也会对群际关系产生更大的影响（贺雯等，2014）。Lammers等（2008）通过角色扮演、情境回忆、文字启动三种方法启动被试的高权力感和低权力感，均发现低权力感启动组被试更容易激活元刻板印象。贺雯（2012）对于社会高低阶层的研究发现，改变元刻板印象信息对社会较低阶层外群体态度和交往兴趣的影响明显，但对社会较高阶层未产生明显的影响。刘栋（2011）发现，元刻板印象在权力比较低的情况下更容易被激活，相对于刻板印象，中国人对日本人的元刻板印象对群际关系的影响更大，是内隐测量个体对外部群体态度的一种标识（预测）；在内倾维度上，被试对元刻板印象词汇的反应时显著短于外倾维度，在判断维度上，被试对元刻板印象词汇的反应时显著短于感知维度。解晓娜（2016）对280名汉族、维吾尔族被试进行了研究，发现积极的元刻板印象信息可以有效改善被试的外群体态度和接触意愿，权力感并不影响这一过程。

综上所述，对于元刻板印象的早期研究集中于元刻板印象的内容、元刻板印象的激活。近年来，社会认知心理学家意识到元刻板印象是影响群体间关系的重要因素，因此更多研究注重研究元刻板印象与群体间的关系，以及改善元刻板印象的策略，这方面的研究将有助于我们深入了解元刻板印象的机制和作用。

第二节 文化与偏见

偏见（prejudice）作为一种群际情感，是群际认知（刻板印象）和群际行为（歧视）的中介桥梁（Harris & Fiake，2006）。研究表明，群际偏见会导致人际关系疏离，引发社会歧视行为和社会冲突，危害社会稳定（贾林祥，2010）。

1954年，社会心理学家Allport所著的《偏见的本质》(The Nature of Prejudice)对于偏见研究具有里程碑式的意义，书中详述了偏见的来源及其导致的不良后果,并随之引发了大量实证研究(Curl, 2002)。偏见作为对某个人或团队所持有的一种不公平、不合理的消极否定的态度(乐国安,2013),一直被视为社会心理的主要消极表现之一。直至今日,关于偏见的本质及原因、偏见引发的后果、消除偏见的措施等方面的研究成果颇丰,却仍无法制衡各类偏见在群际互动过程中对个体、群体和社会产生的负面影响。伴随着社会认同理论(Tajifel, 1982)对当代群际过程的革新性研究,个体行为受制于多种群体身份影响而发生的群体过程和群际关系,成为解释群体心理和行为等社会现象的新路径。

一、偏见产生的机制

社会心理学家认为偏见是社会习得的结果。儿童或者从重要他人如父母那里习得偏见,或者受社会规范、文化、舆论的影响,在遵从社会规范的过程中对特定群体或个人产生偏见。社会心理学家主要从以下三个方面来阐述偏见的产生机制:认知性根源、动机性根源和社会性根源。

(一)偏见的认知性根源

偏见是人类认知过程中的副产品,通过分类和简化信息,我们往往会形成一些刻板印象,进而影响我们的态度与行为。社会心理学家发现,偏见的产生源于内群体偏好与外群体同质性效应(Aronson, et al., 2012; Linville, et al., 1989)。

对人群分类的结果,会产生在某些方面与我们相同的群体——内群体,以及与我们不同的群体——外群体。我们一般喜欢与自己相似的人,而不喜欢与自己不同的人。我们往往以积极正面的情绪和特殊待遇去对待内群体成员,而以消极负面的情绪和不公正待遇去对待外群体成员,即内群体偏好(Aronson, et al., 2012)。产生内群体偏好的主要原因是我们需要借助于所认同的群体以提高个体的自尊(Tajifel, 1982),即"我"所在的群体是优秀的,因此"我"也是优秀的。然而,优劣的判断要经过社会比较的过程,即内群体要优于外群体,这就产生了对外群体贬损的后果。社会分类的另一个结果是外群体同质性效应,即认为外群体成员是相似的(Linville, et al., 1989),不同于"我们",并且"他们"的同质性要比内群体成员间的同质性水平高。产生这一效应的主要原因是,我们在认知的过程中过分夸大了外群体之间的相似性和内群体之间的差异性。一般地讲,面对越是熟悉的群体,我们越能看到其多样性,而面对越是不熟悉的群体，我们的刻板印象越严重（Linville, et al., 1989）。

（二）偏见的动机性根源

有研究者从动机角度来阐述偏见的来源，根据现实群体冲突理论（RGCT），偏见是群体间争夺资源或权力不可避免的后果（Le Vine & Campbell, 1972）。一旦群体为某些资源而竞争，就会产生一个群体对另一群体的偏见。此时，偏见就成为有些人进行报复的手段。社会认同理论（Tajfel, 1982）认为，人们乐于将自己归入某一群体，并由此获得自尊。社会同一性使我们认同自己所在的群体，遵从群体规范，为自己所属的团体、家庭和国家贡献自己的力量。一个人的社会同一性越强烈，就越能体验到对于内群体的依恋和对内群体成员的偏爱。在面对来自外群体的威胁时，个体的偏见反应就会变得更强烈（Crocker, 1999）。

在对自己群体认同的过程中，人们还会将自己群体与外群体进行比较，并且偏爱自己的群体。有时为了获得社会比较过程中的优越感，甚至不惜贬低外群体成员。尤其是当个体的自尊受到威胁时，人们往往通过贬低外群体来提高自己群体的地位，从而维护自己的社会同一性，提高自尊水平。有研究发现，自尊水平会影响偏见程度。一个人的自尊水平越高，对外群体的评价就越积极，反之，自尊水平受到威胁时，个体就会诋毁外群体成员，以恢复自尊（Fein & Spencer, 1997）。

（三）偏见的社会性根源

偏见产生的一个社会性根源是从众。偏见形成后会长期存在，如果大多数人接受了这种观念并对其他群体表现出偏见态度与歧视性行为，那么许多社会成员就会出于被群体接受和喜欢的需要，而出现从众行为。另外，新生代社会成员也会通过家庭、学校、媒体等途径观察、学习到父母、教师或其他社会成员的偏见态度，并模仿其歧视性行为（Hill, 1998）。

二、偏见的测量

偏见可分为外显偏见和内隐偏见，对其的测量方式存在较大的差异。

（一）外显测量

外显偏见的测量主要使用自陈量表的方式。

（二）内隐测量

1. 以个体自身不能控制的生理反应作为测量偏见的指标

这些方法是我们所熟悉的，如心率、皮肤电、肌肉电等，其中肌肉电记录了脸部不同肌肉群的电活动。面孔中不同肌肉的活动，是测量偏好的一种敏锐指标，其中，脸部有两个区域尤其明显：眼睛上面的用于皱眉的皱眉肌，以及脸颊用于微笑的颧弓，它们分别指示了个体的消极和积极情感。例如，Vanman（1997）及其同事的研究就使用了这种技术，研究中，白人被试被要求观看一些他们想象要与之交往的黑人或白人的图片，并同时记录了两组肌肉群。此外，观看每一张图片后，被试在一些量表中对图片中的人做出评价，包括被试有多喜欢他们（图片中的人）。结果发现，自陈的结果显示出了对黑人偏爱（pro-black bias），比起白人，被试表示自己更喜欢黑人。但肌肉电却显示出相反的结果，相比白人出现时的记录，当黑人的图片出现时，被试皱眉肌的活动更多，而微笑肌的活动更少。除上述这些技术外，近年来，眼动、ERP 和 fMRI 技术也被运用到内隐偏见的测量中。

2. 以个体的反应时和准确率作为测量偏见的指标

（1）词汇判断测验

Gaertner 和 McLaughlin（1983）提出了词汇判断测验（LDT），即在一个词汇决定测验中，要求被试看一对字符串，并快速决定是否两个都是词语。当两个字符串都是词语时，如果二者互相联系，被试回答的速度快于二者没有联系的词语。该方法被应用到内隐测验中，如果被试对一对词语的反应快，则表明这两个词语之间的联结较强，被试可能存在刻板印象或偏见态度（Macrae, et al., 1994）。

（2）信号检测论范式

Banaji 和 Greenwald 采用信号检测论研究范式，考察了被试对于男性名字和女性名字是否采用同样的判断标准。结果表明，被试对男性和女性名字知名度的判断存在性别差异。被试在进行知名度判断时，对女性名字采用的反应偏向比较严格，对男性名字采用的反应偏向比较宽松（Banaji & Greenwald, 1995）。

（3）评价性启动任务

Fazio 等（1995）借鉴认知心理学中的语义启动任务范式，将其应用到内隐社会认知研究者中，并加以改造，从而形成了评价性启动任务（EPT）。语义启动任务被用来研究概念之间的联结，以及概念的激活和扩散。在语义启动任务的研究中，实验者先向被试呈现一个启动刺激，短暂间隔后，呈现目标刺激。被试对目标刺激进行真假词判断。当启动刺激和目标刺激之间存在紧密的语义联系时，判断速度较快。在评价性启动任务中，启动刺激是特定的对象，目标词是表示积极评价或消极评价的词汇，被试需要判断目标刺激是积极的还是消极的。该范式的基本假设为：态度可以被看作个体记忆系统中态度对象与态度评价之间的联结，当态度对象出现时，这种联结会自动激活，并影响被试的反应。评价性启动任务被证明在测量内隐态度方面具有较大优势（Fazio, et al., 1995）。

（4）内隐联想测验

Greenwald 等（1998）提出采用 IAT 来测量人们的内隐态度。在 IAT 中，被试需要对目标词和属性词进行匹配，匹配任务包括相容任务（目标词和属性词的匹配与内隐态度一致）和不相容任务（目标词和属性词的匹配与内隐态度不一致），内隐态度的指标则为不相容任务与相容任务之间的反应时之差。IAT 用于测量少数群体（弱势群体）的态度时具有良好的预测效度（Rudman & Ashmore, 2011）。

（5）Go/No-Go 联想测验

Nosek 和 Banaji（2001）提出的 Go/No-Go 联想测验（GNAT）也是测量内隐偏见的方法，是 IAT 的变式，可以对单一对象进行评价。具体做法是呈现两类目标刺激和干扰刺激，被试需要对目标刺激快速做出反应。该范式采用信号检测理论，将目标刺激，如目标概念+积极评价或目标概念+消极评价作为信号，而将干扰刺激+积极评价或干扰刺激+消极评价作为噪声。被试只需要对目标刺激（信号）进行按键反应，称为 Go，而对干扰刺激（噪声）不需要反应，称为 No-Go，将被试在两类目标刺激上的反应时之差作为测量内隐偏见存在的依据。

（6）刻板解释偏差

马芳和梁宁建（2008）认为，刻板解释偏差（stereotype explanation bias, SEB）是人们在与刻板印象不一致的情境中所表现出的解释偏差。刻板解释偏差把归因作为切入点来研究人的内隐态度，把归因结果作为对象加以分析，在实验操作上引进了实际生活场景，激发出个体的内隐态度。该方法一般要求被试完成一份相关问卷以检测其是否存在 SEB。该问卷由 25 个只写出事件结果的半个句子构成，后半句要求被试对前半句的事件结果做出归因。在问卷中，每个项目的主语必须包含有关刻板印象的两类相对群体。事件是与刻板印象一致的积极行为以及与刻板印不一致的消极行为。被试可以在每个句子后面填写多个理由。根据被试在与刻板印象不一致和一致两个情境下所给出理由的数量之差来判断其偏差程度。采用 SEB 方法，马芳和梁宁建（2008）检测到大学生普遍存在"男性比女性更擅长数学"的内隐数学-性别刻板印象；佐斌和刘晅（2006）得出了大学生具有很明显的内隐性别刻板印象的结论。

三、偏见的实证研究

从20世纪20年代美国种族歧视政策日益遭受人们的不满和批判开始，种族偏见的问题就已经成为社会学、社会心理学、人类学等学科的重点研究项目之一。随后，年龄偏见、性别偏见、地域偏见、疾病偏见等各种偏见形式也逐渐进入学者和社会大众的视野之中。近年来，关于偏见的认知神经研究主要集中在种族偏见、亲属偏见和自我正面偏见方面。

（一）种族偏见

1. 文化与种族偏见

对种族偏见的研究由来已久。社会心理学对偏见的研究起源于对种族偏见或冲突的关注，因而一直以来种族都是偏见研究中的重要关注对象，诸多关于偏见的理论也往往以此为基础。种族冲突一直是西方文明所面临并亟待解决的重要问题。第二次世界大战中，德国人对犹太人的种族屠杀是其极端的表现。此外，一些欧美国家曾经长期存在的种族隔离制度也是臭名昭著。自《平权法案》颁布以来，外显种族偏见逐渐减少，然而这并不意味着人们的种族偏见消失了，而是偏见表达越来越隐蔽了。

Gaertner和Mclaughlin（1983）及Dovidio等（1986）在不同的实验设计下，相继发现与黑人和积极词的联结相比，被试对白人和积极词的联结反应更快，存在种族评价的刻板偏向。Devine（1989）在阈下向被试呈现一些单词，其中，与黑人刻板印象有关的占80%，无种族倾向的占20%，然后让被试做一项无关作业，发现白人被试对无种族倾向的那部分单词也表现出更多的敌意。儿童的种族偏见是在人生早期社会偏好的基础上发展起来的，早期经验在种族偏见的形成过程中发挥着重要作用。种族偏见的发展具有明显的年龄特征，Bar-Haim等（2006）的研究发现，婴儿更喜欢同种族成员的面孔。Raabe和Beelmann（2011）的元分析表明，外显偏见在童年初期（2～4岁）和中期（5～7岁）增加迅速，接着在童年晚期（8～10岁）略有下降，然而内隐种族偏见始终保持稳定。随着年龄的增长，儿童的种族偏见逐步从显性的表达转变为更隐蔽的表达。这说明随着年龄的增长，儿童开始控制他们的偏见反应，并且开始有意识地公平评价不同的社会群体，从而符合平等主义社会规范。卢焕华等（2011）对西方种族研究的元分析发现，美国白人对黑人存在内隐偏见（Gaertner & Mclaughlin, 1983；

Dovidio, 1986; Devine, 1989)。有一些研究发现，白人对亚洲人、印第安人都存在内隐偏见（Greenwald, et al., 2005; Lane, et al., 2007）。

2. 种族偏见的认知神经研究

（1）种族偏见的 ERP 研究

早期种族偏见的 ERP 研究多集中在相对较晚的认知加工阶段，诸如评价过程、行为准备过程、错误反馈过程、认知冲突、时间预期等（Bartholow, et al., 2008）。近年来，研究者越来越认识到早期的认知加工是社会分类的起点，也是实现晚期认知功能的必经之路，相关研究尤其关注更具基础性的视觉加工相关 ERP 成分（Sessa, et al., 2012）。与种族偏见有关的早期脑电成分有 P100、P200、N170 和后部对侧持续负波（SPCN）。

P100 是刺激呈现之后出现的第一个正成分，最大振幅出现在刺激呈现后 100ms 左右，源定位腹侧前纹状体皮层，它对视觉刺激的对比度、亮度和空间频率敏感。该成分反映了对视觉信息粗略地进行初始分类加工，外族面孔诱发 P100 的振幅大于本族面孔（He, et al., 2009）。同时，P100 还受到面孔结构等因素的调节。Cunningham 等（2012）的研究认为，基础的视觉加工过程并不完全是自下而上、不可改变的，而是受到动机、注意及其他社会因素的影响。他们将动机类型作为自变量考察了种族信息加工的可塑性。实验将被试分成趋近黑人动机组、逃避黑人动机组、控制组。结果发现，在逃避条件下，黑人图片诱发的 P100 振幅显著大于白人图片；但在趋近条件下，P100 上的种族差异效应没有出现，这说明自上而下的调节作用的确能够影响早期的神经活动。P100 出现在形成完整知觉之前，因此它能更好地反映内隐种族效应的发生过程，是自上而下的高级认知和情绪对低级认知影响的重要指标。不过，由于 P100 不能直接反映态度、评价、语言相关等复杂认知过程，它在种族偏见研究中被使用的还不多。

N170 的最大波幅出现在刺激呈现后大约 170 ms，源定位在下颞叶回或梭状回，它涉及面孔的结构性加工，对面孔的反应要大于对物体的反应。N170 能反映种族、性别等社会信息的加工过程，其波幅会受到注意、动机、情绪等因素的影响，并且它所反映的认知阶段不受意识控制，是研究种族偏见的常用指标（Jacques & Rossion, 2007）。Senholzi 和 Ito（2013）的研究表明，N170 的波幅反映了面孔加工的深度，具有对任务操作环境敏感的特点。当要求白人被试注意面孔的种族信息时，内种族白人面孔比外种族黑人面孔诱发了更大的 N170 波幅，而当任务要求他们注意面孔的社会身份时，黑人面孔则比白人面孔诱发了更大的 N170 波幅。在种族 IAT 任务中，被试的 N170 波幅与种族评价相关。Ibanez 等（2010）采用 ERP 观测了土著人和非土著人在完成 IAT 任务时诱发的 N170 和 VPP 成分，结果发现，本族面孔积极词关联条件与消极词关联条件下的 N170 波幅差异显著。但是这种差异在对外族面孔的积极词关联和消极词关联条件之间没有出现，说明内外群体与效价的关联背景能够调节早期的神经加工过程，而研究方法中 N170 的波幅反映情绪、种族多种因素的混合效应这一特性能够为更多关于种族偏见的研究所借鉴。Ofan 等（2011）使用了序列评估启动任务进一步考察了白人被试对黑人面孔的自动消极评价和 N170 波幅之间的相关性。他们假设在被试不知道实验能够反映歧视水平的情况下，行为分数将会和内外种族面孔诱发的 N170 波幅差异呈正相关，数据分析证实了此假设。不仅如此，他们还发现，当被试得知实验与歧视相关而控制自己的表现时，其控制分数与黑人面孔诱发的 N170 波幅呈负相关。王祎（2014）用 ERP 技术和简式 IAT 考察了亚洲黄种人对黑种人和白种人这两个外族的内隐种族态度。结果表明，黄种人对黑种人有消极的内隐态度，对白种人有中性的态度。脑电结果证实了种族内隐态度激活和社会类别激活的不同时程，在 ERP 指标上，分别体现在 N170、N270 和 LPP 上。

P200 是在视觉刺激呈现后出现的第二个正波，一般出现在 200～250ms，头皮分布位置在两侧的枕颞叶区域。P200 对威胁性的信息更敏感，同时会受到种族类别的调节。研究表明，呈现黑人面孔图片时的 P200 振幅显著大于白人面孔图片，因为白人被试会将黑人面孔视作威胁信号（Ito & Urland, 2005）。He 等（2009）也发现，黑人和白人面孔诱发的 P200 振幅差异程度与 IAT 任务分数之间呈正相关，说明白人被试对黑人的评价越消极，黑人面孔与白人面孔诱发的 P200 振幅的差异越大。不过，在提倡种族平等的社会环境中，对这一结果的解释也会发生变化。当白人被试意识到任务能够反映种族歧视之后，他们会调动更多的认知资源努力做出无偏反应，这一控制过程本身也能引起更大的 P200 振幅。Amodio（2010）发现，平等动机会自上而下地影响白人被试在看到黑人面孔时产生的 P200 振幅。他们要求被试完成一项识别"枪"的任务，同时记录被试的 EEG 和行为数据。结果表明，黑人面孔启动条件下的左侧额叶偏侧化程度显著高于白人面孔启动条件。由于额叶偏侧化分数是衡量个体平等目标卷入程度的指标，这提示黑人面孔出现时，被试的确产生了更强的控制偏见的动机。研究还发现，任务反应中左侧额叶偏侧化的程度越高，黑人面孔和白人面孔诱发的 P200 振幅的差异也越大，这支持了动机对种族认知产生调节作用的观点。

研究发现 SPCN 是一个与视觉短时记忆相关的 ERP 成分。在记忆任务中，首先会出现提示线索，告知被试需要记忆注视点左侧或右侧的项目，然后呈现注视点进行记忆，最后出现的是需要被试识别是否与记忆项目相同的判断项目。在项目判断和提取视觉工作记忆表征时，会在相关项目的对侧脑区出现 SPCN。该成分的振幅受到视觉短时记忆载荷及任务难度的影响（Eimer，Kiss，2010；Luria，et al.，2010）。为了考察种族偏见是否会影响视觉工作记忆的面孔表征，Sessa 等（2012）让黑人和白人记忆一张或两张面孔图片，并判断记忆序列中的面孔图片是否和识别序列中的相同。研究假设，反映视觉表征质量精细程度的 SPCN 成分将会受到个体对外种族成员的态度评价或情绪反应的影响。结果发现，在一种面孔条件下，白人图片和黑人图片诱发的 SPCN 振幅没有差异，但要求被试记忆两张面孔的时候，白人图片和黑人图片诱发的 SPCN 振幅差异显著，并且差异程度和任务前完成的 IAT 分数存在显著相关。研究者还进一步提出，这种影响必然会波及长时记忆、社会学习过程等后续的认知加工，产生类似于多米诺骨牌效应的种族效应。

（2）种族偏见相关的 fMRI 研究

不同于以往的 fMRI 研究，近来的多数研究采用了多体素模式分析（multi-voxel pattern analysis，MVPA）方法，这种方法能够更好地预测不同种族态度所激活神经网络效果的差异，而传统的数据分析方法则只能考察大脑的局部区域，相对来说数据结果参考较为单一。因此，方法的改进使研究可以集中在表征内容上，而不是某一个认知过程，增强了研究的整体性和客观性（Gilbert，et al.，2012）。

第一，面孔加工过程中种族偏见的神经机制。个体能够在复杂的社会环境中迅速地完成面孔识别，除了可以优先加工威胁性表情信息外，还能在 200 ms 内对内外群体成员的身份进行分类识别，这对人类具有重要的生存和适应意义。面孔加工的核心神经区域定位于 OP、OFA 和 FFA。视觉刺激进入 OP 是视觉表征的第一步，然后通过 OFA 进行粗略的结构性编码，最后由 FFA 完成高水平、精细的社会身份识别（Liu，et al.，2010；Nichols，et al.，2010）。Brosch 等（2013）发现，种族态度能够显著地影响黑人和白人的种族面孔表征，高歧视被试的 FFA 激活模式在黑人和白人之间的差异显著大于低歧视者。FFA 在面孔分类表征中的差异提示，该脑区神经元对分类信息可能有独特的记忆。长期的态度改进了认知分类的神经基础，脑损伤的研究表明，FFA 受损患者仍然能在外显面孔识别能力缺失的情况下，出现和健康被试无差异的种族 IAT 分数，这可能是因为一些候选通路越过了需要激活 FFA 的意识识别和面孔整体加工过程（Knutson，et al.，2011）。

第二，评价和调节过程中种族偏见的神经机制。杏仁核是种族偏见研究中最早受到关注的脑区，它由前颞叶的一些核团组成，其功能涉及危险相关的内隐情绪学习和记忆过程。Phelps等（2000）用fMRI技术研究了呈现陌生男性黑人和白人面孔图片时白人被试的杏仁核活动，并分别用IAT分数和行为反应作为测量内隐和外显态度的指标。结果发现，在呈现黑人图片时，杏仁核的激活程度和内隐态度相关显著，但与外显分数则没有相关性。不仅如此，杏仁核也是传递威胁信号、联系其他脑区进行交互活动的关键脑区。杏仁核损伤后，它和其他认知功能之间的神经回路也随之失去信息传递效能。临床研究表明，患有威廉斯综合征的儿童杏仁核的激活程度会明显降低，这会导致他们没有恐惧，对人过度友好，极少出现种族偏见、刻板印象和本民族偏好行为（Meyer-Lindenberry，et al.，2005）。完整的社会评价需要杏仁核和知觉加工系统及其他调控脑区共同完成，脑损伤破坏了杏仁核和FFA、前额叶皮层等脑区间的交互过程，患者在看到危险信息时，不能通过完整的神经回路进行信息整合（Santos，et al.，2010）。Norton等（2013）发现，人们在抑制刻板印象时会出现"种族麻痹"现象。他们让被试在两张种族面孔图片间选出一张与同时呈现的特征词更相符的图片。当两张图片都是黑人或白人时，被试能够很快做出选择，而当一张黑人图片和一张白人图片同时出现时，被试就很难做出判断。在没有做出任何选择的反应中，负责调控和抑制情绪相关脑区的激活水平显著提高，包括目标意图相关的背外侧前额叶皮层（DLPFC）和冲突检测相关的前扣带回皮层。

（二）亲属偏见

1. 文化与亲属偏见

种群偏见是对内外群体成员之间的一种欠公平、不合理的判断反应，与客观现实和实际情况存在偏差，是一种亲疏有别的、无意识的偏见（Turner & Reynolds，2001）。亲属偏见是种群偏见的基础，将亲属从具有血缘关系的亲人扩展到并无血缘关系的本团体、本民族成员，在内群体成员与外群体成员之间产生的偏见便衍化为种群偏见（颜志雄，2014）。

在传统的中国文化中，父母如同自己身体的一部分（Zhang & Zhu，2011），自我与亲属常常难分彼此。Markus和Kitayama（1991）的研究证实，东方人的自我结构就是互相依存型的，即注重与他人的相互关系，自我与他人的这种相互关系会影响个体的认知、情绪和动机。东西方人在事物关系范畴的认知方面存在着文化差异。以往的研究表明，东方人倾向基于事物之间的关系和家族相似性来对事物或事件进行分类；而西方人的分类方法则倾向基于规则和范畴（Chiu, 1972）。在一项跨文化的实证研究中，Chiu 分别向中国儿童和美国儿童呈现一些实验刺激，要求他们把三种事物中的两种归为一类，结果发现，美国儿童倾向把鸡和牛归为一类，理由是鸡和牛都是动物；而中国儿童则更倾向把牛和草归为一类，理由是牛是吃草的。当要求其把男人、女人、孩子中的二者进行归类时，美国儿童倾向把男人和女人放在一起，理由是他们都是成年人；而中国儿童则倾向把女人和孩子放在一起，理由是母亲可以照顾孩子。也就是说，相比欧美人，中国人更注重事物之间的联系。Norenzayan 等（2002）的跨文化研究也得到了相似的结果。该研究要求被试判断目标刺激与左右两组刺激中的哪一类更相似，结果表明，东方人倾向认为具有相同家族特性的事物属于一组，而欧美人则倾向于应用规则来判断事物是否属于同一组。该研究从实验的角度证实了在对事物进行归类时，东方人倾向注重事物之间的联系，西方人则更注重规则的应用。

"血浓于水"在汉语中是童叟皆知的成语，其含义为"血比水浓"，指亲情要优于其他社会关系，如果人与人之间的感情是"水"，那亲属之间的感情，特别是父母与子女之间的感情就是"血"，所以亲情是世间最深、最纯的感情（Neyer & Lang, 2003）。同时，这也说明个体对亲属（特别是直系亲属）的喜好程度要高于非亲属，要真正理解人与人之间的关系差异，就应从理解亲属关系开始。在以中国为代表的东方社会，社会结构的实质是一种关系本位。人与人之间的亲疏关系或亲密程度成为认知判断、社会交往和行为差异的潜在影响因素。在中国社会的人际关系类型中，往往以亲情和血缘为基础，亲属关系成为自然形成的、处于核心地位的重要关系。相对西方社会而言，东方社会可能更加重视亲情，如父子之间会相互隐匿罪行，为对方开脱，而对于近亲、远亲、陌生人，其隐匿意愿会随血缘关系的远近逐渐递减，对无血缘关系的陌生人则采用最为苛刻的评判标准。纵观几千年来的中国儒家文化，其所倡导的仁爱、道义等传统的道德标准在实质上都是有社会等差的，如"刑不上大夫，礼不下庶人""亲亲相隐"，其实都抱有亲疏有别的偏见。作为以血缘生物特性为基础的亲属结构，其与生俱来的先赋性仍是其他社会关系的基础，具有千年根基的传统亲疏价值观会潜移默化地萌生出来，仍然成为人们行为的基础（马戎，2007）。

2. 亲属偏见的实证研究

（1）亲属偏见的行为研究

1964 年，汉密尔顿（Hamilton）在达尔文的进化论的基础上提出了与自然选择相对应的更激进的理论——亲属选择理论，对于人类的生物遗传性做了详细阐述，认为人类的基因之所以能不断传承、进化、发展，原因在于人类社会特有的适应机制——亲属选择机制（Foster, et al., 2006）。亲缘利他行为的强度与血缘关系的远近成正比：血缘关系越近，利他倾向越强，个体基因传播的可能性就越大，因此对这些亲属产生正面偏见和利他行为的可能性也越大。个体与父母之间的基因相似程度最高，具有共同的利益基础，其情感依赖与行为的利他性倾向就更强，这一理论可以有力地解释自然界和人类社会的利他、歧视、争斗等社会行为。

这一理论得到了一系列的实证研究的证实。在生物研究中也发现了这一现象，表明动物对亲属具有天生的识别能力（Wu, et al., 1980; Holmes, 1986）。在Holmes（1986）的研究中，证实了人类对亲属具有先天的识别能力，以此产生亲属偏见和裙带关系。Debruine（2005）的研究证实，个体对与自己长相相似程度不同的人存在偏见（假设长相相似程度与基因相关程度成正比），认为长相与自己相似的人更值得信任，更不愿与其发生短期的伴侣关系。Lieberman等（2007）的研究也证实，人类存在一个先天的亲属检测系统（KDS）。见证母亲产前围产期（MPA）（如哥哥姐姐见证弟弟妹妹的出生，亲身见证血缘关系）、共同生活时间与个体对亲属的利他动机以及乱伦厌恶成正比，个体与兄弟姐妹共同生活的时间越长，对其利他的动机和乱伦的厌恶也越强。

对亲属的偏见一般常见于道德两难的判断中。在道德认知判断中，判断对象的变化会显著影响道德判断的结果，即个体对不同对象存在判断偏见。Pettigrew（1979）的研究发现，个体对亲疏不同的人群存在不同的归因偏好。以往研究表明，个体对与自己亲近的人表现出明显的人际优势效应（ISA），认为他们比其他人更具有积极的、正面的人格品质，对他们表现得更为宽容和同情（Miller & Bersoff, 1998; Hornsey, 2003; Taggar & Brown, 2006; Appelbaum, 2002）。Petrinovich等（1993）采用道德两难情境问卷探讨道德直觉，结果发现，种族偏见或纳粹主义是影响道德直觉的最重要的因素，被试对本民族的人更加关注和敏感。Miller和Bersoff（1998）的研究发现，个体更倾向于为自己喜欢的亲属或同事提供帮助，而不愿意帮助不喜欢的人。大量与自我相关的研究也发现，与自我相关程度低的信息相比，被试对自我相关程度高的信息存在更大的加工优势或偏好（Chen, et al, 2011）。Cikara等（2010）的研究证实，个体做道德两难判断时存在对不同群体的刻板印象，认为内群体成员（如美国人）能力强，具有亲和力，外群体成员（如流浪汉）能力弱，不具有亲和力。牺牲外群体成员挽救内群体成员比牺牲内群体成员挽救外群体成员更能让人接受、更道德。张洪等（2006）为了验证外显与内隐的差序格局，考察了最亲密的家人、恋人以及最亲密的好朋友的外显和内隐亲密程度的差异与联系。结果表明，三个目标对象的外显亲密程度之间存在差异，但内隐亲密程度之间不存在差异，外显亲密程度和内隐亲密程度之间的相关也不显著。

个体对不同的对象存在加工偏好（Pullyblank, et al., 1985），特别亲近的人（如母亲）已融入自我结构之中，成为自我的一部分，比其他人存在认知优势和偏好（Markus & Kitayama, 1991）。Howard 和 Rothbart（1980）的研究证实，个体对亲疏不同的对象存在内隐偏见，倾向于对亲近的对象给予更积极的评价，对疏远的对象给予更消极的评价，亲近的人与正性信息或疏远的人与负性信息匹配时记忆效果更好，证实了亲属偏见效应的存在。Gramzow 和 Gaertner（2005）的研究结果也表明，相比亲密程度较弱的外群体成员，个体在参照自我或内群体成员与自己喜欢的人时，即使是虚构的内群体成员，记忆的效果也会更好。马伟军（2012）等选取由近到远的三个人物（亲人、好友、仅认识的人）作为参照，得出了依亲密程度存在差序的结论，认为中国人对"关系自我"的人际差序格局中远近不同的人物存在归因偏袒程度差异，同时，中国人的自我增强容易通过亲密关系表现出来。颜志雄（2014）发现，个体在道德判断中存在亲属偏见，与亲密程度低的其他亲属、熟人或陌生人相比，个体对亲密程度高的直系亲属加工更敏感、更精细。

（2）亲属偏见的认知神经研究

对亲属偏见的认知神经研究发现，其与 P200、P300 和 LPC 有关，并且亲密程度高的亲属会得到更多的早期注意分配和晚期更精细的认知加工。

在以往的研究成果中，有关个体对不同对象做道德判断的电生理学研究证实了个体对亲属和陌生人加工的差异。Chen 等（2009）的研究以汶川地震为背景情境，假设两位亲属（如父亲和母亲）或两个陌生人（如 A 和 B）被掩埋在废墟中，被试对先救谁做出判断，结果表明与陌生人组相比，亲属组诱发了更大的 P200 和 P300 波幅，表明亲属比陌生人具有更大的加工优势。另外，一系列研究发现，与自我相关程度低的信息相比，自我相关程度高的信息存在加工优势或偏好，与自我相关程度更高的人（如亲属、朋友等）会得到更优、更精细的加工（Rogers, et al., 1977；Kuiper & Rogers, 1979；Fan, et al., 2011；Miyakoshi, et al., 2007），其他有关道德两难判断的 ERP 研究中，与注意和决策相关的 ERP 成分主要有 P200、P300 和 LPC（Utku, et al., 2002）。Chen 等（2011）的研究表明，从反映早期刺激特异性加工的 N100 开始，一直到刺激呈现后 500ms，ERP 正偏向随着熟悉和亲密强度的增加而增大，表明人脑对亲疏不同的对象加工程度亦不一样，亲密程度高的亲属会得到更多的早期注意分配和晚期更精细的认知加工。

颜志雄（2014）的研究发现，个体对亲密程度高的直系亲属加工更敏感、更精细，该影响不仅表现在早期认知加工阶段，如注意指向和觉察阶段（P200），对于 LPC 同样存在亲属偏见，相比近亲（叔父）、远亲（堂叔父）而言，人脑对亲密程度高的直系亲属（父亲）做负性道德判断时，也诱发了更大的 P200 和 LPC 波幅。

（三）自我正面偏见

1. 文化与自我正面偏见

从自我与情绪相互作用的角度出发，Mezulis 和 Abramson（2004）认为自我正面偏见（SPB）是指大多数人把自我相关信息与正面情绪效价相联系，把正面的结果或特质归因于自我内部稳定的人格特征，而认为负面结果或特质与自己的人格特征无关，人们在观察和评价自身时，总是戴着"玫瑰透镜"（rose-tintedlenses）。西方人总认为自己比他人拥有更多的正性个性特征，表现出更多的正性行为，认为自己比他人拥有更少的负性个性特征且表现出更少的负性行为。在社会赞许性和大多数主观维度（如有教养的）上，大多数人觉得自己的水平要高于平均水平。与总体水平相比较而言，大部分人相信自己更友善、聪明、英俊、健康、道德，更有洞察力，更能胜任自己的工作，在自我评价时更为客观（Myers，2010）。西方文化中的人关心自我正面信息，以及带来自尊的积极改变，而在集体主义文化下对自我做相互依赖性解释会与自我批评紧密相连，个体因对自己进行自我批评而带来集体的进步（Markus & Kitayama，1991）。与在个体主义文化中成长起来的西方人相比，对注重人际、社会关系的东方人而言，与自我有关的更多的是一些社会性方面的维度，例如服从多数人、为集体牺牲自己、合作、倾听等，东方人在日常生活中受到这样一类品质潜移默化的影响，认同这样的品质和行为，所以当需要对自己这方面的品质行为做出评价时，个体很难不受到内隐概念的影响。

2. 自我正面偏见的实证研究

（1）自我正面偏见的行为研究

在自我正面偏见研究的早期，阈上态度启动任务、阈下态度启动任务、Stroop 颜色命名任务、姓名字母和生日数字偏好任务、内隐自我评价调查、自我统觉测验、IAT、Go/No-Go 联想任务和外部情绪性 Simon 任务等内隐自我态度研究范式都是以反应时作为计量指标的（杨福义，2006）。Bosson 等（2000）比较了内隐自我相关信息加工研究的各种方法，结果发现几乎都对自我表现出积极肯定的态度，并把这种积极的自我态度看作内隐自尊的作用机制。

大量研究表明，内隐自尊的本质是个体无意识地拥有对自我的积极肯定态度，并自动激活且影响后续的认知和行为（Bosson, et al., 2000）。还有研究表明，内隐自尊表现为将自我与积极评价及情感相联系，却将他人与消极评价及情感相联系（杨福义，梁宁建，2005）。内隐自尊研究还把自我正面偏见看成是一种次级内隐自尊效应，认为在归因时个体有着将成功归结为自己的能力或努力，将失败归咎为外部因素，甚至会修改自己的记忆或重构自己的评价来维持自我积极形象。心理学研究认为上述过程是自动进行的，内隐地体现和促进了自尊，具有非常重要的适应功能（Greenwald, 1980）。自我正面偏见在高自尊个体身上表现得尤为明显，相对于低自尊个体，他们对自己的评价更加积极，且这种评价更为稳定，无论是在积极心境还是消极心境下都能保持对自己的正面评价（Brown & Mankowski, 1993）。

石伟（2004）重复验证了自尊的记忆效应模式，即对特质正性词的回忆量，高自尊组显著高于低自尊组；对特质负性词的回忆量，高自尊组与低自尊组没有显著差异。在高自尊组，对特质正性词的回忆量显著高于特质负性词的回忆量；在低自尊组，对特质正性词的回忆量与特质负性词的回忆量没有显著差异。杨福义（2006）对内隐自尊的特性进行了研究，发现内隐自尊的特性是将自己与积极的评价和情感相连，将他人与消极的评价和情感相连。蔡华俭（2002）的研究发现，内隐自尊效应的发生总是表现为一种积极的、肯定的评价，其本质在于个体在无意识中拥有一种对自我的积极肯定的态度，这种态度可以被无意识地激活，并影响到个体后续的相关认知和行为，而这里的对自我的积极肯定的态度就是自我正面偏见效应。陈芸（2010）的研究结果表明，自我正面偏见在外显和内隐层面上都是存在的：在外显层面上，被试对情绪字词做自我相关判断时，自我正面偏见会易化在其范畴内的自我相关判断，表现为对自我正面和非自我负面字词的反应更快，占用的心理资源更少；在内隐层面上，自我正面偏见的存在使得符合这种偏见的字词被自动激活并自动加工，表现为相对于自我负面字词和非自我正面字词来说，自我正面字词和非自我负面字词所诱发的负波波幅更大，占用的认知资源更多。在此基础上，陈芸（2013）进一步发现，通过自我-积极和他人-消极型阈下评价性条件反射（EC）来对内隐自我正面偏见施加影响，发现该偏见得到了增强，说明内隐自我正面偏见具有可变性，对实验条件敏感，通过强化自我积极态度和他人消极态度可以增强该偏见。

人们对自我的正面偏见也会延伸到自己所属的群体，从而表现出利群偏差（GSB）或群际偏好，主要体现在相对于对其他群体的评价，人们对自己群体的评价更加积极（内群体偏好）。个体总是善意地理解自己群体成员的行为（如她捐赠是好心肠和慷慨的表现，不捐赠则是条件所限），却恶意解释其他群体成员的行为（如他捐赠是为了沽名钓誉，不捐赠则是自私自利）（Pettigrew，1998）。这种利群偏差也会影响人们的言语风格，形成语言性群体间偏差（LIB）。Maass（1999）的研究发现，个体倾向于把内群体成员的积极行为描述成一种普遍的品质（乐于助人），而把外群体成员同样的行为描述成孤立的、偶然的事件；对消极行为的描述则刚好相反，把内群体成员的肢体冲突描述成"推搡了一下"，而把外群体成员同样的行为则描述成"逞强好斗"。Crocker 等（1993）的研究发现，高自尊个体对自己群体的评价更加积极，表现出内群体偏好，而低自尊个体没有表现出这种偏好，却倾向于消极地评价其他群体。Gramzow 和 Gaertnen（2005）的研究发现，相对于低自尊个体，高自尊个体表现出更强的内群体偏好，并把这种现象解释为个体自我积极概念产生的积极预期或个体的自我积极评价的自动延伸和扩展。

（2）自我正面偏见的神经基础

随着电生理学技术的兴起和发展，有关内隐自我相关信息加工的研究在更精确的时间和空间上为内隐自我正面偏见提供了更多的证据。ERP 研究发现，自我正面偏见与 N400 成分有关，涉及自我正面偏见的脑区有大脑内侧前额叶皮层与扣带回皮层内网状系统。

第一，自我正面偏见的 ERP 研究。ERP 的 N400 成分常被用作研究自我正面偏见的电生理学指标。N400 反映了个体把某个刺激整合进特定情境的难易程度，或者说从长时记忆中提取这个刺激相关信息所做认知努力的多少，N400 波幅越大，表示提取相关信息越困难（Kutas & Fedemieier，2000）。自我相关信息加工被认为与情绪效价信息加工高度相关（陈芸等，2012），研究发现，自我负面和非自我正面信息比自我正面和非自我负面信息诱发了更大的 N400，表明从个体的自我概念中提取与个体自我正面偏见不一致的信息更加困难，自我概念更多是与积极信息相联系的（Watson, et al., 2007）。刻板印象研究发现，N400 波幅受到刻板印象违反的调节，与性别刻板印象不一致的信息诱发的 N400 波幅更大，这种效应可以被理解成对词汇通达及情境整合难易程度的反应，信息的提取及整合越难，诱发的 N400 波幅越大（White, et al., 2009）。

Watson 等（2007）采用 ERP 技术研究发现，自我正面偏见表现出把自我与正面情绪效价相联系，却否认与负面情绪效价联系的特性，并认为 N400 波幅在自我与情绪上的交互作用是该偏见存在的证据：相对于与自我正面偏见一致的信息（自我正面和非自我负面），不一致信息（自我负面和非自我正面）诱发的

N400 波幅更大，占用的认知资源更多。在外显层面上，自我相关信息加工与情绪效价信息加工之间反应时的交互作用显著，相对于非自我正面和自我负面字词，被试对自我正面和非自我负面字词的反应更快，N200 和 N400 的波幅也存在两者的交互作用，对自我正面偏见以外的字词表现出更大的波幅；在内隐层面上，也发现了自我相关信息加工与情绪效价信息加工之间存在交互作用，相对于自我负面和非自我正面信息来说，自我正面和非自我负面信息诱发的 N200 波幅更大（陈芸，2010）。相对于不一致信息（自我负面和他人正面），加工一致信息（自我正面和他人负面）的反应时更短，诱发的 N200 和 N400 波幅更小，对前额叶皮层的激活更少。研究者通过自我-积极和他人-消极的阈下评价性条件反射来对内隐自我正面偏见施加影响，发现该偏见得到了增强，具体表现在相对于没有接受评价性条件反射操作的被试，实验组被试加工一致信息的反应时显著变短，N400 波幅显著变小，没有显示出对前额皮层的激活（陈芸，2013）。这说明内隐自我正面偏见具有可变性，对实验条件敏感，通过强化自我积极态度和他人消极态度可以增强该偏见。

第二，自我正面偏见的 fMRI 研究。Craik 等（1999）、Fossati 等（2003）、Kelley 等（2002）的研究发现，与自我有关的信息会导致大脑内侧前额叶皮层的明显激活，腹侧前扣带回的临近区域对该类信息的情绪效价有着显著激活。Moran 等（2006）用自我相关范式进行的研究发现，自我相关信息加工与情绪效价信息加工存在明显区别，并假设两者存在着大脑功能加工层次的不同。大量研究发现，自我相关信息加工与 MPFC 的活动有密切联系，还会激活前后扣带回皮层，由此把自我相关定义为经由大脑内侧前额叶皮层与扣带回皮层内网状系统活动表现出来的统一概念。Moran 等（2009）采用 Oddball 范式进行的研究发现，内隐自我相关信息加工导致了 MPFC 和 DMPFC 与后侧扣带回皮层的显著激活，这些区域与上述自我相关范式研究的发现是重合的。Rameson 等（2010）将外显与内隐自我相关信息加工进行了对比，发现它们都激活了包括 MPFC、杏仁核、楔前叶、腹侧纹状体及腹内侧前额叶皮层与下前部扣带回（subACC）在内的区域，并推测加工两者的大脑神经基础是相同的。

（四）"后见之明"偏见

1. 文化与"后见之明"偏见

"后见之明"偏见是指一件事情在发生后比发生前更容易预测（Roese & Vohs，2012）。1975 年，Fischhoff 在实验中发现了"后见之明"偏见，但当时并没有以"后见之明"偏见命名他发现的现象。在 Fischhoff 的实验一中，被试被研究者要求阅读一段历史、医疗事故或政治的书面材料，一部分被试在得知事情结果后，被要求做出结果发生可能性的判断，而另一部分被试未知事件的结果，也被要求做出结果发生可能性的判断。测试发现，被试了解结果后，会觉得这样的结果是更可能发生的，这一现象被 Fischhoff 称为"顺应命运"。它是指活在当下的人往往无法预测未来，等到事过境迁，才发现事件发生的原因在当时是如此明显。

在西方的个体主义社会，与之对应的谚语是"星期一清晨的四分卫"，意指一些人周日晚上看完橄榄球赛之后，周一早上与同事谈论球赛，就好像其深知游戏结果一样，如果他在场上担任四分卫，那么所有比赛的过程早在他的预料之中。在东方的集体主义社会，中国谚语中有"事后诸葛亮"的说法，就是指那些后来声称有先见之明的人。

2."后见之明"偏见的实证研究

"后见之明"效应的研究横跨整个年龄段（Bernstein, et al., 2011；Pohl, et al., 2002），研究的范围也很广，包括劳动争议（Pennington, 2004）、恐怖袭击（Fischhoff, et al., 2005）、医疗诊断（Arkes, et al., 1988）、消费者满意程度调查（Zwick, et al., 1995）、管理层的抉择（Bukszar & Connolly, 1988）、会计和审计的决定（Peecher & Piercey, 2008）、创业（Cassar & Craig, 2009）、体育竞技（Roese & Maniar, 1997）、国家政策（Schuett & Wagner, 2011）以及政治战略（Blank, et al., 2003）。其中，"后见之明"效应对法律系统的影响最大，特别是关于疏忽、产品责任和医疗事故方面（Eberwine, 2005；Harley, 2007）。

"后见之明"还涉及教育（Staklis & Horn, 2012）。在关于教育的研究中，更多的研究倾向于儿童或者小学生，Birch 和 Bernstein（2007）的研究发现"后见之明"效应随着年龄的增长有减少的趋势，5 岁儿童的"后见之明"偏见程度远远低于 3 岁儿童。Pohl（2010）的研究发现，成人的"后见之明"效应显著低于三组平均年龄为 10 岁、12 岁和 14 岁的儿童，而这三组儿童之间是没有显著差异的。

第三节　文化与歧视

歧视是社会偏见的行为成分，是不平等地看待和对待某个特定对象。研究者对歧视行为所具有的核心特征的认识存在不一致,因而对其界定也不同(Orbe & Camara,2010)。Hirschfeld 和 Lawrence(1998)把"歧视"简洁地定义为个体因独特的群体身份而受到的伤害性行为。歧视是一种复杂的社会现象,包括从排斥到身体攻击等范围广泛的各种行为,它有时明确具体,表现在外;有时不明确而难以觉察,比如制度性歧视(ID)。个体受到歧视的原因是多方面的,包括其性别、种族、民族、宗教信仰、出生国家、社会地位以及身心方面的能力表现等。

大量研究表明,歧视会损害个体身心的健康发展(Seaton,2006),即使是儿童主观上知觉到的歧视,也与青少年的抑郁症状呈正相关,与他们的自尊和生活满意度呈负相关(Seaton,et al.,2008)。虽然儿童有时没有意识到自己受到歧视,这种歧视对其发展同样可能会产生不利影响。歧视不仅会损害个人的身心健康,同时也会威胁到社会的稳定(Raabe & Beelmann,2011)。

一、歧视行为的研究

以往对于歧视的研究集中于种族歧视、性别歧视、职业歧视、年龄歧视、劳动力市场身份歧视等,说明歧视存在于社会的各个角落,对于歧视的研究有重要的应用价值,偏见与歧视的改善可以减少族群冲突,实现族群平等和团结,有利于社会秩序的稳定和维护世界和平。

最典型的歧视当属种族歧视。种族歧视是造成美国社会白人和黑人在教育、医疗方面分化的重要原因(Sawyer,et al.,2012)。反对种族歧视、维护民族平等已成为全球性问题。但是,在很多国家不断出现的民族冲突事件促使学者持续关注民族偏见与歧视问题。对 18 个国家的儿童与青少年民族偏见与歧视的元分析发现,儿童早期就会出现歧视他人的现象(Raabe & Beelmann,2011)。具体来说,儿童 3 岁便有被歧视的知觉(Clark & Clark,1947),6 岁时更偏爱本民族(Nesdale,2001)。在中小学时期,民族偏见与歧视同年龄呈 U 形关系:7 岁时歧视现象增加(Duckitt,et al.,1999),在小学结束阶段减少(Doyle & Aboud,1995),而在青少年阶段又有增加(Augoustinos & Rosewarne,2001)。

西方社会的民族歧视集中体现在白人对黑人和其他少数族裔的偏见、不平等对待乃至迫害上。自 20 世纪中期以来,针对黑人的明显的种族隔离与歧视已不多见,但是对有色人种的歧视更加具有隐蔽性,表现在工作、收入、教育、职业、自主经营、权力、居住环境和健康情况等方面,其整体状况都明显差于美国人的平均水平,黑人的社会地位与美国其他族群相比仍存在着根本上的差别。

首先，白人民族歧视最突出和普遍的表现是在工作场所针对有色种人特别是黑人的歧视。调查发现，芝加哥城市研究所将条件相当的男性黑人和白人配对派出，让他们申请服务业、零售业和制造业中的初级职位，其中20%的黑人男性受到了令人不快或明显有别于白人的对待。在受访者中有近40%的人说最常见的歧视是因其种族属性而不被雇用，大多数受过良好教育的亚裔和拉丁裔工人亦说自己在工作场所遭受过歧视（Goering & Meyers, 1999）。其次，白人的民族歧视和对黑人在一定程度上的隔离态度充斥于美国社会各个领域和许多制度、社会安排中。公共场所至今依然是非洲裔美国人经常遭遇歧视的地方，其所遭遇的歧视有拒绝被提供服务和不得不接受较差的服务（Feagin & Sikes, 1994）。再次，少数族裔仍受种族隔离式教育的伤害，"黑人学生说他们在校园内和校园附近被白人（包括白人学生）称作'黑鬼'，校园保安人员对黑人学生聚会和黑人男性穿越校园予以密切监视；白人学生经常开一些贬损有色种族的玩笑，黑人学生遭遇白人'仇恨的盯视'以及带有'你在这个校园里准备干什么'的眼光；白人教授取笑非洲文化，黑人学生所写的有关非洲历史或文学的论文被降级评分"（Feagin & Sikes, 1994）。最后，住房方面的民族歧视迫使大多数黑人住进服务设施不全、犯罪率高的地区，其宗教信仰也受到干扰（Yinger, 1998）。

国内的研究表明，学生之间的交往表现出明显的民族小团体现象（孙红艳，2013），少数民族初中生偏爱与同民族的学生交往（谢丹，2013）。近期，对汉族与藏族青少年的民族态度的测量发现，他们的民族内隐态度有跨年龄的稳定性，即从小学至初中均表现出更加偏爱本民族（吕庆燕等，2015）。

二、歧视的认知神经研究

歧视一直是西方学者比较关注的问题，尤其是种族歧视。很多人试图研究种族歧视背后的机制，但是研究方法的局限性以及科学技术的局限性，导致对歧视的研究一直停留在表象上，对于"大脑"这个黑箱，根本无从下手。认知神经科学的发展为歧视的探究提供了崭新的方法，它将以前的"黑箱"具体化，从而呈现给我们具体的、形象化的事实。

（一）歧视的 ERP 研究

神经科学的应用对歧视的研究有着非常大的帮助，其中种族歧视的自动性和内隐性就是神经科学所带来的群体内部研究的一个重大发现（Devine, 1989；Dovidio, et al., 1986；Gaertner & MeLaughlin, 1983；Greenwald & Banaji,

1995)。这个发现解释了为什么很多人自认为对他人无歧视,但是在行为上表现出了歧视行为。内隐性歧视的被发现,使得我们对于群体内部的研究有了新的方向,同时它也解释了为什么明显的歧视态度并不是预测偏见行为的有效变量,因而很多学者希望通过内隐性研究来预测歧视行为。对歧视的 ERP 研究发现,内隐歧视与 ERN、P200 和 N400 有关。

1999 年,5 名白人警察射杀一名手无寸铁的黑人,引起了学者的广泛关注。当时 5 名白人警察命令黑人举起手来,在黑人举起手来的时候,白人警察开了 41 枪,射杀了该黑人。事后警察宣称,对于黑人的射杀是因为他们以为该黑人手里拿的是手枪,但是事实上该名黑人手里拿的是钱包。联合国人权组织认为,原来警察是因为种族原因而让该名黑人停止手里的动作,而不是因为其他原因。警察局的官员认为,在当时的情况下,警察的处理是对的,因为在叫这名黑人停下时,他还是移动并掏出一个好像武器的东西。当然,法官也认为在这种模糊情境下,警察的反应是正常的,但是有些学者却不这样认为。Payne(2001)针对这种情况设计了一个内隐性实验来测试隐性歧视对行为的影响,在实验中首先呈现的是黑人或者白人的面孔,然后呈现的是武器或者工具。通过实验发现,当首先呈现的是黑人面孔的时候,被试判断武器的速度要快于呈现的是白人面孔的时候,而如果首先呈现的是白人面孔,那么被试在判断工具的时候的反应速度要快于首先呈现的是黑人面孔的时候。这说明,在被试的潜意识中,将黑人和危险联系起来,因而在呈现黑人面孔之后,他们会很容易地联想到暴力,联想到下面出现的可能是武器。

在神经科学中,认知学者的研究发现,在一个人做出某种行为的过程中,有两个神经系统起作用,第一个是冲突感测系统,该系统感应正在进行中的反应,并对将要进行的反应以及反应倾向之间的冲突很敏感(Botviniek, et al., 2001)。一旦冲突被检测到,第二个系统将会被启动,那就是控制系统,这个控制系统将会抑制潜在的反应倾向。反应冲突感知的一个重要成分就是 ERN,它对冲突引起的错误尤其敏感。

Amodio(2004)等在 ERN 特性的基础上进行了歧视的神经学研究。44 名自信没有种族偏向的白人女学生参与"武器—工具"的识别测试。实验过程与 Payne 的研究类似:先在屏幕上呈现黑人或白人面孔的照片(持续 200ms),接着在屏幕上呈现手枪或工具的照片(也持续 200ms),然后让被试对手枪或者工具与面孔照片进行匹配,结果发现,在成分上,脑电 ERN 随着种族的不同而发生变化,而与任务目标无关。Correll(2006)等进一步对该实验进行改进,设计一个射击决策实验,要求被试做一个视屏射击游戏,就是当屏幕上出现的个体手里有武器时就要射击,而如果没有武器的话,被试需要选择不射击。当然,在出现持武器或者是不持武器的个体前面会有一张图片,该图片可能是白人脸,也有可能是黑人脸。研究者认为如果对黑人有偏见,在看到黑人照片后会诱发他的危险联想,从而使得 P200 的波幅增大,但是如果出现的是不持枪的黑人,那么他的射击倾向将会被抑制;如果出现的是持枪的黑人,那么他的射击倾向将会顺利实施,从而引发较小波幅的 N200,白人的情况与黑人相反。实验数据很好地证明了实验者的假设。

在性别歧视方面,Ma 和 Ham(2009)让 28 名男性被试参与实验,实验任务是要求他们对工具和厨房用品进行分类。启动刺激是一张男性或女性的脸部图片,随后目标刺激是厨房用具或一般的手工工具,被试要对目标图片进行分类。通过分析发现,"男性—厨房用具"比"女性—厨房工具"会诱发更大的 ERN 波幅。这就意味着在个体的刻板印象中,更多的是将女性与厨房相联系,反映了一种普遍存在的性别歧视。

农民工是我国特有的户籍制度的产物,这个群体虽然为城市的建设做出了重要的贡献,但是由于一些误解,人们有时会产生对农民工的歧视,这不利于社会的发展。因此,寻找对农民工产生歧视的原因,对于消除歧视至关重要。宋赵丰(2010)围绕"农民工歧视"问题,采用神经科学的研究方法,将农民工歧视视为一个认知过程,运用 ERP 的神经科学工具,揭示了歧视背后的深层机制。他的研究发现,被试看到农民工类的词语之后,判断褒义词的反应时要长于看到非农民工类的词语之后判断褒义词的反应时;"农民工—褒义"诱发的 N400 波幅显著大于"非农民工—褒义"诱发的 N400 波幅,这一研究揭示了农民工歧视背后的神经机制,为消除对农民工的歧视提供了重要的理论依据。同时,其对理解农民工歧视的深层次原因有重要帮助,为研究农民工歧视提供了新视角。

(二)歧视的 fMRI 研究

在脑区活动上,很多学者将歧视与杏仁核相联系,因为他们认为潜在偏见根源于潜在的恐惧过程(Amodio, et al., 2003;Cunningham, et al., 2004;Phelps, et al., 2000)。杏仁核是大脑中对恐惧进行处理的主要部位,它的作用主要有两个:一个是危险感知,它会评估刺激对生物体的威胁性,如果威胁较大,它会指挥相应的系统做出反应,从而规避危险;另一个是能够间接影响皮层对信息的处理。Phelps 等(2000)使用 fMRI 对志愿者的大脑进行扫描后发现,在观看黑种美国人和白种美国人照片时,他们大脑中杏仁核的反应是不同的。所有的人,包括白种美国人和黑种美国人,当看到没有任何表情的黑种美国人的照片时，杏仁核的活跃程度同他们观看白种美国人照片时相比都增加了。尤其是当白种美国人看黑种美国人的脸部照片时，他们脑中的杏仁核的活跃性明显比看到白种美国人的脸部照片时更强烈。大脑中的杏仁核主要对外界威胁做出反应。实验中白种人的反应说明，他们的头脑中确实对黑种人存在偏见，即使他们自己不承认或者无法察觉到。黑种美国人看到自己同种人的照片时，同样也会做出类似的反应，虽然这种反应比白种人弱。这说明黑种美国人的大脑中也或多或少有和白种美国人相似的意识。这说明民族歧视与杏仁核的激活有关。近期的研究表明，杏仁核的显著激活与种族刻板印象（Phelps, et al., 2000）、性别刻板印象（Quadflieg, et al., 2008）和非种族间的内外群体歧视行为（Rilling, et al., 2008）有关。

第四节　社会偏见的减少

一、社会偏见神经加工过程的影响因素

（一）心理层面的影响因素

近期认知神经科学的观点认为，动态系统加工模型能更好地诠释人类信息加工的过程，而不是双加工模型（Amodio & Ratner, 2011）。根据动态系统加工模型，之前被广泛认为是不可避免的自动过程能够受到自上而下加工过程的调节。ERP研究发现，趋近动机和回避动机能够影响种族面孔的P100波幅（Cunningham, et al., 2012）。动机对认知和行为控制具有调节作用，白人被试左侧前额叶皮层的激活程度能够预测呈现黑人图片时的P200波幅（Amodio, 2010）。Ofan等（2012）发现，高焦虑的被试有增加内隐偏见的倾向。另外，外种族的积极表情面孔能够缓和内隐种族偏见在N170上的反应（Ibanez, et al., 2010）。注意回避现象通常出现在威胁刺激诱发的情绪反应中，但是当呈现带有微笑表情的黑人面孔时，白人被试没有表现出中性黑人面孔条件下的注意回避现象（Richeson & Trawalter, 2008）。这些研究说明，偏见的神经加工过程会受到情绪、动机、注意等多种心理因素的影响。

（二）个体层面的影响因素

Telzer等（2013）认为，社会偏见不是生来就有的，而是在社会化历程中逐

渐形成的。他们在 fMRI 脑扫描任务中，要求 4 岁和 16 岁的美国白人被试完成一项情绪匹配任务，显示屏上同时呈现三张外种族和本种族面孔的情绪表情图片，要求被试对其中的两张相同情绪图片进行匹配。研究发现，4 岁儿童的杏仁核反应没有出现种族差异，而 16 岁被试的杏仁核反应的种族差异显著。研究还发现，被试的种族多样性经验和杏仁核反应呈负相关，说明群际交流互动经历能够降低消极的种族偏见。

研究还发现，早期的经验对于相关情境的情绪调控有重要作用。Telzer 等（2013）选择出生后被美国家庭领养的亚洲儿童和实验儿童作为被试，在 fMRI 扫描过程中，要求被试完成情绪匹配任务。结果显示，与非领养儿童相比，领养儿童在看到愤怒的外种族面孔图片时，其杏仁核的活动显著增强，并且差异程度和领养儿童早期面孔剥夺时间长度呈正相关。这说明个体早期的外种族经验剥夺会导致情绪识别能力贫乏以及杏仁核的强烈反应。

（三）群体层面的影响因素

群际关系能够改变信息加工过程的偏向性。由于社会偏见的影响，白人被试对黑人和白人面孔在 FFA 上的加工深度和时间进程都具有显著差异（Sessa, et al., 2012；Brosch, et al., 2013）。不过，这种差异会受到内外群体身份的影响。Van Bave 等（2011）在一项 fMRI 研究中将被试分成两个竞争组，每个组的黑人和白人被试数目相等，给每个被试呈现自己组和竞争组成员的面孔图片。结果表明，不管图片中的面孔是什么种族，在呈现自己组成员图片时的 FFA 的激活程度都显著高于竞争组，而且这种差异主要源自内群体的面孔在 FFA 上的加工深度增强，而不是外群体面孔在 FFA 上的加工深度减弱。此外，群际关系还能够通过外显动机自上而下地调节和控制初始的种族评价。Shkurko（2013）的研究发现，外群体信息在具有凸显性特征时，杏仁核会对其做出选择性反应，此时前扣带回皮层能够监控个体内部动机和自动加工过程之间的矛盾，向额叶区域发出信号。

（四）社会层面的影响因素

人们通过学习形成对外界刺激的适应性反应，社会环境为学习提供了重要的实践基础，对社会偏见的形成和改变起到了至关重要的作用。在人类的进化过程中，外群体成员被视为是更具有威胁性的。调查研究发现，美国白人个体对白人比对黑人的态度更加积极（Nosek, et al., 2002）。然而，对于美国黑人来说，情况更加复杂。Lieberman 等（2005）的研究发现，部分黑人被试在观看外民族的面孔图片时，杏仁核的反应要大于看到本民族面孔图片，而另一部分则相反。他们认为这和文化学习、社会共识的影响有关。智利是一个非土著群体执政的社会，在长期的社会演变历程中，非土著居民对于土著居民有很多偏见。但是，近期 Ibanez 等（2010）的研究发现，相比土著人，智利的非土著人对土著人表现出了更少的消极评价，这和文化教育方式的改变以及社会政治的进步有关系。由于社会环境所形成的集体意识不是单独个体能够控制和改变的，它对于人们知觉和判断的影响要远远超过其他因素。

近年来的 ERP 研究表明，偏见能够改变个体早期的认知加工过程。相比之下，fMRI 研究侧重于探讨面孔加工、评价、移情、信任等过程中种族偏见的神经生理机制。对于这些研究结果，可用迭代再加工（IR）模型来解释，根据该模型，种族偏见的神经机制是一个动态、多水平的迭代交互过程。感觉信息经过丘脑传递至杏仁核，做出快速自动的初始评估，产生趋近或退避的动机倾向。初始迭代之后，杏仁核会给 OFC 等脑区的奖赏回路发送信息，在 OFC 等脑区，将杏仁核发送的信息和背景信息再一次进行整合与分析，并返回到杏仁核调节其激活水平。当刺激没有奖赏意义或冲突时，将激活前扣带回皮层和两侧前额叶皮层的冲突检测和意识控制机能，并检测自身的态度是否符合社会规范，从而产生自上而下的调控（Cunningham, et al., 2007）。因此，偏见的认知加工过程并不是固定不变的，而是会受到心理因素、个体经历、群际关系、社会环境等因素调节的。

二、减少社会偏见的研究

自从社会偏见产生以来，研究者一直为减少社会偏见、促进群际关系而努力，并取得了丰硕的成果。

（一）减少社会偏见的行为研究

1. 促进群际接触

群际接触（IC）理论认为，当平等的地位、共同的目标、相互合作和制度支持这四个条件得到满足时，不同种族成员间的相互接触能够产生积极的群际态度，减少群际偏见（Allport, 1954）。群际接触包括真实接触、延展接触和假想接触（Turner, et al., 2007）。真实接触只有在存在接触机会的环境中才可能实现，然而生活中却存在着很多难以直接接触的群体。延展接触只依赖于个体社交网络中存在的某些间接联系而非个人经验，虽然在降低偏见的效果上不如真实接触好，但在一定程度上解决了接触机会的问题。假想接触是一种与外群体成员进行社会交往的心理模拟，其基本思想是通过假想的积极交往经验，使个体建立与这类群体进行良好交往的积极联结，并通过这些积极联结降低群际焦虑，从而改善对外群体的消极态度（Crisp & Turner，2009）。

Turner 等（2007）的研究发现，想象接触后，与控制组相比，实验组被试报告的外群体偏见显著减少，对外群体的评价显著积极。Turner 和 Crisp（2010）以年轻人和非穆斯林人为研究对象，让其想象与老年人和穆斯林人接触，结果发现经过想象接触的个体，表现出更低的内群体偏好和更积极的内隐外群体态度，说明想象接触能够改善对外群体的内隐态度。Henry 和 Hardin（2006）还发现，社会地位会影响群际接触对内隐偏见的干预效果。研究者分别以具有较高社会地位的白人与基督教徒和具有较低社会地位的黑人与穆斯林教徒为被试进行实验，结果表明，群际接触能显著降低低地位群体对外群体的内隐偏见，而高地位群体对外群体的内隐偏见水平并未受到群际接触的影响。Harwood 等（2011）以非法移民为目标群体研究了想象接触的有效性，想象结束后，两组被试都对自己想象互动的愉悦性和舒适度进行了评价，接触组的舒适度和愉悦度都显著高于控制组。Husnu 和 Crisp（2010）发现，在极端隔离的条件下，土耳其人对希腊人比想象户外场景的人有更强的未来接触意图，个体表现出对外群体的宽容，也促进了群体之间的和平相处。

周爱保和侯玲（2015）认为，在促进民族交往的实践过程中，国家可以根据不同的社会背景，灵活使用直接接触、间接接触和想象接触三种策略，通过教育教学组织形式、就业安排、经济往来等多个方面，全方位地创造各民族、族群之间接触的机会，以改善族群关系。在中国文化背景下进一步完善想象接触理论，不仅能够拓展想象接触理论的研究对象和研究领域，也能为想象接触理论在中国的实践提供依据。

2. 建立反射性评价

内隐偏见反映的是概念与评价间的消极联结，改变这些消极联结最直接的方式是重新建立评价性条件反射（Bar-Anan, et al., 2010）。评价性条件反射是指当某个刺激与另一个积极或消极刺激反复配对后，人们对原刺激的喜好程度发生改变的现象。评价性条件反射是一种习得性的选择偏好，具有不易消退的特点。Olson 和 Fazio（2006）通过向被试呈 24 组黑人形象与积极词的配对和 24 组白人形象与消极词的配对改善了被试对黑人的内隐偏见，且该效应在两天后仍然存在。

另一种建立评价性条件反射的方法是训练并强化被试通过身体语言表达其对目标肯定或否定的态度。Wennekers等（2012）通过让被试对内外群体成员名字做出点头或摇头的动作，显著改善了其内隐偏见。另外，研究者还检验了评价性条件反射的建立是否与目标刺激和头部动作的顺序有关。研究还发现，训练被试在屏幕呈现黑人面孔与反刻板印象词配对时做出肯定反应，也能降低内隐种族偏见（Kawakami, et al., 2000）。与之相反，训练被试对黑人面孔与刻板词配对做出否定反应则不影响内隐偏见，这可能是因为在完成否定判断时，被试需要先建立联结，然后再使该联结无效，而使联结无效可能还要其他难以在内隐条件下发生的认知过程（Gawronski, et al., 2008）。

3. 进行归因训练

在基本归因谬误中，个体倾向于将他人的消极行为进行特质归因，而当"他人"属于外群体且其做出的消极行为与其具有的刻板印象一致时，对行为进行消极特质归因的倾向将更加强烈，这一现象被称为终极归因谬误（UAE）。鉴于此，有研究者认为终极归因谬误是内隐偏见得以建立的核心要素之一（Latu, 2010; Myers, 2012）。因此，如果能通过情境归因训练技术使观察者更倾向于对外群体成员的消极刻板行为做出情境归因，则有可能阻断内隐种族偏见的建立。在Stewart等（2010）的归因训练中，要求白人被试按键选出对黑人消极行为的情境性解释，不选择特质性解释。结果表明，接受情境归因训练的被试比未接受情境归因训练的被试在种族归类任务中表现出了更少的内隐种族偏见。

4. 增加边界重建

对内、外群体边界的重新划分会直接影响内隐消极联结的建立。研究者通常会采用取消分类（decategorization）、重新分类（recategorization）、交叉分类（crossed categorization）、整合（integration）分类四种策略阻断内隐消极联结的建立。

5. 引导道德信念

基于社会群体价值的"社会人"假设强调社会偏见是维护个体价值和自尊的重要途径，它主要源自社会认同需要。"道德人"取向的研究则提出社会判断是根据内心的价值体系在道德框架内做出的，它更多地依存于道德直觉而不是外部社会线索（Rupp, Bell, 2010）。道德信念分歧会显著影响彼此间的社会和心理距离，不仅不愿与持不同信念的人合作，甚至不惜动用歧视、双重标准等不公正的方式对待他们。有研究让被试分配10张有价证券，当得知接受者与他具有道德分歧时，分配者自己会平均保留 8.5 张；而与接受者没有道德分歧的被试则多数会选择平分奖券（Wright，et al.，2008）。Skitka 等（2013）的道德分歧跨文化研究表明，无论对于美国人还是中国人而言，道德信念分歧都会导致严重的非容忍，但如果是非道德信念分歧，中美被试则经常表现出不一致。当涉及敏感的政治意见而非道德信念分歧时，相对于中国被试，美国被试更能容忍。此外，引导公众树立民族平等的道德信念也是克服种族歧视的重要策略。当民族平等观念深入人心甚至内化为个体的道德信念时，违反自我道德信念会使人感到自责和内疚并通过道德清洗（moral cleaning）策略来保护自我认同；如果是他人违反道德信念，则会激发个体的道德义愤（moral outrage）（Tetlock，et al.，2000）。

6. 利用大众媒体

Paluck（2009）探讨了大众媒体对缓和群际关系、消除外群体偏见所起的作用。随着认知心理学的兴起，对歧视的研究重新关注情绪和交际方面的因素，尤其重要的是移情作用和团体讨论两个指标。Schecter 在 2007 年的研究发现，移情确实可以减少歧视行为，这一点强调了媒体的作用，因为媒体鼓励受众对现实或剧中的人移情。群际关系理论认为，受众泛化剧中的移情至现实生活的过程，实际上是一个替代交际过程。团体讨论同样会产生积极效果，它会导致如合作，对政治分歧的宽容，更广阔的群体同一性等因素的出现（Mendelberg，2002）。

7. 反刻板印象榜样

在与具有刻板印象的群体成员交往时，个体的刻板印象能被自动地激活，无偏见者与偏见者的区别在于，其是否抑制了刻板化思维，并将刻板化思维用更多的平等主义信念取代，且偏见者的刻板化思维是自动被激活的，而无偏见者会拒绝并抑制这种刻板化思维。因此，抑制刻板印象的激活是内隐偏见表达阶段的有效干预策略。

反刻板印象是指具有刻板印象的群体，在某方面的特征上表现出与其本该具有的刻板形象相反的现象。语义网络模型指出，刻板印象是由社会类别与特征概念相互联结组成的语义网络系统，Dijksterhuis 和 Van Knippenberg（1996）在这一模型的基础上指出，刻板印象与其相容概念存在正向联结的同时，还会与其不相容概念存在负向联结，即刻板印象与反刻板印象是同时存在的。那么，当反刻板联结的强度大于刻板联结的强度时，刻板印象将受到抑制。研究表明，当环境中存在反刻板印象榜样时，即使只与这一榜样有着阈下水平的接触，也会减少接触者的内隐偏见。Columb 和 Plant（2011）在研究中先分别让两组被试对积极黑人典范名字和消极黑人典范名字进行真假词的判断，用这种词汇决定任务分别启动被试对积极对象和消极对象的阈下接触，随后的种族 IAT 结果表明，与不接受启动的控制组相比，接受积极黑人典范启动的被试对黑人的内隐偏见水平最低，而接受消极黑人典范启动的被试对黑人的内隐偏见水平最高。

另外，特定的环境线索有助于将目标者塑造成反刻板印象榜样，进而改变评价者的内隐偏见。Barden 等（2004）发现，在篮球场背景下，被试对黑人面孔与积极词的联结最强，即对黑人的内隐偏见水平最低，而在教室背景下，被试对黄种人的偏见水平最低。虽然这种知觉动作耦合（PAC）是自动发生的，但是在与外群体特别是污名群体接触时却比较难发生（Gutsell & Inzlicht, 2010）。因此，有研究者认为偏见水平的升高与个体知觉动作耦合程度的降低有关（Yabar, et al., 2006）。

8. 模仿被歧视者

神经科学领域的研究表明，模仿能激活镜像神经系统，而正是镜像神经系统的激活才使个体在感知他人动作时得以激活大脑内部的相应表征，从而建立与他人共享的行为表征，即镜像神经系统的激活是保证个体知觉动作耦合得以发生的必要条件（Obhi & Hogeveen, 2010）。因此，模仿的实质在于促进了个体对外群体成员知觉动作耦合的发生，使得原本处于离散分类状态下的自我和他人关系以连续化的形式呈现，从而抑制了对外群体的偏见（Laurent & Myers, 2011）。Legault 等（2011）的内隐种族偏见测量结果表明，只有外群体模仿组对黑人和白人的内隐偏好水平无显著差异，这说明模仿的确能降低内隐偏见水平。

9. 改善观点采择能力

观点采择有助于抑制外群体刻板印象以及由之产生的内隐偏见。Todd 等（2011）的研究发现，与控制组相比，对受到不公待遇的黑人进行观点采择的被试表现出了较低水平的内隐种族偏见。虽然观点采择已经被证明是一种有效减少内隐种族偏见的策略，但其作用和效果仍具有局限性。Vorauer 等（2009）发现，对于低偏见者来说，观点采择会使其对外群体的偏见增加，而对于高偏见者来说，观点采择对偏见态度则没有影响。类似地，有关冲突解决的研究也发现，对外群体进行观点采择反而会降低个体的宽容水平（Paluck, 2010）。Skorinko 和 Sinclair（2013）的实验表明，观点采择的有效性与刻板印象的明确程度有关。当目标者是持有不明确刻板印象的老年人时，观点采择能缓解被试对老年人的内隐偏见；当目标者是具有突出刻板印象的老年人时，观点采择反而会提高被试的内隐偏见，因为个体可能会倾向于把目标者突出的刻板印象作为其观点采择的基础，这反而会促进内隐偏见的产生。

10. 进行平等目标干预

研究表明，当个体实现平等目标后，会导致其对平等的关心程度下降，偏见水平升高。Kaiser 等（2009）发现，在支持奥巴马的总统候选资格后，人们更倾向于认为种族偏见在美国并非一个突出的社会问题，且对政府旨在减少种族偏见的决策的支持率下降，而且更倾向于支持精英领导体制。这说明通过虚假的反馈程序干预被试的平等目标实现进程，使其相信其平等目标尚未实现，并保持其对平等的关心，可能会降低其内隐偏见水平。Moskowitz 和 Li（2011）通过种族 IAT 测量被试的内隐种族偏见态度，结果表明，未实现平等目标的被试对黑人的内隐态度更积极。

Moskowitz 等（2011）认为，在实现平等目标的过程中，个体会产生补偿性的反应以保护目标的实现，这种目标保护机制抑制了刻板印象的激活。因此，在尚未完成目标前，个体的内隐偏见水平较低，而在实现目标后，目标保护停止，刻板印象的抑制被解除，最终导致内隐偏见水平升高。另外，个体的平等目标还易受环境的影响。在公开环境中，由于感受到公正的压力，个体可能会产生一种有意识的、策略性的使自己看上去是无偏见的动机，这种动机将有助于降低个体的内隐偏见水平。Castelli 等（2008）的研究结果表明，公开组对黑人的内隐偏见水平更低。在后续实验中，实验者用词汇判断任务代替了种族 IAT，结果表明，黑人面孔启动后公开组对平等词的可及性提高，这说明公开组内隐种族偏见的降低可能是因为公开环境激活了其平等信念。

11. 体验状态的调控

研究表明，与消极体验相比，积极体验更容易激活个体对启发式判断和刻板印象等认知捷径的依赖（Lyubomirsky, et al., 2005）。因此，对于个体体验状态的干预会影响刻板印象的激活，从而影响内隐偏见。Huntsinger 等（2009）分别用悲伤和快乐的音乐诱发被试的消极体验和积极体验，结果表明，消极体验能降低内隐种族偏见水平和减少女性被试对艺术学科的偏好。然而，体验状态的干预效果并不稳定，对于具有平等目标的个体而言，积极体验反而能抑制其内隐偏见。在后续的实验中，研究者进一步通过词汇判断任务启动短暂的平等主义信念，结果表明，即便是启动短暂的平等主义信念，积极体验对刻板印象的抑制作用仍然存在。根据他们提出的"积极情感促进可及联结、消极情感抑制可及联结"

的观点，以上两项研究的结论并不矛盾。当个体认知中不存在可及的平等或反刻板思维时，即消极刻板联结占优势时，消极体验能抑制这一联结，从而降低内隐偏见水平；当个体有着强烈的、长期平等主义或被激活了短暂的平等主义时，平等思维的可及性增强，因此积极体验能促进其认知中黑人与平等间的联结，进而降低了对黑人的内隐偏见水平。

（二）减少社会偏见的神经机制

1. 镜像神经元的激活

镜像神经元的发现支持了认知的具身特性（Caramazza, et al., 2014；Caggiano, et al., 2011；Thill, et al., 2013），为更好地理解人类的心智活动提供了依据。镜像神经元是意大利学者在研究恒河猴单个神经元激活情况时偶然发现的，在研究者偶然捡起一个物体的时候，恒河猴的记录数据发生了变化，即当恒河猴看到研究者的某种行为却没有亲自执行的时候，神经元产生了激活（Heyes, 2010），这就扩展了一直以来我们认为仅在自己执行行为的时候才有神经元激活的认识。同时，研究者已经验证人脑中确实存在同恒河猴激活单个神经元相类似的镜像神经元（Mukamel, et al., 2010），并通过 fMRI 技术确定了人类活动中所激活的镜像神经元主要位于辅助运动皮层、初级躯体感觉皮层、顶叶皮层、腹侧前运动皮层、布洛卡区、威尔尼克区、梭状回、角回和主要运动皮层（Acharya, Shukla, 2012）。

镜像神经元模型是镜像神经元最简单的模型，该模型由 Oztop 和 Arbib 于 2002 年首次提出。该模型认为镜像神经元系统由三个子图示构成。第一个子图示称为"接触和抓握图示"，在该子图示中，前顶叶皮层负责抽取物体的示能性信息并将这些信息传递至 F5 区，从而产生抓握或触摸的行为。第二个子图示称为"手部状态视觉分析图示"。该子图示处理从前顶叶皮层得到的物体示能性信息，即先进行手部形状认知和手部运动检测，并在此基础上计算手和物体之间的关系，比如，手部参数（如手的速度）和同物体被抓握有关的参数（如手和物体之间的距离）。第三个子图示称为"核心镜像通路"，由 F5 区域的镜像神经元形成，是该模型中最重要的子图示。该子图示负责对视觉输入和由镜像神经元组成的负责行为识别的 F5 区域进行整合（Oztop, Arbib, 2002）。

2. 群际接触减少社会偏见的认知神经研究

在所有的策略中，群际接触被认为是减少社会偏见、促进群际关系最有效的策略之一（杨廣，胡金生，2013）。这一理论得到了大量的实验证据的支持，并在随后的研究中被不断发展完善。目前,已有研究者采用 ERP 技术来探寻接触减少偏见的认知神经机制。

Walker 等(2008)选取了 13 名白人女学生作为被试,首先让她们分别完成社会接触和个人经历两份 5 点量表,用于测试她们与其他种族个体的接触程度。社会接触量表主要用于测量与其他种族个体接触的数量,包括以下 5 个题目:你非常了解的黑人有多少个;在学校里,我经常与黑人交谈;我常常在校园外见到黑人;我经常与黑人朋友一起逛街;我在社交活动中经常看到黑人朋友的参与。个人经历量表分别从亲社会行为、共情、合作与自我暴露四个方面来测量被试与其他种族个体接触的质量。结果发现,与黑人接触的个人经历越多,本族和异族面孔所激活的 N170 波幅的差异越小;本族和异族面孔所激活的 P400 波幅(P400 是峰值在 360~420ms 的晚期正成分,可能与面孔识别的晚期加工有关)的差异越小。

3. 共情差异的神经机制

疼痛共情的神经反应存在种族偏差,即相同种族模特接受疼痛刺激,相较于其他种族的模特,会增强观看者的疼痛网络神经活动。Sheng 和 Han(2012)的研究证实了种群偏见中共情的神经机制,结果表明,与外民族人相比,个体对本民族人的痛苦更敏感,其共情的程度更高,诱发了更大的 P2 和 P3 波幅。同时,这一偏见还受到观点采择的影响,即把外民族成员视作本民族成员或合作对象时,如与外民族成员为同一合作团体,要共同协作完成任务等,对外民族成员的共情程度会相应增强,体现了种群偏好的可变性或可控性。

盛峰(2011)观察了共情的种族偏见及变化,结果发现,黄种人在正立面孔刺激呈现 128~188ms 时,出现了一个额部正电位,表现为对他人的共情反应。但是,此神经反应只局限于对同种族面孔,而不对异种族面孔发生。当被试将注意由面孔的种族身份转移到面部表情的时候,或当被试将异种族成员纳入自己的团队的时候,共情的种族偏见减弱了。这说明对异族成员个体化加工的缺失是导致共情种族偏见的一个独立机制,共情的种族偏见并非不可消除,认知方式或群际关系的操作都可以有效地削弱共情的种族偏见。

Zuo 和 Han(2013)运用 fMRI 技术扫描了 20 名华人被试的脑激活状态,他们都在美国、英国和加拿大等以白人为主要组成人口的西方国家成长,扫描中被试会看到展示中国和白人模特受疼痛或非疼痛刺激的视频片段。结果发现,亚洲或白人模特受到疼痛刺激比受到非疼痛刺激时更强地激活了包括前扣带回、前部脑岛、额下部皮层和躯体感觉皮层在内的疼痛网络。并且,被试对于中国和白人模特的共情神经反应活动没有显著差异，且两者在独立选取的感兴趣区域中呈现出正相关。这一结果说明，拥有和其他种族个体共同生活文化经历的被试在看到异种族个体受痛苦时，共情神经活动会增强，从而疼痛共情的种族偏差减小。这一结果为社会关系调节跨种族效应提供了生理依据，并为增进不同种族间的理解扩展了思路。

参 考 文 献
REFERENCES

爱德华·泰勒.(1988).原始文化.蔡江浓编译.杭州：浙江人民出版社.
埃里克·B.希雷,戴维·A.利维（2013）.跨文化心理学：批判性思维和当代的应用.侯玉波等译.北京：中国人民大学出版社.
安冬风.(2006).论文化差异对国际商务谈判的影响.商场现代文化,（4）,25-26.
白春.(2002).中学英语教学中文化知识输入方式的探讨.陕西师范大学博士学位论文.
本杰明·李·沃尔夫.(2001).论语言、思维和现实：沃尔夫文集.高一虹等译.长沙：湖南教育出版社.
蔡浩,西林,买合甫来提·坎吉.(2009).维吾尔族大学生的民族刻板印象.新疆社科论坛,(1),77-81.
蔡华俭.(2002).内隐自尊的作用机制及特性研究.华东师范大学博士学位论文.
辞海编辑委员会.(1979).辞海.上海：上海辞书出版社.
陈宝文,李俊燕.(2013).中美"权力距离"差异的原因探究和策略解析.边疆经济与文化,(10),54-55.
陈国民.(2009).跨文化交际学.上海：华东师范大学出版社.
陈红.(2006).青少年的身体自我理论与实证.北京：新华出版社,125-195.
陈红,冯文峰,黄希庭.(2008).大学生负面身体自我认知加工偏好.心理学报,40（7）,809-818.
陈红,朱岚.(2012).相貌负面图式女性对面孔的加工偏向：来自ERP的证据.西南大学学报（社会科学版）,38（4）,74-82.
陈莉,王沛.(2015).性别刻板印象表征的形式及神经基础.心理科学,(3),550-558.
陈南锦.(2010).胖负面身体自我女性的定向记忆与定向遗忘：行为及ERP研究.西南大学博士学位论文.
陈煊,周凝绮.(2015).跨文化交际下商务英语函电写作研究.吉林省教育学院学报（下旬）,（2）,121-122.
陈禹,赵立,胡新雨,赵玉芳,杨娟.(2015).孩子年龄对个体的配偶参照效应和孩子参照效应的影响.西南大学学报（自然科学版）,37（2）,128-133.
陈芸.(2010).自我与情绪的交互作用：自我正面偏见的ERP研究.湖南师范大学博士学位论文.
陈芸.(2013).内隐自我正面偏见及其可变性的ERP探索.湖南师范大学博士学位论文.

陈芸, 钟毅平, 周海波, 周路平, 王小艳. (2012). 内隐自我正面偏见效应的ERP研究. 中国临床心理学杂志, 20 (3), 297-300.

池丽萍, 辛自强. (2001). 家庭功能及其相关因素研究. 心理学探新, 21 (3), 55-60.

党宝宝, 高承海, 万明钢. (2016). 民族刻板印象: 形成途径与影响因素. 西南民族大学学报 (人文社科版), (5), 202-206.

丁小斌, 赵楠. (2015). "集体主义-个体主义"的差异: 来自基因、大脑的证据. 心理与行为研究, 13 (1), 131-137.

杜军辉. (2007). 对霍夫斯泰德权力距离的几点思考. 中共成都市委党校学报, (2), 77-79.

范伟, 钟毅平, 李琎, 黄俊伟. (2016). 职业性别刻板印象激活效应: 一项ERP研究. 中国临床心理学杂志, 24 (3), 381-388.

方申国, 黄薇. (2006). 论广告创意中的逻辑思维和形象思维. 浙江工业大学学报 (社会科学版), 5, 116-120.

冯文锋, 罗文波, 廖渝, 陈红, 罗跃嘉. (2010). 胖负面身体自我女大学生对胖信息的注意偏好: 注意警觉还是注意维持. 心理学报, 42 (7), 779-790.

高兵, 宋敏, 王晶. (2015). 藏族和汉族儿童的刻板印象研究. 内蒙古师范大学学报 (教育科学版), 28 (12), 50-53.

高承海, 党宝宝, 万明钢. (2013). 汉族与少数民族的民族刻板印象之比较. 西北师大学报 (社会科学版), 50 (4): 106-110.

高君强. (2013). 浅析中美文化差异对商务沟通的影响. 考试周刊, 45, 17-18.

高笑. (2007). 胖负面身体自我图式女性对身体信息注意偏向的ERP研究. 西南大学博士学位论文.

高笑, 王泉川, 陈红, 王宝英, 赵光. (2012). 胖负面身体自我女性对身体信息注意偏向成分的时间进程: 一项眼动追踪研究. 心理学报, 44 (4), 498-510.

葛明贵. (1998). 性别加工的记忆效应与内隐性别刻板印象. 心理科学, (21), 238-241.

葛彦. (2007). 江苏地区中老年女性自我外观形象态度与管理行为研究. 苏州大学博士学位论文.

宫秀双, 蒋晶. (2018). 撞衫对消费者产品处置意向的影响及其心理机制. 心理学报, (3), 337-348.

龚艳. (2007). 中西方思维的综合性与分析性对翻译的影响. 边疆经济与文化, 47, 98-99.

管延华, 迟毓凯. (2006). 自我参照与朋友参照对人格特质记忆的影响. 心理科学, 29 (2), 448-450.

管延华, 迟毓凯. (2013). 自我参照与母亲参照对人格特质记忆的影响. 心理研究, 6 (4), 27-33.

郭英. (1997). 跨文化心理学研究的历史、现状与趋势. 四川师范大学学报 (社会科学版), (4), 91-96.

郭志华. (2007). 论创意设计中的逻辑思维与形象思维. 华北水利水电学院学报 (社会科学版), 23, 70-71.

韩世辉, 张逸凡. (2012a). 社会认知、文化与大脑——文化神经科学研究. 中国科学院院刊,

（s1），66-77.

韩世辉，张逸凡．（2012b）．自我概念心理表征的文化神经科学研究．*心理科学进展，20*（5），633-640.

韩薇．（2002）．身体态度与服饰消费．*苏州大学学报（工科版），22*（5），112-115.

郝萍萍．（2008）．"自我"与服装．青岛大学博士学位论文．

贺雯．（2012）．*群际关系的理论和实证研究*．北京：光明日报出版社．

贺雯，孙亚文，罗俊龙．（2014）．元刻板印象及其对群际关系的作用．*心理科学进展，22*（8），1294-1302.

洪浏妗．（2011）．服装品牌依恋度量表编制．*国际纺织导报*，（4），76.

侯小梅．（2010）．*本土经理跨文化沟通能力研究*．华东理工大学硕士学位论文．

花卫，张美霞．（2011）．中国企业财务文化之不确定性规避分析——基于霍夫斯塔德模型．*中国证券期货，7*，91-92.

黄俊伟，钟毅平．（2011）．大学生职业性别刻板印象激活效应的ERP研究．*中国心理学会成立90周年纪念大会暨全国心理学学术会议*．

黄淑娉，龚佩华．（1996）．*文化人类学理论方法研究*．广州：广东高等教育出版社．

黄淑娉，龚佩华．（2013）．*文化人类学理论方法研究*．广州：广东高等教育出版社．

黄希庭．（1998）．*普通心理学*．北京：人民教育出版社．

黄希庭，陈红，符明秋，曾向．（2002）．青少年学生身体自我特点的初步研究．*心理科学，25*（3），260-264.

黄永辉，高东君．（2013）．试论语言化定势对跨文化交际的影响．*长江师范学院学报，29*（2），81-83.

贾磊．（2013）．*语义刻板印象认知神经机制*．西南大学博士学位论文．

贾磊，张庆林，李肖，孙晓，肖宵．（2014）．语义性别刻板印象对注意返回抑制的影响——来自行为和ERP的证据．*心理学探新，34*（5），410-415.

贾林祥．（2010）．社会偏见：制约和谐社会构建的社会心理因素．*陕西师范大学学报（哲学社会科学版）*，（3），18-23.

蒋燕玲，杨红升．（2015）．语言背后的心理——群体间的语言偏见．*心理科学进展，23*（12），2142-2152

寇慧，苏艳华，罗小春，陈红．（2015）．相貌负面身体自我女性对相貌词的注意偏向：眼动的证据．*心理学报，47*（10），1213-1222.

乐国安．（2013）．*社会心理学*．北京：中国人民大学出版社．

雷聪．（2010）．跨文化交际中权力距离对语用失误的影响．*宿州学院学报，25*，70-74.

李炳全．（2007）．*文化心理学*．上海：上海教育出版社．

李炳全，叶浩生．（2004）．文化心理学的基本内涵辨析．*心理科学，27*（1），62-65.

李其维．（2008）．"认知革命"与"第二代认知科学"刍议．*心理学报，40*（12），1306-1327.

李琼，刘力．（2011）．低地位群体的外群体偏好．*心理科学进展，19*（7），1061-1068.

李晓东．（2007）．*身体自我信息加工机制的事件相关电位特征*．北京体育大学博士学位论文．

李彦锋．（2011）．*中老年人记忆自我参照效应的发展研究*．河北师范大学博士学位论文．

李燕．（2005）．*亲子关系的教育哲学分析*．苏州大学博士学位论文．

连淑芳．（2003）．*内隐社会认知：刻板印象的理论和实验研究*．华东师范大学博士学位论文．

梁漱溟．（2000）．*中国文化要义*．上海：学林出版社．

梁毅．（2009）．*胖负面身体自我女性注意偏向的机制研究*．西南大学博士学位论文．

梁毅，陈红，邱江，高笑，赵婷婷．（2008）．负面身体自我女性对身体信息的记忆偏向：来自 ERP 研究的证据．*心理学报，40*（8），913-919.

林崇德．（2009）．*发展心理学*．北京：人民教育出版社．

刘栋．（2011）．*元刻板印象的社会认知研究*．华东师范大学博士学位论文．

刘将，葛鲁嘉．（2010）．文化神经科学的进展与前瞻．*心理研究，3*（6），13-20.

刘将，葛鲁嘉．（2011）．文化对知觉及其神经机制的影响：来自文化神经科学的证据．*山东师范大学学报（人文社会科学版），56*（5），127-133.

刘莹莹．（2013）．青少年负面身体自我的研究．*学理论*，（8），69-70.

卢川，郭斯萍．（2012）．文化认知神经科学的新进展．*第十五届全国心理学学术会议论文摘要集*．

卢焕华，徐苗，方慧珍，李雪婷，杨圣敏。刘嘉．（2011）．民族关系研究中的内隐偏见调查综述．*西北民族研究*，（4），5-9.

鲁铱，李晔．（2014）．研究生对导师负面评价的恐惧与师徒文化内隐观的关系．*心理科学，*（6），47-48.

逯曼．（2013）．*论语言与文化认同感*．陕西师范大学硕士学位论文．

吕庆燕，王有智，王荣山．（2015）．藏族、汉族青少年族群态度的发展研究：以甘南藏族自治州藏族、汉族青少年为例．*西北师大学报（社会科学版），52*（2），101-108.

马尔塞拉，撒普，西勃罗夫斯基．（1991）．*跨文化心理学*．肖振海等译．长春：吉林文史出版社．

马芳，梁宁建．（2008）．数学性别刻板印象的内隐联想测验研究．*心理科学，31*（1），35-39.

马林诺夫斯基．（1987）．*文化论*．费孝通等译．北京：中国民间文艺出版社．

马戎．（2007）．"差序格局"——中国传统社会结构和中国人行为的解读．*北京大学学报（哲学社会科学版），44*（2），131-142.

马伟军．（2012）．人际差序格局与关系归因偏好 // 中国心理学会．*第十五届全国心理学学术会议论文摘要集*，85.

马媛渊．（2008）．文化与语言的关系及对对外汉语教学的意义．*文学教育（上）*，（12），140-141.

孟维杰．（2012）．从认知心理学到认知神经科学：范式检讨与文化自觉．*南京师大学报（社会科学版）*，（3），103-109.

穆勒．（2014）．*逻辑体系*．上海：上海交通大学出版社．

牛娟．（2009）．*大学生进食障碍症状的心理因素及饮食诱导的情绪生理反应研究*．山东大学博士学位论文．

帕森斯．（2004）．*家庭治疗技术*．方晓义等译．北京：中国轻工业出版社．

庞小佳，张大均，王鑫强，王金良．（2011）．刻板印象干预策略研究述评．*心理科学进展*，19

（2），243-250.

彭聃龄．（2004）．*普通心理学*．北京：北京师范大学出版社．

彭凯平，王伊兰．（2009）．*跨文化沟通心理学*．北京：北京师范大学出版社．

契斯诺科夫．（1953）．*学习"苏联社会主义经济问题"：参考资料第一辑*．吴钟清译．北京：人民出版社．

乔纳森·布朗．（2004）．*自我*．陈浩莺等译．北京：人民邮电出版社．

冉华，邓倩．（2012）．从互联网使用到文化身份认同：以大学生为例的定量研究．*现代传播（中国传媒大学学报）*，*34*（6），115-118.

沙莲香．（1987）．*社会心理学*．北京：中国人民大学出版社．

邵晓霞，傅敏．（2011）．论文化身份认同类型学理论及其对民族团结教育课程的启示．*贵州民族研究*，（1），130-135.

盛峰．（2011）．如何削减共情神经反应的同种族偏向？认知策略和群间关系的操作 // 中国心理学会．*增强心理学服务社会的意识和功能——中国心理学会成立90周年纪念大会暨第十四届全国心理学学术会议论文摘要集*，693.

施栋琴．（2002）．中西民族整体性思维与个体性思维倾向之差异在汉英语言中的表现．*上海海运学院学报*，*23*，100-106.

施启琰，寇慧，陈红．（2017）．男性理想体型变化及其影响因素．*心理科学进展*，25（4），627-638.

石健壮，李森．（2009）．教师角色观的文化审视与重构．*大学教育科学*，（5），32-37.

石伟．（2004）．*自尊的记忆效应的实验研究*．西南师范大学博士学位论文．

史红薇．（2007）．*文化意识对大学英语阅读理解的影响研究*．上海外国语大学博士学位论文．

斯图亚特·霍尔，保罗·杜盖伊．（2010）．*文化身份问题研究*．庞璃译．开封：河南大学出版社．

宋鸿雁．（2001）．视障儿童与正常儿童自我概念和个性的比较研究．*中国特殊教育*，（4），50-55.

宋赵丰．（2010）．*劳动力市场农民工歧视的ERP研究*．浙江大学博士学位论文．

孙红艳．（2013）．*保山市民族中学民族班学生同伴交往研究*．云南师范大学硕士学位论文．

孙君．（2013）．文化差异对国际商务沟通的影响及其对策．*沈阳农业大学学报（社会科学版）*，*9*，552-555.

孙利．（2004）．*青少年对若干国民或民族的刻板印象*．华中师范大学博士学位论文．

孙晓．（2013）．*知觉负载对情绪词语注意瞬脱对抗效应的影响机制*．西南大学博士学位论文．

田浩，葛鲁嘉．（2005）．文化心理学的启示意义及其发展趋势．*心理科学*，*28*（5），1269-1271.

田录梅，王玉慧．（2013）．矮负面身体自我大学生对相关信息的认知加工偏好．*中国临床心理学杂志*，*21*（6），889-893.

万明钢．（1989）．跨文化心理学的兴起和发展对我国心理学研究的启示．*西北师大学报（社会科学版）*，（4），81-85.

万明钢．（1992）．跨文化心理学发展历史述评．*西北师大学报（社会科学版）*，（4），37-41.

王炳成，王俐，王淼．（2016）．大学生就业性别刻板印象的 Logistic 回归研究．*山东女子学院学报,* *127*（3），36-42．

王朝晖．（2009）．*跨文化管理*．北京：北京大学出版社．

王宏印．（1993）．*跨文化心理学导论*．西安：陕西师范大学出版社．

王会会．（2012）．服装与自我概念研究进展．*教师教育学报,* *10*（9），186-191．

王佳英．（2006）．跨文化交际中文化身份的心理认知．*学术交流,*（6），172-174．

王健宜．（2013）．*文化语言学*．北京：高等教育出版社．

王沛，杨亚平，赵仑．（2010）．刻板印象的激活效应：行为和 ERPs 证据．*心理学报,* *42*（5），607-617．

王甦，汪安圣．（1992）．*认知心理学*．北京：北京大学出版社．

王显云．（2010）．中美权力距离差异的文化探源．*黑龙江教育学院学报,* *29*，54-55．

王一安，麻晓淼．（2016）．90 后大学生对法国人刻板印象实证研究．*杭州电子科技大学学报（社会科学版）,*（2），47-53．

王祎．（2014）．*种族内隐态度的 ERP 研究*．首都师范大学博士学位论文．

王轶楠，杨中芳．（2005）．中西方面子研究综述．*心理科学,* *28*（2），143-146．

吴慧芬，周爱保．（2013）．中国青年大学生朋友参照效应的实证研究．*心理与行为研究,* *11*（3），380-386．

伍先禄，彭爱和．（2009）．从不确定性规避理论看中西跨文化交际的心态调整．*湘潭师范学院学报（社会科学版）,* *31*（5），99-103．

谢丹．（2013）．*多民族地区初中生族际友谊状况与教育对策：云南西双版纳 M 镇中学实地调查*．中央民族大学博士学位论文．

谢冬梅，范莉莉．（2012）．中西文化在不确定性规避维度上的比较研究——基于中德两国的实证分析．*广西社会科学,*（10），162-166．

解晓娜．（2016）．元刻板印象信息对汉族学生与维吾尔族学生群际关系的影响．*校园心理,*（2），75-78．

邢福义．（1990）．*文化语言学*．武汉：湖北教育出版社．

熊恋，凌辉，唐钦．（2012）．中学生的记忆参照效应．*中国临床心理学杂志,* *20*（6），781-784．

徐江，任孝鹏，苏红．（2016）．个体主义/集体主义的影响因素：生态视角．*心理科学进展,* *24*（8），1309-1318．

徐莉林．（2005）．跨文化交际中的文化信息互动探索．*内蒙古大学学报（人文社会科学版）,* *37*（5），93-97．

徐笑君．（2010）．权力距离、不确定性规避对跨国公司总部知识转移的调节效应研究．*经济管理,* *32*，61-68．

严文华．（2008）．*跨文化沟通心理学*．上海：上海社会科学院出版社．

颜志雄．（2014）．*道德判断中的亲属偏见*．湖南师范大学博士学位论文．

杨福义．（2006）．*内隐自尊的理论与实验研究*．华东师范大学博士学位论文．

杨福义，梁宁建．（2005）．问题学生内隐自尊的初步研究．*心理科学,* *28*（2），332-336．

杨国枢．(2004)．*中国人的心理与行为：本土化研究*．北京：中国人民大学出版社．

杨国枢，陆洛．(2009)．*中国人的自我：心理学的分析*．重庆：重庆大学出版社．

杨国枢，黄光国，杨中芳．(2008)．*华人本土心理学*．重庆：重庆大学出版社．

杨红升，黄希庭．(2007)．自我信息加工的独特性：来自人名识别研究的证据．*心理科学，30*(5)，1127-1129.

杨红升，朱滢．(2004)．老年中国人自我记忆效应的研究．*心理科学，27*(1)，43-45.

杨莉萍．(2003)．从跨文化心理学到文化建构主义心理学——心理学中文化意识的衍变．*心理科学进展，11*(2)，220-226.

杨青．(2013)．*自我面孔加工的独特性和共享性*．天津师范大学博士学位论文．

杨晓莉，刘力，赵显，史佳鑫．(2014)．民族本质论对跨民族交往的影响——以中国内地的藏族大学生为例．*心理科学*，(2)，394-399.

杨亚平．(2008)．*刻板印象的加工过程及机制——来自ERP的证据*．宁波大学博士学位论文．

杨廙，胡金生．(2013)．内隐种族偏见的干预策略．*心理科学进展，11*，2064-2072.

杨宇．(2008)．*中国社会心理学评论*．北京：社会科学文献出版社，7-9.

杨中芳．(1991)．由中国"社会心理学"迈向"中国社会心理学"——试图澄清有关"本土化"的几个误解．*社会学研究*，(1)，32-38.

杨中芳，高尚仁．(1991)．*中国人·中国心（社会篇）*．台北：远流出版社．

尧国靖，黄希庭．(2006)．跨文化心理学的性质．*西华师范大学学报（哲学社会科学版）*，(1)，104-108.

叶浩生．(1998)．*西方心理学的历史与体系*．北京：人民教育出版社．

叶浩生．(2004a)．多元文化论与跨文化心理学的发展．*心理科学进展，12*(1)，144-151.

叶浩生．(2004b)．文化模式及其对心理与行为的影响．*心理科学，27*(5)，1032-1036.

伊斯特林．(1987)．*文字的产生和发展*．左少兴译．北京：北京大学出版社．

余安邦．(2010)．文化心理学的历史发展与研究进路：兼论其与心态史学的关系．*中国社会心理学评论研究*，(1) 49-89.

曾剑平，汪华，钟达祥．(2005)．汉民族的综合性思维和英民族的分析性思维在汉英语言中的表现．*南昌航空工业学院学报，7*(1)，78-82.

张成萌．(2011)．*内隐职业性别刻板印象的ERPs研究*．暨南大学博士学位论文．

张洪，王登峰，杨烨．(2006)．亲密关系的外显与内隐测量及其相互关系．*心理学报，38*(6)，910-915.

张建卫，刘玉新．(2000)．管理者沟通风格的诊断与改善．*学术论坛，1*，24-27.

张卫东，李其维．(2007)．认知神经科学对心理学的研究贡献——主要来自我国心理学界的重要研究工作述评．*华东师范大学学报（教育科学版），25*(1)，46-55.

张秀琴，叶浩生．(2008)．本土心理学评析．*心理学探新，28*(1)，3-6.

张学新，方卓，杜英春，孔令跃，张钦，邢强．(2012)．顶中区N200：一个中文视觉词汇识别特有的脑电反应．*科学通报，57*(5)，332-347.

赵爱萍，雷丹．(2003)．计算机隐喻与计算机英语隐喻．*齐齐哈尔医学院学报，24*(2)，224-225.

赵伊川，姜绍平．（2006）．跨文化沟通中的主要障碍和改进途径．*大连海事大学学报（社会科学版）*，5（2），53-55.

郑荣双．（2002）．国外本土心理学研究进展．*心理科学进展*，10（4），472-478.

郑荣双，车文博．（2003）．本土心理学特征论析．*心理学探新*，23（3），3-5.

周爱保，侯玲．（2015）．群际接触可有效减少偏见．*中国社会科学报*，5，18.

周爱保，姜艳斐．（2013）．弱视儿童的自我意识及其教育启示．*中国特殊教育*，（4），36-42.

周丽，苏彦捷．（2008）．实际亲密度对恋人参照效应的影响．*心理学报*，40（4），487-495.

周敏．（2014）．中西文化差异视觉下英语课堂不确定性规避现象分析．*文教资料*，（17），163-164.

周天梅．（2010）．汉羌彝中学生负面身体自我和应对方式与主观幸福感的关系．*内江师范学院学报*，25（6），83-87.

周振鹤，游汝杰．（1986）．人口变迁和语言演化的关系．*上海社会科学院学术季刊*，（4），165-173.

朱岚．（2013）．*相貌负面身体自我女性对面孔信息的认知偏向研究*．西南大学博士学位论文．

朱滢．（2007）．*文化与自我*．北京：北京师范大学出版社．

庄严．（2014）．论中西方语言与文化差异的原因和发展．*赤子（上中旬）*，（11），204-204.

邹庆宇．（2006）．*地域刻板印象的研究*．华东师范大学博士学位论文．

邹智敏，江叶诗．（2015）．文化会聚主义：一种关系型的文化心理定势．*中国社会心理学评论*，（9），63-96.

佐斌，刘晅．（2006）．基于IAT和SEB的内隐性别刻板印象研究．*心理发展与教育*，(4)，57-63.

佐斌，徐同洁．（2015）．低地位群体的内/外群体偏好：基于SC-IAT的检验．*心理研究*，8(1)，26-30.

Chen，G. M.，Starosta，W. J.（2007）.*跨文化交际学基础*．上海：上海外语教育出版社．

Gazzaniga，M. S.，Ivry，R. B.，& Mangun，G. R.（2011）.*认知神经科学：关于心智的生物学*．周晓林，高定国译．北京：中国轻工业出版社．

Goldstein，B. E.（2015）.*认知心理学：心智、研究与你的生活*．张明等译．北京：中国轻工业出版社．

Samovar，L. A.（2000）．*Oral Communication：Speaking Across Cultures*．北京：外语教学与研究出版社．

Wardhaugh，R.（2000）．*社会语言学引论*．祝畹瑾导读．北京：外语教学与研究出版社．

Acharya，S.，& Shukla，S.（2012）．Mirror neurons：Enigma of the metaphysical modular brain. *Journal of Natural Science Biology，and Medicine*，3（2），118-124.

Adams，W. E.，Todorova，I. L.G.，& Falcón，L. M.（2015）．Puerto Rican Victimization and crime on the mainland：The role of acculturation. *Hispanic Journal of Behavioral Sciences*，37（1），59-74.

Adler，P. S.（1975）．The transitional experience：An alternative view of culture shock. *Journal of Humanistic Psychology*，15（4），13-23.

Adolphs, R. (1999). Social cognition and the human brain. *Trends in Cognitive Sciences, 3* (12), 469-479.

Adolphs, R. (2003). Amygdala. *Encyclopedia of Cognitive Science. Psychological Science, 10* (2), 167-171.

Adolphs, R., Gosselin, F., Buchanan, T. W., Tranel, D., Schyns, P., & Damasio, A. R. (2005). A mechanism for impaired fear recognition after amygdala damage. *Nature, 433* (7021), 68-72.

Adolphs, R., Tranel, D., Damasio, H., & Damasio, A. R. (1995). Fear and the human amygdala. *Journal of Neuroscience, 15* (9), 5879-5891.

Adolphs, R., Tranel, D., Damasio, H., & Damasio, A. (1994). Impaired recognition of emotion in facial expressions following bilateral damage to the human amygdala. *Nature, 372* (6507), 669-672.

Adolphs, R., & Tranel, D. (1999). Preferences for visual stimuli following amygdala damage. *Journal of Cognitive Neuroscience, 11* (6), 610-616.

Agustín, I., Ezequiel, G., Esteban, H., Ramiro, G., Andrés, H., & Manes, F. F. (2010). Early neural markers of implicit attitudes: N170 modulated by intergroup and evaluative contexts in IAT. *Frontiers in Human Neuroscience, 4* (188), 188.

Ahn, A. J., Kim, B. S. K., & Park, Y. S. (2008). Asian cultural values gap, cognitive flexibility, coping strategies, and parent-child conflicts among Korean Americans. *Cultural Diversity and Ethnic Minority Psychology, 14* (4), 353-363.

Akhtar, S. (2009). Friendship, socialization, and the immigrant experience. *Psychoanalysis Culture & Society, 14* (3), 253-272.

Alba, R. (1999). Immigration and the American realities of assimilation and multiculturalism. *Sociological Forum, 14* (1), 3-25.

Alba, R., & Nee, V. (2003). *Remaking the American Mainstream: Assimilation and Contemporary Immigration.* Cambridge: Harvard University Press.

Allport, G. W. (1954). *The Nature of Prejudice.* Cambridge: Addison-Wesley, 537.

Alsagoff, L., & Lick, H. C. (1998). The relative clause in colloquial Singapore English. *World Englishes, 17* (2), 127-138

Ambady, N., & Bharucha, J. (2009). Culture and the brain. *Current Directions in Psychological Science, 18* (6), 342-345.

Amodio, D. M. (2010). Coordinated roles of motivation and perception in the regulation of intergroup responses: Frontal cortical asymmetry effects on the P2 event-related potential and behavior. *Journal Cognitive of Neuroscience, 22* (11), 2609-2617.

Amodio, D. M., Devine, P. G., & Harmon-Jones, E. (2008). Individual differences in the regulation of intergroup bias: The role of conflict monitoring and neural signals for control. *Journal of Personality & Social Psychology, 94* (1), 60-74.

Amodio, D. M., Harmonjones, E., & Devine, P. G. (2003). Individual differences in the activation and control of affective race bias as assessed by startle eyeblink response and self-report. *Journal of Personality & Social Psychology*, 84 (4), 738-753.

Amodio, D. M, Jones, E. H., Devine, P. G., et al. (2004). Neural signals for the detection of unintentional race bias. *Psychology Science*, 15 (2), 88-93.

Amodio, D. M., & Ratner, K. G. (2011). A memory systems model of implicit social cognition. *Current Directions in Psychological Science*, 20 (3), 143-148.

Amunts, K., Kedo, O., Kindler, M., Pieperhoff, P., Mohlberg, H., Shah, N. J., et al. (2005). Cytoarchitectonic mapping of the human amygdala, hippocampal region and entorhinal cortex: Intersubject variability and probability maps. *Anatomy and Embryology*, 210 (5), 343-352.

Anolli, L., Zurloni, V., & Riva, G. (2006). Linguistic intergroup bias in political communication. *Journal of General Psychology*, 133 (3), 237-255.

Appelbaum, L. D. (2002). Who deserves help? Students' opinions about the deservingness of different groups living in Germany to receive aid. *Social Justice Research*, 15 (3), 201-225.

Arends-Tóth, J., & Van de Vijver, F. J. R. (2003). Multiculturalism and acculturation: Views of Dutch and Turkish—Dutch. *European Journal of Social Psychology*, 33, 249-266.

Arkes, H. R., Faust, D., Guilmette, T. J., & Hart, K. J. (1988). Eliminating the hindsight bias. *Journal of Applied Psychology*, 73 (2), 305-307.

Armel, K. C., & Ramachandran, V. S., (2003). Projecting sensations to external objects: Evidence from skin conductance response. *Proceedings Biological Sciences*, 270 (1523), 1499-1506.

Arnett, J. J. (2000). Emerging adulthood: A theory of development from the late teens through the twenties. *American Psychologist*, 55, 469-480.

Arnett, J. J. (2002). The psychology of globalization. *American Psychologist*, 47, 774-783.

Arnett, J. J. (2011). Emerging adulthood (s): The cultural psychology of a new life stage. In L. A. Jensen (Ed.), *Bridging Cultural and Developmental Approaches to Psychology: New Syntheses in Theory, Research, and Policy* (pp. 255-275). New York: Oxford University Press.

Arnett, J. J., & Tanner, J. L. (2006). Emerging adulthood: Understanding the new way of coming of age. In J. J. Arnett, & J. L. Tanner (Eds.), *Emerging Adults in America: Coming of Age in the 21st Century* (pp. 3-20). Washington: American Psychological Association.

Arndd, M. B. (1960). Emotion and Personality. New York: Columbia University Press.

Aronson, E. D., Wilson, T., & M.Akert, R. (2012). *Social Psychology*. Beijing: World Book Publishing House.

Asci, F. H. (2002). An investigation of age and gender differences in physical self-concept among Turkish late adolescents. *Adolescence*, 37, 1-15

Assilaméhou, Y., & Testé, B. (2013). How you describe a group shows how biased you are. *Journal of Language & Social Psychology*, 32 (2), 202-211

Atkins, D., Uskul, A. K., & Cooper, N. R. (2016). Culture shapes empathic responses to physical and social pain. *Emotion*, *16*（5），587.

Augoustinos，M.，& Rosewarne，D. L.（2001）. Stereotype knowledge and prejudice in children. *British Journal of Developmental Psychology*, *19*（1），143-156.

Avenanti，A.，Sirigu，A.，& Aglioti，S. M.（2010）. Racial bias reduces empathic sensorimotor resonance with other-race pain. *Current Biology*, *20*（11），1018-1022.

Avramova，Y. R.，Stapel，D. A.，& Lerouge，D.（2012）. Mood and context-dependence：Positive mood increases and negative mood decreases the effects of context on perception. *Journal of Personality and Social Psychology*, *103*（3），203-214.

Badea，C.，Jetten，J.，Iyer，A.，&Er-Rafiy，A.（2011）. Negotiating dual identities：The impact of group-based rejection on identification and acculturation. *European Journal of Social Psychology*, *41*（5），586-595.

Baker，C. E.（2016）. Fathers' and mothers' language acculturation and parenting practices：Links to Mexican American children's academic readiness.*Journal of Early Childhood Research*, *6*, 1-13.

Baker，R. W.，& Siryk，B.（1989）. *Student Adaption to College Questionnaire（SACQ）Manual*. Los Angeles：Western Psychological Services.

Bakermans-Kranenburg，M. J.，& Van Ijzendoorn，M. H.（2008）. Oxytocin receptor（OXTR）and serotonin transporter（5-HTT）genes associated with observed parenting. *Social Cognitive and Affective Neuroscience*, *3*（2），128-134.

Banaji，M. R.，& Greenwald，A. G.（1995）. Implicit gender stereotyping in judgments of fame. *Journal of Personality and Social Psychology*, *68*（68），181-189.

Bar-Anan，Y.，De Houwer，J.，& Nosek，B. A.（2010）. Evaluative conditioning and conscious knowledge of contingencies：A correlational investigation with large samples. *Quarterly Journal of Experimental Psychology*, *63*（12），2313-2335.

Barden，J.，Maddux，W. W.，Petty，R. E.，& Brewer，M. B.（2004）. Contextual moderation of racial bias：The impact of social roles on controlled and automatically activated attitudes. *Journal of Personality & Social Psychology*, *87*（1），5-22.

Bargh，J. A.（1989）. Conditional automaticity：Varieties of automatic influence in social Perception and cognition. *Unitended Thought*, *3*, 51-69.

Bargh，J. A.，Chen. M.，& Burrows，L.（1996）. Automaticity of social behavior：Direct effects of trait construct and stereotype activation on action. *Journal of Personality & Social Psychology*, *71*（2），230-244.

Bar-Haim，Y.，Ziv，T.，Lamy，D.，& Hodes，R. M.（2006）. Nature and nurture in own-race face processing. *Psychological Science*, *17*（2），159-163.

Baron，R. A.，Byrne，D.，& Kantowitz，B. H.（1980）. *Psychology：Understanding Behavior*（2nd ed.）. New York：Holt，Rinehart & Winston.

Bartholow，B. D.，Fabiani，M.，& Gratton，G.，et al.（2001）. A psychophysiological examination of cognitive processing of and affective responses to social expectancy violations.

Psychological Science, 12 (3), 197-204.

Bartholow, B. D., Henry, E. A., & Lust, S. A., et al. (2012). Alcohol effects on performance monitoring and adjustment: Affect modulation and impairment of evaluative cognitive control. *Journal of Abnormal Psychology, 121* (1), 173-186.

Bartholow, B. D., & Dickter, C. L. (2008). A response conflict account of the effects of stereotypes on racial categorization. *Social Cognition, 26* (3), 314-332.

Behrens, K., Pozo, M. A., Grobhennig, A., Sieberer, M., &Graef-Calliess, I. T. (2014). How much orientation towards the host culture is health? Acculturation style as risk enhancement for depressive symptoms in immigrants. *International Journal of Social Psychiatry, 61* (5), 498-505.

Belk, R. W. (1988). Possessions and the extended self. *Journal of Consumer & Market Research, 15* (2), 139-168.

Benitez, T. J., Dodgson, J. E., Coe, K., & Keller, C. (2016). Utility of acculturation in physical activity research in Latina adults: An integrative review of literature. *Health Education & Behavior, 43* (3), 256-270.

Bennett, M., Allan, S., Anderson, J., & Asker, N. (2010). On the robustness of the group reference effect. *European Journal of Social Psychology, 40* (2), 349-354.

Berger, J., & Heath, C. (2007). Where consumers diverge from others: Identity signaling and product domains. *Journal of Consumer Research, 34* (2), 121-134.

Bergh, A. (2007). I'd like to teach the world to sing: Music and conflict transformation.*Musicae Scientiae, 11* (2), 141-157.

Bergman, Y. S., Horenczyk, G., &Abramovsky-Zitter, R. (2017). Perceived discrimination and well-being among the ultra-orthodox in israel: The mediating role of group identity. *Journal of Cross-Cultural Psychology, 48* (9), 002202211772285.

Berlad, I., & Pratt, H. (1995).P300 in response to the subject's own name. *Electroencephalography & Clinical Neurophysiology, 96* (5), 472-474.

Bernstein, D. M., Erdfelder, E., & Meltzoff, A. N., et al. (2011). Hindsight bias from 3 to 95 years of age. *Journal of Experimental Psychology: Learning, Memory and Cognition, 37* (2), 378-391.

Berry, J. W. (1990). Psychology of acculturation: Understanding individuals moving between cultures. In R. Brislin (Ed), *Applied Cross-Cultural Psychology* (pp. 232-253). Newbury Park: SAGE.

Berry, J. W. (1997). Immigration, acculturation, and adaptation. *Applied Psychology, 46* (1), 5-34.

Berry, J. W. (1999). Intercultural relations in plural societies. *Canadian Psychology, 40* (1), 12-21.

Berry, J. W. (2001). A psychology of immigration. *Journal of Social Issues, 57*, 615-631.

Berry, J. W. (2005). Acculturation: Living successfully in two cultures. *International Journal of*

Intercultural Relations, 29, 697-712.

Berry, J. W. (2006). Contexts of acculturation. In D. L. Sam, & J. W. Berry (Eds.), *The Cambridge Handbook of Acculturation Psychology* (pp.27-41). Cambridge: Cambridge University Press.

Berry, J. W. (2008). Globalisation and acculturation. *International Journal of Intercultural Relations, 32*(4), 328-336.

Berry, J. W. (2011). Intercultural relations in plural societies: Research derived from Canadian multiculturalism policy. *Canadian Ethnic Studies, 43*(3), 5-18.

Berry, J. W., Kim, U., Minde, T., et al. (1987). Comparative studies of acculturative stress. *International Migration Review (Special issue on migration and health), 21*(3), 491-511.

Berry, J. W., & Sabatier, C. (2010). Acculturation, discrimination, and adaptation among second generation immigrant youth in Montreal and Paris. *International Journal of Intercultural Relations, 34*, 191-207.

Berry, J.W, Poortmga, Y. H, Segall, M. H, Dasen, P. R. (2002). *Cross-cultural Psychology: Research and Applications* (2nd ed). Cambridge: Cambridge University Press.

Bettencourt, B. A., &Bartholow, B. D. (1998). The importance of status legitimacy for intergroup attitudes Among Numerical Minorities. *Journal of Social Issues, 54*(4), 759-775.

Beukeboom, C. J., &Semin, G. R. (2006). How mood turns on language. *Journal of Experimental Social Psychology, 42*(5), 553-566.

Beukeboom, C. J., Tanis, M., & Vermeulen, I. E. (2013). The language of extraversion. *Journal of Language & Social Psychology, 32*, 191-201.

Biehl, M., Matsumoto, D., Ekman, P., Hearn, V., Heider, K., Kudoh, T., & Ton, V. (1997). Matsumoto and Ekman's Japanese and caucasian facial expressions of emotion (JACFEE): Reliability data and cross-national differences. *Journal of Nonverbal Behavior, 21*(1), 3-21.

Birch, S. A., & Bernstein, D. M. (2007). What can children tell us about hindsight bias: A fundamental constraint on perspective-taking? *Social Cognition, 25*(1), 98-113.

Bjorck, J. P., Cuthbertson, W., Thurman, J. W., & Lee, Y. S. (2001). Ethnicity, coping, and distress among Korean Americans, Filipino Americans, and Caucasian Americans. *Journal of Social Psychology, 141*(4), 421-442.

Blank, H., Fischer, V., &Erdfelder, E. (2003). Hindsight bias in political elections. *Memory, 11*(4-5), 491-504.

Boduroglu, A., Shah, P., & Nisbett, R. E. (2009). Cultural differences in allocation of attention in visual information processing. *Journal of Cross-Cultural Psychology, 40*(3), 349-360.

Bohm, A., Davis, D., Meares, D., & Pearce, D. (2002). *The Global Student Mobility 2025 Report: Forecasts of the Global Demand for International Higher Education.* Canberra: Education Australia Limited.

Boland, J. E., Chua, H. F., & Nisbett, R. E. (2008). How we see it: Culturally different eye movement patterns over visual scenes.

Bolger, D. J., Perfetti, C. A., & Schneider, W. (2005). Cross-cultural effect on the brain revisited: Universal structures plus writing system variation. *Human Brain Mapping*, 25, 92-104.

Bosson, J. K., Swann, W. B., & Pennebaken, J. W. (2000). Stalking the perfect measure of implicit self-esteem: The blind men and the elephant revisited? *Journal of Personality and Social Psychology*, 79 (79), 631-643.

Botvinick, M., &Cohen, J. (1998). Rubber hands "feel" touch that eyes see. *Nature*, 391 (6669), 756.

Botviniek, M. M., Braver, T. S., Bareh, D. M., Carter, C. S., & Cohen, J. D. (2001). Conflict monitoring and cognitive control. *Psychological Review*, 108 (3), 624-652.

Bowlby, J. (1969). *Attachment, Vol. 1 of Attachment and Loss*. New York: Basic Books.

Branscombe, N. R., Schmitt, M. T., & Harvey, R. D. (1999). Perceiving pervasive discrimination among African Americans: Implications for group identification and well-being. *Journal of Personality and Social Psychology*, 77, 135-149.

Brewer, M. B. (1979). In-group bias in the minimal intergroup situation: A cognitive-motivational analysis. *Psychological Bulletin*, 86 (2), 307-324.

Brewer, M. B, & Gardner, W. (1996). Who is this "we"? levels of collective identity and self representations. *Journal of Personality and Social Psychology*, 71 (1), 83-93.

Brosch, T., Bar-David, E., & Phelps, E. A. (2013). Implicit race bias decreases the similarity of neural representations of black and white faces. *Psychological Science*, 24 (2), 160-166.

Brothers, L. A. (1990). The social brain: A project for integrating primate behavior and neurophysiology in a new domain. *Concepts in Neuroscience*, 1, 27-51.

Brown, J. D., &Mankowski, T. A. (1993). Self-esteem, mood, and self-evaluation: Changes in mood and the way you see you. *Journal of Personality and Social Psychology*, 64 (3), 421-430.

Brown, R., Baysu, G., Cameron, L., Nigbur, D., Rutland, A., & Watters, C., et al. (2013). Acculturation attitudes and social adjustment in british south asian children: A longitudinal study. *Personality and Social Psychology Bulletin*, 39 (12), 1656-1667.

Bruce, R. L. (1977). *Fundamentals of Physiological Psychology*. New York: Holt, Rinehart, and Winston.

Bruno, N., &Bertamini, M. (2010). Haptic perception after a change in hand size. *Neuropsychologia*, 48 (6), 1853-1856.

Buck, R. (1999). The biological affects: A typology. *Psychological Review*, 106 (2), 301.

Bukszar, E., & Connolly, T. (1988). Hindsight bias and strategic choice: Some problems in learning from experience. *Academy of Management Journal*, 31 (3), 628-641.

Burgdorf, J., &Panksepp, J. (2006). The neurobiology of positive emotions. *Neuroscience & Biobehavioral Reviews*, 30 (2), 173-187.

Butler, E. A., Lee, T. L., & Gross, J. J. (2007). Emotion regulation and culture: Are the social consequences of emotion suppression culture-specific? *Emotion*, 7 (1), 30-48.

Buzzotta, V. R., Lefton, R. E., & Sherberg, M.. (1977). Coaching and counseling: How you can improve the way it's done. *Training & Development Journal*, 50-60.

Cacioppo, J. T., Crites, S. L., Gardner, W. L., & Berntson, G. G. (1994). Bioelectrical echoes from evaluative categorizations: I. A late positive brain potential that varies as a function of trait negativity and extremity. *Journal of Personality and Social Psychology*, 67 (1), 115.

Caggiano, V., Fogassi, L., Rizzolatti, G., Casile, A., Giese, M. A., & Thier, P. (2012). Mirror neurons encode the subjective value of an observed action. *Proceedings of the National Academy of Science*, 109 (29), 11848-11853.

Caggiano, V., Fogassi, L., & Rizzolatti, G., Pomper, J. K., Thier, P., Martin, A., et al. (2011). View-based encoding of actions in mirror neurons of area F5 in macaque premotor cortex. *Current Biology*, 21 (2), 144-148.

Camras, L. A., Oster, H., Ujiie, T., Campos, J. J., Bakeman, R., & Meng, Z. (2007). Do infants show distinct negative facial expressions for fear and anger? Emotional expression in 11-month-old European American, Chinese, and Japanese infants. *Infancy*, 11 (2), 131-155.

Cao, F., Lee, R., Shu, H., Yang, Y., Xu, G., Li, K., & Booth, J. R. (2010). Cultural constraints on brain development: Evidence from a developmental study of visual word processing in mandarin chinese. *Cereb Cortex*, 20, 1223-1233.

Cao, F., Rickles, B., Vu, M., Zhu, Z., Chan, D. H., Harris, L. N., Stafura, J., Xu, Y., &Perfetti, C. A. (2013). Early stage visual-orthographic processes predict long-term retention of word form and meaning: A visual encoding training study. *Journal of Neurolinguistics*, 26, 440-461.

Cao, F., Vu, M., Chan, D. H., Lawrence, J. M., Harris, L. N., & Guan, Q., et al. (2013). Writing affects the brain network of reading in Chinese: A functional magnetic resonance imaging study. *Human Brain Mapping*, 34 (7), 1670-1684.

Caramazza, A., Anzellotti, S., Strnad, L., & Lingnau, A. (2014). Embodied cognition and mirror neurons: A critical assessment. *Annual Review of Neuroscience*, 37 (1), 1-15.

Carmody, D. P., & Lewis, M. (2006). Brain activation when hearing one's own and others' names. *Brain Research*, 1116 (1), 153-158.

Cassar, G., & Craig, J. (2009). An investigation of hindsight bias in nascent venture activity. *Journal of Business Venturing*, 24 (2), 149-164.

Castellanos, E. H., Charboneau, E., Dietrich, M. S., Park, S., Bradley, B. P., Mogg, K., et al. (2009). Obese adults have visual attention bias for food cue images: Evidence for altered reward system function. *International Journal Obeservation*, 33 (9), 1063-1073.

Castelli, L., Tomelleri, S., &Zogmaister, C. (2008). Implicit ingroup metafavoritism: Subtle preference for ingroup members displaying ingroup bias. *Personality & Social Psychology*

Bulletin, *34*（6），807-818.

Castro，V. S.（2003）. *Acculturation and Psychological Adaptation*. Westport：Greenwood Press.

Cave，C. B.，& Squire，L. R.（1992）. Intact verbal and nonverbal short-term memory following damage to the human hippocampus. *Hippocampus*, *2*（2），151-163.

CBIE.（2013）. *Flagship 2013：A World of Learning—Canada's Performance and Potential in International Education*. http://net.cbie.ca/down load/CBIE_A%20World%20of%20Learning_English_web%20high %20res.pdf.

Cemalcilar，Z.，Falbo，T.，& Stapleton，L. M.（2005）. Cyber communication：A new opportunity for international students' adaptation? *International Journal of Intercultural Relations*，*29*（1），91-110.

Chan，C.，Berger，J.，& Boven，L. V.（2012）. Identifiable but not identical：Combining social identity and uniqueness motives in choice. *Journal of Consumer Research*，*39*（3），561-573.

Chan，D. W.（1985）. Perception and judgment of facial expressions among the Chinese. *International Journal of Psychology*，*20*（3-4），681-692.

Chan，W.，& Birman，D.（2009）. Cross-and same-race friendships of Vietnamese immigrant adolescents：A focus on acculturation and school diversity. *International Journal of Intercultural Relations*，*33*，313-324.

Chao，M.，Chen，J.，Roisman，G.，& Hong，Y.（2010）. Essentializing race：Implications for bicultural individuals' cognition and physiological reactivity. *Psychological Science*，*18*(4)，341-348.

Chappell，N. L.，& Funk，L.（2011）. Filial caregivers：Diasporic Chinese compared with homeland and hostland caregivers. *Journal of Cross-Cultural Gerontology*，*26*，315-329.

Chavajay，P.，&Skowronek，J.（2008）. Aspects of acculturation stress among international students attending a university in the USA. *Psychological Reports*，*103*，827-835.

Chen，C.，& Jack，R. E.（2017）. Discovering cultural differences（and similarities）in facial expressions of emotion. *Current Opinion in Psychology*，*17*，61-66.

Chen，J.，Yuan，J.，Feng，T.，Chen，A.，Gu, B.，& Li，H.（2011）. Temporal features of the degree effect in self-relevance：Neural correlates. *Biological Psychology*，*87*（2），290-295.

Chen，P.，Qiu，J.，Li，H.，& Zhang，Q. L.（2009）. Spatiotemporal cortical activation underlying dilemma decision-making：An event-related potential study. *Biological Psychology*，*82*（2），111-115.

Chen，S. X.，Benet-Martı'nez，V.，& Bond，M. H.（2008）. Bicultural identity，bilingualism，and psychological adjustment in multicultural societies：Immigration-based and globalization-based acculturation. *Journal of Personality*，*76*，803-838.

Chen，Y.，Fu，S.，Iversen，S. D.，& Smith，S. M.（2002）. Testing for dual brain processing routes in reading：A direct contrast of chinese character and Pinyin reading using fMRI. *Journal of Cognitive Neuroscience*，*14*（7），1088-1098.

Cheon，B. K.，Im，D. M.，Harada，T.，Kim，J. S.，Mathur，V. A.，Scimeca，J. M.， et al. (2013). Cultural modulation of the neural correlates of emotional pain perception: The role of other-focusedness. *Neuropsychologia*, 51 (7), 1177-1186.

Cheon, B. K., Dong-Mi, I., Harada, T., Kim, J. S., Mathur, V. A., Scimeca, J. M., et al. (2011). Cultural influences on neural basis of intergroup empathy. *NeuroImage*, 57 (2), 642-650.

Cherry, E. C. (1953). Some experiments on the recognition of speech, with one and with two ears. *Journal of the Acoustical Society of America*, 26 (5), 975-979.

Cheung, C. K., & Yue, X. D. (2013). Sustaining resilience through local connectedness among sojourn students. *Social Indicators Research*, 111 (3), 785-800.

Cheung-Blunden, V. L., & Juang, L. P. (2008). Expanding acculturation theory: Are acculturation models and the adaptiveness of acculturation strategies generalizable in a colonial context?.*International Journal of Behavioral Development*, 32 (1), 21-33.

Chiao, J. Y. (2010). At the frontier of cultural neuroscience: Introduction to the special issue. *Social Cognitive & Affective Neuroscience*, 5 (2-3), 109-110.

Chiao, J. Y. (2015). Current emotion research in cultural neuroscience. *Emotion Review*, 7 (3), 280-293.

Chiao, J. Y., Harada, T., Oby, E. R., Li, Z., Parrish, T., & Bridge, D. J. (2009). Neural representations of social status hierarchy in human inferior parietal cortex. *Neuropsychologia*, 47 (2), 354-363.

Chiao, J. Y., Iidaka, T., Gordon, H. L., Nogawa, J., Bar, M., Aminoff, E., et al. (2008). Cultural specificity in amygdala response to fear faces. *Journal of Cognitive Neuroscience*, 20 (12), 2167-2174.

Chiao, J. Y., & Ambady, N. (2007). *Parsing Universality and Diversity across Levels of Analysis: Handbook of Culture Psychology*. New York: Guilford Press.

Chiao, J. Y., & Blizinsky, K. D. (2010). Culture-gene coevolution of individualism-collectivism and the serotonin transporter gene. *Proceedings of the Royal Society of London B: Biological Sciences*, 277 (1681), 529-537.

Chiao, J. Y., & Mathur, V. A. (2010). Intergroup empathy: How does race affect empathic neural responses? *Current Biology*, 20 (11), 478-480.

Ching, J. (1984). Paradigms of the self in Buddhism and Christianity. *Buddist-Shistian Studies*, 4, 31-50.

Chirkov, V. I., Vansteenkiste, M., Tao, R., & Lynch, M. (2007). The role of self-determined motivation and goals for study abroad in the adaptation of international students. *International Journal of Intercultural Relations*, 31, 199-222.

Chiu, L. H. (1972). A cross-cultural comparison of cognitive styles in Chinese and American children. *International Journal of Psychology*, 7 (4), 235-242.

Chiu, P., Ambady, N., & Deldin, P. (2004). Contingent negative variation to emotional in- and out-group stimuli differentiates high- and low-prejudiced individuals. *Journal of Cognitive*

Neuroscience, 16 (10), 1830-1839.

Cho, A., & Lee, J. H. (2013). Body dissatisfaction levels and gender differences in attentional biases toward idealized bodies. *Body Image*, 10 (1), 95-102.

Choi, I., Nisbett, R. E., &Norenzayan, A. (1999). Causal attribution across cultures: Variation and universality. *Psychological Bulletin*, 125 (1), 47-63.

Choudhury, S., &Kirmayer, L. J. (2009). Cultural neuroscience and psychopathology: Prospects for cultural psychiatry. *Progress in Brain Research*, 178, 263-283.

Chua, H. F., Boland, J. E., & Nisbett, R. E. (2005). From the cover: Cultural variation in eye movements during scene perception. *Proceedings of the National Academy of Sciences of the United States of America*, 102 (35), 12629-12633.

Chudek, M., & Henrich, J. (2011). Culture-gene coevolution, norm-psychology and the emergence of human prosociality. *Trends in Cognitive Sciences*, 15 (5), 218-226.

Chun, C. A., Moos, R. H., & Cronkite, R. C. (2006). Culture: A fundamental context for the stress and coping paradigm. *Handbook of Multicultural Perspectives on Stress and Coping* (pp.29-53). Baston: Springer.

Chun, M., Knight, B. G., & Youn, G. (2007). Differences in stress and coping models of emotional distress among Korean, Korean-American and White-American caregivers. *Aging & Mental Health*, 11 (1), 20-29.

Chwalisz, K., Diener, E., & Gallagher, D. (1988). Autonomic arousal feedback and emotional experience: Evidence from the spinal cord injured. *Journal of Personality and Social Psychology*, 54 (5), 820.

CIC. (2013). *Canadian Experience Class*. http://www.cic.gc.ca/english/immigrate/cec/index.asp.

Cikara, M., Farnsworth, R. A., Harris, L. T., & Fiske, S. T. (2010). On the wrong side of the trolley track: Neural correlates of relative social valuation. *Social Cognitive and Affective Neuroscience*, 5 (4): 404-413.

Clark, K., & Clark, M. (1947). Racial identification and preference in Negro children. In T. M. Newcomb, & E. L. Hartley (Eds.), *Readings in Social Psychology* (pp.169-178). New York: Holt.

Clynes, M., & Menuhin, Y. (1977). *Sentics: The Touch of Emotions*. New York: Anchor Press Garden City.

Codispoti, M., Ferrari, V., & Bradley, M. M. (2006). Repetitive picture processing: Autonomic and cortical correlates. *Brain Research*, 1068 (1), 213-220.

Columb, C., & Plant, E. A. (2011). Revisiting the Obama effect: Exposure to Obama reduces implicit prejudice. *Journal of Experimental Social Psychology*, 47 (2), 499-501.

Compton, D. L., Defries, J. C., & Olson, R. K. (2001). Are RAN-and phonological awareness-deficits additive in children with reading disabilities?*Dyslexia*, 7 (3), 125-149.

Constantine, M. G., Alleyne, V. L., Caldwell, L. D., McRae, M. B., & Suzuki, L. A. (2005). Coping responses of Asian, Black, and Latino/Latina New York City residents following the

September 11, 2001 terrorist attacks against the United States. *Cultural Diversity and Ethnic Minority Psychology*, 11 (4), 293.

Conway, M. A, Wang, Q., Hanyu, K., & Haque, S. (2016). A cross-cultural investigation of autobiographical memory: On the universality and cultural variation of the reminiscence bump. *Journal of Cross-Cultural Psychology*, 36 (6), 739-749.

Copping, K. E., Kurtz-Costes, B., & Rowley, S. J., & Wood, D. (2013). Age and race differences in racial stereotype awareness and endorsement. *Journal of Applied Social Psychology*, 43 (5), 971-980.

Cordaro, D. T., Keltner, D., Tshering, S., Wangchuk, D., & Flynn, L. M. (2016). The voice conveys emotion in ten globalized cultures and one remote village in Bhutan. *Emotion*, 16 (1), 117.

Correll, J., Urland, G. R, & Ito, T. A. (2006). Event-related potentials and the decision to shoot: The role of threat perception and cognitive control. *Journal of Experimental Social Psychology*, 42 (1), 120-128.

Cosmelli, D., & Thompson, E. (2007). Mountains and valleys: Binocular rivalry and the flow of experience. *Consciousness and Cognition*, 16 (3), 623-641.

Cote, L. R., Kwak, K., Putnick, D. L., Chung, H. J., & Bornstein, M. H. (2015). The Acculturation of parenting cognitions: A comparison of South Korean, Korean immigrant, and European American mothers. *Journal of Cross-Cultural Psychology*, 46 (9), 1115-1130.

Courtney, S. M., Petit, L., Maisog, J. M., Ungerleider, L. G., & Haxby, J. V. (1998). An area specialized for spatial working memory in human frontal cortex. *Science*, 279, 1347-1351.

Craik, F. I., Moroz, T. M., & Moscovitch, M., et al. (1999). In search of the self: A positron emission tomography study. *Psychological Science*, 10 (1), 26-34.

Crisp, R. J. & Turner, R. N. (2009). Can imagined interactions produce positive perceptions? Reducing prejudice through simulated social contact. *American Psychologist*, 64 (4), 231-240.

Crocker, J. (1999). Social stigma and self-esteem: Situational construction of self-worth. *Journal of Experimental Social Psychology*, 35 (1), 89-107.

Crocker, J., Blaine, B., & Luhtaneh, R. R. (1993). Prejudice, intergroup behavior and self-esteem: Enhancement and protection motives. *Catoinstitute*, 28 (2), 52-67.

Crosnoe, R., & Fuligni, A. J. (2012). Children from immigrant families: Introduction to the special section. *Child Development*, 83, 1471-1476.

Cross, S. E., & Madson, L. (1997). Models of the self: Self-construals and gender. *Psychological Bulletin*, 122 (1), 5-37.

Cuellar, I., Arnold, B., & Gonzalez, G. (1995). Cognitive referents of acculturation: Assessment of cultural constructs in Mexican Americans. *Journal of Community Psychology*, 23 (4), 339-356.

Cunningham, W. A., Johnson, M. K., Raye, C. L., Gatenby, J. C., Gore, J. C., & Banaji, M. R. (2004). Separable neural components in the processing of Black and White faces. *Psychological Science*, 15 (12), 806-813.

Cunningham, W. A., Van Bavel, J. J., Arbuckle, N. L., Packer, D. J., & Waggoner, A. S. (2012). Rapid social perception is flexible: Approach and avoidance motivational states shape P100 responses to other-race faces. *Frontiers in Human Neuroscience*, 15 (6), 140.

Cunningham, W. A., Zelazo, P. D., Packer, D. J., & Van Bavel, J. J. (2007). The iterative reprocessing model: A multilevel framework for attitudes and evaluation. *Social Cognition*, 25 (5), 736-760.

Curhan, K. B., Sims, T., Markus, H. R., Kitayama, S., Karasawa, M., Kawakami, N., et al. (2014). Just how bad negative affect is for your health depends on culture. *Psychological Science*, 25 (12), 2277-2280.

Curl, L. S. (2002). *Can we reduce our latent prejudice? An examination of the Asian cultural assimilator with the use of the implicit association test.* The University of Mississippi.

Cuthbert, B. N., Schupp, H. T., Bradley, M. M., Birbaumer, N., & Lang, P. J. (2000). Brain potentials in affective picture processing: Covariation with autonomic arousal and affective report. *Biological Psychology*, 52 (2), 95-111.

Cygan, H. B., Tacikowski, P., Ostaszewski, P., Chojnicka, I., &Nowicka, A. (2014). Neural correlates of own name and own face detection in autism spectrum disorder. *PloS One*, 9 (1), e86020.

Davis, J. (2010). Brain and visual perception: The story of a 25-year collaboration. *Color Research & Application*, 31 (2), 156.

Dawes, A., & Finchilescu, G. (2002). What's Changed? The racial orientations of South African adolescents during rapid political change. *Childhood: A Journal of Global Child Research*, 9 (2), 147-165.

De, I. M. Mata-Benitez, M. L., Santamaría, A., Hansen, T. G., & Ruiz, L. (2015). Earliest autobiographical memories in college students from three countries: Towards a situated view. *Memory Studies*, 8 (2), 151-168.

De Beeck, H. P. O., Haushofer, J., & Kanwisher, N. G. (2008). Interpreting fMRI data: Maps, modules and dimensions. *Nature Reviews Neuroscience*, 9 (2), 123-135.

De Bruine, L. M. (2005). Trustworthy but not lust-worthy: Context-specific effects of facial resemblance. *Proceedings Biological Sciences*, 272 (1566), 919-922.

De Gelder, B., Frissen, I., Barton, J., & Hadjikhani, N. (2003). A modulatory role for facial expressions in prosopagnosia. *Proceedings of the National Academy of Sciences of the United States of America*, 100, 13105-13110.

Debruine, L. M. (2005). Trustworthy but not lust-worthy: Context-specific effects of facial resemblance. *Proceedings of the Royal Society B: Biological Sciences*, 272 (1566), 919-922.

Decety, J., & Lamm, C. (2007). The role of the right temporoparietal junction in social interaction: How low-level computational processes contribute to meta-cognition. *The Neuroscientist*, 13 (6), 580-593.

Dehaene, S., & Cohen, L. (2007). Cultural recycling of cortical maps. *Neuron*, 56 (2), 384-398.

Demorest, S. M., Morrison, S. J., Stambaugh, L. A., Beken, M., Richards, T. L., & Johnson, C. (2010). An fMRI investigation of the cultural specificity of music memory. *Social Cognitive and Affective Neuroscience*, 5 (2-3), 282-291.

Dentakos, S., Wintre, M., Chavoshi, S., & Wright, L. (2016). Acculturation motivation in international student adjustment and permanent residency intentions: A mixed-methods approach. *Emerging Adulthood*, 5 (1), 27-41.

Derntl, B., Habel, U., Robinson, S., Windischberger, C., Kryspin-Exner, I., Gur, R. C., & Moser, E. (2009). Amygdala activation during recognition of emotions in a foreign ethnic group is associated with duration of stay. *Social Neuroscience*, 4 (4), 294-307.

Derntl, B., Habel, U., Robinson, S., Windischberger, C., Kryspin-Exner, I., Gur, R. C., & Moser, E. (2012). Culture but not gender modulates amygdala activation during explicit emotion recognition. *BMC Neuroscience*, 13, 11.

Desimone, R. (1992). The physiology of memory: Recordings of things past. *Science*, 258 (5080), 245-246.

Devine, P. G. (1989). Stereotypes and prejudice: Their automatic and controlled components. *Journal of Personality & Social Psychology*, 56 (1), 5-18.

Di, H. B., Yu, S. M., Weng, X. C., Laureys, S., Yu, D., & Li, J. Q. 2007). Cerebral response to patient's own name in the vegetative and minimally conscious states. *Neurology*, 69 (7), 895-899.

Dijksterhuis, A., & Knippenberg, A. V. (1996). The knife that cuts both ways: Facilitated and inhibited access to traits as a result of stereotype activation. *Journal of Experimental Social Psychology*, 32 (3), 271-288.

Dimmitt, J. (1996). Woman abuse, assimilation, and self-concept in a rural Mexican American community. *Hispanic Journal of Behavioral Sciences*, 18 (4), 508-521.

Dinh, K. T., Roosa, M. W., Tein, J. Y., & Lopez, V. A. (2002). The relationship between acculturation and problem behavior proneness in a Hispanic youth sample: A longitudinal mediation model. *Journal of Abnormal Child Psychology*, 30, 295-309.

Doherty, M. J., Tsuji, H., & Phillips, W. A. (2008). The context sensitivity of visual size perception varies across cultures. *Perception*, 37 (9), 1426.

Doucerain, M. M., Deschênes, S. S., Aubé, K., Ryder, A. G., & Gouin, J. P. (2016). Respiratory sinus arrhythmia is prospectively associated with early trajectories of acculturation among new international students. *Journal of Cross-Cultural Psychology*, 47 (3), 421-440.

Douglas, K. M., & Sutton, R. M. (2006). When what you say about others says something about you: Language abstraction and inferences about describers' attitudes and goals. *Journal of Experimental Social Psychology*, 42 (4), 500-508

Dovidio, J. F., Evans, N., & Tyler, R. B. (1986). Racial stereotypes: The contents of their cognitive representations. *Journal of Experimental Social Psychology*, 22 (1), 22-37.

Doyle, A. B., & Aboud, F. E. 1995. A longitudinal study of white children's racial prejudice as a social-cognitive development. *Merrill-Palmer Quarterly*, 41 (2), 209-228.

Draganski, B., Gaser, C., Busch, V., Schuierer, G., Bogdahn, U., & May, A. (2004). Neuroplasticity: Changes in grey matter induced by training. *Nature*, 427 (6972), 311-312.

Drwecki, B. B., Moore, C. F., Ward, S. E., & Prkachin, K. M. (2011). Reducing racial disparities in pain treatment: The role of empathy and perspective-taking. *Pain*, 152 (5), 1001-1006.

Du, Y., Hu, W., Fang, Z., & Zhang, J. X. (2013). Electrophysiological correlates of morphological processing in Chinese compound word recognition. *Frontiers in Human Neuroscience*, 7, 601.

Du, Y., Zhang, Q., & Zhang, J. X. (2014). Does N200 reflect semantic processing?—An ERP study on Chinese visual word recognition. *Plos One*, 9, e90794.

Du, Y., & Wei, M. (2015). Acculturation, enculturation, social connectedness, and subjective well being among Chinese international students. *The Counseling Psychologist*, 43 (2), 299-325.

Duckitt, J., Wall, C., & Pokroy, B. (1999). Color bias and racial preference in white South African preschool children. *Journal of Genetic Psychology*, 160 (2), 143-154.

Dunbar, R. I., & Shultz, S. (2007). Evolution in the social brain. *Science*, 317 (5843), 1344-1347.

Duncan, J. (2001). Attention. In R. A. Wilson & F. C. Keil (Eds.), The MIT Encyclopedia of the Cognitive Sciences. Cambridge: MIT Press.

Eberhardt, J. L. (2005). Imaging race. *American Psychologist*, 60 (2), 181-190.

Edwards, R. R., Moric, M., Husfeldt, B., Buvanendran, A., & Ivankovich, O. (2005). Ethnic similarities and differences in the chronic pain experience: A comparison of African American, Hispanic, and white patients. *Pain Medicine*, 6 (1), 88-98.

Ehrsson, H. H.(2007).The experimenta linduction of out-of-body experiences. *Science*, 317(5841), 1048.

Eimer, M., & Kiss, M. (2010). An electrophysiological measure of access to representations in visual working memory. *Psychophysiology*, 47 (1), 197-200.

Ekman, P. (1992). Are there basic emotions? *Psychological Review*, 99 (3), 550-3.

Ekman, P. (1999). Basic emotions. In T. Dalgleish & T. Power (Eds.), *Handbook of Cognition and Emotion* (pp. 45-60). Sussex: John Wiley and Sons, Ltd.

Ekman, P. (1973). Cross-cultural studies of facial expression. In P. Ekman (Ed.), *Darwin and Facial Expression: A Century of Research in Review*. Cambridge: Malor Books.

Ekman, P. (1984). Expression and the nature of emotion. In P. Ekman & K. Scherer (Eds.),

Approaches to Emotion（pp. 319-343）. Hillsdale. : Lawrence Erlbaum.

Ekman, P., & Friesen, W. V.（1986）. A new pan-cultural facial expression of emotion. *Motivation and Emotion*, *10*（2）, 159-168.

Elfenbein, H. A., & Ambady, N.（2002a）. Is there an in-group advantage in emotion recognition? *Psychological Bulletin*, *128*（2）, 243-249.

Elfenbein, H. A., & Ambady, N.（2002b）. On the universality and cultural specificity of emotion recognition : A meta-analysis. *Psychological Bulletin*, *128*（2）, 203-235.

Elfenbein, H. A., & Ambady, N.（2003）. Universals and cultural differences in recognizing emotions. *Current Directions in Psychological Science*, *12*（5）, 159-164.

Ellemers, N., Wilke, H., & Van Knippenberg, A.（1993）. Effects of the legitimacy of low group or individual status on individual and collective status-enhancement strategies. *Journal of Personality & Social Psychology*, *64*（5）, 766-778

Epstein, R., & Kanwisher, N.（1998）. A cortical representation of the local visual environment. *Nature*, *392*（6676）, 598-601.

Extremera, A. B., Ruiz-Juan, F., & Granero-Gallegos, A.（2016）. A cross-cultural analysis in predicting 2×2 achievement goals in physical education based on social goals, perceived locus of causality and causal attribution. *Studia Psychologica*, *58*（1）, 74-88.

Fan, W., Chen, J., Wang, X. Y., Cai, R., Tan, Q., & Chen, Y.（2013）. Electrophysiological correlation of the degree of self-reference effect. *PloS One*, *8*（12）, e80289.

Fan, W., Zhang, Y., Wang, X, Wang, X. Y., Zhang, X. Y., & Zhong, Y. P.（2011）. The temporal features of self-referential processing evoked by national flag. *Neuroscience Letters*, *505*（3）, 233-237.

Fan, X., & Han, S.（2018）. Neural responses to one's own name under mortality threat. *Neuropsychologia*, *108*, 32-41.

Farroni, T., Johnson, M. H., Menon, E., Zulian, L., Faraguna, D., & Csibra, G.（2005）. Newborns' preference for face-relevant stimuli : Effects of contrast polarity. *Proceedings of the National Academy of Sciences of the United States of America*, *102*（47）, 17245-17250.

Farrow, T. F. D., Jones, S. C., Kaylor-Hughes, C. J., Wilkinson, I. D., Woodruff, P. W. R., & Hunter, M. D., et al.（2011）. Higher or lower? The functional anatomy of perceived allocentric social hierarchies. *NeuroImage*, *57*（4）, 1552-1560.

Fazio, R. H., Jackson, J. R., Dunton, B. C., & Williams, C. J.（1995）. Variability in automatic activation as an unobtrusive measure of racial attitudes : A Bona Fide Pipeline? *Journal of Personality and Social Psychology*, *69*（6）, 1013-1027.

Feagin, J. R., & Sikes, M. P.（1994）. *Living with Racism : The Black Middle-Class Experience*. Boston : Beacon Press.

Fein, S., & Spencer, S. J.（1997）. Prejudice as self-image maintenance : Affirming the self through derogating others. *Journal of Personality and Social Psychology*, *73*（1）, 31-44.

Ferguson, G. M., Bornstein, M. H., & Pottinger, A. M.（2012）. Tridimensional acculturation and adaptation among Jamaican adolescent-mother dyads in the United States. *Child Development*, 83, 1486-1493.

Ferguson, G. M., & Adams, B. G. (2016). Americanization in the rainbow nation: Remote acculturation and psychological well-being of South African emerging adults. *Emerging Adulthood*, 4 (2), 104-118.

Ferguson, G. M., & Bornstein, M. H. (2012). Remote acculturation: The "Americanization" of Jamaican islanders. *International Journal of Behavioral Development*, 36, 167-177.

Ferguson, G. M., & Bornstein, M. H. (2015). Remote acculturation of early adolescents in Jamaica towards European American culture: A replication and extension. *International Journal of Intercultural Relations*, 45, 24-35.

Ferguson, G. M., Muzaffar, H., Iturbide, M. I., Chu, H., & Meeks, G. J. (2017). Feel American, watch American, eat American? Remote acculturation, TV, and nutrition among adolescent-mother dyads in Jamaica. *Child Development*, (1), 1-18.

Fernald, A., & Morikawa, H. (1993). Common themes and cultural variations in Japanese and American mothers' speech to infants. *Child Development*, 64 (3), 637-656.

Fincher, C. L., Thornhill, R., Murray, D. R., & Schaller, M. (2008). Pathogen prevalence predicts human cross-cultural variability in individualism/collectivism. *Proceedings of the Royal Society of London B: Biological Sciences*, 275 (1640), 1279-1285.

Fischhoff, B. (1975). Hindsight ≠ Foresight: The effect of outcome knowledge on judgment under uncertainty. *Journal of Experimental Psychology: Human Perception and Performance*, 1 (3), 288-299.

Fischhoff, B., Gonzalez, R. M., & Small, D. A. (2005). Evolving judgments of terror risks: Foresight, hindsight, and emotion. *Journal of Psychology*, 11 (2), 124-139.

Fischler, I., Jin, Y. S., Boaz, T. L., Perry, N. W., & Childers, D. G. (1987). Brain potentials related to seeing one's own name. *Brain & Language*, 30 (2), 245-262.

Fishback, D. B. (1977). Mental status questionnaire for organic brain syndrome, with a new visual counting test. *Journal of the American Geriatrics Society*, 25 (4), 167.

Fiske, S. T. (2004). *Social Beings: A Core Motives Approach to Social Psychology*. New York: Wiley.

Fiske, S. T., Cuddy, A. J., Glick, P., & Xu, J. (2002). A model of (often mixed) stereotype content: Competence and warmth respectively follow from perceived status and competition. *Journal of Personality and Social Psychology*, 82 (6), 878-902.

Fiske, S. T., & Taylor, S. E. (1984). Social psychology. (Book reviews: Social cognition). *Science*, 226 (4524), 433-434.

Fiske, S. T., & Taylor, S. E. (1991). *Social Cognition* (2nd ed). New York: McGraw-Hill.

Fivush, R. (2014). The silenced self: Constructing self from memories spoken and unspoken. In D. R. Beike, J. M. Lampinen & D. A. Behrend (Eds), *The Self and Memory* (pp. 75-93). London: Psychology Press.

Fivush, R., Haden, C., & Adam, S. (1995). Structure and coherence of preschoolers' personal narratives over time: Implications for childhood amnesia. *Journal of Experimental Child Psychology*, 60 (1), 32-56.

Folmer, R. L., &Yingling, C. D. (1997). Auditory P3 responses to name stimuli. *Brain & Language*, 56 (2), 306-311.

Fons J. R., & Van de Vijver (2017) .Challenges in the study of adolescent and acculturative changes. *Journal of Adolescence*, 62, 226-229.

Forgas, J. P. (2000). *Feeling and Thinking: The Role of Affect in Social Cognition.* Cambridge: Cambridge University Press.

Fossati, P., Hevenon, S. J., Graham, S. J., Cheryl, G., Michelle, K. L., Fergus, C., et al. (2003). In search of the emotional self: An fMRI study using positive and negative emotional words. *The American Journal of Psychiatry*, 160 (11), 1938-1945.

Foster, K. R., Wenseleers, T., & Ratnieks, F. L. (2006). Kin selection is the key to altruism. *Trends in Ecology & Evolution*, 21 (2), 57-60.

Fox. (1992). The psychological consequences of predictive testing for huntingtons disease—NEJM. *New England Journal of Medicine*, 327 (20), 1401-1405.

Frankenberg, E., Fries, K., Friedrich, E. K., Roden, I., Kreutz, G., & Bongard, S. (2016). The influence of musical training on acculturation processes in migrant children. *Psychology of Music*, 44 (1), 114-128.

Freeman, J. B., Rule, N. O., Jr Adams, R. B., &Ambady, N. (2009). Culture shapes a mesolimbic response to signals of dominance and subordination that associates with behavior. *NeuroImage*, 47 (1), 353-359.

Frey, F. E., &Tropp, L. R. (2006). Being seen as individuals versus as group members: Extending research on metaperception to intergroup contexts. *Personality and Social Psychology Review*, 10 (3), 265-280.

Frey, W. H. (2011). *Melting Pot Cities and Suburbs: Racial and Ethnic Change in Metro America in the 2000s.* Washington: US Census Bureau.

Fu, H. Y., Morris, M. W., & Hong, Y. Y. (2015). A transformative taste of home: Home culture primes foster expatriates' adjustment through bolstering relational security. *Journal of Experimental Social Psychology*, 59 (2), 24-31.

Fuligni, A. J. (2001). Family obligation and the academic motivation of adolescents from Asian, Latin American, and European backgrounds. *New Directions for Child and Adolescent Development*, (94), 61-76.

Gaertner, S. L., & McLaughlin. (1983). Racial stereotypes: Associations and ascription of positive and negative characteristics. *Social Psychology Quarterly*, 46 (1), 23-40.

Galinsky, A. D., Gruenfeld, D. H., & Magee, J. C. (2003). From power to action. *Journal of Personality & Social Psychology*, 85 (3), 453-66.

Gallagher, S. (2000) .Philosophical conceptions of the self: Implications for cognitive science.

Trends in Cognitive Sciences, *4*, 14-21.

Galvez, G., Mankowski, E. S., & Glass, N. (2015). Work-related intimate partner violence, acculturation, and socioeconomic status among employed Mexican men enrolled in batterer intervention programs. *Violence Against Women*, *21*(10), 1218-1236.

Gans, H. (1997). Toward a reconciliation of "assimilation" and "pluralism": The interplay of acculturation and ethnic retention. *International Migration Review*, *31*(4), 75-892.

Garner, M., Mogg, K., & Bradley, B. P. (2006). Orienting and maintenance of gaze to facial expressions in social anxiety. *Journal of Abnormal Psychology*, *115*(4), 760.

Gaudelli, W., & Ousley, D. (2009). From clothing to skin: Identity work of student teachers in culminating field experiences. *Teaching & Teacher Education*, *25*(6), 931-939.

Gawronski, B., Deutsch, R., Mbirkou, S., Seibt, B., & Strack, F. (2008). When "just say no" is not enough: Affirmation versus negation training and the reduction of automatic stereotype activation. *Journal of Experimental Social Psychology*, *44*(2), 370-377.

Gazzaniga, M. S., Ivry, R. B., & Mangun, G. R. (1998). The cognitive neuroscience. *Journal of Cognitive Neuroscience*, *7*(4), 514-521.

Ge, J., Gu, X., Ji, M., & Han, S. (2010). Neurocognitive processes of the religious leader in christians. *Human Brain Mapping*, *30*(12), 4012-4024.

Gelernter, J., Kranzler, H., & Cubells, J. F. (1997). Serotonin transporter protein (slc6a4) allele and haplotype frequencies and linkage disequilibria in African and European-American and Japanese populations and in alcohol-dependent subjects. *Human Genetics*, *101*(2), 243-246.

Gelfand, M. J., Raver, J. L., Nishii, L., Leslie, L. M., Lun, J., Lim, B. C., et al. (2011). Differences between tight and loose cultures: A 33-nation study. *Science*, *332*(6033), 1100-1104.

Gendron, M., Roberson, D., Van der Vyver, J. M., & Barrett, L. F. (2014a). Cultural relativity in perceiving emotion from vocalizations. *Psychological Science*, *25*(4), 911-920.

Gendron, M., Roberson, D., Van der Vyver, J. M., & Barrett, L. F. (2014b). Perceptions of emotion from facial expressions are not culturally universal: Evidence from a remote culture. *Emotion*, *14*(2), 251.

Gilbert, D. T., & Hixon, J. G. (1991). The trouble of thinking: Activation and application of stereotypic beliefs. *Journal of Personality and Social Psychology*, *60*(4), 509-517.

Gilbert, S. J., Swencionis, J. K., & Amodio, D. M. (2012). Evaluative vs. trait representation in intergroup social judgments: Distinct roles of anterior temporal lobe and prefrontal cortex. *Neuropsychologia*, *50*(14), 3600-3611.

Gilboa, A., Yehuda, N., & Amir, D. (2009). Let's talk music: A musical-communal project for enhancing communication among students of multi-cultural origin. *Nordic Journal of Music Therapy*, *18*, 3-31.

Gim Chung, R. H., Kim, B. S. K., & Abreu, J. M. (2004). Asian American Multidimensional Acculturation Scale: Development, factor analysis, reliability and validity. *Cultural Diversity*

& *Ethnic Minority Psychology*, *10*（1），66-80.

Glauert，R.，Rhodes，G.，Fink，B.，& Grammer，K.（2010）. Body dissatisfaction and attentional bias to thin bodies. *International Journal of Eating Disorders*, *43*（1），42-49.

Goering，J.，& Meyers，S.（1999）. Civil rights and race relations in the post reagan-bush Era. *Contemporary Sociology*，*28*（1），38.

Goffaux，V.，& Rossion，B.（2006）. Faces are "spatial" —holistic face perception is supported by low spatial frequencies. *Journal of Experimental Psychology：Human Perception and Performance*，*32*，1023-1039.

Goh，J. O.，Chee，M. W.，Tan，J. C.，Venkatraman，V.，Hebrank，A.，Leshikar，E. D.，et al.（2007）. Age and culture modulate object processing and object—scene binding in the ventral visual area. *Cognitive，Affective，& Behavioral Neuroscience*，*7*（1），44-52.

Goh J. O.，Chee M. W.，Tan J. C.，Venkatraman V.，Hebrank A.，& Leshikar E. D.，et al.（2007）. Age and culture modulate object processing and object—Scene binding in the ventral visual area. *Cognitive，Affective，& Behavioral Neuroscience*，*7*（1），44-52.

Gómez，A.（2002）. If my group stereotypes others，others stereotype my group…and we know. Concept，research lines and future perspectives of meta-stereotypes. *Revista De Psicología Social*，*17*（3），253-282.

Gómez，A.，& Huici，C.（2008）. Vicarious intergroup contact and the role of authorities in prejudice reduction. *Spanish Journal of Psychology*，*11*（1），103-114.

Gong，X.，Wong，N.，& Wang，D.（2018）. Are gender differences in emotion culturally universal? Comparison of emotional intensity between Chinese and German samples. *Journal of Cross-Cultural Psychology*，*49*（6），993-1005.

Goodenough，W. H.（1964）. Explorations in cultural anthropology. *Revue Francaise De Sociologie*，*7*（3），191-200.

Gordon，M. M.（1964）. *Assimilation in American Life*. New York：Oxford University Press.

Goto，S. G.，Ando，Y.，Huang，C.，Yee，A.，& Lewis，R. S.（2010）. Cultural differences in the visual processing of meaning：Detecting incongruities between background and foreground objects using the N400. *Social Cognitive and Affective Neuroscience*，*5*（2-3），242-253.

Goto，S. G.，Yee，A.，Lowenberg，K.，& Lewis，R. S.（2013）. Cultural differences in sensitivity to social context：Detecting affective incongruity using the N400. *Social Neuroscience*，*8*（1），63-74.

Gouveia V，Espinosa P，& Clemente M .（2003）.The horizontal and vertical attributes of individualism and collectivism in a Spanish population. *The Journal of Social Psychology*，*143*（1），44.

Government of Canada.（2014）. *Canada's International Education Strategy*. http://international.gc.ca/global-markets-marches-mondiaux/assets/pdfs/overview-apercu-eng.pdf.

Graf，S.，Bilewicz，M.，Finell，E.，& Geschke，D.（2013）. Nouns cut slices：Effects of linguistic forms on intergroup bias. *Journal of Language & Social Psychology*, 43（1）, 62-8.

Gramzow, R. H., & Gaertnen, L.（2005）. Self-esteem and favoritism toward novel in-groups: The self as an evaluative base. *Journal of Personality and Social Psychology*, 88（5）, 801-815.

Grant, P. R.（1992）. Ethnocentrism between groups of unequal power in response to perceived threat to social identity and valued resources. *Canadian Journal of Behavioural Science*, 24(3), 348-370.

Gray, H. M., Ambady, N., Lowenthal, W. T., & Deldin, P.（2004）. P300 as an index of attention to self-relevant stimuli. *Journal of Experimental Social Psychology*, 40（2）, 216-224.

Green, A. E., Munafò, M. R., De Young, C. G., Fossella, J. A., Fan, J., & Gray, J. R.（2008）. Using genetic data in cognitive neuroscience: From growing pains to genuine insights. *Nature Reiview Neuroscience*, 9（9）, 710-720.

Greenwald, A. G.（1980）. The totalitarian ego: Fabrication and revision of personal history. *American Psychologist*, 35（7）, 603-618.

Greenwald, A. G., & Banaji, M. R.（1995）. Implicit social cognition: Attitudes, self-esteem, and stereotypes. *Psychological Review*, 102（1）, 4-27.

Greenwald, A. G., MeGhee, E., & Sehwartz, J. L.（1998）. Measuring individual differences in implicit cognition: The implicit association test. *Journal of Personality and Social Psychology*, 74（6）, 1464-1480.

Greenwald, A. G., Nosek, B. A., Banaji, M. R., & Klauer, K. C.（2005）. Validity of the salience asymmetry interpretation of the implicit association test: Comment on Rothermund and Wentura（2004）. *Journal of Experimental Psychology General*, 134（3）, 420-425.

Grèzes, J., Frith, C. D., & Passingham, R. E.（2004）. Inferring false beliefs from the actions of oneself and others: An fMRI study. *NeuroImage*, 21（2）, 744-750.

Grice, S. J., Halit, H., Farroni, T., Baron-Cohen, S., Bolton, P., & Johnson, M. H.（2005）. Neural correlates of eye-gaze detection in young children with autism. *Cortex*, 41（3）, 350-353.

Gross, J. J., & Thompson, R. A.（2007）. Emotion regulation: Conceptual foundations. In J. J. Gross（Ed）, *Handbook of Emotion Regulation*（pp. 3-26）. New York: Guilford Press.

Gu, Q., Schweisfurth, M., & Day, C.（2010）. Learning and growing in a "foreign" context: Intercultural experiences of international students. *Compare: A Journal of Comparative and International Education*, 40（1）, 7-23.

Guan, Y., et al.（2018）. Acculturation orientations and Chinese student Sojourners' career adaptability: The roles of career exploration and cultural distance. http://dro.dur.ac.uk/23537.

Guarnaccia, P. J., & Rogler, L. H.（1999）. Research on culture-bound syndromes: New directions. *American Journal of Psychiatry*, 156（9）, 1322-1327.

Guendelman, M. D., Cheryan, S., & Monin, B.（2011）. Fitting in but getting fat: Identity

threat and dietary choices among U.S. *Immigrant Groups*, 22（7），959-967.
Güngör，D.，& Perdu，N.（2017）. Resilience and acculturative pathways underlying psychological well-being of immigrant youth. *International Journal of Intercultural Relations*，56，1-12.
Gutchess，A. H.，Welsh，R. C.，Boduroǧlu，A.，& Park，D. C.（2006）. Cultural differences in neural function associated with object processing. *Cognitive, Affective, & Behavioral Neuroscience*，6（2），102-109.
Gutsell，J. N.，& Inzlicht，M.（2010）. Empathy constrained: Prejudice predicts reduced mental simulation of actions during observation of outgroups. *Journal of Experimental Social Psychology*，46（5），841-845.
Haans，A.，Ijsselsteijn，W. A.，& De Kort，Y. A.（2008）. The effect of similarities in skin texture and hand shape on perceived ownership of a fake limb. *Body Image*，5（4），389-394.
Haga，S. M.，Kraft，P.，& Corby，E. K.（2009）. Emotion regulation: Antecedents and well-being outcomes of cognitive reappraisal and expressive suppression in cross-cultural samples. *Journal of Happiness Studies*，10（3），271-291.
Haidt，J.，Koller，S. H.，& Dias，M. G.（1993）. Affect, culture, and morality, or is it wrong to eat your dog? *Journal of Personality and Social Psychology*，65（4），613-628.
Haier，R. J.，Karama，S.，Leonard，L.，& Jung，R. E.（2009）. MRI assessment of cortical thickness and functional activity changes in adolescent girls following three months of practice on a visual-spatial task. *BMC Research Notes*，2（1），174.
Hall，J.（1973）. Communication revisited. *California Management Review*，15（3），56-67.
Hamamura，T.（2017）. A cultural psychological analysis of cultural change. *Asian Journal of Social Psychology*，（1），1-9.
Hamilton，W. D.（1964）. The genetical evolution of social behavior. *Journal of Theoretical Biology*，7（1），17-52.
Han，H. R.，Choi，Y. J.，Kim，M. T.，Lee，J. E.，& Kim，K. B.（2008）. Experiences and challenges of informal caregiving for Korean immigrants. *Journal of Advanced Nursing*，63（5），517-526.
Han，J. J.，Leichtman，M. D.，& Wang，Q.（1998）. Autobiographical memory in Korean, Chinese, and American children. *Developmental Psychology*，34（4），701-713.
Han，S.，Gu，X.，Mao，L.，Ge，J.，Wang，G.，& Ma，Y.（2010）. Neural substrates of self-referential processing in Chinese Buddhists. *Social Cognitive and Affective Neuroscience*，5（2-3），332-339.
Han，S.，Ma，Y.，& Wang，G.（2016）. Shared neural representations of self and Conjugal family members in Chinese brain. *Culture and Brain*，4（1）：72-86.
Han，S.，Mao，L.，Qin，J.，Friederici，A. D.，& Ge，J.（2011）. Functional roles and cultural modulations of the medial prefrontal and parietal activity associated with causal attribution. *Neuropsychologia*，49（1），83-91.

Han, S., & Ma, Y. (2015). A culture-behavior-brain loop model of human development. *Trends in Cognitive Sciences*, *19* (11), 666-676.

Han, S., & Northoff, G. (2008). Culture-sensitive neural substrates of human cognition: A transcultural neuroimaging approach. *Nature Reviews Neuroscience*, *9* (8), 646-654.

Harada, T., Li, Z., & Chiao, J. Y. (2010). Differential dorsal and ventral medial prefrontal representations of the implicit self modulated by individualism and collectivism: An fMRI study. *Social Neuroscience*, *5* (3), 257-271.

Harley, E. M. (2007). Hindsight bias in legal decision making. *Social Cognition*, *25* (1), 48-63.

Harris, L. T., & Fiske, S. T. (2006). Dehumanizing the lowest of the low: Neuroimaging responses to extreme out-groups. *Psychological Science*, *17* (10), 847-853.

Harris, C. R., & Pashler, H. (2004). Attention and the processing of emotional words and names: Not so special after all. *Psychological Science*, *15* (3), 171-178.

Harwood, J., Paolini, S., Joyce, N., Rubin, M., & Arroyo, A. (2011). Secondary transfer effects from imagined contact: Group similarity affects the generalization gradient. *British Journal of Social Psychology*, *50* (1), 180-189.

Hatch, E., & Douglas, M. (1984). Culture and morality. *Ethics*, *94* (3), 517-520.

Hayes, S. D., Crocker, P., & Kowalski, K. C. (1999). Gender differences in physical self-perceptions, global self-esteemand physical activity: Evaluation of the physical self-perception profile model. *Atherosclerosis*, *150* (2), 295-298.

He, A. G., Tan, L. H., Tang, Y., James, A., Wright, P., Eckert, M. A., Fox, P. T., & Liu, Y. J. (2003). Modulation of neural connectivity during tongue movement and reading. *Brain Mapping*, *18*, 222-232.

He, F. X., Lopez, V., & Leigh, M. C. (2012). Perceived acculturative stress and sense of coherence in Chinese nursing students in Australia. *Nurse Education Today*, *32* (4), 345-350.

He, Y., Johnson, M. K., Dovidio, J. F., & Mccarthy G. (2009). The relation between race-related implicit associations and scalp-recorded neural activity evoked by faces from different races. *Social Neuroscience*, *4* (5), 426-442.

Hedden, T., Ketay, S., Aron, A., Markus, H. R., & Gabrieli, J. D. E. (2008). Cultural influences on neural substrates of attentional control. *Psychological Science*, *19* (1), 12-17.

Hehman, E., Volpert, H. I., & Simons, R. F. (2014). The N400 as an index of racial stereotype accessibility. *Social Cognitive and Affective Neuroscience*, *9* (4), 544-552.

Hemert, D. A. (2003). *Patterns of Cross-Cultural Differences in Psychology: A Meta-Analytic Approach.* Amsterdam: Dutch University Press.

Henry, P. J., & Hardin, C. D. (2006). The contact hypothesis revisited: Status bias in the reduction of implicit prejudice in the United States and Lebanon. *Psychological Science*, *17* (10), 862-868.

Hess, U., Blaison, C., & Kafetsios, K. (2016). Judging facial emotion expressions in context:

The influence of culture and self-construal orientation. *Journal of Nonverbal Behavior*, 40 (1), 55-64.

Heyes, C. (2010). Where do mirror neurons come from? *Neuroscience and Biobehavioral Reviews*, 34 (4), 575-583.

Hilgard, E., Atkinson, R., & Atkinson, R. (1979). *Introduction to Psychology* (7th ed.). New York: Harcourt Brace Jovanovich.

Hill, G. (1998). *Advanced Psychology through Diagrams*. Oxford: Oxford University Press.

Hirschfeld F., Lawrence, A., & Fishbein H. D. (1998). Peer prejudice and discrimination: Evolutionary, cultural, and developmental dynamics. *Mind, Culture, and Activity*, 5 (1), 67-70.

Hodges, J., & Oei, T. P. S. (2007). Would Confucius benefit from psychotherapy? The compatibility of cognitive behaviour therapy and Chinese values. *Behaviour Research and Therapy*, 45 (5), 901-914.

Hofstede, G. (1980). Culture and organizations. *International Studies of Management and Organization*, 10 (4), 15-41.

Hofstede, G. (2001). *Culture's Consequences: Comparing Values*. New York: Sage Publication

Hofstede, G. (1983). National cultures in four dimensions: A research-based theory of cultural differences among nations. *International Studies of Management & Organization*, 13 (1-2), 46-74.

Hofstede, G., & Minkov, M. (2010). Long-versus short-term orientation: New perspectives. *Asia Pacific Business Review*, 16 (4), 493-504.

Hogg, M. A., & Knippenberg, D. V. (2003). Social identity and leadership processes in groups. *Advances Experimental Social Pychology*, 35 (3), 1-52.

Hohmann, G. (1962). *The effect of dysfunctions of the autonomic nervous system on experienced feelings and emotions*. Paper presented at the Conference on Emotions and Feelings, New School of Social Research, New York.

Hohwy, J., & Paton, B. (2010). Explaining away the body: Experiences of supernaturally caused touch and touch on non-hand objects within the rubber hand illusion. *PloS One*, 5 (2), e9416.

Holeckova, I., Fischer, C., Giard, M. H., Delpuech, C., & Morlet, D. (2006). Brain responses to a subject's own name uttered by a familiar voice. *Brain Research*, 1082 (1), 142-152.

Höller, Y., Kronbichler, M., Bergmann, J., Crone, J. S., Ladurner, G., & Golaszewski, S. (2011). Eeg frequency analysis of responses to the own-name stimulus. *Clinical Neurophysiology*, 122 (1), 99-106.

Holmes, W. G. (1986). Kin recognition by phenotype matching in female Belding's ground squirrels. *Animal Behavior*, 34, 38-47.

Hong, Y. Y., & Mallorie, L. A. M. (2004). A dynamic constructivist approach to culture:

lessons learned from personality psychology. *Journal of Research in Personality*, 38 (1), 59-67.

Hong, Y. Y., Morris, M. W., Chiu, C. Y., & Benet-Martinez, V. (2000). Multicultural minds: A dynamic constructivist approach to cultureand cognition. *American Psychologist*, 55 (7), 709-720.

Hornsey, M. J. (2003). Linking superiority bias in the interpersonal and intergroup domains. *The Journal of Social Psychology*, 143 (4), 479-491.

Howard, J. W., & Rothbart, M. (1980). Social categorization and memory for in-group and out-group behavior. *Journal of Personality & Social Psychology*, 38 (2), 301-310.

Hsu, L. H. (2011). Linguistic intergroup bias tells ingroup/outgroup orientation of bicultural Asian Americans. *International Journal of Intercultural Relations*, 35 (6), 853-866.

Hsueh, K. H., Hu, J., & Clarke-Ekong, S. (2008). Acculturation in filial practices among U.S. Chinese caregivers. *Qualitative Health Research*, 18 (6), 775-785.

Hu, X., Wu, H., Fu, G. (2011). Temporal course of executive control when lying about self- and other-referential information: An ERP study. *Brain Research*, 1369, 149-157.

Huang, C. Y., & Lamb, M. E. (2015). Acculturation and parenting in first-generation Chinese immigrants in the United Kingdom. *Journal of Cross-Cultural Psychology*, 46 (1), 150-167.

Hui, K., Su, Y., Bi, T., Xiao, G., & Hong, C. (2016). Attentional biases toward face-related stimuli among face dissatisfied women: Orienting and maintenance of attention revealed by eye-movement. *Frontiers in Psychology*, 7, 1-9.

Huntsinger, J. R., Sinclair, S., & Clore, G. L. (2009). Affective regulation of implicitly measured stereotypes and attitudes: Automatic and controlled processes. *Journal of Experimental Social Psychology*, 45 (3), 560-566.

Husnu, S., & Crisp, R. J. (2010). Imagined Intergroup Contact: A new technique for encouraging greater inter-ethnic contact in cyprus. *Peace and Conflict: Journal of Peace Psychology*, 16 (1), 97-108.

Huwaë, S., & Schaafsma, J. (2016). Cross-cultural differences in emotion suppression in everyday interactions. *International Journal of Psychology*, 53 (3), 176-183.

Hamamura, T. (2017). A cultural psychological analysis of cultural change. *Asian Journal of Social Psychology*, 21 (1), 1-2.

Ibánez, A., Gleichgerrcht, E., Hurtado, E., González, R., Haye, A. & Manes, F. F. (2010). Early neural markers of implicit attitudes: N170 modulated by intergroup and evaluative contexts in IAT. *Frontiers in Human Neuroscience*, 4, 188.

Ijsselsteijn, W., De Kort, Y., Midden, C., Eggen. B., & Van den Hoven, E. (2006). Persuasive technology for human well-being: Setting the scene. *International Conference on Persuasive Technology for Human Well-being*.

Imamoğlu, E. O., & Karakitapoğlu-Aygün, Z. (2010). Actual, ideal, and expected relatedness with parents across and within cultures. *European Journal of Social Psychology*, 36 (5), 721-

745.

In, H. (2016). Acculturation and hope as predictors of career decision self-efficacy among Korean international undergraduate students. *Journal of Career Development*, 43 (6), 526-540.

Insel, T. R., & Fernald, R. D. (2004). How the brain processes social information: Searching for the social brain. *Annual Review of Neuroscience*, 27 (1), 697-722.

Isler, A. K., Asci, F. H., & Kosar, S. N. (2002). Relationships among physical activity levels, psychomotor, psychosocial, and cognitive development of primary education students. *Journal of the International Council for Health Physical Education Recreation Sport & Dance*, 38, 13-17.

Ito, T. A., & Urland, G. R. (2003). Race and gender on the brain: Electro cortical measures of attention to race and gender of multiply categorizable individuals. *Journal of Personality and Social Psychology*, 85 (4), 616-626.

Ito, T. A., & Urland, G. R. (2005). The influence of processing objectives on the perception of faces: An ERP study of race and gender perception. *Cognitive, Affective, & Behavioral Neuroscience*, 5 (1), 21-36.

Izard, C. E. (1971). *The Face of Emotion*. New York: Appleton-Century-Crofts.

Izard, C. E. (2007). Basic emotions, natural kinds, emotion schemas, and a new paradigm. *Perspectives on Psychological Science*, 2 (3), 260-280.

Jack, R. E., Blais, C., Scheepers, C., Schyns, P. G., & Caldara, R. (2009). Cultural confusions show that facial expressions are not universal. *Current Biology*, 19 (18), 1543-1548.

Jack, R. E., Sun, W., Delis, I., Garrod, O. G., &Schyns, P. G. (2016). Four not six: Revealing culturally common facial expressions of emotion. *Journal of Experimental Psychology: General*, 145 (6), 708-730.

Jackson, J. M. (1993). *Social Psychology, Past Present: An Integrative Orientation*. London: Psychology Press.

Jacoby, L. L., Kelley, C., Brown, J., & Jasechko, J. (1989). Becoming a famous overnight. Limits on the ability to avoid unconscious influences of the past. *Journal of Personality and Social Psychology*, 56 (3), 326-338.

Jacques, C., & Rossion, B. (2007). Electrophysiological evidence for temporal dissociation between spatial attention and sensory competition during human face processing. *Cerebral Cortex*, 17 (5), 1055-1065.

James, W. (1884). What is an emotion? *Mind*, 9 (34), 188-205.

James, W. (1890). *The Principles of Psychology*. New York: Henry Holt.

Jansen, A., Nederkoorn, C., & Mulkens, S. (2005). Selective visual attention for ugly and beautiful body parts in eating disorders. *Behaviour Research and Therapy*, 43 (2), 183-196.

Jasnos, T. M., & Hakmiller, K. L. (1975). Some effects of lesion level, and emotional cues on affective expression in spinal cord patients. *Psychological Reports*, 37 (3), 859-870.

Jenkins, L. J., Yang, Y. J., Goh, J., Hong, Y. Y., & Park, D. C. (2010). Cultural differences in the lateral occipital complex while viewing incongruent scenes. *Social Cognitive and Affective Neuroscience*, 5 (2-3), 236-241.

Jensen, L. A., Arnett, J. J., & McKenzie, J. (2011). Globalization and cultural identity. In S. J. Schwartz, K. Luyckx, & V. L. Vignoles (Eds.), *Handbook of Identity Theory and Research* (pp. 285-304). New York: Springer Publishing Company.

Ji, L. J., Peng, K., & Nisbett, R. E. (2000). Culture, control, and perception of relationships in the environment. *Journal of Personality and Social Psychology*, 78 (5), 943-955.

Ji, L. J., Zhang, Z., & Nisbett, R. E. (2004). Is it culture or is it language? Examination of language effects in cross-cultural research on categorization. *Journal of Personality and Social Psychology*, 87 (1), 57-65.

Johnson, C., Gadon, O., Carlson, D., Southwick, S., Faith, M., & Chalfin, J. (2002). Self-reference and group membership: Evidence for a group-reference effect. *European Journal of Social Psychology*, 32 (2), 261-274.

Johnson, J. D., Simmons, C. H., Jordan, A., Maclean, L., Taddei, J., & Thomas, D., et al. (2010). Rodney king and O. J. revisited: The impact of race and defendant empathy induction on judicial decisions. *Journal of Applied Social Psychology*, 32 (6), 1208-1223.

Johnson, K. K. P., Schofield, N. A., & Yurchisin, J. (2002). Appearance and dress as a source of information: A qualitative approach to data collection. *Clothing & Textiles Research Journal*, 20 (3), 125-137.

Johnson, M. H. (2005). Subcortical face processing. *Nature Reviews Neuroscience*, 6 (10), 766-774.

John, Y. (1998). Evidence on discrimination in consumer markets. *Journal of Economic Perspectives*, 12 (2), 23-40.

Jr Adams, R. B., Rule, N. O., Jr Franklin, R. G., Wang, E., Stevenson, M. T., Yoshikawa, S., et al. (2010). Cross-cultural reading the mind in the eyes: An fMRI investigation. *Journal of Cognitive Neuroscience*, 22 (1), 97-108.

Jr Kleinginna, P. R., & Kleinginna, A. M. (1981). A categorized list of emotion definitions, with suggestions for a consensual definition. *Motivation and Emotion*, 5 (4), 345-379.

Jugert, P., Noack, P., & Rutland, A. (2013). Children's cross-ethnic friendships: Why are they less stable than same-ethnic friendships? *European Journal of Developmental Psychology*, 10 (6), 649-662.

Kaiser, C. R., Drury, B. J., & Spalding, K. E., et al. (2009). The ironic consequences of Obama's election: Decreased support for social justice. *Journal of Experimental Social Psychology*, 45 (3), 556-559.

Kamans, E., Gordijn, E. H., & Oldenhuis, H., et al. (2009). What I think you see is what you get: Influence of prejudice on assimilation to negative meta-stereotypes among Dutch Moroccan teenagers. *European Journal of Social Psychology*, 39 (5), 842-851.

Kang, T. S. (1972). Nameand group identification. *Journal of Social Psychology*, 86 (1), 156-160.

Kashima, E. S., & Abu-Rayya, H. M. (2014). Longitudinal associations of cultural distance with psychological well-being among australian immigrants from 49 countries. *Journal of Cross-Cultural Psychology*, 45 (4), 587-600.

Katz, D., & Braly, K. (1933). Racial stereotypes of one hundred college students. *Journal of Abnormal and Social Psychology*, 28 (3), 280-290.

Kawakami, K., Dovidio, J. F., Moll, J., Hermsen, S., & Russin, A. (2000). Just say no (to stereotyping): Effects of training in the negation of stereotypic associations on stereotype activation. *Journal of Personality and Social Psychology*, 78 (5), 871-888.

Kelley, W. M., Macrae, C. N., Wyland, C. L., Caglar, S., Inati, S., & Heatherton, T. F. (2002). Finding the self? An event-related fMRI study. *Journal of Cognitive Neuroscience*, 14 (5), 785-794.

Khawaja, N. G., & Dempsey, J. (2007). Psychological distress in international university students: An Australian study. *Australian Journal of Guidance and Counseling*, 17 (1), 13-27.

Kiang, L., Witkow, M. R., & Champagne, M. C. (2013). Normative changes in ethnic and American identities and links with adjustment among Asian American adolescents. *Developmental Psychology*, 49 (9), 1713-1722.

Kim, B., Sung, Y. S., & McClure, S. M. (2012). The neural basis of cultural differences in delay discounting. *Philosophical Transactions: Royal Society. Biological Sciences*, 367(1589), 650-656.

Kim, H. S., Sherman, D. K., Mojaverian, T., Sasaki, J. Y., Park, J., Suh, E. M., & Taylor, S. E. (2011). Gene-culture interaction: Oxytocin receptor polymorphism (OXTR) and emotion regulation. *Social Psychological and Personality Science*, 2 (6), 665-672.

Kim, J. H., & Theis, S. L. (2000). KoreanAmerican caregivers: Who are they? *Journal of Transcultural Nursing*, 11 (4), 264-273.

Kim, J., Lee, S., Lee, L., Kim, J., Shin, J., & Lee, D. (2014). The effects of Gestalt relationship improvement program (GRIP) on psychological stability of North Korean defectors: On the self-concept, sociotropy-autonomy, impulsivity, anxiety, and depression. *International Journal of Play Therapy*, 18 (1), 89-103.

Kim, J., Park, S. H., Youn, Y. S., Han, A., & Kim, M. (2016). Stress and coping associated with acculturation among North Korean defectors. *Journal of Humanistic Psychology*, 95 (2), 1-21.

Kim, S. H., Song, H. J., & Choi, S. J. (2009). The effect of art therapy on decreasing the internal stress and adaptation to school: Focusing on the children defectors from North Korea. *Plastic Arts Education*, 33, 59-79.

Kim, Y. Y. (2001). *Becoming Intercultural: An Integrated Theory of Communication and Cross-*

cultural Adaptation. Thousand Oaks：Sage.

Kim，Y. Y.（2009）. Korean-American family postcaregivers on dementia caregiving：A phenomenological inquiry. *Journal of Gerontological Social Work*，52（6），600-617.

Kim，Y. Y.（2011）. *Transnational Migration，Media and Identity of Asian Women：Diasporic Daughters*. New York；London：Routledge.

Kitayama，K. I.，Hiramatsu，A.，Fukui，M.，& Tsuritani，T., et al.（2014）. Photonic network vision 2020—Toward smart photonic cloud. *Journal of Lightwave Technology*，32（16），2760-2770.

Kitayama，S.，Duffy，S.，Kawamura，T.，& Larsen，J. T.（2003）. Perceiving an object and its context in different cultures：A cultural look at new look. *Psychological Science*，14（3），201-206.

Kitayama，S.，Mesquita，B.，& Karasawa，M.（2006）. Cultural affordances and emotional experience：Socially engaging and disengaging emotions in Japan and the United States. *Journal of Personality and Social Psychology*，91（5），890-903.

Kitayama，S.，Park，J.，（2010）. Cultural neuroscience of the self: Understanding the social grounding of the brain. *Social Cognitive and Affective Neuroscience*，5（2-3），111-129.

Kitayama，S.，& Cohen，D. (2007). Handbook of cultural psychology. *Journal of Anthropological Research*，196（8），652-653.

Kitayama，S.，& Uskul，A. K.（2011）. Culture，mind，and the brain：Current evidence and future directions. *Annual Review of Psychology*，62，419-449.

Klein，S. B.，& Loftus，J.（1988）. The nature of self-referent encoding：The contributions of elaborative and organizational processes. *Journal of Personality and Social Psychology*，55(1)，5-11.

Klüver，H.，& Bucy，P. C.（1937）. "Psychic blindness" and other symptoms following bilateral temporal lobectomy in rhesus monkeys. *American Journal of Physiology*，119（2），352-353.

Knight，B. G.，Robinson，G. S.，Flynn Longmire，C. V.，Chun，M.，Nakao，K.，& Kim，J. H.（2002）. Cross cultural issues in caregiving for persons with dementia：Do familism values reduce burden and distress? *Ageing International*，27（3），70-94.

Knutson，K. M.，DeTucci，K. A.，& Grafman，J.（2011）. Implicit attitudes in prosopagnosia. *Neuropsychologia*，49（7），1851-1862.

Kobayashi，C.，Glover，G. H.，& Temple，E.（2007）. Cultural and linguistic effects on neural bases of "theory of mind" in American and Japanese children. *Brain Research*，1164，95-107.

Kobayashi，C.，Glover，G. H.，& Temple，E.（2006）. Cultural and linguistic influence on neural bases of "theory of mind"：An fMRI study with Japanese bilinguals. *Brain and Language*，98（2），210-220.

Kobayashi，K. M.，& Funk，L.（2010）. Of the family tree：Congruence on filial obligation between older parents and adult children in Japanese Canadian families. *Canadian Journal of Aging*，29（1），85-96.

Kober, H., Barrett, L. F., Joseph, J., Bliss-Moreau, E., Lindquist, K., & Wager, T. D. (2008). Functional grouping and cortical–subcortical interactions in emotion: A meta-analysis of neuroimaging studies. *NeuroImage*, 42 (2), 998-1031.

Kolstad, A., & Horpestad, S. (2009). Self-construal in chile and norway: Implications for cultural differences in individualism and collectivism. *Journal of Cross-Cultural Psychology*, 40 (2), 275-281.

Koneru, V. K., De Weisman, Mamani, A. G., Flynn, P. M., & Betancourt, H. (2007). Acculturation and mental health: Current findings and recommendations for future research. *Applied and Preventative Psychology*, 12 (2), 76-96.

Kong, E. H., Deatrick, J. A., & Evans, L. K. (2010). The experiences of Korean immigrant caregivers of non-English-speaking older relatives with dementia in American nursing homes. *Qualitative Health Research*, 20 (3), 319-329.

Koole, S. L., McCullough, M. E., Kuhl, J., &Roelofsma, P. H. M. P. (2010). Why religion's burdens are light: From religiosity to implicit self-regulation. *Personality and Social Psychology Review*, 14 (1), 95-107.

Kosslyn, S. M., Chabris, C. F., Marsolek, C. J., & Koenig, O. (1992). Categorical versus coordinate spatial relations: Computational analyses and computer simulations. *Journal of Experimental Psychology Human Perception & Performance*, 18 (2), 562-577.

Kou, H., Su, Y., Bi, T., Gao, X., & Chen, H. (2016). Attentional biases toward face-related stimuli among face dissatisfied women: Orienting and maintenance of attention revealed by eye-movement. *Frontiers in Psychology*, 7, 919.

Kramsch, C. (2000). Second language acquisition, applied linguistics, and the teaching of foreign languages. *The Modern Language Journal*, 84 (3), 311-326

Kroeber, A. L., & Kluckhohn, C. (1963). *Culture: A Critical Review of Concepts and Definitions*. New York: Vintage Books.

Krueger, J. (1996). Personal beliefs and cultural stereotypes about racial characteristics. *Journal of Personality and Social Psychology*, 71 (3), 536-548.

Kubota, J. T., & Ito, T. A. (2007). Multiple cues in social perception: The time course of processing race and facial expression. *Journal of Experimental Social Psychology*, 43 (5), 738-752.

Kühnen, U., & Oyserman, D. (2002). Thinking about the self influences thinking in general: Cognitive consequences of salient self-concept. *Journal of Experimental Social Psychology*, 38 (5), 492-499.

Kuiper, N. A., & Rogers, T. B. (1979). Encoding of personal information: Self-other differences. *Journal of Personality and Social Psychology*, 37 (4), 499-514.

Kurtz, D., Trapp, C., Kieny, M. T., Wassmer, J. M., Mugnaioni, M. D, & Hoff, A. P. E. (1977).Study of recovery and the post-anaestheticperiod (author's transl). *RevueD'Electroencephalographie et de Neurophysiologie Clinique*, 7 (1), 62-69

Kutas, M., & Fedemieier, K. D. (2000). Electrophysiology reveals semantic memory use in language comprehension. *Trends in Cognitive Sciences*, *4* (12), 463-470.

Kwiatkowski, D. P. (2005). How malaria has affected the human genome and what human genetics can teach us about malaria. *The American Journal of Human Genetics*, *77* (2), 171-192.

Lai, D. W. L. (2010). Filial piety, caregiving appraisal, and caregiving burden. *Research on Aging*, *32* (2), 200-223.

Lammers, J., Gordijn, E. H., & Otten, S. (2008). Looking through the eyes of the powerful. *Journal of Experimental Social Psychology*, *44* (5), 1229-1238.

Lane, K. A., Banaji, M. R., Nosek, B. A., & Greenwald, A. G. (2007). Understanding and using the Implicit Association Test: IV. What we know (so far) about the method. *Implicit Measures of Attitudes*, 56-102.

Lao, J., Vizioli, L., & Caldara, R. (2013). Culture modulates the temporal dynamics of global/local processing. *Culture and Brain*, *1* (2-4), 158-174.

Lashley, K. S. (1929). *Brain Mechanisms and Intelligence: A Quantitative Study of Injuries to the Brain.* Chicago: University of Chicago Press.

Lattner, S., & Friederici, A. D. (2003). Talker's voice and gender stereo-type in human auditory sentence processing—Evidence from event-related brain potentials. *Neuroscience Letters*, *339* (3), 191-194.

Latu, I. M. (2010). *Reducing Automatic Stereotype Activation: Mechanisms and Moderators of Situational Attribution Training.* Dissertaition, Georgia state University.

Laurent, S. M., & Myers, M. W. (2011). I know you're me, but who am I? Perspective taking and seeing the other in the self. *Journal of Experimental Social Psychology*, *47* (6), 1316-1319.

Lazarus, R. S. (1975). A cognitively oriented psychologist looks at biofeedback. *The American Psychologist*, *30* (5), 553-561.

Leach, C. W., Ellemers, N., & Barreto, M. (2007). Group virtue: The importance of morality (vs. competence and sociability) in the positive evaluation of in-groups. *Journal of Personality and Social Psychology*, *93* (2), 234-249.

Le Doux, J. E. (1992). Emotion and the amygdala. In J. P. Aggleton (Ed.), *The Amygdala: Neurobiological Aspects of Emotion, Memory, and Mental Dysfunction* (pp. 339-351). New Jersey: Wiley-Liss.

Le Doux, J. E. (1998). *The Emotional Brain: The Mysterious Underpinnings of Emotional Life.* New York: Simon & Schuster.

Lee, B. T., Paik, J. W., Kang, R. H., Chung, S. Y., Kwon, H. I., Khang, H. S., et al. (2009). The neural substrates of affective face recognition in patients with Hwa-Byung and healthy individuals in Korea. *The World Journal of Biological Psychiatry*, *10* (4-2), 552-559.

Lee, E. A. (2011). *Expressive Suppression of Negative Emotion: A Comparison of Asian American and European American Norms for Emotion Regulation.* The Pennsylvania State University, Pennsylvania.

Lee, J. J., & Rice, C. (2007). Welcome to America? International student perceptions of discrimination. *Higher Education, 53* (3), 381-409.

Lee, Y., & Bronstein, L. R. (2010). When do Korean-American dementia caregivers find meaning in caregiving? The role of culture and differences between spouse and child caregivers. *Journal of Ethnic & Cultural Diversity in Social Work, 19* (1), 73-86.

Legault, L., Gutsell, J. N., & Inzlicht, M. (2011). Ironic effects of antiprejudice messages: How motivational interventions can reduce (but also increase) prejudice. *Psychology Science, 22* (12), 1472-1477.

Lenggenhager, B., Tadi, T., Metzinger, T., & Blanke, O. (2007). Video ergo sum: Manipulating bodily self-consciousness. *Science, 317* (5841), 1096-1099.

Leung, A. Y., Qiu, L., & Chiu, C. Y. (2014). The psychological science of globalization. Handbook of multicultural identity. *Basic and Applied Perspectives, 7*, 181-201.

Levenson, R. W., Ekman, P., Heider, K., & Friesen, W. V. (1992). Emotion and autonomic nervous system activity in the Minangkabau of West Sumatra. *Journal of Personality and Social Psychology, 62* (6), 972-988.

Levin, I., & Aram, D. (2005). *Children's Names Contribute to Early Literacy a Linguistic and Social Perspective. Perspectives on Language and Language Development.* New York: Springer.

Le Vine, R. A., & Campbell, D. T. (1972). *Ethnocentrism: Theories of Conflict, Ethnic, and Group Behavior.* New York: Wiley.

Lewis, R. S., Goto, S. G., & Kong, L. L (2008). Culture and context: East Asian American and European American differences in P3 event-related potentials and self-construal. *Personality and Social Psychology Bulletin, 34* (5), 623-634.

Li, Y., Ashkanasy, N. M., & Mehmood, K. (2017). The experience of anger and sadness in response to hurtful behavior: Effects of gender-pairing and national culture. *Asia Pacific Journal of Management, 34* (2), 423-441.

Lieberman, D., Tooby, J., & Cosmides, L. (2007). The architecture of human kin detection. *Nature, 445* (7129), 727-731.

Lieberman, M. D., Hariri, A., & Jarcho, J. M., et al. (2005). An fMRI investigation of race-related amygdala activity in African-American and Caucasian-American individuals. *Nature Neuroscience, 8* (6), 720-722.

Liebkind, K. (1996). Acculturation and stress vietnamese refugees in Finland. *Journal of Cross-Cultural Psychology, 27* (2), 161-180.

Liew, S. L., Ma, Y., Han, S., & Aziz-Zadeh, L. (2011). Who's afraid of the boss: Cultural differences in social hierarchies modulate self-face recognition in Chinese and Americans. *Plos*

One, 6(2), e16901.

Lim, S. S., & Pham, B. (2016). "If you are a foreigner in a foreign country, you stick together": Technologically mediated communication and acculturation of migrant students. *New Media & Society*, 18(10), 1-18.

Lin, C. Y. C., & Fu, V. R. (1990). A comparison of child-rearing practices among Chinese, immigrant Chinese, and Caucasian-American parents. *Child Development*, 61(2), 429-433.

Lin, M. H., Kwan, V. S. Y., Cheung, A., & Fiske, S. T. (2005). Stereotype content model explains prejudice for an envied outgroup: Scale of anti-Asian American stereotypes. *Personality and Social Psychology Bulletin*, 31(1), 34-47.

Lin, Y. N. (2002). The application of cognitive-behavioral therapy to counseling Chinese. *American Journal of Psychotherapy*, 56(1), 46-58.

Lin, Z., Lin, Y., & Han, S. (2008). Self-construal priming modulates visual activity underlying global/local perception. *Biological Psychology*, 77(1), 93-97.

Lindquist, K. A., Wager, T. D., Kober, H., Bliss-Moreau, E., & Barrett, L. F. (2012). The brain basis of emotion: A meta-analytic review. *Behavioral and Brain Sciences*, 35(3), 121-143.

Linville, P. W., Fischer, G. W., & Salovey, P. (1989). Perceived distributions of characteristics of in-group and out-group members: Empirical evidence and a computer simulation. *Journal of Personality and Social Psychology*, 57(2), 165-188.

Lippman, W. (1976). The Abuse of the Tests. In N. J. Block & D. Dworkin (Eds.), *The IQ Controversy: Critical Reading.* (pp. 19-20). New York: Pantheon Books.

Lisman, J. E., & Grace, A. A. (2005). The hippocampal-vta loop: Controlling the entry of information into long-term memory. *Neuron, 46*(5), 703-713.

Liu, J., Chen, H., Gao, X., Meng, R., & Jackson, T. (2014). Attention and recognition biases associated with stature dissatisfaction among young men in China. *Body Image*, 11(4), 562-569.

Liu, J., Harris, A., & Kanwisher, N. (2010). Perception of face parts and face configurations: An fMRI study. *Journal of Cognitive Neuroscience*, 22(1), 203-211.

Liu, P., Rigoulot, S., & Pell, M. D. (2015). Culture modulates the brain response to human expressions of emotion: Electrophysiological evidence. *Neuropsychologia*, 67, 1-13.

Lora, C. M., Ricardo, A. C., Chen, J., Cai, J., Flessner, M., & Moncrieft, A., et al. (2018). Acculturation and chronic kidney disease in the Hispanic community health study/study of Latinos (HCHS/SOL). *Preventive Medicine Reports*, 10, 285-291.

Luijters, K., Van der Zee, K. I., & Otten, S. (2006). Acculturation strategies among ethnic minority workers and the role of intercultural personality traits. *Group Processes & Intergroup Relations*, 9(4), 561-575.

Luna, D., Ringberg, T., & Peracchio, L. A. (2008). One individual, two identities: Frame switching among biculturals. *Journal of Consumer Research*, 35(2), 279-293.

Luo, S., Han, X., Du, N., & Han, S. (2017). Physical coldness enhances racial in-group bias in empathy: Electrophysiological evidence. *Neuropsychologia, 116* (PtA), 117-125.

Luo, Y. L. L., Shi, Y., Cai, H., Wu, M., & Song, H. (2014). Liking for name predicts happiness: A behavioral genetic analysis. *Personality and Individual Differences, 69*, 156-161.

Luria, R., Sessa, P., & Gotler, A., et al. (2010). Visual short-term memory capacity for simple and complex objects. *Journal of Cognitive Neuroscience, 22* (3), 496-512.

Lyubomirsky, S., King, L., & Diener, E. (2005). The benefits of frequent positive affect: Does happiness lead to success? *Psychological Bulletin, 131* (6), 803-855.

Ma, Q., Shu, L. C., & Wang, X. Y. Dai, S. Y., & Che, H. M. (2008). Error-related negativity varies with the activation of gender stereotypes. *Neuroscience Letters, 442* (3), 186-189.

Ma, X., Tamir, M., & Miyamoto, Y. (2018). A socio-cultural instrumental approach to emotion regulation: Culture and the regulation of positive emotions. *Emotion, 18* (1), 138-152.

Ma, Y., & Han, S. (2009). Self-face advantage is modulated by social threat—Boss effect on self-face recognition. *Journal of Experimental Social Psychology, 45* (4), 1048-1051.

Maass, A. (1999). Linguistic intergroup bias: Stereotype perpetuation through language. *Advances in Experimental Social Psychology, 31* (8), 79-121.

Maass, A., Ceccarelli, R., & Rudin, S. (1996). Linguistic intergroup bias: Evidence for in-group-protective motivation. *Journal of Personality & Social Psychology, 71* (3), 512-526.

Maass, A., Milesi, A., Zabbini, S., & Stahlberg, D. (1995). Linguistic intergroup bias: Differential expectancies or in-group protection? *Journal Personality and Social Psychology, 68* (1), 116-126.

Maass, A., Salvi, D., Arcuri, L., & Semin, G. (1989). Language use in intergroup contexts: The linguistic intergroup bias. *Journal Personality and Social Psychology, 57* (6), 981-993.

MacDonald, A. W., Cohen, J. D., Stenger, V. A., & Carter, C. S. (2000). Dissociating the role of the dorsolateral prefrontal and anterior cingulate cortex in cognitive control. *Science, 288* (5472), 1835-1838.

Mack, A., & Rock, I. (1998). Inattentional blindness: Perception without attention. *Visual Attention, 8*, 55-75.

MacLean, P. D. (1949). Psychosomatic disease and the "Visceral Brain": recent developments bearing on the papez theory of emotion. *Psychosomatic Medicine, 11* (6), 338-353.

MacLean, P. D. (1952). Some psychiatric implications of physiological studies on frontotemporal portion of limbic system (visceral brain). *Electroencephalography and Clinical Neurophysiology, 4* (4), 407-418.

Macsween, A., Brydson, G., Fox, K. R. (2004). Physical self perceptions of women with rheumatoid arthritis. *Arthritis & Rheumatism, 51* (6), 958-963.

Maddux, W. W., Barden, J., & Brewer, M. B., & Petty, R. E. (2005). Saying no to negativity: The effects of context and motivation to control prejudice on automatic evaluative responses. *Journal of Experimental Social Psychology, 41* (1), 19-35.

Maddux, W. W., Galinsky, A. D., Cuddy, A. J., & Polifroni, M. (2008). When being a model minority is good...and bad: Realistic threat explains negativity toward Asian Americans. *Personality and Social Psychology Bulletin, 34* (1), 74-89.

Maguire, E. A., Gadian, D. G., Johnsrude, I. S., Good, C. D., Ashburner, J., Frackowiak, R. S., & Frith, C. D. (2000). Navigation-related structural change in the hippocampi of taxi drivers. *Proceedings of the National Academy of Sciences of the United States of America, 97* (8), 4398-4403.

Maguire, E. A., Woollett, K., & Spiers, H. J. (2006). London taxi drivers and bus drivers: A structural MRI and neuropsychological analysis. *Hippocampus, 16* (12), 1091-1101.

Malach, R., Reppas, J. B., Benson, R. R., Kwong, K. K., Jiang, H., Kennedy, W. A., et al. (1995). Object-related activity revealed by functional magnetic resonance imaging in human occipital cortex. *Proceedings of the National Academy of Sciences of the United States of America, 92* (18), 8135-8139.

Mandel, D. R., Jusczyk, P. W., & Pisoni, D. B. (1995). Infants recognition of the sound patterns of their own names. *Psychological Science, 6* (5), 314-317.

Mansyur, C. L., Rustveld, L. O., Nash, S. G., & Jibaja-Weiss, M. L. (2016). Hispanic acculturation and gender differences in support and self-efficacy for managing. *The Diabetes Educator, 42* (3), 315-324.

Mantwill, S., & Schulz, P. J. (2017). Does acculturation narrow the health literacy gap between immigrants and non-immigrants—An explorative study. *Patient Education and Counseling, 100* (4), 760-767.

Marin, G., & Gamba, R. J. (1996). A new measurement of acculturation for Hispanics: The bidimensional acculturation scale for hispanics. *Hispanic Journal of Behavioral Sciences, 18* (3), 297-316.

Markham, R., & Wang, L. (1996). Recognition of emotion by Chinese and Australian children. *Journal of Cross-Cultural Psychology, 27* (5), 616-643.

Markus, H. R., & Hamedani, M. Y. G. (2007). Sociocultural psychology: The dynamic interdependence among self systems and social systems. In S. Kitayama & D. Cohen (Eds.), *Handbook of Cultural Psychology* (pp. 3-39). New York: Guilford Press.

Markus, H. R., & Kitayama, S. (1991). Culture and the self: Implications for cognition, emotion, and motivation. *Psychological Review, 98* (2), 224-253.

Markus, Hazel. (1977). Self-schemata and processing information about the self. *Journal of Personality and Social Psychology, 35* (2), 63-78.

Marsh, A. A., Elfenbein, H. A., & Ambady, N. (2003). Nonverbal "accents": Cultural differences in facial expressions of emotion. *Psychological Science, 14* (4), 373-376.

Marsh, H. W., & Yeung, A. S. (1998). Top-down, bottom-up, and horizontal models: The direction of causality in multidimensional, hierarchical self-concept models. *Journal of Personality & Social Psychology, 75*(2), 509-527.

Martens, U., Schweinberger, S. R., Kiefer, M., & Burton, A. M. (2006). Masked and unmasked electrophysiological repetition effects of famous faces. *Brain Research, 1109*(1), 146-157.

Martin, B. L. L., & Clore, G. L. (2001). *Theories of Mood and Cognition: A User's Guidebook.* New York: Psychology Press.

Martinez, M. J., Huang, S., Estrada, Y., Sutton, M. Y., & Prado, G. (2010). The relationship between acculturation, ecodevelopment, and substance use among hispanic adolescents. *The Journal of Early Adolescence, 37*(7), 948-974.

Martinovic, B., & Verkuyten, M. (2012). Host national and religious identification among Turkish Muslims in Western Europe: The role of ingroup norms, perceived discrimination and value incompatibility. *European Journal of Social Psychology, 42*(7), 893-903.

Masuda, T., Ellsworth, P. C., Mesquita, B., Leu, J., Tanida, S., & Van de Veerdonk, E. (2008). Placing the face in context: Cultural differences in the perception of facial emotion. *Journal of Personality and Social Psychology, 94*(3), 365-381.

Masuda, T., Gonzalez, R., Kwan, L., & Nisbett, R. E. (2008). Culture and aesthetic preference: Comparing the attention to context of East Asians and Americans. *Personality and Social Psychology Bulletin, 34*(9), 1260-1275.

Masuda, T., & Nisbett, R. E. (2001). Attending holistically versus analytically: Comparing the context sensitivity of Japanese and Americans. *Journal of Personality and Social Psychology, 81*(5), 922-934.

Masudaa, T., & Nisbett, R. E. (2006). Culture and change blindness. *Cognitive Science, 30*(2), 381-399.

Mathur, V. A., Harada, T., Lipke, T., & Chiao, J. Y. (2010). Neural basis of extraordinary empathy and altruistic motivation. *NeuroImage, 51*(4), 1468-1475.

Matschke, C., & Fehr, J. (2017). Does identity incompatibility lead to disidentification? Internal motivation to be a group member acts as buffer for sojourners from independent cultures, whereas external motivation acts as buffer for sojourners from interdependent cultures. *Frontiers in Psychology, 8*, 335-341.

Matsudaira, T. (2006). Measures of psychological acculturation: A review. *Transcultural Psychiatry, 43*(3), 462-487.

Matsumoto, D. (1989). Cultural influences on the perception of emotion. *Journal of Cross-Cultural Psychology, 20*(1), 92-105.

Matsumoto, D. (1990). Cultural similarities and differences in display rules. *Motivation and Emotion, 14*(3), 195-214.

Matsumoto, D. (1993). Ethnic differences in affect intensity, emotion judgments, display rule attitudes, and self-reported emotional expression in an American sample. *Motivation and Emotion, 17*(2), 107-123.

Matsumoto, D. (2006). Are cultural differences in emotion regulation mediated by personality traits? *Journal of Cross-Cultural Psychology, 37*(4), 421-437.

Matsumoto, D., & Ekman, P. (1989). American-Japanese cultural differences in intensity ratings of facial expressions of emotion. *Motivation and Emotion, 13*(2), 143-157.

Matsumoto, D., Kudoh, T., Scherer, K., & Wallbott, H. (1988). Antecedents of and reactions to emotions in the United States and Japan. *Journal of Cross-Cultural Psychology, 19*(3), 267-286.

Matsumoto, D., Takeuchi, S., Andayani, S., Kouznetsova, N., & Krupp, D. (1998). The contribution of individualism vs. collectivism to cross-national differences in display rules. *Asian Journal of Social Psychology, 1*(2), 147-165.

Matsumoto, D., & Ekman, P. (1989). American-Japanese cultural differences in intensity ratings of facial expressions of emotion. *Motivation and Emotion, 13*(2), 143-157.

Matsumoto, D., & Hwang, H. S. (2012). Culture and emotion: The integration of biological and cultural contributions. *Journal of Cross-Cultural Psychology, 43*(1), 91-118.

Mauro, R., Sato, K., & Tucker, J. (1992). The role of appraisal in human emotions: A cross-cultural study. *Journal of Personality and Social Psychology, 62*(2), 301-317.

Mauss, I. B., Levenson, R. W., McCarter, L., Wilhelm, F. H., & Gross, J. J. (2005). The tie that binds? Coherence among emotion experience, behavior, and physiology. *Emotion, 5*(2), 175-190.

Mayorga, N. A., Jardin, C., Bakhshaie, J., Garey, L., Viana, A. G., Cardoso, J. B., & Zvdensky, M. (2018). Acculturative stress, emotion regulation, and affective symptomology among latino/a college students. *Journal of Counseling Psychology, 65*(2), 247-258.

McClure, S. M., Laibson, D. I., Loewenstein, G., & Cohen, J. D. (2004). Separate neural systems value immediate and delayed monetary rewards. *Science, 306*(5695), 503-507.

McCullough, M. E., & Willoughby, B. L. B. (2009). Religion, self-regulation, and self-control: Associations, explanations, and implications. *Psychological Bulletin, 135*(1), 69-93.

McKone, E., Davies, A. A., Fernando, D., Aalders, R., Leung, H., Wickramariyaratne, T., & Platow, M. J. (2010). Asia has the global advantage: Race and visual attention. *Vision Research, 50*(16), 1540-1549.

McKown, C., & Strambler, M. J. (2009). Developmental antecedents and social and academic consequences of stereotype-consciousness in middle childhood. *Child Development, 80*(6), 1643-1659.

McKown C., & Weinstein, R. S. (2003). The development and consequences of stereotype consciousness in middle childhood. *Child Development, 74*(2), 498-515.

Mead, G. H. (1934). Mind, *Self and Society Form the Standpoint of a Social Behaviourist*. Chicago: University of Chicago Press.

Mecklinger, A., Bosch, V., Grünewald, C., Bentin, S., & Von Cramon, D. Y. (2000). What have Klingon letters and faces in common? An fMRI study on content-specific working memory systems. *Human Brain Mapping*, 11 (3), 146-161.

Mendelberg, T. (2002). The deliberative citizen: Theory and evidence. *Political Decision Making, Deliberation and Participation*, 6 (1), 151-193.

Mesquita, B. (2001). Emotions in collectivist and individualist contexts. *Journal of Personality and Social Psychology*, 80 (1), 68-74.

Mesquita, B. (2003). Emotions as dynamic cultural phenomena. In R. J. Davidson, K. R. Scherer, & H. H. Goldsmith (Eds.), *Series in Affective Science: Handbook of Affective Sciences* (pp. 871-890). Oxford: Oxford University Press.

Mesquita, B., & Frijda, N. H. (1992). Cultural variations in emotions: A review. *Psychological Bulletin*, 112 (2), 179-204.

Mesquita, B., & Karasawa, M. (2002). Different emotional lives. *Cognition & Emotion*, 16 (1), 127-141.

Meyer-Lindenberg, A., Hariri, A. R., & Munoz, K. E., et al. (2005). Neural correlates of genetically abnormal social cognition in William's syndrome. *Nature Neuroscience*, 8 (8): 991-993.

Mezulis, A. H., Abramson, L. Y., Hyde, J. S., & Hankin, B. L. (2004). Is there a universal positivity bias in attributions? A meta-analytic review of individual, developmental, and cultural differences in the self-serving attrubitional bias. *Psychological Bulletin*, 130 (5), 711-747.

Mezzich, J. E., Kirmayer, L. J., Kleinman, A., Jr Fabrega, H., Parron, D. L., Good, B. J., et al. (1999). The place of culture in DSM-IV. *Journal of Nervous and Mental Disease*, 187 (8), 457-464.

Milham, M. P., Erickson, K. I., Banich, M. T., Kramer, A. F., Webb, A., & Wszalek, T., Cohen, N. J. (2002). Attentional control in the aging brain: Insights from an fmri study of the stroop task. *Brain and Cognition*, 49 (3), 277-296.

Millenson, J. R., & Leslie, J. C. (1967). *Principles of Behavioral Analysis*. New York: Macmillan.

Miller, J. G. (1999). Cultural psychology: Implications for basic psychological theory. *Psychological Science*, 10 (2), 85-91.

Miller, J. G., & Bersoff, D. M. (1998). The role of liking in perceptions of the moral responsibility to help: A cultural perspective. *Journal of Experimental Social Psychology*, 34 (5), 443-469.

Miller, M. J. (2007). A bilinear multidimensional measurement model of Asian American acculturation and enculturation: Implications for counseling interventions. *Journal of*

Counseling Psychology, 54 (2), 118-131.

Miller, M. J., & Kerlow-Myers, A. E. (2009). A content analysis of acculturation research in the careerdevelopment literature. *Journal of Career Development*, 35 (4), 352-384.

Miller, P. J., Wiley, A. R., Fung, H., & Liang, C. H. (1997). Personal storytelling as a medium of socialization in chinese and americanfamilies.*Child Development*, 68 (3), 557-568.

Mitchell, J. P., Dodson, C. S., & Schacter, D. L. (2005). fMRI evidence for the role of recollection in suppressing misattribution errors: The illusory truth effect. *Journal of Cognitive Neuroscience*, 17 (5), 800-810.

Miyakoshi, M., Nomura, M., & Ohira, H. (2007). An ERP study on self-relevant object recognition. *Brain and Cognition*, 63 (2), 182-189.

Miyamoto, Y., Boylan, J. M., Coe, C. L., Curhan, K. B., Levine, C. S., Markus, H. R., et al. (2013). Negative emotions predict elevated interleukin-6 in the United States but not in Japan. *Brain, Behavior, and Immunity*, 34, 79-85.

Miyamoto, Y., Yoshikawa, S., & Kitayama, S. (2011). Feature and configuration in face processing: Japanese are more configural than americans. *Cognitive Science*, 35 (3), 563-574.

Miyawaki, C. E. (2017). Association of filial responsibility, ethnicity, and acculturation among Japanese American family caregivers of older adults. *Journal of Applied Gerontology*, 36 (3), 296-319.

Moran, J. M., Heatherton, T. F., & Kelley, W. M. (2009). Modulation of cortical midline structures by implicit and explicit self-relevance evaluation. *Social Neuroscience*, 4 (3), 197-211.

Moran, J. M., Macrae, C.N., & Heatherton, T. F., et al. (2006). Neuro anatomical evidence for distinct cognitive and affective components of self. *Journal of Cognitive Neuroscience*, 18 (9), 1586-1594.

Moray, N. (1959). Attention in dichotic listening: Affective cues and the influence of instructions.*The Quarterly Journal of Experimental Psychology*, 11 (1), 56-60.

Moriguchi, Y., Ohnishi, T., Kawachi, T., Mori, T., Hirakata, M., Yamada, M., et al. (2005). Specific brain activation in Japanese and Caucasian people to fearful faces. *Neuroreport*, 6 (2), 133-136.

Morris, J. S., Degelder, B., Weiskrantz, L., & Dolan, R. J. (2001). Differential extrageniculostriate and amygdala responses to presentation of emotional faces in a cortically blind field. *Brain: A Journal of Neurology*, 124 (Pt 6), 1241-1252.

Morris, J. S., Frith, C. D., Perrett, D. I., Rowland, D., Young, A. W., Calder, A. J., & Dolan, R. J. (1996). A differential neural response in the human amygdala to fearful and happy facial expressions. *Nature*, 383 (6603), 812-815.

Morris, M. W., Savani, K., Mor, S., & Cho, J. (2014). When in Rome: Intercultural learning and implication for training. *Research in Organizational Behavior, 34,* 189-215.

Morris, M. W., Chiu, C. Y., & Liu, Z. (2015). Polycultural psychology. *Annual Review of Psychology, 66* (1), 631-659.

Moskowitz, G. B., & Li, P. (2011). Egalitarian goals trigger stereotype inhibition: A proactive form of stereotype control. *Journal of Experimental Social Psychology, 47* (1), 103-116.

Moskowitz, G. B., Li, P., Ignarri, C., & Stone, J. (2011). Compensatory cognition associated with egalitarian goals. *Journal of Experimental Social Psychology, 47* (2), 365-370.

Mosquera, P. M. R., Manstead, A. S. R., & Fischer, A. H. (2002). Honor in the Mediterranean and Northern Europe. *Journal of Cross-Cultural Psychology, 33* (1), 16-36.

Motter, B. (2001). Attention in the animal brain. In R. A. Wilson & F. C. Keil (Eds.), *The MIT Encyclopedia of the Cognitive Sciences* (pp.41-43). Cambridge: MIT Press.

Motti-Stefanidi, F., & Coll, C. G. (2018). We have come a long way, baby: "Explaining positive adaptation of immigrant youth across cultures". *Journal of Adolescence, 62,* 218-221.

Mrazek, A. J., Chiao, J. Y., Blizinsky, K. D., Lun, J., & Gelfand, M. J. (2013). The role of culture-gene coevolution in morality judgment: Examining the interplay between tightness-looseness and allelic variation of the serotonin transporter gene. *Culture and Brain, 1* (2-4), 100-117.

Much, N. (1992). The analysis of discourse as methodology for a semiotic psychology. *American Behavioral Scientist. 36* (1), 52-72.

Mukamel, R., Ekstron, A. D., Kaplan, J., Iacoboni, M., & Fried, I. (2010). Single-neuron responses in humans during execution and observation of actions. *Current Biology, 20* (8), 750-756.

Müller, H. M., King, J. W., & Kutas, M. (1997). Event-related potentials elicited by spoken relative clauses. *Cognitive Brain Research, 5* (3), 193-203.

Müller, H. M., & Kutas, M. (1996).What's in a name? Electrophysiological differences between spoken nouns, proper names and one's own name. *NeuroReport, 8* (1), 221-225.

Munafò, M. R., Brown, S. M., & Hariri, A. R. (2008). Serotonin transporter (5-HTTLPR) genotype and amygdala activation: A meta-analysis. *Biological Psychiatry, 63* (9), 852-857.

Munafò, M. R., Freimer, N. B., Ng, W., Ophoff, R., Veijola, J., Miettunen, J., et al. (2009). 5-HTTLPR genotype and anxiety-related personality traits: A meta-analysis and new data. *American Journal of Medical Genetics Part B Neuropsychiatric Genetics, 150B* (2), 271-281.

Murata, A., Moser, J. S., & Kitayama, S. (2012). Culture shapes electrocortical responses during emotion suppression. *Social Cognitive and Affective Neuroscience, 8* (5), 595-601.

Myers, A. (2012) .*The Effect of Situational Attribution Training on Majority Group Members' Psychophysiological Responses to Out-group Members.* Georgia State University.

Myers, D. G. (2010). *Social Psychology* (10th eds.). New York: McGraw-Hill.

Nakamura, K., Kuo, W. J., Pegado, F., Cohen, L., Tzeng, O. J., & Dehaene, S. (2012). Universal brain systems for recognizing word shapes and handwriting gestures during reading. *Proceedings of the National Academy of Sciences of the United States of America*, 109 (50), 20762-20767.

Nap, A., Van Loon, A., Peen, J., Van Schaik, D. J., Beekman, A. T., Jack, J. M., & Dekker, J. J. (2015). The influence of acculturation on mental health and specialized mental healthcare for non-western migrants. *International Journal of Social Psychiatry*, 61 (6), 530-538.

Navon, D. (1977). Forest before trees: The precedence of global features in visual perception. *Cognitive Psychology*, 9 (3), 353-383.

Nelson, K., Plesa, D., & Henseler, S. (1998). Children's theory of mind: An experiential interpretation. *Human Development*, 41 (1), 7-29.

Nesdale, D. (2001). Language and the development of children's ethnic prejudice. *Journal of Language and Social Psychology*, 20 (1-2), 90-110.

Newman, K. L., & Nollen, S. D. (1996). Culture and congruence: The fit between management practices and national culture. *Journal of International Business Studies*, 27 (4), 753-779.

Neyer, F. J., & Lang, F. R. (2003). Blood is thicker than water: Kinship orientation across adulthood. *Journal of Personality and Social Psychology*, 84 (2), 310-321.

Ng, S. H., Han, S., Mao, L., & Lai, J. C. L. (2010). Dynamic bicultural brains: fMRI study of their flexible neural representation of self and significant others in response to culture primes. *Asian Journal of Social Psychology*, 13 (2), 83-91.

Nichols, D. F., Betts, L. R., & Wilson, H. R. (2010). Decoding of faces and face components in face-sensitive human visual cortex. *Frontiers in Psychology*, 4 (1), 1-13.

Nilsson, J. E., Berkel, L. A., Flores, L. Y., & Lucas, M. S. (2004). Utilization rate and presenting concerns of international students at a university counseling center. *Journal of College Student Psychotherapy*, 19 (2), 49-59.

Nisbett, R. E., Peng, K., Choi, I., & Norenzayan, A. (2001). Culture and systems of thought: Holistic versus analytic cognition. *Psychological Review*, 108 (2), 291-310.

Nisbett, R. E., & Masuda, T. (2003). Culture and point of view. *Proceedings of the National Academy of Sciences*, 100 (19), 11163-11170.

Noelle, W., & Nelson, C. (1995). The cocktail party phenomenon revisited:How frequent are attention shifts to one's name in an irrelevant auditory channel? *Journal of Experimental Psychology: Learning Memmory and Cognition*, 21 (1), 255-260.

Nollen, K. L., & Nollen, S. D. (1996). Culture and congruence: The fit between management practices and national culture. *Journal of International Business Studies*, 27 (4), 753-779.

Norenzayan, A, Smith, E. E., Kim, B. J., & Nisbett, R. E. (2002). Cultural preferences for formal versusintuitive reasoning. *Cognitive Science*, 26 (5), 653-684.

Norenzayan, A., & Nisbett, R. E. (2000). Culture and causal cognition. *Current Directions in Psychological Science*, 9 (4), 132-135.

Northoff, G., & Musholt, K. (2006). How can searle avoid property dualism? Epistemic-ontological inference and autoepistemiclimitation. *Philosophical Psychology*, 19 (5), 589-605.

Norton, M. I., Mason, M. F., & Vandello, J. A., et al. (2013). An fMRI investigation of racial paralysis. *Social Cognitive and Affective Neuroscience*, 8 (4), 387-393.

Nosek, B. A., Banaji, M., & Greenwald, A. G. (2002). Harvesting implicit group attitudes and beliefs from a demonstration web site. *Group Dynamics: Theory, Research, and Practice*, 6 (1), 101-115.

Nosek, B. A., & Banaji, M. R. (2001). The Go/No-Go association task. *Social Cognition*, 19 (6), 625-666.

Oakes, P. J., & Turner, J. C. (1990). Is limited information processing capacity the cause of social stereotyping? *European Review of Social Psychology*, 1 (1), 111-135.

Obhi, S. S., & Hogeveen, J. 2010. Incidental action observation modulates muscle activity. *Experimental Brain Research*, 203 (2), 427-435.

Ochsner, K. N. (2008). The social-emotional processing stream: Five core constructs and their translational potential for schizophrenia and beyond. *Biological Psychiatry*, 64 (1), 48-61.

Odena, O. (2010). Practitioners'views on cross-community music education projects in Northern Ireland: Alienation, socio-economic factors and educational potential. *British Educational Research Journal*, 36 (1), 83-105.

OECD. (2009). *Education at a Glance 2009*. http://www.oecd.org/dataoecd/41/25/43636332.pdf.

OECD. (2013). *How is International Student Mobility Shaping Up?* (Education Indicators in Focus, No. 14). http://dx.doi.org/10.1787/5k43k8r4k821-en.

Ofan, R. H., Rubin, N., & Amodio, D. M. (2011). Seeing race: N170 responses to race and their relation to automatic racial attitudes and controlled processing. *Journal of Cognitive Neuroscience*, 23 (10), 3153-3161.

Ofek, E., & Pratt, H. (2005). Neurophysiological correlates of subjective significance. *Clinical Neurophysiology: Official Journal of the International Federation of Clinical Neurophysiology*, 116 (10), 2354-2362.

Oh, J. H. (2016). Immigration and social capital in a Korean-American women's online community: Supporting acculturation, cultural pluralism, and transnationalism. *New Media & Society*, 18 (10), 2224-2241.

Okano, K., Grainger, J., & Holcomb, P. J. (2013). An ERP investigation of visual word recognition in syllabary scripts. *Cognitive Affective & Behavioral Neuroscience*, 13 (2), 390-404.

Oldenhuis, H., Gordijn, E. H., & Otten, S. (2007).Oldenhuis, H., Gordijn, E. H. & Dtten

S. (2007). *If You Don't Like Us, We Won't Be Likeable, The Influence of Meta-stereotype Activation on Behavior and Attitude.* University of Groningen.

Olds, J., & Milner, P. (1954). Positive reinforcement produced by electrical stimulation of septal area and other regions of rat brain. *Journal of Comparative and Physiological Psychology, 47* (6), 419-427.

Olofsson, J. K., Nordin, S., Sequeira, H., & Polich, J. (2008). Affective picture processing: An integrative review of ERP findings. *Biological Psychology, 77* (3), 247-265.

Olson, M. A., & Fazio, R. H. (2006). Reducing automatically activated racial prejudice through implicit evaluative conditioning. *Personality & Social Psychology Bulletin, 32* (4), 421-433.

ONS. (2013). *Migration Statistics Quarterly Report, February 2013.* http://www.ons.gov.uk/ons/rel/migration1/migration-statistics-quarterly-report/february-2013/msqrfeb13.html.

Orbe, M. P., & Camara, S. K. (2010). Defining discrimination across cultural groups: Exploring the [un-] coordinated management of meaning. *International Journal of Intercultural Relations, 34* (3), 283-293.

Osterhout, L., Bersick, M., & McLaughlin, J. (1997). Brain potentials reflect violations of gender stereotypes. *Memory and Cognition, 25* (3), 273-285.

Oswald, I., Taylor, A. M., & Treisman, M. (1960). Discriminative responses to stimulation during human sleep. *Brain, 83* (3), 440-453.

Ownbey, S. F., & Horridge, P. E. (1998). The Suinn-Lew Asian Self-Identity Acculturation Scale: Test with a non-student, Asian-American sample. *Social Behavior and Personality AnInternational Journal, 26* (1), 57-68.

Owuamalam, C., & Zagefka, H. (2013). We'll never get past the glass ceiling! Meta-stereotyping, world-views and perceived relative group-worth. *British Journal of Psychology, 104* (4), 543-562.

Ozer, S. (2015). Acculturation, adaptation, and mental health among Ladakhi college students: Amixedmethods study of an indigenous population. *Journal of Cross-Cultural Psychology, 46* (3), 435-453.

Oztop, E., & Arbib, M. A. (2002). Schema design and implementation of the grasp-related mirror neuron system. *Biological Cybernetics, 87* (2), 116-140.

Pahl, S., & Eiser, J. R. (2005). Valence, comparison focus and self-positivity biases. Does it matter whether people judge positive or negative traits? *Experimental Psychology, 52* (4), 303-309.

Paluck, E. L. (2010). Is it better not to talk? Group polarization, extended contact, and perspective taking in Eastern Democratic Republic of Congo. *Personality and Social Psychology Bulletin, 36* (9), 1170-1185.

Paluck, E. L. (2009). Reducing intergroup prejudice and conflict using the media: A field experiment in Rwand. *Journal of Personality and Social Psychology, 96* (3), 574-587.

Pan, J. Y., Ng, P., Young, D. K. W., & Caroline, S. (2016). Effectiveness of cognitive behavioral group intervention on acculturation: A study of students in Hong Kong from Mainland China. *Research on Social Work Practice*, 27 (1), 68-79.

Pan, J. Y., Yue, X. D., & Chan, C. L. W. (2010). Development and validation of the Acculturative Hassles Scale for Chinese Students (AHSCS): An example of Mainland Chinese university students in Hong Kong. *Psychologia*, 53 (3), 163-178.

Panksepp, J. (2006). Emotional endophenotypes in evolutionary psychiatry. *Progress in Neuro-Psychopharmacology & Biological Psychiatry*, 30 (5), 774-784.

Papez, J. W. (1937). A proposed mechanism of emotion. *Archives of Neurology & Psychiatry*, 38, 725-743.

Park, D. C., & Huang, C. M. (2010). Culture wires the brain: A cognitive neuroscience perspective. *Perspectives on Psychological Science*, 5 (4), 391-400.

Park, N., Song, H., & Lee, K, M. (2014). Social networking sites and other media use, acculturation stress, and psychological well-being among East Asian college students in the United States. *Computers in Human Behavior*, 36, 138-146.

Parkinson, B., Briner, R., Reynolds, S. K., & Totterdell, P. (1996). *Changing Moods: The Psychology of Mood and Mood Regulation*. London: Longman.

Parr, L. A., Waller, B. M., & Fugate, J. (2005). Emotional communication in primates: Implications for neurobiology. *Current Opinion in Neurobiology*, 15 (6), 716-720.

Payne, B. K. (2001). Prejudice and perception: The role of automatic and controlled processes in misperceiving a weapon. *Journal of Personality and Social Psychology*, 81 (2), 181-192.

Peacock L. (1986). *The Anthropological Lens: Harsh Light Soft Focus*. Cambridge: Cambridge University Press.

Pedersen, E. R., Neighbors, C., Larimer, M. E., & Lee, C. M. (2011). Measuring sojourner adjustment among American students studying abroad. *International Journal of Intercultural Relations*, 35 (6), 881-889.

Peecher, M. E., & Piercey, M. D. (2008). Judging audit quality in light of adverse outcomes: Evidence of outcome bias and reverse outcome bias. *Contemporary Accounting Research*, 25 (1), 243-274.

Pelphrey, K. A., Viola, R. J., & Mccarthy, G. (2004). When strangers pass: Processing of mutual and averted social gaze in the superior temporal sulcus. *Psychological Science*, 15 (9), 598-603.

Peng, K., & Knowles, E. D. (2003). Culture, education, and the attribution of physical causality. *Personality and Social Psychology Bulletin*, 29 (10), 1272-1284.

Pennington, A. Y. (2004). Ring bearers. *Entrepreneur*, 32 (10), 164.

Perez-Marcos, D., Slater, M., & Sanchez-Vives, M. V. (2009). Inducing a virtual hand ownership illusion through a brain-computer interface. *Neuroreport*, 20 (6), 589-594.

Perrin, F., Maquet, P., Peigneux, P., Ruby, P., Degueldre, C., & Balteau, E., et al. (2005). Neural mechanisms involved in the detection of our first name: A combined

ERPs and pet study. *Neuropsychologia*, 43 (1), 12-19.

Pesa, T., & Ashir, M. (2017). *Immigrant Adolescents in Sweden: Acculturation and Mental Health.* Lund University.

Pessoa, L., & Adolphs, R. (2010). Emotion processing and the amygdala: From a "lowroad" to "many roads" of evaluating biological significance. *Nature Reviews Neuroscience*, 11 (11), 773-783.

Petrides, M., Alivisatos, B., Meyer, E., & Evans, A. C. (1993). Functional activation of the human frontal cortex during the performance of verbal working memory tasks. *Proceedings of the National Academy of Sciences of the United States of America*, 90 (3), 878-882.

Petrinovich, L., O'Neill, P., & Jorgensen, M. (1993). An empirical study of moral intuitions: Toward an evolutionary ethics. *Journal of Personality and Social Psychology*, 64 (3), 467-478.

Pettigrew, T. F. (1979). The ultimate attribution error: Extending Allport's cognitive analysis of prejudice. *Personality and Social Psychology Bulletin*, 5 (4), 461-476.

Pettigrew, T. F. (1998). Reactions toward the new minorites of western Europe. *Annual Review of Sociology*, 24, 77-103.

Pfütze, E. M., Sommer, W., & Schweinberger, S. R. (2002). Age-related slowing in face and name recognition: evidence from event-related brain potentials. *Psychology and Aging*, 17 (1), 140-160.

Phelps, E. A., Cannistraci, C. J., & Cunningham, W. A. (2003). Intact performance on an indirect measure of race bias following amygdala damage. *Neuropsychologia*, 41 (2), 203-208.

Phelps, E. A., O'Connor, K. J., & Cunningham, W. A., et al. (2000). Performance on indirect measures of race evaluation predicts amygdala activation. *Journal of Cognitive Neuroscience*, 12 (5), 729-738.

Phelps, E. A., O'Connor, K. J., Cunningham, W. A., Funayama, E. S., Gatenby, J. C., Gore, J. C., & Banaji, M. R. (2000). Performance on indirect measures of race evaluation predicts amygdala activation. *Journal of Cognitive Neuroscience*, 12 (5), 729-738.

Phelps, E. A., & LeDoux, J. E. (2005). Contributions of the amygdala to emotion processing: From animal models to human behavior. *Neuron*, 48 (2), 175-187.

Phillips, M. L., Young, A. W., Senior, C., Brammer, M., Andrew, C., Calder, A. J., et al. (1997). A specific neural substrate for perceiving facial expressions of disgust. *Nature*, 389 (6650), 495-498.

Phinney, J. S. (1990). Ethnic identity in adolescents and adults: Review of research. *Psychological Bulletin*, 108 (3), 499-514

Pohl, R. F., Bayen, U. J., & Martin, C. (2010). A multiprocess account of hindsight bias in children. *Developmental Psychology*, 46 (5), 1268-1282.

Pohl, R. F., Bender, M., & Laohmann, G. (2002). Hindsight bias around the world.

Experimental Psychology, 49（4），270-282.

Polich, John.（2007）. Updating P300: An integrative theory of P3a and P3b. *Clinical Neurophysiology*, 118（10），2128-2148.

Pollack, I., & Pickett, J. M.（1957）. Effect of noise and filtering on speech intelligibility at high levels. *The Journal of the Acoustical Society of America*, 29（12），1328.

Pollack I., & Pickett, J. M.（1957）. Cocktail party effect. *The Journal of the Acoustical Society of America*, 29（11），1262.

Portas, C. M., Bjφrn B., & Ursin, R.（2000）. Serotonin and the sleep/wake cycle: Special emphasis on microdialysis studies. *Progress in Neurobiology*, 60（1），13-35.

Posner, M. I., & Petersen, S. E.（1990）. The attention system of the human brain. *Annual Review of Neuroscience*, 13, 25-42.

Posner, M. I., & Rothbart, M. K.（2007）. Research on attention networks as a model for the integration of psychological science. *Annual Review of Psychology*, 58, 1-23.

Posner, M. I., & Fernandez-Duque, D.（1999）. Attention in the human brain. In R. A. Wilson & F. C. Keil（Eds.）, *The MIT Encyclopedia of the Cognitive Sciences*（pp.43-46）. Cambridge: MIT Press.

Poteat, V. P., & Digiovanni, C. D.（2010）. When biased language use is associated with bullying and dominance behavior: The moderating effect of prejudice. *Journal of Youth & Adolescence*, 39（10），1123-1133.

Prado, C., Mellor, D., Byrne, L. K., Wilson, C., Xu, X., & Liu, H.（2014）. Facial emotion recognition: A cross-cultural comparison of Chinese, Chinese living in australia, and anglo-australians. *Motivation and Emotion*, 38（3），420-428.

Prashad, V.（2001）. Everybody was Kung Fu fighting: Afro-Asian Connections and the Myth of Cultural Purity. Boston: Beacon Press.

Pressman, S. D., Gallagher, M. W., & Lopez, S. J.（2013）. Is the emotion-health connection a "first-world problem"? *Psychological Science*, 24（4），544-549.

Pritchard, R. M. O., & Skinner, B.（2002）. Cross-cultural partnerships between home and international students. *Journal of Studies in International Education*, 6（4），323-353.

Pullyblank, J., Bisanz, J., Scott, C., & Champion, M. A.（1985）. Developmental invariance in the effects of functional self-knowledge on memory. *Child Development*, 56（6），1447-1454.

Qin, P. M., Liu, Y. J., Shi, J. F., Wang, Y. Z., Duncan, N., Gong, Q. Y., et al.（2012）. Dissociation between anterior and posterior cortical regions during self-specificity and familiarity: A combined fMRI-meta-analytic study. *Human Brain Mapping*, 33（1）:154-164.

Qin, Q.（2013）. Cultural perspectives and aesthetic preference: Comparing the framing in photographs between east asians and Americans. http://digitalcommons.bard.edu/senproj-S2013/199.

Quadflieg, S., Turk, D. J., Waiter, G. D., Mitchell, J. P., Jenkins, A. C., & Macrae, C. N., et al. (2009). Exploring the neural correlates of social stereotyping. *Journal of Cognitive Neuroscience*, 21 (8), 1560-1570.

Raabe, T., & Beelmann, A. (2011). Development of ethnic, racial, and national prejudice in childhood and adolescence: A multinational meta-analysis of age differences. *Child Development*, 82 (6), 1715-1737.

Rado, S. (1969). *Adaptational Psychodynamics: Motivation and Control*. University of Chicago.

Rahim-Williams, B., Riley III, J. L., Williams, A. K. K., & Fillingim, R. B. (2012). A quantitative review of ethnic group differences in experimental pain response: Do biology, psychology, and culture matter? *Pain Medicine*, 13 (4), 522-540.

Rameson, L. T., Satpute, A. B., & Lieberman, M. D. (2010). The neural correlates of implicit and explicit self-relevant processing. *NeuroImage*, 50 (2), 701-708.

Ramos, M. R., Cassidy, C., Reicher, S., & Haslam S. A. (2016). A longitudinal study of the effects of discrimination on the acculturation strategies of international students. *Journal of Cross-Cultural Psychology*, 47 (3), 401-420.

Ratner, C., & Hui, L. (2004). Theoretical and methodological problems in cross-cultural psychology. *Journal for the Theory of Social Behavior*, 33 (1), 67-94.

Raymond, J. E., Shapiro, K. L., & Arnell, K. M. (1995). Similarity determines the attentional blink. *Journal of Experimenlal Psychology: Human Perception and Performance*, 21 (3), 653-662.

Redfield, R., Linton, R., & Herskovits, M. J. (1936). Memorandum for the study of acculturation. *American Anthropologist*, 38 (1), 149-152.

Reid, S. A., Keerie, N., & Palomares, N. A. (2003). Language, gender salience, and social influence. *Journal of Language & Social Psychology*, 22 (2), 210-233

Richeson, J. A., Baird, A. A., Gordon, H. L., Heatherton, T. F., Wyland, C. L., Trawalter, S., et al. (2003). An fMRI investigation of the impact of interracial contact on executive function. *Nature Neuroscience*, 6 (12), 1323-1328.

Richeson, J. A., & Trawalter, S. (2008). The threat of appearing prejudiced and race-based attentional biases. *Psychological Science*, 19 (2), 98-102.

Riečanský, I., Paul, N., Kölble, S., Stieger, S., & Lamm, C. (2015). Beta oscillations reveal ethnicity ingroup bias in sensorimotor resonance to pain of others. *Social Cognitive and Affective Neuroscience*, 10 (7), 893-901.

Rilling, J. K., Dagenais J. E., & Goldsmith, D. R., et al. (2008). Social cognitive neural networks during in-group and out-group interactions. *NeuroImage*, 41 (4), 1447-1461.

Rippere, V. (1977). What's the thing to do when you're feeling depressed: A pilot study. *Behaviour Research and Therapy*, 15 (2), 185-191.

Rodrigues, S. M., Saslow, L. R., Garcia, N., John, O. P., & Keltner, D. (2009). Oxytocin receptor genetic variation relates to empathy and stress reactivity in humans. *Proceedings of the National Academy of Sciences of the United States of America*, 106 (50), 21437-21441.

Roese, N. J., & Maniar, S. D. (1997). Perceptions of purple: Counterfactual and hindsight judgments at Northwestern wildcats football games. *Personality and Social Psychology Bulletin*, 23 (12), 1245-1253.

Roese, N. J., & Vohs, K. D. (2012). Hindsight bias. *Perspectives on Psychological Science*, 7 (5), 411-426.

Rogers, T. B., Kuiper, N. A., & Kirker, W. S. (1977). Self-reference and the encoding of personal information. *Journal of Personality and Social Psychology*, 35 (9), 677-688.

Rogers-Sirin, L., & Gupta, T. (2012). Cultural identity and mental health: Differing trajectories among Asian and Latino youth. *Journal of Counseling Psychology*, 59 (4), 555-566.

Roseman, I. J., Dhawan, N., Rettek, S. I., Naidu, R. K., & Thapa, K. (1995). Cultural differences and cross-cultural similarities in appraisals and emotional responses. *Journal of Cross-Cultural Psychology*, 26 (1), 23-48.

Rossion, B., & Jacques, C. (2008). Does physical interstimulus variance account for early electrophysiological face sensitive responses in the human brain? Ten lessons on the N170. *NeuroImage*, 39 (4), 1959-1979.

Rudman, L. A., & Ashmore, R. D. (2007). Discrimination and the implicit association test. *Group Processes & Intergroup Relations*, 10 (3), 359-372.

Rudmin, F. W. (2003). Critical history of the acculturation psychology of assimilation, separation, integration, and marginalization. *Review of General Psychology*, 7 (1), 3-37.

Rupp, D. E., & Bell, C. M. (2010). Extending the deontic model of justice: Moral self-regulation in third-party responses to injustice. *Business Ethics Quarterly*, 20 (1), 89-106.

Ruscher, J. B. (2001). *Prejudiced Communication: A Social Psychological Perspective*. New York: Guilford Press.

Russell, J. A. (1991). In defense of a prototype approach to emotion concepts. *Journal of Personality and Social Psychology*, 60 (1), 37-47.

Russell, J. A. (1994). Is there universal recognition of emotion from facial expression? A review of the cross-cultural studies. *Psychological Bulletin*, 115 (1), 102-141.

Russell, J. A. (2003). Core affect and the psychological construction of emotion. *Psychological Review*, 110 (1), 145-172.

Ryder, A. G., Alden, L. E., & Paulhus, D. L. (2000). Is acculturation unidimensional or bidimensional? A head-to-head comparison in the prediction of personality, self-identity, and adjustment. *Journal of Personality and Social Psychology*, 79 (1), 49-65.

Sabatier, C., & Berry, J. W. (2008). The role of family acculturation, parental style, and perceived discrimination in the adaptation of second-generation immigrant youth in France and Canada. *European Journal of Developmental Psychology*, 5 (2), 159-185.

Sabbagh, M. A., Xu, F., Carlson, S. M., Moses, L. J., & Lee, K. (2006). The development of executive functioning and theory of mind. A comparison of Chinese and US preschoolers. *Psychological Science*, 17 (1), 74-81.

Saleem, M., Dubow, E., Lee, F., & Huesmann, R. (2018). Perceived discrimination and intergroup behaviors: The role of Muslim and American identity integration. *Journal of Cross-Cultural Psychology*, 49 (4), 602-617.

Sam, D. L. (2006). Acculturation: Conceptual background and core concepts. In D. L. Sam & J. W. Berry (Eds.), *Cambridge Handbook of Acculturation Psychology* (pp. 11-26). Cambridge: Cambridge University Press.

Sam, D. L., & Berry, J. W. (2010). Acculturation: When individuals and groups of different cultural backgrounds meet. *Perspectives on Psychological Science*, 5 (4), 472-481.

Samson, D., Apperly, I. A., Chiavarino, C., & Humphreys, G. W. (2004). Left temporoparietal junction is necessary for representing someone else's belief. *Nature Neuroscience*, 7 (5), 499-500.

Sanchez-Vives, M. V., Spanlang, B., Frisoli, A., Bergamasco, M., & Slater, M. (2010). Virtual hand illusion induced by visuomotor correlations. *Plos One*, 5 (4), e10381.

Sandel, T. (2014). "Oh, I'm Here!": Social media's impact on the cross-cultural adaptation of students studying abroad. *Journal of Intercultural Communication Research*, 43 (1), 1-29.

Santos, A., Meyer-Lindenberg, A., & Deruelle, C. (2010). Absence of racial, but not gender, stereotyping in Williams syndrome children. *Current Biology*, 20 (7), 307-308.

Saphire-Bernstein, S., Way, B. M., Kim, H. S., Sherman, D. K., & Taylor, S. E. (2011). Oxytocin receptor gene (OXTR) is related to psychological resources. *Proceedings of the National Academy of Sciences*, 108 (37), 15118-15122.

Sapir, E. (1929). The status of linguistics as a science. *Language*, 5 (4), 207-214.

Satpute, A. B., & Lieberman, M. D. (2006). Integrating automatic and controlled processes into neurocognitive models of social cognition. *Brain Research*, 1079 (1), 86-97.

Sawyer, P. J., Major, B., Casad, B. J., Townsend, S. S. M., & Mendes, W. R. (2012). Discrimination and the stress response: Psychological and physiological consequences of anticipating prejudice in interethnic interactions. *American Journal of Public Health*, 102 (5), 1020-1026.

Schachner, M. K., Van de Vijver, F., J. R., & Peter, N. (2018). Acculturation and school adjustment of early-adolescent immigrant boys and girls in germany: Conditions in school, family, and ethnic group. *Journal of Early Adolescence*, 38 (3), 352-384.

Schachner, M. K., Van de Vijver, F. J. R., & Noack, P. (2018). Acculturation and school adjustment of early-adolescent immigrant boys and girls in germany: Conditions in school, family, and ethnic group. *The Journal of Early Adolescence*, 38 (3), 352-384.

Schacter, D. L., Addis, D. R., & Buckner, R. L. (2007). Remembering the past to imagine the future: The prospective brain. *Nature Reviews Neuroscience*, 8 (9), 657-661.

Schacter, D. L., Norman, K. A., & Koutstaal, W. (1998). The cognitive neuroscience of constructive memory. *Annual Review of Psychology*, 49 (1), 289-318.

Schellekens, G. A. C., Verlegh, P. W. J., & Smidts, A. (2013). Linguistic biases and persuasion in communication about objects. *Journal of Language and Social Psychology*, 32 (3), 291-310.

Scherer, K. R. (1997a). Profiles of emotion-antecedent appraisal: Testing theoretical predictions across cultures. *Cognition and Emotion*, 11 (2), 113-150.

Scherer, K. R. (1997b). The role of culture in emotion-antecedent appraisal. *Journal of Personality and Social Psychology*, 73 (5), 902-922.

Scherer, K. R., Wallbott, H. G., & Summerfield, A. B. (1986). *Experiencing Emotion: A Cross-cultural Study*. Cambridge: Cambridge University Press.

Schmitt, B. M., Lamers, M., & Münte, T. F. (2002). Electrophysiological estimates of biological and syntactic gender violation during pronoun processing. *Cognitive Brain Research*, 14 (3), 333-346.

Schnake, S. B., & Ruscher, J. B. (1998). Modern racism as a predictor of the linguistic intergroup bias. *Journal of Language and Social Psychology*, 17 (4), 484-491

Schneider, B. H., Dixon, K., & Udvari, S. (2007). Closeness and competition in the inter-ethnic and co-ethnic friendships of early adolescents in Toronto and Montreal. *The Journal of Early Adolescence*, 27 (1), 115-138.

Schneider, B. H., Fonzi, A., Tani, F., & Tomada, G. (1997). A cross-cultural exploration of the stability of children's friendships and the predictors of their continuation. *Social Development*, 6 (3), 322-339.

Schneider, W., Küspert, P., Roth, E., Visé, M., & Marx, H. (1997). Short- and long-term effects of training phonological awareness in kindergarten: Evidence from two German studies. *Journal of Experimental Child Psychology*, 66 (3), 311-340.

Schuett, F., & Wagner, A. K. (2011). Hindsight-biased evaluation of political decision makers. *Journal of Public Economics*, 95 (11-12), 1621-1634.

Schupp, H. T., Cuthbert, B. N., Bradley, M. M., Cacioppo, J. T., Ito, T., & Lang, P. J. (2000). Affective picture processing: The late positive potential is modulated by motivational relevance. *Psychophysiology*, 37 (2), 257-261.

Schweinberger, S. R., Pickering, E. C., Burton, A. M., & Kaufmann, J. M. (2002). Human brain potential correlates of repetition priming in face and name recognition. *Neuropsychologia*, 40 (12), 2057-2073.

Scoville, W. B., & Milner, B. (1957). Loss of recent memory after bilateral hippocampal lesions. *Journal of Neuropsychiatry & Clinical Neurosciences*, 20 (1), 11-21.

Seaton, E. K., Caldwell, C. H., Sellers, R. M., & Jackson, J. S. (2008). The prevalence of perceived discrimination among African American and Caribbean black youth. *Developmental Psychology*, 44 (5), 1288-1297.

Seaton, E. K., Scottham, K. M., & Sellers, R. M. (2006). The status model of racial identity development in African American adolescents: Evidence of structure, trajectories, and well-being. *Child Development*, 77 (5), 1416-1426.

Semin, G. R. (2000). Agenda 2000 : Communication : Language as an implementational device for cognition. *European Journal of Social Psychology*, 30 (5), 595-612

Semin, G. R., & Fiedler, K. (1988). The cognitive functions of linguistic categories in describing persons : Social cognition and language. *Journal of Personality and Social Psychology*, 54 (4), 558-568.

Senholzi, K. B., & Ito, T. (2013). Structural face encoding : How task affects the N170's sensitivity to race. *Social Cognitive and Affective Neuroscience*, 8 (8), 937-942.

Sessa, P., Tomelleri, S., Luria, R., Castelli, L., Michael, R., & Deu'Acqua, R. (2012). Look out for strangers! Sustained neural activity during visual working memory maintenance of other-race faces is modulated by implicit racial prejudice. *Social Cognitive and Affective Neuroscience*, 7 (3), 314-321.

Shapiro, K., Caldwell, J., & Sorensen, R. E. (1997). Personal names and the attentional blink: A visual "Cocktail Party" effect. *Journal of Experimental Psychology Human Perception and Performance*, 23 (2), 504-514.

Shaywitz, B. A., Shaywitz, S. E., Blachman, B. A., Pugh, K. R., Fulbright, R. K., Skudlarski, P., et al. (2004). Development of left occipitotemporal systems for skilled reading in children after a phonologically-based intervention. *Biological Psychiatry*, 55 (9), 926-933.

Shechter, H., & Salomon, G. (2005). Does vicarious experience of suffering affect empathy for an adversary? The effects of Israelis' visits to Auschwitz on their empathy for Palestinians. *Journal of Peace Education*, 2 (2), 125-138.

Shelley-Tremblay, J., Mack, A. (1999). Metacontrast masking and attention. *Psychological Science*, 10 (6): 508-515.

Sheng, F., & Han, S. (2012). Manipulations of cognitive strategies and intergroup relationships reduce the racial bias in empathic neural responses. *NeuroImage*, 61 (4), 786-797.

Sherry, M., Thomas, P., & Chui, W. H. (2010). International students : A vulnerable student population. *Higher Education*, 60 (1), 33-46.

Shih, T. A. (1998). Finding the niche : Friendship formation of adolescent immigrants. *Youth & Society*, 30 (2), 209-240.

Shiota, M. N., & Kalat, J. W. (2017). *Emotion (3rd Edition)*. New York: Oxford University Press.

Shkurko, A. V. (2013). Is social categorization based on relational ingroup/outgroup opposition? A meta-analysis. *Social Cognitive and Affective Neuroscience*, 8 (8), 870-877.

Shulman, J. L., Collins, K. A., & Clément, R. (2011). In consideration of social context : Re-examining the linguistic intergroup bias paradigm. *Journal of International and Intercultural Communication*, 4 (4), 310-332.

Shweder, R. A., Haidt, J., Horton, R., & Joseph, C. (2010). The cultural psychology of the emotions—Ancient and renewed. In M. Lewis, J. Haviland-Jones & L. Barrett (Eds.), *Handbook of Emotions* (pp.409-427). New York: Guilford Press.

Sigleman, L., & Tuch, S. (1997). Metastereotypes: Blacks'perceptions of Whites'stereotypes of Blacks. *Public Opinion Quarterly, 61* (1), 87-101.

Signorino, M., D'Acunto, S., Angeleri, F., & Pietropaoli, P. (1995). Eliciting P300 in comatose patients. *The Lancet, 345* (8944), 255-256.

Silverstein, L. (2006). Integrating feminism and multiculturalism: Scientific fact or science fiction? *Professional Psychology Research and Practice, 37* (1), 21-28.

Simons, D. J., & Levin, D. T. (1997). Change blindness. *Trends in Cognitive Sciences, 1* (7), 261-267.

Siok, W. T., Perfetti, C. A., Jin, Z., & Tan, L. H. (2004). Biological abnormality of impaired reading is constrained by culture. *Nature, 431*, 71-76.

Skinner, B., F. (1953). *Science and Human Behavior*. New York: Macmillan.

Skitka, L. J., Liu, J. H., Yang, Y. Y., & Chen, H. (2013). Exploring the cross-cultural generalizability and scope of morally motivated intolerance. *Social Psychological and Personality Science, 4* (3), 324-331.

Skorinko, J. L., & Sinclair, S. A. (2013). Perspective taking can increase stereotyping: The role of apparent stereotype confirmation. *Journal of Experimental Social Psychology, 49* (1), 10-18.

Smith, P. B., & Bond, M. H. (1999). *Social Psychology Across Cultures*. Boston: Allyn & Bacon.

Smith, R. A., & Khawaja, N. G. (2011). A review of the acculturation experiences of international students. *International Journal of Intercultural Relations, 35* (6), 699-713.

Song, J. J. (2006). The effect of tourism and leisure satisfaction on the physical, emotional stress and the life satisfaction: The case of North Korean defectors. *Journal of Tourism Science, 30*, 237-258.

Sorenson, S. B., & Telles, C. A. (1991). Self-reports of spousal violence in a Mexican-American and non-Hispanic White population. *Violence and Victims, 6* (1), 3-16.

Soto, J. A., Perez, C. R., Kim, Y.-H., Lee, E. A., & Minnick, M. R. (2011). Is expressive suppression always associated with poorer psychological functioning? A cross-cultural comparison between European Americans and Hong Kong Chinese. *Emotion, 11* (6), 1450-1455.

Sousa, M. D. R., Neto, F., & Mullet, E. (2005). Can music change ethnic attitudes among children? *Psychology of Music, 33* (3), 304-316.

Spasojević, J., Heffer, R. W., & Snyder, D. K. (2000). Effects of posttraumatic stress and acculturation on marital functioning in Bosnian refugee couples. *Journal of Traumatic Stress, 13* (2), 205-217.

Spencer-rodyers, J., Williams, M. J., Hamilton, D. L., Peng, K. P., & Wang. L. (2007).

Culture and group perception: Dispositional and stereotypic inferences about novel and national groups. *Journal of Personality and Social Psychology, 93*（4）, 525-543.

Spiegler, O., Leyendecker, B., & Kohl, K. (2015). Acculturation gaps between Turkish immigrant marriage partners: Resource or source of distress?. *Journal of Cross-Cultural Psychology, 46*（5）, 667-683.

Stahl, J., Wiese, H., & Schweinberger, S. R. (2010). Learning task affects ERP-correlates of the own-race bias, but not recognition memory performance. *Neuropsychologia, 48*（7）, 2027-2040.

Staklis, S., & Horn, L. (2012). New americans in postsecondary education: A profile of immigrant and second-generation american undergraduates. *National Center for Education Statistics, 213*（29）, 55-75.

Stewart, T. L., Latu, I. M., Kawakami, K., & Myers, A. C. (2010). Consider the situation: Reducing automatic stereotyping through situational attribution training. *Journal of Experimental Social Psychology, 46*（1）, 221-225.

Stigler, J. W., Shweder, R. A., & Herdt, G. (1993). Cultural psychology: Essays on comparative human development. *Acmerican Ethnologist, 20*（2）, 393-395.

Strumphf, N. E., Glicksman, A., Goldberg-Glen, R. S., Fox, R. C., & Logue, E. H. (2001). Caregiver and elder experiences of Cambodian, Vietnamese, Soviet Jewish, and Ukrainian refugees. *International Journal of Aging & Human Development, 53*, 233-252.

Sugiyama, L. S., Tooby, J., & Cosmides, L. (2002). Cross-cultural evidence of cognitive adaptations for social exchange among the Shiwiar of Ecuadorian Amazonia. *Proceedings of the National Academy of Sciences of the United States of America, 99*（17）, 11537-11542.

Susskind, J. M., Lee, D. H., Cusi, A., Feiman, R., Grabski, W., & Anderson, A. K. (2008). Expressing fear enhances sensory acquisition. *Nature Neuroscience, 11*（7）, 843-850.

Tacikowski, P., Brechmann, A., Marchewka, A., Jednoróg, K., Dobrowolny, M., & Nowicka, A. (2011). Is it about the self or the significance? An fMRI study of self-name recognition. *Social Neuroscience, 6*（1）, 98-107.

Tacikowski, P., Cygan, H., & Nowicka, A. (2014). Neural correlates of own and close-other's name recognition: ERP evidence. *Frontiers in Human Neuroscience, 8*（1）, 194.

Tacikowski, P., & Nowicka, A. (2010). Allocation of attention to self-name and self-face: An ERP study. *Biological Psychology, 84*（2）, 318-324.

Taggar, S., & Brown, T. C. (2006). Interpersonal affect and peer rating bias in teams. *Small Group Research, 37*（1）, 86-111.

Tailakh, A. K., et al. (2016). Acculturation, medication adherence, lifestyle behaviors, and blood pressure control among Arab Americans. *Journal of Transcultural Nursing, 27*（1）, 57-64.

Tajfel, H., Billig, M. G., Bundy, R. P., & Flament, C. (1971). Social categorization and intergroup behaviour. *European Journal of Social Psychology*, 1（2），149-178.

Tajfel, H., & Turner, J.（1979）. An integrative theory of intergroup conflict. *Social Psychology of Intergroup Relations*, 33, 94-109.

Tajifel, H.（1982）. *Social Identity and Intergroup Relations*. Cambridge：Cambridge University Press.

Talhelm, T., Zhang, X., Oishi, S., Shimin, C., Duan, D., Lan, X., & Kitayama, S.（2014）. Large-scale psychological differences within china explained by rice versus wheat agriculture. *Science*, 344（6184），603-608.

Tan, L. H., Laird, A. R., Li, K., & Fox, P. T.（2005）. Neuroanatomical correlates of phonological processing of Chinese characters and alphabetic words：A meta-analysis. *Human Brain Mapping*, 25（1），83-91.

Tan, L. H., Spinks, J. A., Eden, G. F., Perfetti, C. A., & Siok, W. T.（2005）. Reading depends on writing, in Chinese. *Proceedings of the National Academy of Sciences*, 102（24），8781-8785.

Tan, L. H., Spinks, J. A., Feng, C. M., Siok, W. T., Perfetti, C. A., & Xiong, J., et al.（2003）. Neural systems of second language reading are shaped by native language. *Human Brain Mapping*, 18（3），158-166.

Tartakovsky, E.（2009）. The psychological well-being of unaccompanied minors：A longitudinal study of adolescents immigrating from Russia and Ukraine to Israel without parents. *Journal of Research on Adolescence*, 19（2），177-204.

Taylor, S. E., Way, B. M., Welch, W. T., Hilmert, C. J., Lehman, B. J., & Eisenberger, N. I.（2006）. Early family environment, current adversity, the serotonin transporter promoterpolymorphism, and depressive symptomatology. *Biological Psychiatry*, 60（7），671-676.

Telzer, E. H., Flannery, J., Shapiro, M., Hamphreys, K. L., Goff, B., Gabard-Duman, L., et al.（2013）. Early experience shapes amygdala sensitivity to race：An international adoption design. *The Journal of Neuroscience：The Official Journal of the Society for Neuroscience*, 33（33），13484-13488.

Telzer, E. H., Fuligni, A. J., Lieberman, M. D., & Galván, A.（2013）. Ventral striatum activation to prosocial rewards predicts longitudinal declines in adolescent risk taking. *Developmental Cognitive Neuroscience*, 3, 45-52.

Telzer, E. H., Humphreys, K. L., Shapiro, M., & Tottenham, N.（2013）. Amygdala sensitivity to race is not present in childhood but emerges over adolescence. *Journal of Cognitive Neuroscience*, 25（2），234-244.

Telzer, E. H., Masten, C. L., Berkman, E. T., Lieberman, M. D., & Fuligni, A. J.（2010）. Gaining while giving：An fMRI study of the rewards of family assistance among White and Latino youth. *Social Neuroscience*, 5（5-6），508-518.

Tetlock, P. E., Kristel, O. V., Elson, S. B., Green, M. C., & Lerner, J. S.（2000）. The psychology of the unthinkable: Taboo trade-offs, forbidden base rates, and heretical counterfactuals. *Journal of Personality and Social Psychology*, 78 (5), 853-870.

Thill, S., Caligiore, D., & Borghi, A. M., et al. (2013). Theories and computational models of affordance and mirror systems: An integrative review. *Neuroscience & Biobehavioral Reviews*, 37 (3), 491-521.

Thomas, T. N. (1995). Acculturative stress in the adjustment of immigrant families. *Journal of Social Distress and the Homeless*, 4 (2), 131-142.

Tiggemann, M., & Lacey, C. (2009). Shopping for clothes: Body satisfaction, appearance investment, and functions of clothing among female shoppers. *Body Image*, 6 (4), 285-291.

Todd, A. R., Bodenhausen, G. V., Richeson, J. A., & Galinsky, A. D. (2011). Perspective taking combats automatic expressions of racial bias. *Journal of Personality and Social Psychology*, 100 (6), 1027-1042.

Tomkins, S. S. (1962). *Affect, Imagery, Consciousness: Vol. i. the Positive Affects*. New York: Springer.

Tomkins, S. S. (1981). The quest for primary motives: Biography and autobiography of an idea. *Journal of Personality and Social Psychology*, 41 (2), 306-329.

Tong, C. K. Y. (2017). *Through Their Eyes: Chinese Immigrant Emerging Adults, Acculturation, and Mental Health*. University of Saskatchewan.

Tong, V. M. (2014). Understanding the acculturation experience of Chinese adolescent students: Sociocultural adaptation strategies and a positive bicultural and bilingual identity. *Bilingual Research Journal*, 37 (1), 83-100.

Tran, D. T., Jorm, L., Johnson, M., Bambrick, H., & Lujic, S. (2015). Effects of acculturation on lifestyle and health status among older Vietnam-Born Australians. *Asia-Pacific Journal of Public Health*, 27 (2), 2259-2274.

Trautmann, J., Worthy, S. L., & Lokken, K. L. (2007). Body dissatisfaction, bulimic symptoms, and clothing practices among college women. *The Journal of Psychology*, 141 (5), 485-498.

Triandis, H. C., & Lambert, W. W. (1958). A restatement and test of Schlosberg's theory of emotion with two kinds of subjects from Greece. *The Journal of Abnormal and Social Psychology*, 56 (3), 321-328.

Triandis, H. C., & Gelfand, M. J. (1998). Converging measurement of horizontal and vertical individualism and collectivism. *Journal of Personality and Social Psychology*, 74 (1), 118.

Tsai, J. L., Chentsova-Dutton, Y., & Wong, Y. (2002). Why and how researchers should study ethnic identity, acculturation, and cultural orientation. In G. C. N. Hall & S. Okazaki (Eds.), *Asian American Psychology: The Science of Lives in Context* (pp. 41-66). Washington: American Psychological Association.

Tsai, J. L., Ying, Y. W., & Lee, P. A. (2000). The meaning of "being Chinese" and "being American": variation among Chinese American young adults. *Journal of Cross-Cultural*

Psychology, 31（3），302-322.

Tsai, J. L., & Levenson, R. W.（1997）. Cultural influences on emotional responding Chinese American and European American dating couples during interpersonal conflict. *Journal of Cross-Cultural Psychology*, 28（5），600-625.

Tulving, E.（1998）. Brain/mind correlates of human memory. In M. Sabourin, F. Craik, & M. Robert（Eds.）,*Advances in Psychological Science*,*Vol.2. Biological and Cognitive Aspects*（pp. 441-460）. London：Psychology Press.

Tulving, E., & Gazzaniga, D. M.（1995）. The cognitive neurosciences. *Journal of Cognitive Neuroscience*, 7（4），514-521.

Turner, J. C., & Reynolds, K. J.（2001）. The social identity perspective in intergroup relations：Theories, themes, and controversies. *Blackwell Handbook of Social Psychology：Intergroup Processes*, 4（1），133-152.

Turner, R. N., Crisp, R. J., & Lambert, E.（2007）. Imagining intergroup contact can improve intergroup attitudes. *Group Processes & Intergroup Relations*, 10（4），427-441.

Turner, R. N., & Crisp, R. J.（2010）. Imagining intergroup contact reduces implicit prejudice. *British Journal of Social Psychology*, 49（1），129-142.

Tweed, R.G., & Lehman, D.R.（2002）. Learning considered within a cultural context：Confucian and socratic approaches. *American Psychologist*, 57（2），89-99.

Twenge, J. M., & Baumeister, R. F.（2005）. Social exclusion increases aggression and self-defeating behavior while reducing intelligent thought and prosocial behavior. In D. Abrams, M. A. Hogg, & J. Marques（Eds.）,*The Social Psychology of Inclusion and Exclusion*（pp. 27-46）. New York：Psychology Press.

Uchida, Y., & Kitayama, S.（2009）. Happiness and unhappiness in east and west：Themes and variations. *Emotion*, 9（4），441-456.

Uddin, L. Q., Molnar-Szakacs, I., Zaidel, E., & Lacoboni, M.（2006）. rTMS to the right inferior parietal lobule disrupts self-other discrimination. *Social Cognitive and Affective Neuroscience*, 1（1），65-71.

Updegraff, K. A., Umaña-Taylor, A. J., McHale, S. M., Wheeler, L. A., & Perez-Brena, N.（2012）. Mexican-origin youth's cultural orientations and adjustment：Changes from early to late adolescence. *Child Development*, 83（5），1655-1671.

Uskul, A. K., Nisbett, R. E., & Kitayama, S.（2008）. Ecoculture, social interdependence and holistic cognition：Evidence from farming, fishing and herding communities in Turkey. *Communicative & Integrative Biology*, 1（1），40-41.

Utku, H., Erzengin, O. U., Cakmak, E. D., & Karakas, S.（2002）. Discrimination of brain's neuroelectric responses by a decision-making function. *Journal of Neuroscience Methods*, 114（1），25-31.

Valdivia, I. M. A., Schneidwr, B. H., & Carrasco, C. V.（2015）. School adjustment and friendship quality of first-and second-generation adolescent immigrants to Spain as a function of acculturation. *Journal of Adolescent Research*, 31（6），750-777.

Van Bavel，J. J.，Packer，D. J.，& Cunningham，W. A.（2011）. Modulation of the fusiform face area follow minimal exposure to motivationally relevant faces : Evidence of in-group enhancement. *Journal of Cognitive Neuroscience*, 23（11），3343-3354.

Van de Vijver，F. J. R.，Blommaert，J.，Gkoumasi，G.，& Stogianni，M.（2015）. On the need to broaden the concept of ethnic identity. *International Journal of Intercultural Relations*, 46，36-46.

Van Hemert，D. A.，Poortinga，Y. H.，& Van de Vijver，F. J. R.（2007）. Emotion and culture : A meta-analysis. *Cognition and Emotion*, 21（5），913-943.

Van Oudenhoven J. P.，& Hofstra，J.（2006）. Personal reactions to "strange" situations : Attachment styles and acculturation attitudes of immigrants and majority members. *International Journal of Intercultural Relations*. 30（6），783-798.

Van Oudenhoven，J. P.，Ward，C.，& Masgoret，A. M.（2006）. Patterns of relations between immigrants and host societies. *International Journal of Intercultural Relations*, 30，637-651.

Vanman，E. J.，Paul，B. Y.，Ito，T. A.，& Miller，N.（1997）. The modem face of prejudice and structural features that moderate the effect of cooperation on affect. *Journal of Personality and Social Psychology*, 33（5），941-959.

Varnum，M.，Grossmann，I.，Katunar，D.，Nisbett，R. E.，& Kitayama，S.（2008）. Holism in a European cultural context : Differences in cognitive style between central and East Europeans and Westerners. *Journal of Cognition and Culture*, 8（3），321-333.

Verkuyten，M.，& Martinovic，B.（2006）. Understanding multicultural attitudes : The role of group status, identification, friendships, and justifying ideologies. *International Journal of Intercultural Relations*, 30（1），1-18.

Vinacke，W. E.（1949）. The judgment of facial expressions by three national-racial groups in HAWAII ; Caucasian faces. *Journal of Personality*, 17（4），407-429.

Vinokurov，A.，Trickett，E. J.，& Birman，D.（2002）. Acculturative hassles and immigrant adolescents : A life-domain assessment for Soviet Jewish refugees. *The Journal of Social Psychology*, 142（4），425-445.

Vishkin，A.，Bloom，P. B.-N.，& Tamir，M.（2018）. Always look on the bright side of life : religiosity, emotion regulation and well-being in a Jewish and Christian sample. *Journal of Happiness Studies*, 20（2），427-447.

Vitoroulis，I.，Schneider，B. H.，Vasquez，C.，C.，De Toro，M. D. P. S.，& Gonzales，Y. S.（2012）. Perceived parental and peer support in relation to Canadian, Cuban, and Spanish adolescents' valuing of academics and intrinsic academic motivation. *Journal of Cross-Cultural Psychology*, 43（5），704-722.

Vitousek，K. B.，& Hollon，S. D.（1990）. The investigation of schematic content and processing in eating disorders. *Cognitive Therapy and Research*, 14（2），191-214.

Vogeley，K.，& Roepstorff，A.（2009）. Contextualising culture and social cognition. *Trends in*

Cognitive Sciences, 13（12），511-516.

Vorauer, J. D., Martens, V., & Sasaki, S. J.（2009）. When trying to understand detracts from trying to behave: Effects of perspective taking in intergroup interaction. *Journal of Personality & Social Psychology, 96*（4），811-827.

Vorauer, J. D., Main, K. J., & O'Connell, G. B.（1998）. How do individuals expect to be viewed by members of lower status groups? Content and implications of meta-stereotypes. *Journal of Personality and Social Psychology, 75*（4），917-937.

Vorauer, J. D., & Kumhyr, S. M.（2001）. Is this about you or me? Self-versus other-directed judgments and feelings in response to cross-group interaction. *Personality and Social Psychology Bulletin, 27*（6），706-719.

Vries, A. B. D., Aram, D., & Bus, A.（2005）. Writing starts with own name writing: From scribbling to conventional spelling in Israeli and Dutch children. *Applied Psycholinguistics, 26*（3），463-477.

Vuilleumier, P.（2000）. Faces call for attention: Evidence from patients with visual extinction. *Neuropsychologia, 38*（5），693-700.

Vuilleumier, P., & Sagiv, N.（2001）. Two eyes make a pair: Facial organization and perceptual learning reduce visual extinction. *Neuropsychologia, 39*（11），1144-1149.

Wagner, R. K., Torgesen, J. K., & Rashotte, C. A.（1994）. Development of reading-related phonological processing abilities: New evidence of bidirectional causality from a latent variable longitudinal study. *Journal of Educational Psychology, 30*（1），73-87.

Walker, P. M., Silvert, L., Hewstone, M., & Nobre, A. C.（2008）. Social contact and other-race face processing in the human brain. *Social Cognitive and Affective Neuroscience, 3*（1），16-25.

Walsh, S. D., Edelstein, A., & Vota, D.（2012）. Suicidal ideation and alcohol use among Ethiopian adolescents in Israel: The relationship with ethnic identity and parental support. *European Psychologist, 17*，131-142.

Walsh, S. D., Fogel-Grinvald, H., & Shneider, S.（2015）. Discrimination and ethnic identity as predictors of substance use and delinquency among immigrant adolescents from the FSU and Ethiopia in Israel. *Journal of Cross-Cultural Psychology, 46*（7），942-963.

Walsh, S. D., & Shulman, S.（2007）. Splits in the self following immigration: An adaptive defense or a pathological reaction? *Psychoanalytic Psychology, 24*（2），355-372.

Wang, K. T., Heppner, P. P., Fu, C. C., Zhao, R., Li, F., & Chuang, C. C.（2012）. Profiles of acculturative adjustment patterns among Chinese international students. *Journal of Counseling Psychology, 59*（3），424-436.

Wang, L., Ma, Q., Song, Z., Shi, Y., Wang, Y., & Pfotenhauer, L.（2011）. N400 and the activation of prejudice against rural migrant workers in China. *Brain Research, 1375*，103-110.

Wang, L., Zhu, Z., Bastiaansen, M., Hagoort, P., & Yang, Y.（2013）. Recognizing the emotional valence of names: An ERP study. *Brain and Language, 125*（1），118-127.

Wang, M., Rieger, M. O., & Hens, T. (2017). The impact of culture on loss aversion. *Journal of Behavioral Decision Making*, 30 (2), 270-281.

Wang, Q. (2001). "Did you have fun?" American and Chinese mother-child conversations about shared emotional experiences. *Cognitive Development*, 16 (2), 693-715.

Wang, Q. (2003). Infantile amnesia reconsidered: A cross-cultural analysis. *Memory*, 11 (1), 65-80.

Wang, Q. (2004). The emergence of cultural self-constructs: Autobiographical memory and self-description in European American and Chinese Children. *Developmental Psychology*, 40 (1), 3-15.

Wang, Q. (2006). Culture and the development of self-knowledge. *Current Directions in Psychological Science*, 15 (4), 182-187.

Wang, Q., & Conway, M. A. (2004). The stories we keep: Autobiographical memory in American and Chinese middle-aged adults. *Journal of Personality*, 72 (5), 911-938.

Wang, Q., & Leichtman, M. D. (2000). Same beginnings, different stories: A comparison of American and Chinese children's narratives. *Child Development*, 71 (5), 1329-1346.

Ward, C., Okura, Y., Kennedy, A., & Kojima, T. (1998). The U-curve on trial: A longitudinal study of psychological and sociocultural adjustment during cross-cultural transition. *International Journal of Intercultural Relations*, 22 (3), 277-291.

Watson, L. A., Dritschel, B., Obonsawin, M.C., & Jentzsch, I. (2007). Seeing yourself in a positive light: Brain correlate of the self-positivity bias. *Brain Research*, 1152 (1), 106-110.

Wawra, D. (2009). Social intelligence: The key to intercultural communication. *European Journal of English Studies*, 13 (2), 163-177.

Wenneker, C. P. J., Wigboldus, D. H. J., & Spears, R. (2005). Biased language use in stereotype maintenance: The role of encoding and goals. *Journal of Personality & Social Psychology*, 89 (4), 504-515.

Wennekers, A., Holland, R. W., Wigboldus, D., Van Knippenberg, A. (2012). First see, then nod: The role of temporal contiguity in embodied evaluative conditioning of social attitudes. *Social Psychological & Personality Science*, 3 (4), 455-461.

Werkman, W. M., Wigboldus, D. H. J., & Semin, G. R. (1999). Children's communication of the linguistic intergroup bias and its impact upon cognitive inferences. *European Journal of Social Psychology*, 29 (1), 95-104.

White, K. R., Crites, S. L., Taylor, J. H., & Corral, G. (2009). Wait, what? Assessing stereotype incongruities using the N400 ERP component. *Social Cognitive and Affective Neuroscience*, 4 (2), 191-198.

Wicha, N. Y. Y., Moreno, E. M., & Kutas, M. (2004). Anticipating words and their gender: An event-related brain potential study of semantic integration, gender expectancy, and gender agreement in Spanish sentence reading. *Journal of Cognitive Neuroscience*, 16 (7), 1272-1288.

Wickline, V. B., Bailey, W., & Nowicki, S. (2009). Cultural in-group advantage: Emotion recognition in African American and European American faces and voices. *Journal of Genetic Psychology, 170* (1), 5-29.

Wiggins, S., Whyte, P., Huggins, M., Adam, S., Theilmann, J., & Bloch, M., et al. (1992). The psychological consequences of predictive testing for Huntingtons disease. *New England Journal of Medicine, 327* (20), 1401-1405.

Williams, D. R., Yu, Y., Jackson, J. S., & Anderson, N. B. (1997). Racial differences in physical and mental health: Socio-economic status, stress and discrimination. *Journal of Health Psychology, 2* (3), 335-351.

Wintre, M. G., Kandasamy, A. R., Chavoshi, S., & Wright, L. (2015). Are international undergraduate students emerging adults? Motivations for studying abroad. *Emerging Adulthood, 3* (4), 255-264.

Wojciszke, B., Abele, A. E., & Baryla, W. (2009). Two dimensions of interpersonal attitudes: Liking depends on communion, respect depends on agency. *European Journal of Social Psychology, 39* (6), 973-990.

Wolford, G., & Morrison, F. (1980). Processing of unattended visual information. *Memory & Cognition, 8* (6), 521-527.

Wright, J. C., Cullum, J., & Schwab, N. (2008). The cognitive and affective dimensions of moral conviction: Implications for attitudinal and behavioral measures of interpersonal tolerance. *Personality and Social Psychology Bulletin, 34* (11), 1461-1476.

Wright, S. C., Aron, A., McLaughlin-Volpe T., & Ropp, S. A. (1997). The extended contact effect: Knowledge of cross-group friendships and prejudice. *Journal of Personality and Social Psychology, 73* (1), 73-90.

Wu, C. Y., Ho, M. R., & Chen, S. A. (2012). A meta-analysis of fMRI studies on Chinese orthographic, phonological, and semantic processing. *NeuroImage, 63* (1), 381-391.

Wu, H. M., Holmes, W. G., Medina, S. R., & Sackett, G. P. (1980). Kin preference in infant macaca nemestrina. *Nature, 285* (5762), 225-227.

Wu, M. (2009). *The Relationship between Parenting Styles, Career Decision Self-efficacy, and Career Maturity of Asian American College Students.* University of Southern California.

Wu, Y., Wang, C., He, X., Mao, L., Ching, J., & Zhang, L. (2010). Religious beliefs in fluence neural substrates of self-reflectionin Tibetans. *Social Cognitive and Affective Neuroscience, 5*, 324-331.

Wuyun, G., Shu, M., Cao, Z., Huang, W., Zou, X., Li, S., et al. (2014). Neural representations of the self and the mother for Chinese individuals. *PloS One, 9* (3), e91556.

Xia, R., Jin, R., Yong, L., Li, S., Li, S., & Zhou, A. (2017). Temporal features of the differentiation between self-name and religious leader name among christians: An ERP study. *Frontiers in Psychology, 8*, 2114.

Xu, X., Zuo, X., Wang, X., & Han, S. (2009). Do you feel my pain? Racial group membership modulates empathic neural responses. *The Journal of Neuroscience, 29*(26), 8525-8529.

Yabar, Y., Johnston, L., Miles, L., & Peace, V. (2006). Implicit behavioral mimicry: Investigating the impact of group membership. *Journal of Nonverbal Behavior, 30*(3), 97-113.

Yamada, A. M., & Singelis, T. M. (1999), Biculturalismand self-construal. *International Journal of Intercultural Relations, 23*(5), 697-709.

Yang, S., & Sternberg, R.J. (1997). Conceptions of intelligence in ancient Chinese philosophy. *Journal of Theoretical and Philosophical Psychology, 17*(2), 101-119.

Yong, L. (2013). *Thinking styles, emotion retulation, and their roles in tibetan students' acculturation to the Han environment.* University of Hong Kong.

Yoon, E., Jung, K. R., Lee, R. M., & Felix-Mora, M. (2012). Validation of social connectedness in mainstream society and the ethnic community scales. *Cultural Diversity & Ethnic Minority Psychology, 18*(1), 64-73.

Yoon, E., Lee, R., & Goh, M. (2008). Acculturation, social connectedness, and subjective well-being. *Cultural Diversity and Ethnic Minority Psychology, 14*(3), 246-255.

Yoon, E., & Portman, T. A. A. (2004). Critical issues of literature on counseling international students. *Journal of Multicultural Counseling and Development, 32*(1), 33-44.

Young, P. T. (1943). *Emotion in Man and Animal: Its Nature and Relation to Attitude and Motive.* New York: Wiley.

Zane, N., & Mak, W. (2003). Major approaches in the measurement of acculturation among ethnic minority populations: A content analysis and an alternative empirical strategy. In K. Chun, P. B. Organista, & G. Marin (Eds.), *Acculturation: Advances in Theory, Measurement, and Applied Research* (pp. 39-60). Washington: American Psychological Association.

Zhang, B., & Seo, H. S. (2015). Visual attention toward food-item images can vary as a function of background saliency and culture: An eye-tracking study. *Food Quality & Preference, 41*, 172-179.

Zhang, J. X., Fang, Z., Du, Y., Kong, L., Zhang, Q., & Xing, Q. (2012). Centro-parietal N200: An event-related potential component specific to Chinese visual word recognition. *Chinese Science Bulletin, 57*(13), 1516-1532.

Zhang, J. X., Zhang, B., Jia, X., Chen, H., Yuan, J., Fang, Z., & Fan, W. (2013). *The Centro-parietal N200 Is the Neural Marker for the Orthographic Recognition of Chinese Characters.* http://www.paper.edu.cn/release paper/content/20130b-169.

Zhang, J., & Goodson, P. (2011). Predictors of international students' psychosocial adjustment to life in the United States: A systematic review. *International Journal of Intercultural Relations, 35*(2), 139-162.

Zhang, L., & Zhu, Y. (2011). Cultural neuroscience: A new interdisciplinary field. *Journal of*

Psychological Science, 34（3）, 514-519.

Zhao, K., Yuan, J., Zhong, Y., Peng, Y., Chen, J., Zhou, L., et al.（2009）. Event-related potential correlates of the collective self-relevant effect. *Neuroscience Letters, 464*（1）, 57-61.

Zhou, A., Yin, Y., Zhang, J., & Zhang, R.（2016）. Does font type influence the N200 enhancement effect in Chinese word recognition? *Journal of Neurolinguistics, 39*, 57-68.

Zhu, Y., & Han, S.（2008）. Cultural differences in the self: From philosophy to psychology and neuroscience. *Social and Personality Psychology Compass, 2*（5）, 1799-1811.

Zhu, Y., Zhang, L., Fan, J., & Han, S.（2007）. Neural basis of cultural influence on self-representation. *NeuroImage, 34*（3）, 1310-1316.

Zhu, Y., & Zhang, L.（2002）. An experimental study on the self-reference effect. *Science in China Series C: Life Sciences, 45*（2）, 120-128.

Zimbardo, P. G., & Ruch, F.（1980）. *Essentials of Psychology and Life*, Chicago: Scott, Foresman and Company.

Zuo, X., & Han, S.（2013）. Cultural experiences reduce racial bias in neural responses to others' suffering. *Culture and Brain, 1*（1）, 34-46.

Zwick, R., Pieters, R., & Baumgartner, H.（1995）. On the practical significance of hindsight bias: The case of the expectancy-disconfirmation model of consumer satisfaction. *Organizational Behavior and Human Decision Processes, 64*（1）, 103-117.

后　记
EPILOGUE

《文化、心理与脑》聚焦了当今脑科学时代研究者对不同文化背景下人的心理与行为的探讨。当书稿的反复审校接近尾声时，历时数年的工作也将画上句号。非常感谢杨玉芳研究员的邀约以及中国心理学会出版工作委员会、中国心理学会普通心理和实验心理专委会的组织和大力支持。从对"脑科学时代背景下的心理学书系"的设想到书名和大纲的确定，都经过了多次讨论，以让不同研究领域的心理学工作者以脑科学为线索去关注心理学的研究，给读者呈现一批与脑科学紧密关联的心理学研究的优秀书籍。

本书是团队力量与集体智慧的体现。本书由我和夏瑞雪教授负责编写框架的设计及最后的统稿和修改。具体章节的分工如下：第一章（周爱保、夏瑞雪）；第二章（徐科朋）；第三章（夏瑞雪）；第四章（雍琳）；第五章（夏瑞雪）；第六章（赵国军）；第七章（周爱保、刘显翠）。虽然各位编委在平时均有繁重的教学和科研任务，但从书稿撰写开始，多次开会讨论，反复推敲与修改，才使这项工作顺利完成。

本书的顺利出版也离不开科学出版社优秀编辑团队的付出，其对书稿的体例、规范以及表述等方面都做了严格把关，付出了大量辛勤的劳动，在此一并致谢！

周爱保

2019 年 5 月

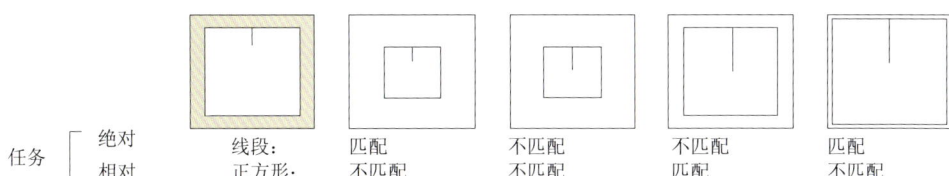

(a) 在绝对任务（背景独立判断）中，被试不考虑方框的大小，直接判断方框中的垂线是否与先前呈现的线段长度相同；在相对任务（背景依赖判断）中，被试需要考虑垂线与方框的比例，判断垂线与方框的比例是否与先前呈现的两者比例相同

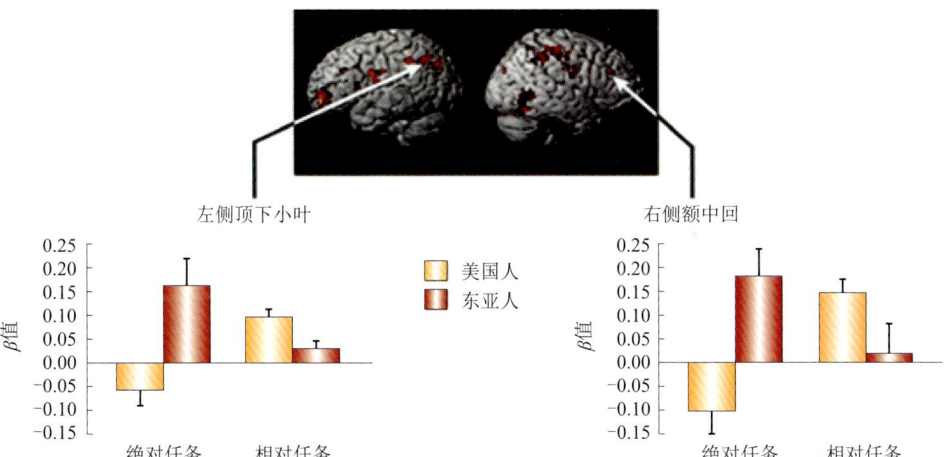

(b) 判断任务相关的额顶叶脑区激活情况：在绝对判断任务中，东方亚洲人比西方人的左侧顶下小叶和右侧额中回的激活程度更大；在相对判断任务中，则刚好相反，西方人比东方亚洲人的左侧顶下小叶和右侧额中回的激活程度更大

图 2-2　在帧线测验中，注意网络活动的文化塑造（Han & Northoff, 2008）

对象重复　　　对象重复　　　对象不同　　　对象不同
背景重复　　　背景不同　　　背景重复　　　背景不同

(a) fMRI 适应范式实验材料

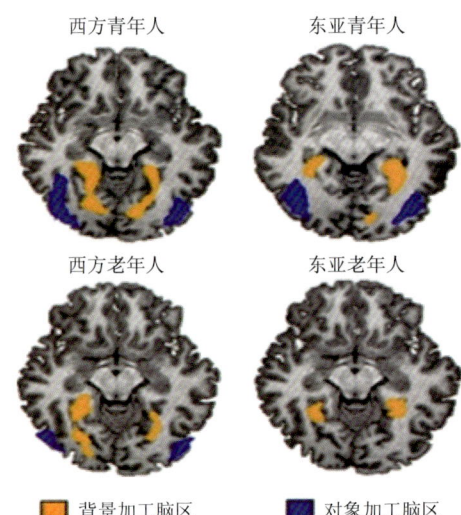

(b) 背景加工脑区和对象加工脑区的适应效应

图 2-3　fMRI 适应范式中腹侧视皮层激活的文化差异（Goh，et al.，2007）

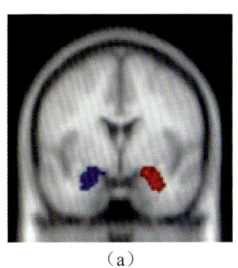

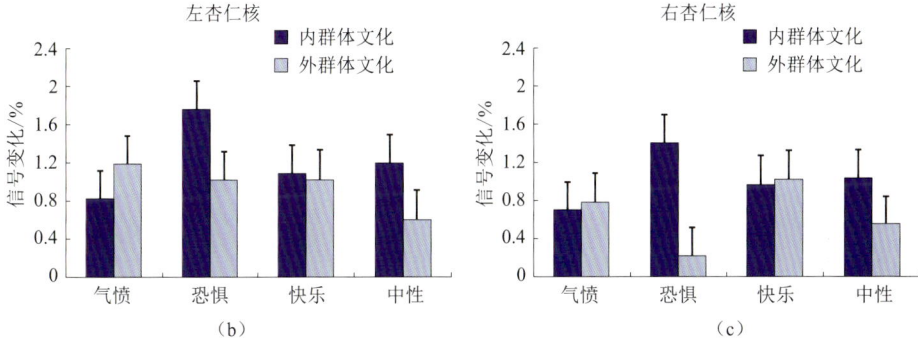

图 2-6 杏仁核对恐惧表情的文化特异性反应,左、右杏仁核激活反应只对恐惧表情有显著性文化差异(Chiao, et al., 2008)

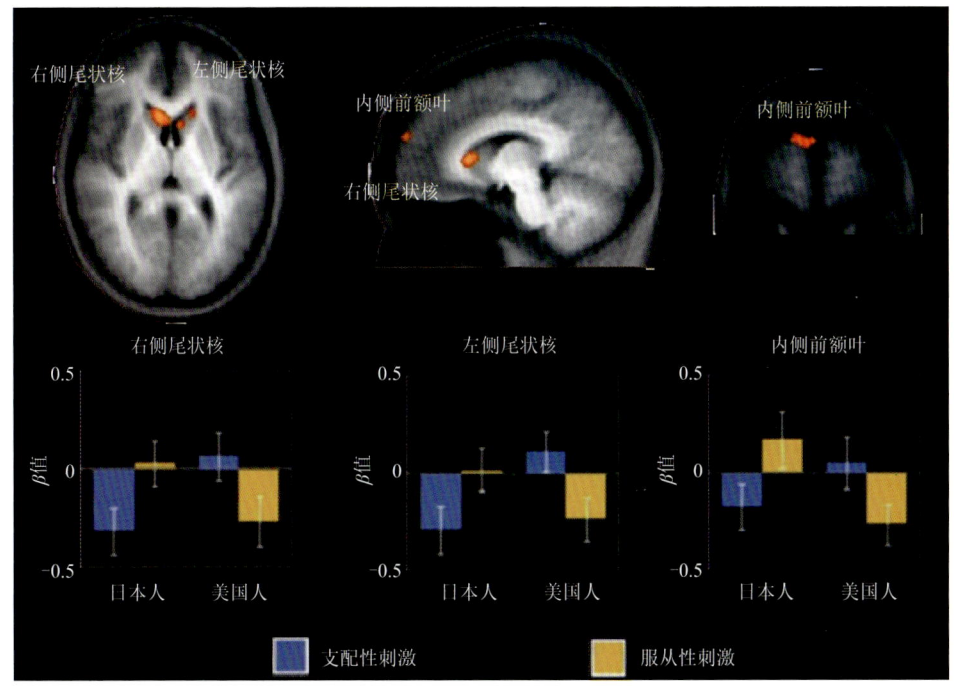

图 2-8 两侧尾状核和内侧前额叶血氧水平反应的文化特异性
(Freeman, et al., 2009)